U0136073

# 臺灣史研究名家論集

## （二編）

尹章義　王見川　吳學明

李乾朗　周翔鶴　林文龍

邱榮裕　徐曉望　康　豹

陳小沖　陳孔立　黃卓權

黃美英　楊彥杰　蔡相輝

蘭臺出版社

# 作者簡介（依姓氏筆劃排序）

尹章義　社團法人臺灣史研究會理事長、財團法人福祿基金會董事、財團法人兩岸關係文教基金會執行長。中國文化大學民國 106 年退休教授，輔仁大學民國 94 年退休教授，東吳、臺大兼課。出版專書 42 種（含地方志 16 種）論文 358 篇（含英文 54 篇），屢獲佳評凡四百餘則。

　　　　赫哲人，世居武昌小東門外營盤（駐防），六歲隨父母自海南島轉進來臺，住臺中水湳，空小肄業，四民國校、省二中、市一中畢業，輔仁大學學士，臺灣大學碩士，住臺北新店。

王見川　1966 生，2003 年 1 月取得國立中正大學歷史所博士學位。2003 年 8 月至南臺科技大學通識教育中心任助理教授至今。研究領域涉及中國民間信仰(關帝、玄天上帝、文昌、媽祖)、預言書、明清以來民間宗教、近代道教、佛教、扶乩與慈善等，是國際知名的明清以來民間宗教與相關文獻專家。著有《從摩尼教到明教》(臺北新文豐出版公司，1992)、《臺灣的齋教與鸞堂》(臺北南天書局，1996)、《漢人宗教、民間信仰與預言書的探索：王見川自選集》(臺北：博揚文化公司，2008 )、《張天師之研究：以龍虎山一系為考察中心》(臺北：博揚文化公司，2015)等書。另編有《明清民間宗教經卷文獻》、《中國預言救劫書彙編》《臺灣宗教資料彙編：民間信仰、民間文化》、《中國民間信仰、民間文化資料彙編》、《明清以來善書叢編》等套書。

吳學明　國立臺灣師範大學歷史學碩士、博士，現任國立中央大學歷史研究所教授，曾任國立中央大學客家社會文化研究所所長、客家研究中心主任等職。主要研究領域為臺灣開發史、臺灣客家移墾史、臺灣基督教長老教會史與臺灣文化史，關注議題包括移民拓墾、北臺灣隘墾制與地方社會、南臺灣長老教會在地化歷程等。運用自民間發掘的族譜、契約文書等地方文獻，從事區域史研究，也對族群關係、寺廟與社會組織等底層民眾行動力進行探討。著有《金廣福墾隘與新竹東南山區的開發（1835-1895）》、《頭前溪中上游開墾史暨史料彙編》、《金廣福隘墾研究》、《從依賴到自立———臺灣南部基督長老教會研究》、《變與不變：義民爺信仰之擴張與演變》、《臺灣基督長老教會研究》

　　與學術論文數十篇，並著編《古文書的解讀與研究》（與黃卓權合編著）、《六家林氏古文書》等專書。

李乾朗　中國文化大學建築及都市設計系畢業，現任國立臺灣藝術大學古蹟藝術修護學系客座教授。致力於古建築田野調查研究，培養古蹟維護的專業人才，並積極參與學術研討會發表研究成果。曾出版了《臺灣建築史》、《古蹟入門》、《臺灣古建築圖解事典》、《水彩臺灣近代建築》、《巨匠神工》等八十餘本與傳統建築或近代建築相關之個人著作，同時也主持多項古蹟、歷史建築的調查研究計劃，出席各縣市政府之古蹟評鑑會議或文化資產議題會議，盡其所能地為臺灣古建築的保存與未來發聲。2011 年榮獲第十五屆臺北文化獎，2016 年榮獲第三十五屆行政院文化獎。

周翔鶴　廈門大學臺灣研究院歷史研究所副教授。

林文龍　南投竹山人，現寓彰化和美。1952 年生，臺灣文獻館研究員。喜吟詠，嗜藏書，旁及文房雅玩。近年，以科舉與臺灣書院研究為重點。著《臺灣的書院科舉》、《彰化書院與科舉》、《臺灣科舉家族──新竹鄭氏人物與科名》，以及《掃籜山房詩集》、《陶村夢憶雜詠》等集。別有書話《書卷清談集古歡》，含〈陶村說書〉、〈披卷餘事〉二編。

邱榮裕　臺灣省桃園縣中壢市人，1955 年生，臺灣省立臺北師專、國立臺灣師範大學、日本立命館大學文學碩士、博士。歷任國小、國中教師、臺灣師範大學專任助教、講師、副教授，全球客家文化研究中心主任；兼任中央大學客家學院副教授、臺灣大學客家研究中心特聘副研究員、中華民國斐陶斐榮譽學會榮譽會員等；曾任國立臺灣師範大學校友總會秘書長、臺灣客家研究學會第六屆理事長、考試院命題暨閱卷委員、客家委員會學術暨諮詢委員、臺北市客家事務委員會委員等。
　　　　學術專長領域：臺灣史、客家研究、文化資產與社區。專書有：《臺灣客家民間信仰研究》、《臺灣客家風情：移墾、產業、文化》、《臺灣桃園大溪南興庄纘紳公派下弘農楊氏族譜》、《傳承與創新：臺北市政府推展客家事務十週年紀實（民國 88 年至 98 年）》、《臺北市文獻委員會五十週年紀念專輯》等，並發表相關研究領域學術研討會論文數十篇。

徐曉望　生於 1954 年 9 月，上海人。經濟史博士。現為福建社會科學院歷史研究所研究員，閩臺文化中心主任。2000 年獲評國務院特殊津貼專家，2012 年獲評福建省優秀專家，2016 年獲評福建省文史名家。廈門大學宗教研究所兼職教授，福建師範大學歷史系兼職教授，福建省歷史學會副會長。2006 年被聘為福建師範大學社會歷史學院博士導師。主要研究方向為明清經濟史、福建史、海洋史等。發表專著 30 餘部，發表論文 300 餘篇，其中在《中國史研究》等核心刊物上發表論文 100 餘篇，論著共計 1000 多萬字。主要著作有：主編《福建通史》五卷本 186 萬字，《福建思想文化史綱》40 萬字，個人專著有：《福建民間信仰源流》《閩國史》《福建經濟史考證》《早期臺灣海峽史研究》《媽祖信仰史研究》《閩商研究》《明清東南山區經濟的轉型——以閩浙贛邊山區為核心》等；近著有：《福建文明史》《福建與東南：海上絲綢之路發展史》等。獲福建省社會科學優秀著作一等獎一次，二等獎三次，三等獎二次。

康　豹　1961 年在美國洛杉磯出生，1984 年耶魯大學歷史系學士，1990 年美國普林斯頓大學東亞系博士。曾經在國立中正大學歷史研究所與國立中央大學歷史研究所擔任過副教授和教授。2002 年獲聘為中央研究院近代史研究所副研究員，2005 年升等為研究員，並開始擔任蔣經國國際學術交流基金會研究室主任。2015 年升等為特聘研究員。研究主要集中在近代中國和臺灣的宗教社會史，以跨學科的方法綜合歷史文獻和田野調查，並參酌社會科學的理論。

陳小沖　1962 年生，廈門大學歷史系畢業。現為兩岸關係和平發展協同創新中心文教平臺首席專家，廈門大學臺灣研究院歷史研究所所長、教授，《臺灣研究集刊》常委副主編。出版《日本殖民統治臺灣五十年史》等多部專著及臺灣史學術論文數十篇。主持或參加多項重大科研課題。主要研究方向：海峽兩岸關係史、殖民地時期臺灣歷史。

陳孔立　1930 年生，現任廈門大學臺灣研究院教授、海峽兩岸和平發展協作創新中心學術委員會委員。曾任廈門大學臺灣研究所所長、中國社會科學院臺灣史研究中心副理事長、中國史學會理事。主要著作有：《臺灣歷史綱要》（主編）、《簡明臺灣史》、《臺灣歷史與兩岸關係》、《臺灣史事解讀》，《臺灣學導論》、《走近兩岸》、《心繫兩岸》、《臺灣民意與群體認同》等。

黃卓權　1949 年生於苗栗縣苗栗市，現籍新竹縣關西鎮。現任客委會諮詢委員、新竹縣文獻委員、國立交通大學客家文化學院客座專家、《關西鎮志》副總編纂。專長臺灣內山開墾史、客家族群史、清代地方制度史。發表研究論著約百萬言，主編「新竹研究叢書」及文史專輯等十餘冊。主要著作：《苗栗內山開發之研究》、《跨時代的臺灣貨殖家：黃南球先生年譜 1840-1919》、《進出客鄉：鄉土史田野與研究》、《古文書的解讀與研究》上、下篇（與吳學明合著）等書；出版詩集《人間遊戲：60 回顧詩選》、《笑看江湖詩選》二冊；參與編撰《新竹市誌》、《獅潭鄉志》、《大湖鄉志》、《北埔鄉志》等地方誌書。

黃美英　政治大學宗教研究所博士生、法鼓佛教學院碩士（主修：佛教史、禪學）。清華大學社會人類學研究所碩士（主修：歷史人類學、宗教人類學、族群史）。臺灣大學中國文學系畢業、臺灣大學考古人類學系肄業。中央研究院民族學研究所研究助理、國立暨南國際大學歷史學系兼任講師。相關學術著作《臺灣媽祖的香火與儀式》、《千年媽祖》及論文二十多篇，主編十多冊書籍。

楊彥杰　男，廈門大學歷史系畢業，長期從事臺灣史和客家研究。歷任福建社會科學院研究員兼臺灣研究所副所長、科研組織處處長、客家研究中心主任、中國閩臺緣博物館館長等職，2014 年退休。代表作：《荷據時代臺灣史》、《閩西客家宗族社會研究》。撰著或主編臺灣史專題、客家田野叢書十餘種，發表論文百餘篇。

蔡相輝　中國文化大學史學研究所博士，歷任任國立空中大學人文學系主任、圖書館館長、總務長等職。現任臺北市關渡宮董事、臺南市泰安旌忠公益文教基金會董事、北港朝天宮諮詢委員、中華媽祖交流協會顧問等職。
　　　　著有：《臺灣的王爺與媽祖》（1989）、《臺灣的祠祀與宗教》（1989）、《北港朝天宮志》（1989、1994）《臺灣社會文化史》（1998）、《王得祿傳》（與王文裕合著）（1998）、《媽祖信仰研究》（2006）、《關渡宮的歷史沿革》《關渡宮的祀神》（2015）、《天妃顯聖錄與媽祖信仰》（2016）等專書及論文篇多。

# 《臺灣史研究名家論集》——總序

　　《臺灣史研究名家論集》即將印行，忝為這套叢刊的主編，依出書慣例不得不說幾句應景話兒。

　　這十幾年我個人習慣於每學期末，打完成績上網登錄後，抱著輕鬆心情前往探訪學長杜潔祥兄，一則敘敘舊，問問半年近況，二則聊聊兩岸出版情況，三則學界動態及學思心得。聊著聊著，不覺日沉西下，興盡而歸，期待半年後再見。大約三年前的見面閒聊，偶然談出了一個新企劃。潔祥兄自從離開佛光大學教職後，「我從江湖來，重回江湖去」（潔祥自況），創辦花木蘭出版社，專門將臺灣近六十年的博碩士論文，有計畫的分類出版，洋洋灑灑已有數十套，近年出書量及速度，幾乎平均一日一本，全年高達三百本以上，煞是驚人。而其選書之嚴謹，校對之仔細，書刊之精美，更是博得學界、業界的稱讚，而海峽對岸也稱許他為「出版家」，而不是「出版商」。這一大套叢刊中有一套《臺灣歷史文化叢刊》，是我當初建議提出的構想，不料獲得彼首肯，出版以來，反應不惡。但是出書者均是時下的年輕一輩博、碩士生，而他們的老師，老一輩的名師呢？是否也該蒐集整理編輯出版？

　　看似偶然的想法，卻也是必然要去做的一件出版大事。臺灣史研究的發展過程，套句許雪姬教授的名言「由鮮學經顯學到險學」，她擔心的理由有三：一、大陸學界有關臺灣史的任務性研究，都有步步進逼本地臺灣史研究的趨勢，加上廈大培養一大批三年即可拿到博士學位的臺灣學生，人數眾多，會導致臺灣本土訓練的學生找工作更加雪上加霜；二、學門上歷史系有被社會科學、文學瓜分，入侵之虞；三、在研究上被跨界研究擠壓下，史家最重要的技藝——史料的考訂，最後受到影響，變成以理代証，被跨學科的專史研究壓迫得難以喘氣。另外，中研院臺史所林玉茹也有同樣憂慮，提出五大問題：一、是臺灣史研究受到統獨思想的影響；二、學術成熟度仍不夠，一批缺乏專業性的人可以跨行教授臺灣史，或是隨時轉戰研究臺灣史；三、是研究人力不足，尤其地方文史工作者，大多學術訓練不足，基礎條件有限，甚至有偽造史料或創

造歷史的情形，他們研究成果未受到學術檢驗，卻廣為流通；四、史料收集整理問題，文獻資料躍居成「市場商品」，竟成天價；五、方法問題，研究者對於田野訪查或口述歷史必須心存警覺和批判性。

　　十數年過去了，這些現象與憂慮仍然存在，臺灣史學界仍然充滿「焦慮與自信」，這些焦慮不是上文引用的表面問題，骨子裡頭真正怕的是生存危機、價值危機、信仰危機，除此外，還有一種「高平庸化」的危機。平心而論，臺灣史的研究，不論就主題、架構、觀點、書寫、理論、方法等等。整體而言，已達國際級高水準，整個研究已是爛熟，不免凝固形成一僵硬範式，很難創新突破而造成「高平庸化」的危機現象。而「高平庸化」的結果又導致格局小、瑣碎化、重複化的現象，君不見近十年博碩士論文題目多半類似，其中固然也有因不同學門有所創見者，也不乏有精闢的論述成果，但遺憾的是多數內容雷同，資料重複，學生作品如此；學者的著述也高明不到哪裡，調研案雖多，題材同，資料同，析論也大同小異。於是乎只有盡量挖掘更多史料，出版更多古文書，做為研究創新之新材料，不過似新實舊，對臺灣史學研究的深入化反而轉成格局小、理論重複、結論重疊，只是堆砌層累的套語陳腔，好友臺師大潘朝陽教授，曾諷喻地說：「早晚會出現一本研究羅斯福路水溝蓋的博士論文」，誠哉斯言，其言雖苛，卻是一句對這現象極佳註腳。至於受統獨意識形態影響下的著作，更不值得一提。這種種現狀，實在令人沮喪、悲觀，此即焦慮之由來。

　　職是之故，面對臺灣史這一「高平庸化」的瓶頸，要如何掙脫困境呢？個人的想法有二：一是嚴守學術規範予以審查評價，不必考慮史學之外的政治立場、意識形態、身分認同等；二是返回原點，重尋典範。於是個人動了念頭，很想將老一輩的著作重新整理，出版成套書，此一構想，獲得潔祥兄的支持，兩人初步商談，訂下幾條原則，一、收入此套叢書者以五十歲（含）以上為主；二、是史家、行家、專家，不必限制為學者，或在大專院校、研究機構者；三、論文集由個人自選代表作，求舊作不排除新作；四、此套書為長期計畫，篩選四、五十位名家代表

作，分成數輯分年出版，每輯以二十位為原則；五、每本書字數以二十
萬字為原則，書刊排列起來，也整齊美觀。商談一有結論，我迅即初步
擬定名單，一一聯絡邀稿，卻不料潔祥兄卻因某些原因而放棄出版，變
成我極尷尬之局面，已向人約稿了，卻不出版了。之後拿著企劃書向兩
家出版社商談，均被婉拒，在已絕望之下，幸得蘭臺出版社盧瑞琴女史
遞出橄欖枝，願意出版，才解決困局。但又因財力、人力、市場的考慮，
只能每輯以十人為主，這下又出現新困擾，已約的二十幾位名家如何交
代如何篩選？兩人多次商討之下，盧女史不計盈虧，終於同意擴大為十
五位，並不篩選，以來稿先後及編排作業為原則，後來者編入續輯。

　　我個人深信史學畢竟是一門成果和經驗累積的學科，只有不斷累積
掌握前賢的著作，溫故知新，才可以引發更新的問題意識，拓展更新的
方法、理論，才能使歷史有更寬宏更深入的研究。面對已成書的樣稿，
我內心實有感發，充滿欣喜、熟悉、親切、遺憾、失落種種複雜感想。
我個人只是斗膽出面邀請同道之師長友朋，共襄盛舉，任憑諸位自行選
擇其可傳世、可存者，編輯成書，公諸同好。總之，這套叢書是名家半
生著述精華所在，精彩可期，將是臺灣史研究的一座豐功碑及里程碑，
可以藏諸名山，垂範後世，開啟門徑，臺灣史的未來新方向即孕育在這
套叢書中。展視書稿，披卷流連，略綴數語以說明叢刊的成書經過，及
對臺灣史的一些想法、期待與焦慮。

卓克華

2016.2.22 元宵　於三書樓

# 《臺灣史研究名家論集》——推薦序

　　陳支平教授在《臺灣史研究名家論集》第一輯之《推薦序》裡精闢地談論海峽兩岸學者共同參與「臺灣史研究」學科建設的情形,並謂「《臺灣史研究名家論集》,在一定程度上體現了當今海峽兩岸臺灣史學術研究的基本現狀和學術水準。這套論集的出版,相信對於推動今後臺灣史研究的進一步開拓和深入,無疑將產生良好積極的作用」。誠哉是言也!

　　值此《臺灣史研究名家論集》第二輯出版之際,吾人亦有感言焉。

　　在中國學術史上不乏「良好積極」的示範:一套叢書標誌著一門學科建設的開啟並奠定其「進一步開拓和深入」的基礎。

　　譬如,1935—1936 年間,由編輯家、出版家趙家璧策劃,蔡元培撰序,胡適、鄭振鐸、茅盾、魯迅、鄭伯奇、阿英(錢杏邨)參與編選和導讀,上海良友圖書公司編輯出版了十卷本《中國新文學大系》。於今視之,《中國新文學大系》之策劃和序論、編選與導言、編輯及出版,在總體上標誌著「中國新文學史研究」學科建設的開啟並為其發展奠定基礎。

　　「臺灣史研究」的學科建設亦然。1957—1972 年間出版的《臺灣文獻叢刊》具有發動和發展「臺灣史研究」學科建設的指標意義和學術價值。1988 年 1 月 30 日至 2 月 1 日在臺北舉辦的「臺灣史學術研討會」開始有邀請大陸學者、邀請陳孔立教授「共襄盛舉」的計畫。由於政治因素的干擾,陳孔立教授未能到會,他提交了論文《清代臺灣移民社會的特點》,由臺灣學者尹章義教授擔任評論人。陳孔立、尹章義教授的此次合作,值得記取,令人感慨!2005 年,陳支平教授主持策劃的《臺灣文獻彙刊》則是大陸學者對於「臺灣史研究」學科建設的一大貢獻。

　　在我看來,作為叢書,同《臺灣文獻叢刊》、《臺灣文獻彙刊》一樣,《臺灣史研究名家論集》對於「臺灣史研究」學科建設的意義和價值堪當「至重至要」四字評語。

　　《臺灣史研究名家論集》第二輯的作者所顯示的學術陣容相當可觀。用大陸學界的習慣用語來說,陳孔立教授、尹章義教授及其他各位教授

均屬於「臺灣史研究」的「學科帶頭人」、「首席學者」一類的人物。

　　臨末，作為學者和讀者，我要對出版《臺灣史研究名家論集》的蘭臺出版社與籌劃總主編卓克華教授表達敬意。為了學術進步自甘賠累，蘭臺出版社嘉惠學林、功德無量也。

汪毅夫

2017 年 7 月 15 日記於北京

# 《臺灣史研究名家論集》──編後記

　　《臺灣史研究名家論集》〈二編〉就將編校完成，出刊在即，蘭臺出版社編輯沈彥伶小姐，來電囑咐寫篇序，身為整套論集叢書主編，自是不容推辭。當初構想在每編即將出版時，寫篇序，不過（楊）彥杰兄在福州一次聚會中，勸我不必如此麻煩，原因是我在《初編》中已寫過序，將此套書編集成書經過、構想、體制，及對現今研究臺灣史的概況、隱憂都已有完整交待，可作為總序，不必在每編書前再寫篇序，倒不如在書後寫篇〈編後記〉，講講甘苦談，說說些有趣的事兒，這建議非常好，正合我意，欣然同意！

　　當初以為我這主編只要與眾位師長、好友、同道約個稿，眾志成城，共襄盛舉就好了，沒想到事非經過不知難，看似簡單不過的事兒，卻曲折不少。簡言之，有三難，邀稿難，交稿難，成書更難。此話怎說？且聽我一一道來：

　　一、邀稿難：這套論集是個人想在退休前精選兩岸臺灣史名學者約40-50位左右，將其畢生治學論文，擇精編輯，刊印成書，流傳後世，以顯現我們這一代學人的治學成績。等到真的成形，付諸實踐，頭一關便遇到選擇的標準，選誰？反過來說即是不選誰？雖然我個人對「名家」的標準指的是有「名望」，有「資望」，尤其是有「重望」者，心中雖有些譜，但真的擬定名單時，心中卻忐忑不安，擔心得罪人。一開始考慮兩岸學者比例，以三分之二、三分之一為原則，即每編15位學者中，臺灣學者10人，大陸學者5人，大陸學者倒好處理，以南方學者為主，又集中在廈門大學。較困難的是北方有那些學者是研究臺灣史的？水平如何？不過，幸好有廈大諸師友的推薦過濾，尚不構成困擾。較麻煩的反倒是臺灣本地學者，列入不列入都是麻煩，不列入必定會得罪人，但列入的不一定會答應，一則我個人位卑言輕，不足以擔此重任，二則有些學者謙虛客套，一再推辭，合約無法簽定，三則或已答應交給某出版社出版，不便再交給蘭臺出版社，四則老輩學人已逝，後人難尋，難以

簽約。最遺憾是有些作者欣然同意，更有意趁此機會作一彙編整理，卻不料前此諸多論文已賣斷給某出版社，經商詢該出版社，三番兩次均不答應割愛，徒呼奈何。此邀稿難。

二、交稿難：我原先希望作者只要將舊稿彙整擇精交來即可，以15萬字為原則，結果發現有些作者字數不足，必須另寫新稿，但更多的作者都是超過字數，結果守約定的學者只交來15萬字，因此割愛不少篇章，不免向我訴苦，等出版社決定放寬為20萬字時，已來不及編輯作業，成為一大憾事。超過的，一再商討，忍痛割捨才定稿。更有對昔年舊稿感到不滿，重新添補，大費周章，令我又佩服又慚愧。也有幾位作者真的太忙，拖拖拉拉，一再延遲交稿，幸好我記取《初編》經驗，私下有多約幾位作者，以備遞補，遲交的轉成《三編》、《四編》。但最麻煩的是有一、二位作者遲遲不簽合約，搞得出版社不敢出版，以免惹上著作權法的法律問題。

三、成書難：由於不少是多年前的舊稿，作者雖交稿前來，不是電子檔，出版社必須找人重新打字，不免延擱時間。而大部份舊稿，因是多年前舊作，參考書目，註釋格式，均已改變，都必須全部重新改正，許多作者都是有年紀的人，我輩習慣又要親自校對，此時已皆老眼昏花，又要翻檢原書，耗費時日，延遲交稿，所在皆是。而蘭臺出版社是一家負責任且嚴謹的公司，任何學術著作都要三校以上才肯出版，更耗費時間。

不可思議的在《二編》校對過程，有作者因年老不慎跌倒，顱內出血；或身體有恙，屋漏偏逢連夜雨，居然又逢車禍；或有住家附近興建大廈，整日吵雜，無法專心校對，又堅持一定要親自校對……等等，各種現象都有，凡此都造成二編書延遲耽擱（原本預計九月底出版），而本論集又是以套書形式出版，只要有一本耽誤，便影響全套書出版。

邀稿難，交稿難，成書更難，這是我個人主編《臺灣史研究名家論集》最大的切身感受，不過忝在我個人自願擔負此一學術工程的重大責任，這一切曲折、波折都是小事，尤其看到即將成書的樣稿，那心中的

喜樂是無法言宣的，謝謝眾位賜稿的師友作者，也謝謝鼎力支持，不計盈虧的蘭臺出版社負責人盧瑞琴女士。

卓克華

106 年 12 月 12 日　於三書樓

# 林文龍

# 臺灣史研究名家論集

（二編）

蘭臺出版社

# 目　錄

# 臺灣平埔族媽祖信仰述略

## 一、前言

　　媽祖，是目前廣受臺灣居民崇敬的主要神祇之一，由南而北，矗立著許多廟貌巍峨、香火鼎盛的媽祖廟。每年農曆開正後，至三月二十三日媽祖誕辰之間，各地的進香活動，幾乎都不絕於途，其盛況由臺灣民間俗諺所謂「三月瘋媽祖」，即可想而知。媽祖信仰，源於宋代，為沿海各省甚普遍的航海之神，歷代封號甚多，要以宋代的「靈惠妃」、元明及清初的「天妃」、清康熙 23 年（1684）以後的「天后」等最著。此外，「天上聖母」也是膾炙人口的媽祖稱呼。臺灣四面環海，早年移民，多來自閩粵，海上舟楫往來，風濤之險，是渡臺者無可避免的課題，媽祖不僅以庇佑航海船舶著稱，且在造型上又兼具了慈悲和藹的慈母容顏，自然而然就成為普遍受到各階層信徒歡迎的神祇了。

　　明清兩代移住臺灣的漢人，多數來自沿海閩粵兩省，原鄉的媽祖信仰，本已極為普遍，加上遠渡重洋、離鄉背井等特殊因素，而使他們對媽祖的倚賴亦愈深，於是乃由航海之神，轉化為萬能之神。據石萬壽〈明清以前媽祖信仰的演變〉研究，現存文獻所載，宋代理宗以前，媽祖神蹟只在「救水旱」、「護海堤」、「捕盜匪」等方面。入元以後，媽祖神蹟多偏重在海、漕運方面。明代的媽祖神蹟，與鄭和下西洋及冊使赴日本、琉球，關係較深，《天妃顯聖祿》一書收錄不少相關記載，使傳說漸趨定型，媽祖也因而「成為神秘色彩濃厚的神祇」。[1]至清代的臺灣，自康熙 23 年（1863）靖海侯施琅攻臺之役，渲染媽祖「湧泉濟師」及「澎湖助戰」後，因受到清廷推波助瀾，媽祖神蹟已難以勝數，各地媽祖廟頗為風行的一幅大型版畫，最能表現媽祖無所不能的神蹟，此一版畫下半幅列了媽祖部屬二十四司——「聖公」、「本仙」、「宣誥」、「掌船」、「速

---

[1] 石萬壽〈明清以前媽祖信仰的改變〉，《臺灣文獻》第 40 卷第 1 期（臺中：臺灣省文獻委員會，1989），頁 1-117。

報」、「財帛」、「給壇」、「軍海」、「監察」、「注生」、「糾查」、「彰善」、「盛應」、「赦授」、「子孫」、「芳功」、「仁風」、「河清」、「海宴」、「種德」、「盈德」、「監生」、「海赦」、「長壽」[2]，各司所司神職，幾乎涵蓋了民間信仰所有神祇的功能，的確令人驚訝。

　　漢人篳路藍縷進行拓墾的同時，必須與臺灣原住民有所接觸，分布臺灣西部平地的各族群，乃逐漸受到漢人高度文化影響及同化，並定期定額輸餉貢賦，而有「平埔番」或「熟番」之稱，目前所知較早的文獻，如雍正8年（1730）刊本《海國聞見錄》，有云：

> 「臺灣居辰巽方，北自雞籠山，南至沙馬崎，延袤二千八百里。……西面一帶沃野，東面俯臨大海，附近輸賦應徭者，名曰『平埔土番』」。[3]

又藍鼎元於雍正10年（1732）所撰〈粵中風聞臺灣事論〉亦云：

> 「臺灣土番有生熟兩種，其身居內山、未服教化者為生番，皆以鹿皮蔽體，耕山食芋，弓矢鏢鎗，是其所長。……其雜居平地、遵法服役者為熟番，相安耕鑿，與民無異。惟長髮、剪髮、穿耳、刺嘴、服飾之類，有不同耳。」[4]。

　　誠如藍鼎元所言，臺灣平埔族漢化的結果，在雍正年間就已經是「相安耕鑿，與民無異」，只有在髮制、裝飾等方面仍保留若干差異而已。漢化之深如此，當然漢人社會種種習俗或信仰，對平埔族會造成一些衝擊與影響，幾可斷言。除其傳統阿立祖信仰，部分轉化為漢人神祇（如太上老君）之外，閩粵崇信甚篤的媽祖，也隨著漢人拓墾腳步，融入平埔族社會。然此一現象，在清初可能事例較少，易為載記忽略。至清中葉以後，平埔族既「服食行為，大概與齊民無別」，那麼方志或筆記，也就未加以特別標明[5]，於是早期臺灣平埔族的媽祖信仰，固已達到一

---

2　林文龍《臺灣掌故與傳說》（臺北：臺原出版社，1992），頁167。
3　陳倫炯《海國聞見錄》（臺北：臺灣銀行經濟研究室，1958），頁11。
4　藍鼎元《東征集》（臺北：臺灣銀行經濟研究室，1958），頁63。
5　丁紹儀《東瀛事略》（臺北：臺灣銀行經濟研究室，1975），頁78。

定的程度，但求之文獻史料，卻在若有若無之間。本文謹就早期通事在平埔族媽祖信仰中所扮演的角色、平埔族捐建及自建媽祖廟等三方面，撿拾零星史料，各舉事例一二，略予論述，勉強成篇，意在作引玉之磚，為近年日益熱絡的臺灣平埔族研究，提出新的研究題材而已，敬請方家不吝教正。

## 二、早期通事所扮演的角色

　　漢人大量移民臺灣，大約始於明末崇禎初年，根據方豪〈崇禎初鄭芝龍移民入臺事〉一文研究，天啓 7 年（1637），福建同安一帶大旱，翌年，即崇禎元年（1638），熊文燦任福建巡撫，因饑民問題束手無策，於是聽從鄭芝龍建議，召集饑民數萬人，人給銀三兩，三人給牛一頭，用海舶載至臺灣，令開墾荒土為田。此時臺灣正被荷蘭人占領，此一移民、輸牛計畫，乃由鄭芝龍與荷蘭人協商辦法，荷蘭人二千踞城中，流民數萬屯城外，相安無事。[6] 福建流民既大量移墾臺灣，其原鄉的媽祖信仰，必隨之而來，荷治時代，瑞士人海爾波德所著《臺灣旅行記》記載，在當時臺灣的華人廟宇或家庭中，常見有三尊神像，其中之一，是個女性神，「中國人每將出航或回舶之時，必定要祭她。」[7] 所言女神，顯然就是指媽祖而言。

　　荷治時代漢人的媽祖信仰，對平埔族影響如何，文獻無徵，無從知其詳。目前所見要以康熙 51 年（1712）淡水干豆門建靈山廟（媽祖廟）一事為最早，據《諸羅縣志》卷十二《雜記志》記載：

> 「天妃廟，……一在淡水干豆門。……康熙五十一年，通事賴科鳩眾建。五十四年重建，易茅以瓦，知縣周鍾瑄顏其廟曰靈山。靈山廟，在淡水干豆門。……康熙五十一年建廟，以祀天妃。落

---

6 方豪〈崇禎初鄭芝龍移民入臺事〉，《臺灣文獻》第 12 卷第 12 期（臺北：臺灣省文獻委員會，1961），頁 37-38。
7 毛一波《臺灣文化源流》（臺中：臺灣省政府新聞處，1971），頁 41。

成之日，諸番並集。」[8]

淡水干豆門天妃廟（靈山廟），即今臺北關渡媽祖廟關渡宮前身，《諸羅縣志》所記兩條資料，康熙 51 年（1712）初建時，有二事值得注意，一為倡導人賴科身分是「通事」，一為「落成之日，諸番並集」，這是早期平埔族人參與媽祖廟建造的少見事例。

賴科（即業戶賴永和）為康熙年間臺灣北部的名通事、冒險家，在拓墾荒地上也扮演著重要角色，並有很大的成就。臺灣文獻中，首先提到賴科的，首推郁永河所著《裨海紀遊》，略云：

> 「客冬有趨利賴科者，欲通山東土番，與七人為侶，晝伏夜行，從野番中越度萬山，竟達東面，東番知其唐人，爭款之。又導之遊各番社，禾黍芃芃，謂苦野番間阻，不得與山西通，欲約西番夾擊之。又曰……寄語長官，若能以兵相助，則山東萬人，鑿山通道，東西一家，共輸貢賦，為天朝民矣。又以小舟從極南沙馬磯海道送之歸。」[9]

文中山東、山西，指今中央山脈東西兩地，亦即所謂的「後山」與「前山」，這是賴科冒險深入後山地區的重要記述，惟對當時賴科的身分並未提到。按郁永河來臺，為康熙 36 年（1697）事，因此所記賴科入「山東」時間，應在本年稍前。康熙末年，藍鼎元《東征集》卷六，〈紀臺灣山後崇爻八社〉，對於此事則有更具體的描述：

> 「山後有崇爻八社（原注：康熙三十四年賴科等招撫歸附，原是九社，因水輦一社數年前遭疾沒盡，今虛無人，是以只有八社。）……自古以來，人跡不到。康熙三十二年，有陳文、林侃等商船，遭風飄至其處，居住經年，略知番語，始能悉其港道。於是大雞籠通事賴科、潘冬等前往招撫，遂皆向化，附阿里山輸餉。」[10]

---

8　周鍾瑄《諸羅縣志》（臺北：臺灣銀行經濟研究室，1962），頁 281-286。

9　郁永河《裨海紀遊》（臺北：臺灣銀行經濟研究室，1959），頁 33。

10　藍鼎元《東征集》（臺北：臺灣銀行經濟研究室，1958），頁 90。

　　這段記載，除可得知賴科的身分是「大雞籠通事」外，還透露了他東行另負有招撫各社的重任，當然賴科也不辱使命，崇爻各社在康熙34年（1695）悉數歸附。

　　清代官方為統治之需，在臺灣平埔族各社都設有通事，派充語言相通及熟悉社內事務者擔任，最初的用意，主要是基於各邑平埔族「俱有正供粟石，因其語言各別，不能赴倉完納」，必須由通事「代其催辦供役」[11]，其次纔是負責傳譯，作為社內外的聯繫管道。但因清初平埔族漢化未深，大多仍過著封閉的部落生活，一些外面世界的日常必需品，都仰賴通事代為張羅，誠如周鍾瑄《諸羅縣志》所記：

> 「按番社之餉，責成於通事，猶民戶之糧責成於里甲也。然民戶可自封投櫃，而土番性既頑蠢，不知書數，行以自封投櫃之法，勢必不能。故民戶之里甲可除，而番社之通事不可去也。……唯是西螺以上，北抵淡水，去治日遠，番頑蠢益甚。又性多猜忌，出山數里外，即瞿瞿然憂其不返，傳譯非通事不能，輸納非通事不辦，甚而終歲衣食、田器、釜鐺、周身布縷，非通事為之經營預墊，亦莫知所措。」[12]

　　平埔族由於長時間倚賴通事過甚，使得通事幾乎包辦了一切外界生活物資的供應，因而造成了沒有通事「為之經營預墊」，便「莫知所措」的窘境，無形之中，通事就成為整個社中的領導中心，這種情形，尤以臺灣北路為甚。康熙54年（1715），臺灣北路營參將阮蔡文巡哨至淡水，所詠〈淡水〉一詩中，有「通事作頭家，土官聽役使」[13]之句，就是最好的說明。

　　康熙中葉以至康熙末年的淡水，通事是平埔族社眾心目中的「頭家」，當然通事平日的言行舉止，必對社眾產生影響。賴科最遲在康熙34年（1695）時，已經是大雞籠社通事，至康熙51年（1712）興建干豆門媽祖廟時，仍在任。賴科被派任通事的時間，可能還早於康熙 34

---

[11] 周元文《臺灣府志》（臺北：臺灣銀行經濟研究室，1960），頁 322。
[12] 周鍾瑄《諸羅縣志》，頁 174。
[13] 周鍾瑄《諸羅縣志》，頁 135。

年（1695），因此至建廟之年應超過二十年。賴科在這麼長的時間，擔任被「諸番」視為「頭家」的通事，社眾自然而然會受到他的潛移默化，逐漸踏上漢化腳步，宗教信仰的轉變，是其中重要的環節。

賴科是平和人，尹章義考證出其夥友胡詔為泉州同安人，因而認為「若賴科果為其同鄉之人，則亦或籍隸同安」[14]。賴科是否「籍隸同安」，姑不具諭，但是他是閩人則幾乎無庸置疑。媽祖信仰起源自福建莆田，在明末清初之際，就成了東南沿海各省的航海守護神，並隨著閩粵移民的拓墾臺灣，擴大為拓墾荒地守護神，許多拓墾有成的漢人聚集街、莊，紛紛建立媽祖廟。康熙 51 年（1712）賴科「鳩眾建」干豆門天妃宮的歷史背景已如上述。《諸羅縣志》雖未明確指明天妃宮建立與平埔族關係，但我認為賴科既是任職長達二十年的通事，且通事又兼具平埔族、漢移民領袖身分，當時的干豆門，更是「漢番雜處」之地，因此參與賴科建廟的媽祖信徒，平埔族人一定佔有很高的比例。此由《諸羅縣志》所記「落成之日，諸番並集」二語，可互相印證。清代臺灣各方志中，寺廟門所記，通常都著重在創修年代、沿革，罕見記錄「落成之日」盛況，《諸羅縣志》算是特例，我推測「諸番並集」，在當時應是一大盛事，這可能是載入縣志的主要原因。其次，藍鼎元於康熙 60 年（1731）朱一貴事變時，擬〈檄淡水謝守戎〉一文，特別提到「干豆門媽祖宮廟祝林助」其人，說他「能通番語」[15]，干豆門媽祖宮有一「能通番語」的廟祝，也是該廟有平埔族媽祖信徒的重要旁證。

## 三、平埔族獻地建廟

年代愈後，平埔族漢化愈深，尤其是臺灣中部一帶，更為顯著。康熙年間，平埔族受到通事的影響，參與媽祖廟興建，就有限的文獻記載來看，大約僅止於喜捐小額經費，共同分攤而已。至雍正末年及乾隆年間，就開始出現平埔族領導人與通事合作，或捐助鉅額經費，或捐獻大

---

[14] 尹章義《臺灣開發史》（臺北：聯經出版公司，1989），頁 215。
[15] 藍鼎元《東征集》，頁 25。

筆土地，供興建媽祖廟之用。無可否認的，如同上文所述，受到漢通事媽祖信仰影響的因素，固然仍繼續存在，而平埔族加速漢化，受清廷封賞，生活習慣逐漸轉變，恐怕纔是最主要原因，茲以社口萬興宮及大甲鎮瀾宮為例，略予探討。

　　社口，舊為臺中縣神岡鄉，屬平埔巴則海族岸裡社轄境。岸裡社，即一般所謂「岸裡九社」，包括：岸東社、岸西社、岸南社、西勢尾社、麻裡蘭社、葫蘆墩社、崎仔社、翁仔社、麻薯屯舊社、朴仔籬社等社群，共九社，其中以岸東、岸西、岸南、西勢尾、麻裡蘭等五社，分布於今神岡鄉岸裡、大社兩村，俗稱「大社番」。[16]康熙 38 年（1699），吞霄社滋事，北路參將常泰圍剿無功，派人說服當時尚未歸化的岸裡社隨官軍追捕，立功不少，因此乃在康熙 54 年（1715）歸化，由諸羅知縣周鍾瑄牌委阿莫為大土官。翌年，土官阿莫並向諸羅縣請墾貓霧捒荒埔，一月，知縣周鍾瑄給示曉諭，將「東至大山，西至沙轆地界大山，南至大姑婆，東南至阿里史，西南至捒加頭地帶廣平草地」，准許由岸裡社開墾。[17]據岸裡社所藏資料，康熙 60 年（1721）一月，南部發生朱一貴事件，在岸裡社方面，就已接受官府召徵召，由土官潘墩仔（即前述阿莫之孫）與通事張達京帶領社眾往大肚河守禦[18]，這是張達京與岸裡社之間較早的關係史料，可知最遲在此之前，他已擔任了岸裡社本社的通事。又據《中縣文獻②》人物〈拓荒先驅—張達京〉載，張達京字振萬，號東齋，廣東大埔人，康熙 50 年（1711），年二十二，隻身渡臺，至岸裡社，為社眾醫治瘟疫、教導耕作受到崇教，士官阿莫且妻之以女。雍正 3 年（1725），更進一步出任岸裡五社（九社中之五社）總通事。

　　張達京由通事而總通事，並因結親之故，取得信任，因而對於整個岸裡社的開發及漢化，都有重大的影響。在土地開發方面，其要有三，首先是雍正元年（1723）通事任內，當時的第三代大土官潘墩仔，將往日請墾的阿河巴草地，交由張達京墾闢。其次是雍正 11 年（1733）一

---

[16] 陳炎正《臺中縣岸裡社開發史》（臺中：臺中縣立文化中心，1986），頁 516。

[17] 陳炎正《臺中縣岸裡社開發史》，頁 3。

[18] 陳炎正《臺中縣岸裡社開發史》，頁 17。

月，再與潘墩仔合作，著手興鑿水利，採取「割地換水」互惠方式，開「萬定汴圳」，拓墾了今臺中平原西北部大片土地。再其次是雍正 12 年（1733），張達京又與秦登鑑、姚德心、廖朝孔、江又金、陳周文等組成六館業戶，出資開鑿葫蘆墩圳，灌溉揀東保千餘甲土地。土地開發既遼闊，漢人大量湧入，加速了岸裡社的漢化，媽祖廟的建立，也使平埔族媽祖信仰更加具體。目前社口媽祖廟萬興宮，即是當年張達京與潘墩仔共同興建的重要史蹟。[19]

　　萬興宮，址在神岡鄉社南村，據《臺中縣寺廟大觀》記載，創建於雍正 12 年（1733），緣起於「雍正九年十二月，大甲西社首魁聯合數社倡亂時，張達京統領（岸裡）社勇敉平有功受清廷褒賞，於是引進香火歸臺至此。」「由此可知該廟與昔日岸裡社有密切關係。」[20]，所謂「該廟與昔日岸裡社有密切關係」，賴建祥《臺中外史》除在「暮鼓晨鐘萬興宮，古剎深藏掌故多」一節，認為是「雍正年代通事張振萬創建」，「萬興宮奉祀張達京祿位，可知當初創建年代矣」[21]，更在「岸裡社興衰史」一節，引述末代通事潘元貞「三年前始透露」的第廿三代通事潘永安「家藏秘本」所載「墩仔進京之事」，詳述萬興宮與張達京、潘墩仔間的關係，略謂雍正 12 年（1733）夏，岸裡社總通事張達京帶領著土官潘墩仔、孝里希等一行，赴北京朝觀，恭祝萬壽。張達京、潘墩仔兩人在船上商量，閩粵人到海外謀生及舟船往來，全賴媽祖庇佑，因而決定先到湄洲拜謁媽祖，並許願此行如能平安歸來，再建廟塑造金身奉祀。兩人叩祝萬壽後，分別得到雍正帝厚賞。返回岸裡社後，即由張達京捐出土地、潘墩仔出資，在社口興建媽祖廟萬興宮，並以其兩子潘士萬、潘士興之名，各取一字，作為廟名。萬興宮興建之後，岸裡社的媽祖信仰，愈加普遍，「他們也和漢人一樣，以媽祖為地方之信仰中心」[22]。

　　岸裡社在雍正年間，因與漢人合作拓墾，而開臺灣平埔族與漢人合

---

[19] 陳炎正（編）《中縣文獻②》（臺中：臺中縣政府，1980），頁 316。

[20] 陳炎正《臺中縣寺廟大觀》（臺中：臺中縣立文化中心，1989），頁 47。

[21] 賴建祥《臺中外史》（臺中：作者出版，1968），頁 124。

[22] 賴建祥《臺中外史》，頁 71-79。

建媽祖廟先例。降及乾隆年間，鄰近的大甲興建鎮瀾宮，又添佳話一椿。按現存鎮瀾宮右廂房，祀有祿位多種，其中部分造型古樸者，都是早期之物，如「功德業主巧府諱化龍長生祿位」、「鄉進士出身福建臺灣北路淡水營都閫府陳官名峰毫長生祿位」、「功德業主副通事淡湄他灣、土目郡乃蓋厘、業主蒲氏本步長生祿位」、「特陞臺灣府經歷大甲分司誠夫宗諱觀庭長生祿位」[23]。長生祿位既獲奉祀廟內，就代表著祿位內人物必對該廟興建（修）曾作重大貢獻，而所謂貢獻，通常不外乎捐地與捐款兩項。上述祿位固未嘗載明奉祀理由，但我認為平埔族人之祀於祿位，似乎以捐地的成分居大，清初各社土地廣闊，捐地對平埔族而言，實輕而易舉。

鎮瀾宮早期沿革，同治《淡水廳志》有很簡略的記載：「天后宮，一在大甲街，乾隆三十五年，林對丹捐建，五十五年吳偏等重修。」[24]，上述祿位無年月，其年代較明確可考的，當屬臺灣北路淡水營都司（都閫府）陳峰毫及大甲巡檢（分司）宗觀庭兩人祿位，陳的任卸時間，檢索《臺灣地理及歷史》卷九〈官師志〉武職表「臺灣北路淡水營都司」條，可得知他是「乾隆五十年十一月，奉旨由閩安協標左營都司陞任，嘉慶元年八月二十五日，奉旨革職拿問。」[25]那麼陳峰毫之留祀祿位，顯然與乾隆 55 年（1790）吳偏等重修鎮瀾宮有關。至於宗觀庭，則《淡水廳志》文職表：「宗觀庭，江蘇常熟人，監生，（道光）五年任。張朝錫江蘇華亭人，監生，八年任。」[26]據此可知他的任期在道光 5 年（1825）至 8 年（1828）之間，鑑於祿位的存在，那麼在這幾年當中，依常理推測，鎮瀾宮可能有過修繕或擴建。其他兩個祿位由所載內容稍加推敲，祿位本身姓名、身分等資料已經透露了若干訊息，「功德業主副通事淡湄他灣、土目郡乃蓋厘、業主蒲氏本步」三人為平埔族毫無疑問，且長生祿位祀於平埔族尚未使用漢姓的年代。另一「功德業主」巧化龍，從

---

[23] 郭金潤《大甲媽祖進香》（臺中：臺中縣立文化中心，1988），頁 12-13。

[24] 陳培桂《淡水廳志》（臺北：臺灣銀行經濟研究室，1963），頁 150。

[25] 鄭喜夫（編）《臺灣地理及歷史官師志武職表》（臺中：臺灣省文獻委員會，1980），頁 233。

[26] 陳培桂《淡水廳志》，頁 225。

他的「巧」姓來看，也應是個改為漢姓的平埔族人，時間晚於前者。整體來說，我推測這四個祿位應可分成兩組，淡水營都司陳峰毫及副通事淡湄他灣等是一組，乾隆末年重修所立。大甲巡檢宗觀廷及業主巧化龍是一組，道光初年重修之物。

　　再從另一個角度來觀察鎮瀾宮這兩個平埔族祿位，祿位中只載姓名、身分，而未及所屬社別，其原因無他，即本地人參與本地建廟事務，自不必再強調其籍貫之故。大甲地區，約屬清代所謂「蓬山八社」的大甲東社與大甲西社。雍正 9 年（1731），大甲西社聯合鄰近沙轆社、牛罵社滋事，至翌年十一月，經福建陸路提督王郡平定。[27]事件結束後，清廷為表示寬大，准許流離在外的社眾歸社，並改大甲西社為德化社、沙轆社為遷善社、牛罵社為感恩社。[28]。祿位出現「功德業主副通事淡湄他灣」名銜，而在《清代臺灣大租調查書》所收錄嘉慶 15 年（1810）北路理番同知薛志亮告示，有「據淡屬德化社通事淡眉謀稟稱」等語[29]，姓氏幾乎相同，年代也接近，因此再配合地緣關係，我認為「副通事淡湄他灣」等祿位中人，應屬德化社，只是不容易找到確據罷了。

# 四、遷移埔里自建媽祖廟

　　漢人大批移墾平埔族社地，並挾著農耕技術優勢，長期與之競爭，逐漸反客為主，成為主宰臺灣西部平原的族群，平埔族也因而社地日狹，生活艱苦，不得不向東發展。以中部地區而言，嘉慶 9 年（1804），潘賢文、大乳汗毛格等率岸裡、阿里史、東螺、北投、大甲、吞霄、馬賽等社眾千餘人移住噶瑪蘭，開啟平埔族遷移先聲。道光 3 年（1823）開始，平埔族群陸續大規模移住埔里盆地，竟多達三十餘社，幾包括分布於今中部西海岸的各族。[30]

---

[27] 周璽《彰化縣志》（臺北：臺灣銀行經濟研究室，1962），頁 362-363。

[28] 劉良璧《重修福建臺灣府志》（臺北：臺灣銀行經濟研究室，1961），頁 598。

[29] 臺灣銀行經濟研究室（編）《清代臺灣大租調查書》（臺北：臺灣銀行經濟研究室，1963），頁 631。

[30] 劉枝萬《南投縣沿革志開發篇稿》（南投：南投縣文獻委員會，1958），頁 29。

　　遷移埔里之際的平埔族，漢化已深，他們在原居地，也都普遍存在著媽祖信仰，當然隨著族群的播遷，必會將媽祖信仰帶進埔里，另建新廟。若干年後，埔里的平埔族幾乎被漢人同化，其媽祖信仰與漢人無異，乃向外地著名媽祖廟分靈建廟，並沿襲相關習俗，如繞境、演戲等。埔里媽祖廟興安宮及恆吉宮的建立，即為埔里平埔族媽祖信仰演進過程中的兩個典型，茲分述如次：

　　興安宮，址在埔里鎮溪南里，即清代埔裏社的「生番空莊」，據劉枝萬《南投縣風俗志宗教篇稿》記載：

> 「沿革緣起於道光初，分佈於臺中縣境西部海岸之平埔族巴布拉族大肚社番巫阿新賀己者，漁獵於大肚溪口時，曾獲漂來天上聖母木像一尊，蓋因當時該族在西部平原已臻漢化，乃持回供奉。迨道光三年以降，平埔族大舉遷入埔里盆地時，亦隨帶前住。形成大肚城庄於盆地中央，道光十二年分立新部落於南緣時，又將神像帶往，供奉於自宅。惟該地正如土名生番空所示，係當時高山族出沒孔道，番害頻起，冀求合境平安之念，顯呈殷切。由此迨同治八年由其子巫清福首倡，向庄內及附近平埔族募款建廟，是年二月告竣，奉祀該天上聖母像。」
>
> 「日據初，一九零二年（明治三十五年）二月，由該庄平埔族巫光輝喜捐木料、磚瓦，予以重修。適一九一七年（大正六年）二月，埔里地方大地震，廟宇坍毀，乃將神像暫遷於爐主宅，輪流奉持，後移祀於公廳。但爾後沿革及祀神不得其詳。祭典舉行於農曆三月二十三日神之聖誕及九或十月，彰化南瑤宮天上聖母出巡遊境之際。」[31]

　　恆吉宮，址在埔里鎮清新里，即清代埔裏社街的下茄苳腳。據同前書記載，沿革緣起於咸豐間，閩籍泉人鄭勒先溷入埔里盆地與番互市後，漢人接踵而抵，同治初業已形成市廛於大埔城址，漢人社會奠基。

> 「大肚社番所踞部落，地居盆地中央，號稱大肚城，係移住平埔族首要部落，漸呈番漢雜處，促進其漢化，惟因境域日形跼蹐，

---

31　劉枝萬《南投縣風俗志宗教篇稿》（南投：南投縣文獻委員會，1961），頁97。

在極不安定之局面下，卻不得不仰賴於漢人神明庇護。於是同治
十年，由大肚城庄都阿托（巴布拉族）、房里庄張世昌（道卡斯
族）、枇杷城庄余清源（和安雅族）、牛眠山庄潘進生（巴則海族）
等首要平埔族人頭人首倡，廣向埔里社、五城二堡民募款二千
元，建廟於大肚城庄，是年六月一日竣工，乃往彰化南瑤宮割香
返里，供奉天上聖母，號稱恆吉宮，以為平埔族之守護神，冀求
平安，並圖族人之團結，亦即因此，初時漢人對於此舉，不感興
趣，進香者寥寥。」

「光緒元年，新設埔裏社廳，中路撫民理番同知移駐後，人文薈
萃，香火稍轉盛。適光緒三年久旱，盆地北方之眉溪涸竭，灌溉
乏水，民番苦之，因天上聖母原為水神，乃祈雨於本廟，果驗。
於是再割香於南瑤宮，按戶募捐三元，舉行盛大祭典，演戲竟達
數日，自是成為民番農戶共同之守護神」。[32]

　　無論是由平埔族原居住地迎奉興建的興安宮，或是定居埔里後割香
新建的恆吉宮，最後都難免因漢人的湧入以及平埔族的再遷移，而淪為
漢人廟宇，與一般媽祖廟無異。關於恆吉宮與南瑤宮關係，東螺社方面
至今仍有若干傳說，據說清朝光緒時代，東螺社庄頭常欠水灌溉，因而
有人就認為是地漏，須請媽祖婆來才有辦法補，當時東螺社頭目乃派一
批人到彰化南瑤宮去請媽祖，回來後庄頭迎過庄尾，水就夠用了。別庄
看到這個情形，也跟著迎媽祖，後來還在恆吉城建了一間媽祖廟，從此
每年九月，各庄輪流迎媽祖，稱為「做九月戲」。[33]此一傳說，如年代不
誤，則應與文獻記載恆吉宮光緒 3 年（1877）因乾旱而「再割香於南瑤
宮」有關。傳說中的恆吉城建媽祖廟事，實即上述大肚城所建的恆吉宮，
這只是大地名與小地名之別而已。按大肚城建立之後，東南有水裡社、
西邊有恆吉城，後來三個部落連成一體，一般未細分都稱為大肚城，媽
祖廟恆吉宮即建於恆吉城，故名。又傳說往往會出現時代錯置的情形，
上述所謂先有東螺社請南瑤宮媽祖來踏水，後有恆吉城建媽祖廟一事，

---

[32] 劉枝萬《南投縣風俗志宗教篇稿》，頁 198。
[33] 劉還月《尋訪臺灣平埔族》（臺北：常民出版事業公司，1995），頁 267。

如非記憶錯誤，那麼傳說也可能是同治 10 年（1871）恆吉宮初建以前之事，也是緣起於地方乾旱，因而容易與光緒 3 年（1877）求雨一事混淆。

## 五、結論

　　臺灣的平埔族，原就有其傳統信仰，自明末清初以來，因受到政治、經濟、社會、文化各方面影響，漸次轉化或改變。西班牙、荷蘭統治時代，藉由政治力量的傳播，天主教、基督教是平埔族較早接觸的外來宗教，其範疇也只局限於北部、南部等地區。在這同時，平埔族也逐漸接觸漢人的信仰。西班牙、荷蘭撤離臺灣，漢人移墾愈多，特別是清代康、雍時期，因此平埔族接觸的漢移民信仰，乃是多方面的，並非只有媽祖、王爺、觀音、關聖帝君等漢人社會普遍崇信的神祇，對平埔族都有不同程度的影響與參與建廟事例，各地廟宇現存的清代古碑往往留有平埔族人捐款資料。又方志中也可找到若干相應的記錄，如道光《彰化縣志》卷五〈祀典志〉祠廟附載寺觀：「王宮，一在半線社，一在馬芝社，俱番民建。」[34]我推測半線、馬芝兩社的王爺信仰，應是出自其祖靈崇拜的轉化。又乾隆《重修鳳山縣志》卷三〈規制志〉水利附載津樑條下：「以上三渡（按指阿猴渡、萬丹渡、新園渡）皆八社番掌管船渡，為中元三資，官司憐卹窮番之意也。」[35]雖是記述鳳山縣為撫卹轄境平埔族過節之資而訂定的特例，不過也說明了乾隆朝以前，平埔族的風俗習慣，就已深受漢人影響了。

　　漢人移墾臺灣，帶來了閩粵各種神祇，當然對於平埔族都會產生不同程度的影響，依現存文獻來看，媽祖信仰似乎最受平埔族歡迎，閩粵移民信仰者眾，影響力大，應是最主要原因。上文所論，平埔族的媽祖信仰，與其漢化程度息息相關，同時也隨著歲月增長而漸進，文獻記載雖然無多，但仍可略分為三個階段：

---

[34] 周璽《彰化縣志》，頁148。
[35] 王瑛曾《重修鳳山縣志》（臺北：臺灣銀行經濟研究室，1962），頁41。

　　（1）接觸時期——清初康熙年間，由於漢人通事的媽祖信仰，而使平埔族開始接觸媽祖，通事藉職權之便，介入土地的拓墾與經營，並擁有龐大資產，最後更興建媽祖廟，用酬神庥。當然平埔族也會稍予捐款，或前往朝拜。康熙《諸羅縣志》有關干豆門靈山廟各條記事，即為此一時期的代表。

　　（2）合作時期——雍正末年至嘉慶年間，平埔族媽祖信仰愈加虔誠，各社土目或其他具影響力的幹部，逐漸與漢人合作興建媽祖廟，或出資，或捐地，岸裡社萬興宮、大甲鎮瀾宮的興修，即其著例。

　　（3）自立時期——道光年間以後，平埔族幾乎完全漢化，甚至還有以漢人自居的，漢人自著名宮廟割香分靈奉祀及迎神繞境，各莊輪流祭祀、演戲、宴客等習俗，平埔族亦加以沿襲。埔里恆吉宮的興建，堪稱達到臺灣平埔族媽祖信仰的最巔峰，此後或閩族遷徙，或受到清末基督教傳入影響，平埔族媽祖信仰又告式微。

　　媽祖為臺灣漢人主要信仰之一，平埔族既經漢化，那麼漢人社會崇敬甚篤的媽祖，必定快速成為平埔群所信奉的神祇，限於文獻匱乏，吾人目前所知，與實際情形，應當仍有相當大的落差。所舉各例，不妨視之為抽樣，那麼對於目前仍隱晦不明的早期平埔族媽祖信仰，便不難藉此得到粗略的了解。

# 參考書目

## （1）圖書

丁紹儀《東瀛識略》，臺灣文獻叢刊第 2 種。臺北：臺灣銀行經濟研究室，1957。

王瑛曾《重修鳳山縣志》，臺灣文獻叢刊第 146 種。臺北：臺灣銀行經濟研究室，1962。

毛一波《臺灣文化源流》，臺中：臺灣省政府新聞處，1971。

尹章義《臺灣開發史》，臺北：聯經出版社公司，1989。

周鍾瑄《諸羅縣志》，臺灣文獻叢刊第 141 種。臺北：臺灣銀行經濟研究室，1962。

周元文《臺灣府志》，臺灣文獻叢刊第 66 種。臺北：臺灣銀行經濟研究室，1960。

周璽《彰化縣志》，臺灣文獻叢刊第 156 種。臺北：臺灣銀行經濟研究室，1962。

林文龍《臺灣掌故與傳說》，協和臺灣叢刊二七。臺北：臺原出版社，1992。

郁永河《裨海紀遊》，臺灣文獻叢刊第 44 種。臺北：臺灣銀行經濟研究室，1959。

陳倫炯《海國聞見錄》，臺灣文獻叢刊第 26 種。臺北：臺灣銀行經濟研究室，1958。

陳培桂《淡水廳志》，臺灣文獻叢刊第 172 種。臺北：臺灣銀行經濟研究室，1963。

陳炎正（編）《中縣文獻②》，臺中：臺中縣政府，1980。

陳炎正《臺中縣岸裡社開發史》，臺中：臺中縣立文化中心，1986。

陳炎正《臺中縣寺廟大觀》，臺中：臺中縣立文化中心，1989。

郭金潤《大甲媽祖進香》，臺中：臺中縣立文化中心，1988。

鄭喜夫（編）《臺灣地理及歷史官師志武職表》，臺中：臺灣省文獻委員

　　　　會，1980。

劉良璧《重修福建臺灣府志》，臺灣文獻叢刊第 74 種。臺北：臺灣銀行
　　　　經濟研究室，1961。

劉枝萬《南投縣沿革志開發篇稿》，南投文獻叢輯（六）。南投：南投縣
　　　　文獻委員會，1958。

劉枝萬《南投縣風俗志宗教篇稿》，南投文獻叢輯（九）。南投：南投縣
　　　　文獻委員會，1961。

劉還月《尋訪臺灣平埔族》，臺北：常民文化事業公司，1995。

臺灣銀行經濟研究室（編）《清代臺灣大租調查書》，臺灣文獻叢刊第
　　　　152 種。臺北：臺灣銀行經濟研究室，1963。

賴建祥《臺中外史》，中友叢書甲種。臺中：作者出版，1968。

藍鼎元《平臺紀略》，臺灣文獻叢刊第 14 種。臺北：臺灣銀行經濟研究
　　　　室，1958。

藍鼎元《東征集》，臺灣文獻叢刊第 12 種。臺北：臺灣銀行經濟研究室，
　　　　1958。

（2）論文

方豪〈崇禎初鄭芝龍移民入臺事〉，《臺灣文獻》，第十二卷第二期，37—
　　　　38。臺北：臺灣省文獻委員會，1961。

石萬壽〈明清以前媽祖信仰的演變〉，《臺灣文獻》，第四十卷第一期，1—
　　　　22。臺中：臺灣省文獻委員會，1989。

# 半線社的漢化與消失

## 一、前言

彰化舊名半線，即以平埔族半線社而得名。十七世紀時，漢人進入半線社域，依音譯稱此地稱為半線，大約相當於今彰化市市區。從此漢人聚集的半線，由莊而街，與平埔族的半線社接壤。隨著土地大量的拓墾，漢人進入半線愈為頻仍，同時也加速了半線社平埔族的漢化，終至沒落，最後完全融入漢人社會，僅殘留社名及相關遺跡或口碑。

平埔族各社固有「歲久或以為不利，則更擇地而立新社以居」的習慣[1]，但因迫於生計，而大規模的遷徙，則以嘉慶 9 年（1804）彰化土目潘賢文、大乳汗毛格因犯法懼捕，率岸裏、阿里史、阿束、東螺、北投、大甲、吞霄、馬賽等社眾千餘人，越內山至噶瑪蘭五圍，與漳人爭地，首開其端[2]。

嘉慶 20 年（1815），發生郭百年侵墾水沙連二十四社事件，大肆焚殺。翌年冬，經臺灣鎮總兵武隆阿北巡嚴詰其事。至 22 年（1817）六月，官府傳為首諸人赴郡會訊，並驅逐眾佃出山，然水沙連二十四社自是大衰。道光 3 年（1823），乃有埔裏社透過萬斗六社通事田成發結合北投屯弁乃貓詩、通事余貓尉，招致附近各社往墾荒埔，以謀合禦「兇番」[3]。從此揭開中部平埔族各社移墾的序幕，之後又陸續遷入，生齒日繁，至光緒年間已遍佈埔裏地方。劉枝萬氏曾以歷年調查所得，參酌明治 30 年（1817）日本學者伊能嘉矩及昭和 6 年（1931）埔里社公學

---

1 周鍾瑄《諸羅縣志》（臺北：臺灣銀行經濟研究室，1962）卷八風俗志，頁 174。

2 姚瑩《東槎紀略》（臺北：臺灣銀行經濟研究室，1957），卷三〈噶瑪蘭原始〉，頁 71。按劉枝萬氏《南投縣沿革志開發篇稿》謂：「連橫《臺灣通史》曰：『（永曆）二十四年，沙轆番亂，左武衛劉國軒駐半線，率兵討，番拒戰，燬之，殺戮殆盡，僅餘六人匿海口，大肚番恐，遷其族埔里社，逐之至北港溪，觀兵而歸。』臨時臺灣舊慣調查報告載：『乾隆十四年，臺灣總鎮某使臺南地方番人口百名，移住五城堡。』但二說均未知根據何在。故潘賢文率入噶瑪蘭，應可視為平埔族大舉遷徙之嚆矢。

3 姚瑩《東槎紀略》卷一〈埔裏社紀略〉，頁 35-36。

校所製二表，新訂一表，詳列今部落名與原社名的對照及戶數、男女人口，表中所列，幾乎網羅了清代淡水廳、彰化縣下（建省前）平埔族各社，而唯獨不見半線社移入埔里的記錄[4]。

　　半線社為今彰化縣境內最具代表的一社，自來記述平埔族風土民情的方志、私家筆記，無不爭相著墨，而該社自嘉慶初年以迄光緒年間平埔族的大遷徙行動之中，很遺憾的竟告缺席，理由無他，不外乎半線社漢化的腳步，遠較他社為快，社眾生活與漢人無異，自無舉族他遷的必要。本文試就幾項加速半線社漢化的歷史因素，旁及式微情形，略予探討，或有助於對半線社的瞭解。

# 二、鄭氏王朝的軍事移墾

　　半線社，聚落在清代彰化縣城南門外[5]，即今彰化基督教醫院旁以「番社王爺」彰山宮為中心的「番社洋」一帶。據張耀錡氏編《平埔族社名對照表》該社是屬於巴布薩族[6]。

　　荷蘭時代所編〈臺灣番社戶口表〉，雖未列半線社之名[7]，但半線社的存在，卻是不爭的事實。據學者翁佳音研究，1661 年，荷蘭人將全臺歸降的住民劃分為四個集會區，彰化地區共有十個部落，屬北部集會區。同一時期，據荷蘭文獻記載，在今彰化境內的鹿港與半線均有中國

---

[4]　劉枝萬《南投縣沿革志開發篇稿》（南投：南投縣文獻委員會，1958，南投文獻叢輯六），頁 86-87。按日本學者伊能嘉矩曾將採訪所得製為一表，詳列移入埔里之平埔族（同前書頁 34-35），雖列有半線社，但該社之「領導頭人」、「遷入年代」二欄俱缺，並無足夠之證據，故伊能於表後說明：「口碑所傳，貓兒干社、大突社、大武郡社、柴仔坑社、半線社之一部份亦遷入，然與他社雜處，未曾自立部落，故不可考。」此外，劉枝萬氏亦認為伊能所列之「眉裏、馬芝遴、半線、掃揀社，均未見諸文獻」。

[5]　余文儀《續修臺灣府志》（臺北：臺灣銀行經濟研究室，1962）卷二規制志「番社」。按以乾隆中葉「臺灣輿圖」（臺北：國立中央圖書館，1982）所繪半線社位在彰化城南偏東，故《臺灣輿地彙鈔》（臺北：臺灣銀行經濟研究室，1966）〈臺灣地略〉載：「半線社，在彰化城東。」其故在此。

[6]　張耀錡《平埔族社名對照表》（臺北：臺灣省文獻委員會，1951，《文獻專刊》第一卷第一、二期合刊附冊），頁 22-23。

[7]　參中村孝志著、吳密察、許賢瑤譯〈荷蘭時代的臺灣番社戶口表〉，見《臺灣風物》第四十四卷第一期（臺北：臺灣風物雜誌社，1994），頁 197-234。

人（或中國海賊）活動、居住[8]。鑑於半線地名的出現，顯然半線社即是荷蘭時代彰化地區的十個部落之一。

　　荷蘭時代，少數中國人在半線活動或居住，對於人數尚多的半線社而言，受到的影響，應微乎其微。到了十七世紀中葉的明鄭時代，半線成了扼守大肚溪以阻遏大肚社原住民南襲的軍事重地。永曆 15 年（1661），延平郡王鄭成功收復臺灣，設置郡縣。同年七月，據文獻記載，有援勦左鎮、後衝鎮官兵「激變大肚土番叛」，衝殺左先鋒鎮營，楊祖與戰被傷，敗回至省病死，於是鄭氏諭令不准騷擾土社，調後衝鎮移紮南社。同月二十二日，又遣戶都事楊英押米船前往二林、南社，接給兵糧[9]。按二林即今彰化縣二林鎮，南社今址不詳，約當二林稍南，則無庸置疑。鄭軍之激變大肚社，終至交鋒，則就地緣而論，此時極有可能已經駐軍半線，只因軍事乍敗，不得不退守海口，所圖只是接濟上的方便。

　　鄭成功時代，為達到兵糧自給自足，曾勵行屯墾政策。半線地區雖有鄭氏部將在今半線社稍南的花壇鄉境內屯墾傳聞，惟乏確據，情形如何，不得而知。至於前述戶官楊英運糧接濟二林、南社之際，曾目睹彰化地區各社農耕情形，慨嘆不得其法。翌年初即永曆 16 年（1662）正月，臺灣受到清朝經濟封鎖，缺糧問題愈形嚴重，楊英遂於四月間，向藩主鄭成功提出農務建言，略謂：

> 「至八月，奉旨南社，適登秋收之期，目睹禾稻遍畝，土民逐穗採拔，不識鈎鐮割穫之便。一甲之稻，云採十日方完。訪其開墾，不知犁耕鋤□之快，只用手□□鑿，一甲之園，必一月□□□□□□□。至近水濕田，置之無用。……以英愚昧，謂宜於歸順各社，每社發農□一名，鐵犁耙鋤各一副，熟牛一頭，使教□牛犁耙之法，□種五穀割穫之方，聚教群習，彼見其用力少而取效速，耕種易而收穫多，謂不欣然效尤，護其舊習之難且勞者，未之有也。」[10]

―――――――――――

[8] 翁佳音〈被遺忘的臺灣原住民―Quata（大肚番王）初考〉見《臺灣風物》第四十二卷第四期，頁 145-188。

[9] 楊英《從征實錄》（臺北：臺灣銀行經濟研究室，1958），頁 191。

[10] 同前書頁 193-194。

　　此一建言提出，不幸鄭成功卻於五月初八日遽薨，各社教導稼穡之策，有無施行，固難考稽，惟以當時需糧孔急的背景之下，嗣王鄭經亦行屯田制，令各地駐軍開墾，因此對於半線社應會有某種程度的影響。

　　明鄭時代半線社之接觸大規模漢人，文獻足徵者，當推劉國軒的駐軍半線，此一記事，首見於康熙中葉郁永河所著《裨海紀遊》，茲錄如次：

> 「斗尾龍岸番偉岸多力，既盡文身，復盡文面，窮奇極怪，狀同魔鬼。常出外焚掠殺人，土番聞其出，皆號哭遠避。鄭經親統三千眾往勦，既深入，不見一人；時亭午酷暑，將士皆渴，競取所植甘蔗啖之。劉國軒守半線，率數百人後至，見鄭經馬上啖蔗，大呼曰：『誰使主君至此？令後軍速退』。既而曰：『事急矣，退亦莫及。令三軍速刈草為營，亂動者斬！』言未畢，四面火發，文面五六百人奮勇跳戰，互有殺傷；餘皆竄匿深山，竟不能滅，僅燬其巢而歸。」[11]

　　劉國軒駐軍半線，康熙《諸羅縣志》有相應的記載，甚至提到北路營柵即其營址，略云：

> 「半線…自府治至淡水八里坌，此為居中扼要之地，貓霧捒、岸裏山、南北投、水沙連諸番上下往來必由之路。鄭氏竊據時，各社半屬生番，偽將劉國軒立營於此。開闢後，以次內附。今之營柵，即國軒故營址。今防北路營守備一員，隨防把總一員，目兵一百七十名。」[12]

　　此雖指明「國軒故營址」，即「今之營柵」，但細讀所敘，卻不知營柵位在何處，幸同書「山川」一目，提到「大武郡以北，廣漠平沙，孤峰秀出者，曰望寮山，其下有北路中軍之旗鼓焉，則半線（原注：莊名）之營壘也[13]。」是可以確定的。劉國軒駐軍半線，帶來了大批寓兵於農

---

[11] 郁永河《裨海紀遊》（臺北：臺灣銀行經濟研究室，1959），頁56〈番境補遺〉。

[12] 周鍾瑄《諸羅縣志》卷七兵防志「陸路防汛」，頁117，另卷首所繪「山川總圖」，有防汛與半線社的關係位置。

[13] 同前書頁9，按所述劉國軒營址位在望寮山下，望寮山即今之八卦山，山下為今彰化市區無

的漢人，為半線社的漢化邁出了一大步。

劉國軒之後，有關明鄭駐軍半線的文獻，固極為隱晦，惟鑑於八卦山上「鄭國姓踞臺時將佐」鄧、蔣二墓的存在[14]，應一直延續到永曆 37 年（1683）鄭氏王朝覆滅為止。

# 三、拓地移民與半線設治

康熙 22 年（1683），清朝領有臺灣，翌年設一府三縣，北路屬諸羅縣。當諸羅設縣初，即縣治仍在佳里興時，「流移開墾之眾，極遠不過斗六門」，北路防汛也僅至半線、牛罵而止。康熙 43 年（1704），職官、營汛，全移至新縣治諸羅山，這時「流移開墾之眾，已漸過斗六門以北」。49 年（1710），又因洋盜潛伏之故，北路設淡水分防千總，增設大甲以上七塘，由於汛塘增設，墾民安全顧慮相對減少，於是「流移開墾之眾，又漸過半線、大肚溪以北」[15]。

年代愈晚，流移墾民愈往北發展，就臺灣的開發而言，成效亦愈為豐碩，但如從平埔族各社的立場來看，卻是一場劫難的開端，更是地方治安的隱憂，針對這種亂象，《諸羅縣志》有極其精闢的論述：

> 「以去縣日遠，聚眾行兇、拒捕奪犯，巧借色目以墾番之地、盧番之居、妻番之婦、收番之子。番畏其眾，強為隱忍，相仇無已，勢必搆禍。而大甲以上官兵，初至不習水土，又地方遼闊、塘汛寡弱，無事空抱瘴癘之憂，有事莫濟緩急之用，此知縣周鍾瑄所以有清革流民以大甲溪為界之請，前北路參將阮蔡文又有淡水一汛、七塘官兵應請咨部撤回之議也[16]。」

這些漢族流民欺凌平埔族的種種惡行，為諸羅縣治以北普遍存在的

---

疑，惟與卷首所繪不符，存疑待考。

[14] 周璽《彰化縣志》卷二規制志「義塚（封塋附）」頁 65，按據墓碑所謂「鄧國公」即鄧顯祖、「蔣國公」即蔣毅庵，二墓迭經遷移，今與墓碑並祀於八卦山「乙未抗日烈士紀念祠」。

[15] 周鍾瑄《諸羅縣志》卷七兵防志「總論」，頁 110。

[16] 同註 15。

現象，不獨半線社為然，惟半線地方屬南北交通衝要之地，為流民易於聚集的處所，所受的影響亦較他社為深。

康熙中葉，閩南豪族施世榜在臺灣南部經營拓墾事業有成之後，其觸角又往北延伸，開墾濁水溪流域廣大的荒埔。其北端燕霧保一帶，為半線社所擁有的埔地，也贌租給施世榜的「施長齡」業戶。據《土地慣行一斑》記載，燕霧保原是半線社埔地，康熙48年（1709），由業戶施長齡取得埔地，招佃開墾，逐漸有成[17]。現典藏彰化縣史館的一件道光年間燕霧大莊土地典契字，足堪印證這段歷史。

燕霧大莊，即今大村鄉。有施家的施伯忠、施孳善戶下大租業戶施振隆、施思誠（即施志喈），將大莊一帶水田約二十甲，共大租約一百六十二石，典給鹿港保林廷鳳掌管。契字正文之後，開列佃戶，正供、丁銀及半線社餉明細，有關半線社餉共有四則，分別是：

> 「孳善戶半線新社餉銀一•八八二五兩。舊社餉銀三•七三一錢。伯忠戶振隆新舊社餉銀一•八一錢。孳善戶思誠新舊社餉銀一錢[18]。」

契字中雖帶納半線新、舊社餉銀，卻不是「番大租」，而是一般的大租，此由契字中提到「大租」數目可證。由施家擁有原半線社土地的大租權，正是「典贌給墾」、「墾成杜賣」[19]的典型。

康熙末年，漢人聚落的半線莊發展為半線街[20]，漢人愈多，半線社遭受到的壓迫，也愈為顯著，甚至在利誘之下時興與漢人結為「副遜」（盟弟兄），最後卻深受其害，據《臺海使槎錄》記云：

> 「半線社多與漢人結為副遜，副遜者，盟弟兄也。漢人利其所有，託番婦為媒，先與本婦議明以布數匹，送歸父母，與其夫結為副遜，出入無忌。貓兒干、東西螺、大武郡等社，亦蹈此惡習，但

---

[17] 陳宗仁《彰化開發史》（彰化：彰化縣立文化中心，1997），頁124。

[18] 彰化縣文化局（前文化中心）所藏古文書道光年間燕霧保大庄施姓業戶典契，惟原契內之數字係舊式「碼子」，遷改。

[19] 陳盛韶《問俗錄》（南投：臺灣省文獻委員會，1997），卷六鹿港廳「番社」。

[20] 周鍾瑄《諸羅縣志》卷二規制志「街市」，頁32。

不似半線太甚耳[21]。」

　　副遢風氣，起源於半線社，再向鄰近各社蔓延，結盟的結果，只以「出入無忌」四字帶過，語焉不詳，其實證以《諸羅縣志》所記「墾番之地、廬番之居、妻番之婦、收番之子」，恐怕就是半線等社與漢人結為副遢的悲慘下場，當然也是加速其漢化的重要因素。

　　康熙 55 年（1716），漳浦名士陳夢林應聘為諸羅修志，有鑑於半線地方漢人日眾，有鞭長莫及之勢，乃主張：

　　「宜割半線以上別為一縣，……彰官吏、立學校，以聲名文物之盛，徐化鄙陋頑梗之習，嚴保甲之法，以驅雞鳴狗盜之徒。」[22]

　　康熙 61 年（1722），臺灣發生朱一貴之變，因北路營未陷，內外夾擊，很快就收復郡城，於是半線建縣之議，又被提出來討論，尤以藍鼎元所言最為具體，他說：

　　「諸羅地方遼闊，鞭長不及，應劃虎尾溪以上另設一縣，駐半線，管轄六、七百里。」[23]

　　再經同時的巡臺御史黃叔璥奏准，在雍正元年（1723），分諸羅中間百餘里之地，南截虎尾，北抵大甲設彰化縣[24]。

　　彰化縣新設，半線街成為縣治所在，雍正 12 年（1734），知縣秦士望「於街巷外遍植莿竹為城，分東西南北四門」[25]，不旋踵彰化城即躍升為臺灣中部的政商、文教中心。漢人益聚，半線社漢化愈深，土地的流失也與之成正比。

　　平埔族各社土地的易主，情形不一，除去漢人非法的侵佔之外，最常見的要數漢人入贅的繼承，以及漢人挾著優越的農耕技術，代納社

[21] 黃叔璥《臺海使槎錄》（臺北：臺灣銀行經濟研究室，1957）卷五番俗六考「北路諸羅番六」，頁 116。
[22] 周鍾瑄《諸羅縣志》卷七兵防志「總論」，頁 112。
[23] 藍鼎元《東征集》（臺北：臺灣銀行經濟研究室，1958）卷三〈覆制軍臺疆經理書〉，頁 35。
[24] 周璽《彰化縣志》卷一封域志，頁 2，黃叔璥《臺海使槎錄》卷一赤嵌筆談「城堡」，頁 21 合參。
[25] 周璽《彰化縣志》卷二規制志「城池」，頁 35-36。

餉，賸墾社地，墾熟之田之後，再予買斷。平埔族為母系社會，「重生女，贅婿於家，不附其父，故生女謂之有賺。」[26]如生有兩女時，「一女招男生子，則家業悉歸之，一女則移出。」[27]此一家業悉歸贅婿的習俗，在漢人尚未進入的年代，世代相沿，自不成問題，但漢人為了覬覦平埔族土地，往往以入贅方式，取得土地，各社不僅面臨男子婚配不易的困境，血緣的融合，加快了平埔族漢化的腳步，對於社地的流失，也有一定程度的影響，至於先賸後買的取得土地方式，則是最為常見的模式，影響至深且鉅。道光年間，陳盛韶任臺灣北路理番同知。他曾針對平埔族土地問題，提出了一針見血的看法：

> 「臺灣初皆番地，厥後漳、泉、惠、潮民至，有強占私墾者，有典賸給墾者，有墾成絕賣者，番止約略收田糧數石，而番地化為閩、粵所有。計通臺九十二社，田園皆失，存者不過萬分之一[28]。」

當然這些典賸、絕賣的背後，更存在著許多「漢奸為毒而番黎受害」[29]的史實，非本文討論範圍，茲不贅。

半線社漢化較早，故相關土地文書資料，亦相當缺乏，日治時代，當局編印《清代臺灣大租調查書》所錄「番大租」，半線社只有兩個案例，一是乾隆3年（1738）的給墾契字[30]，一是乾隆12年（1747）的招佃給墾字[31]，前者為「半線社番」蛤肉，將坑仔內（今彰化市桃源里一帶）祖遺土地賣與漢人蔡灶開墾的契字，內容如次：

> 「坐落土名址在坑仔內莊，東至林家竹圍腳為界，西至竹圍為界，南至大湖底為界，北至竹圍為界；四至界址俱各明白，年配納番租銀三錢正，今因乏銀費用，願將此山埔一所出賣他人為

---

[26] 周鍾瑄《諸羅縣志》，頁169，卷八風俗志「番俗」。

[27] 余文儀《重修臺灣府志》，頁541，卷十五風俗二「番社風俗彰化縣二」，所敘習俗包括南投、北投、貓羅、半線、柴仔坑（柴坑仔）、水裏等社。

[28] 陳盛韶《問俗錄》，頁58，卷六鹿港廳「番社」。

[29] 同前書，頁59。

[30] 臺灣銀行經濟研究室《清代臺灣大租調查書》（臺北：臺灣銀行經濟研究室，1963）第三章番大租第三節「番人給墾字」，頁445。

[31] 同前書第三章番，頁540，大租第四節「番業戶給墾字」。

業，先問盡番親人等不能承受，外托中人引就向與漢人蔡灶觀出
著承買，三面議定時值賣盡山埔價銀八大員正。其銀即日同中交
收足訖，其山埔隨即踏明界址，交付買主前去掌管開墾，起蓋厝
宅居住，以及栽種樹木、竹圍，任從其便，永為己業。一賣盡千
休，割籐永斷，日後子孫永不敢言贖言找洗滋事。保此業係蛤肉
承祖益的物業，與別番親人等無干，亦無重張典掛他人財物，以
及來歷交加不明等情為礙。若有不明等情，蛤肉一力出首抵擋，
不干買主之事。此係二比甘願，各無及悔，口恐無憑，今欲有憑，
合立開墾賣盡山埔契字一紙，收執為照。
即日同中親收過立給開墾永遠賣盡出埔契字內佛銀八大員正，完
足再照。

　　　　　　　　　　　　　　　　　　　　　為中人陳寶官
　　　　　　　　　　　　　　　　　　在場知見番婦　肥肝
乾隆三年四月　　日　　立給開墾永遠賣盡出埔契字　蛤肉
　　　　　　　　　　　　　　　　　　　　代筆　林禮記」

　　後者為「半線社番業主阿國迭」，將祖遺烏瓦窯仔莊山連帶園厝，
因不能耕作，乃將之付與漢人林壽招佃墾耕，管掌耕作，帶納社租。內
容如次：

　　「立給佃批墾耕字本半線社番業主阿國迭等，承祖遺下有產山帶
　　園厝地，址在烏瓦窯仔莊山，東至崙尾山為界，西至大車路為界，
　　南至黃備觀山為界，北至園蓋雲山為界，四至明白。今因國不能
　　耕作，情願將此產山及園厝地托中就與漢人林壽官自立招佃墾耕
　　字執掌，自出工本栽種樹木、竹圍，年帶貼納山租二錢五分正。
　　其山隨付漢人林壽官永遠己業，管掌耕作，帶納社租，不敢刁難，
　　任從招佃給墾，不敢異言滋事。此山係迭承祖遺下物業，與內外
　　番親人等無干，亦無來歷交加不明為礙，如有不明，迭自出首一
　　力抵擋，不干業主之事。此係二比甘願，各無反悔，口恐無憑，
　　立給佃墾耕字二紙，各執一紙，付執為憑。

　　　　　　　　　　　　　　　　　　　　為中人　邱朝明
　　　　　　　　　　　　　　　　　　　　代書番　林志和

乾隆十二年十一月　　日立給佃耕字番半線社業主　阿國迭」

　　上述二筆土地產權的移轉，有一共通點，就是都與漢人開墾有關。前一項契字，價格只有八員，可能面積不大，且契字中書明「永遠賣盡」，因此似非「番大租」性質。後一項契字，面積龐大，漢人林壽掌管的唯一條件，就是招佃墾成之後，仍「帶納社租」，換言之就是由半線社業主阿國迭逐年收取「番大租」，二件契字的存在，也證實了契內土地，早年都屬半線社境域。

　　文獻記載之外，目前傳世的古文書，有坑仔內一筆土地，也是半線社先贌後賣的事例，茲錄如次：

「立再洗杜找賣盡根契字人半線社番蛤肉未氏有承父祖得山埔園二并厝地壹座，坐落土名坑仔教場邊北勢，東至內坑溝，西至鄭家田為界，南至校場邊，北至山頂，四至明白為界。因于乾隆捌年故祖蛤肉給鄭老觀開墾成園，每年完單園租銀壹大員，後鄭老退賣與黃撥子，撥子退賣與黃俊，俊退賣與童老觀，現係童老觀掌管。乾隆參拾伍年，其園被水崩□□賠納租銀壹大員，無可□處，未氏願將崩剩之坑埔與童老觀前去用力開墾成多處水田，歷年照原完單□□□，日後子孫與番親人等不得加毫□租稅。今未氏家貧，托中懇求童老觀再找銀壹大員，其銀即日全中交訖，其物業長付銀主掌管居住開築，永為己業，日後不敢言及帖贖生端滋事，口恐無憑，立再洗找杜賣盡根契一紙執為炤。
即日收過再洗找銀壹大員，再炤。

　　　　　　　　　　　　　　　　　　　代筆併中人　王瑛士
乾隆肆拾伍年二月　　日　立再找洗杜賣盡根契半線社番蛤肉未氏[32]」

　　契字所敘，先是乾隆8年（1743）有半線社蛤肉，將坑行內山埔贌租漢人鄭老開墾成園，年納租銀一員，後經數度轉手童老，雖遭水崩壞一部份，蛤肉之孫未氏再給與鄰近坑埔補墾，租銀仍為一員，乾隆45

---

[32] 彰化縣文化局藏乾隆45年半線社番蛤肉未氏杜找賣盡根契字。

年（1780），未氏家窮，乃要求童老再補貼（洗找）一員，將土地賣斷。歷時三十餘年，歷經祖孫三代，土地轉手數人，其過程正如前引陳盛韶之言「有典賭給墾者，有墾成杜賣者」，小中見大，半線社土地的流失，與日俱增，康熙年間如此，至乾隆年間仍是如此，令人感嘆。

## 四、王爺宮的建立

臺灣島上，自古以來，分佈著各種不同族群。明朝末年，閩粵漢族移民大量湧入，原住民也開始與漢人接觸，隨著居住環境的不同，漢化程度也有所差異，高山或深山的族群，較不受漢人影響，仍維持原來的生活方式，西部平原各族群，則難免有程度不一的改變。清人領臺初期的文獻資料，已出現「番有土番、野番之別」的記載[33]，將平地與高山族群，加以區隔。

約康熙末或雍正初，有「土番」之稱的西部平埔各族群，逐漸有「平埔番」或「熟番」等稱呼。目前所知較早的文獻，如雍正8年（1730）刊本《海國聞見錄》，記云：

> 「臺灣居辰巽方，北自雞籠山，南至沙馬崎，延袤二千八百里。……西面一帶沃野，東面俯臨大海，附近輸賦應徭者，名曰平埔土番[34]。」

雍正10年（1732），前曾渡臺灣參提督藍廷珍戎幕的漳浦名士藍鼎元任官廣東，撰〈粵中風聞臺灣事論〉提到：

> 「臺灣土番有生熟兩種，其身居內山，未服教化者為生番，皆以鹿皮蔽體，耕山食芋，弓矢鏢鎗，是其所長。……其雜居平地，遵法服役者為熟番，相安耕鑿，與民無異。惟長髮、剪髮、穿耳、刺嘴、服飾之類，有不同耳[35]。」

---

[33] 郁永河《裨海紀遊》，頁32。
[34] 陳倫炯《海國聞見錄》（臺北：臺灣銀行經濟研究室，1958），頁11，〈東南洋記〉。
[35] 藍鼎元《平臺紀略》（臺北：臺灣銀行經濟研究室，1958），頁63，附錄〈粵中風聞臺灣事論〉。

　　誠如藍鼎元之言，平埔族漢化的結果，在雍正年間，就已「相安耕鑿，與民無異」，只髮制、裝飾等方面，仍保留若干差異而已。平埔既經漢化，而「與民無異」，故早期的方志或筆記，頗少見著墨。

　　半線社的歷史文獻本已不多見，記述其漢化情形，更屬鳳毛麟角。道光《彰化縣志》風俗志所記「番俗」，幾乎都沿襲舊志資料，了無新意，僅見「服飾」一節，記道：

> 「衣短及臍，名籠子布二幅，縫其半於背左右，及腋而止，餘尺許垂肩及臂，無袖，披其襟。婦女則前加以結，色尚白，或織茜毛紅紋於領（茜，染絳之草），或緣以他色，約五寸許，西螺以北色尚青。……數年來，半線社諸番，衣褲半如漢人，各裝棉[36]。」

這是《彰化縣志》絕無僅有的一則記述，應是道光 12 年（1832）修志初期情形。

　　臺灣平埔族的漢化，每個族群大同小異，半線社自不例外。事實上半線社在道光初年，就已「衣褲半如漢人」，當然在其他各方面，應亦接近漢人，《彰化縣志》記各社風俗，分為「狀貌」、「服飾」、「飲食」、「廬舍」、「器物」、「雜俗」等六大類[37]，每類再予細分，這些風俗習慣，並非專指半線社，而是泛指今臺中、南投、雲林等地平埔族。細閱其內容，大都輾轉沿襲，對於漢化後的變化語焉不詳。如就明確的半線社文獻加以觀察，最具體而微的指標，莫過於王爺宮的興建。

　　平埔族原有其傳統信仰，漢化加深之後，也難免受到衝擊，最常見的是將所奉祀神祇轉化，如南臺灣有轉化阿立祖信仰為太上老君或神農大帝之例，中臺灣亦有轉化傳統信仰為王爺、元帥之例。半線社王爺信仰，清代文獻僅見《彰化縣志》記云：

> 「王宮：一在半線社，一在馬芝社，俱番民建。」[38]

　　雖寥寥數語，卻為半線社王爺信仰，留下一條重要線索。值得注意

---

[36] 周璽《彰化縣志》，頁 297，卷九風俗志「番俗」。
[37] 同前書，頁 294-303。
[38] 同前書，頁 158，卷五祀典志「祠廟」。

的是《彰化縣志》將半線、馬芝（遴）二社所建者稱之為「王宮」，而漢人所建王爺廟則稱之為「王爺宮」，別為一條，的確耐人尋味。

　　半線社王宮，即今華北里光華街的彰山宮，俗稱「番社王爺宮」。建置沿革未見道光《彰化縣志》記載，據民國 48 年臺灣省文獻委員會調查的《臺灣省宗教調查表》記載，係興建於乾隆 35 年（1770），重修於同治 5 年（1866），茲節錄沿革原文如次：

> 「乾隆三十五年，半線社蕃人（原注：於現在南門口莊住有熟番之謂）顯化紀念，為鎮撫該蕃人，由地方有志者鳩資建立本廟，奉祀池府王爺，後漸次增加信徒。清同治五年，被暴風雨摧壞，堂宇破害，由蕃人再行募資五十元，加以修復。……（下略）[39]」

　　該調查表除沿革之外，另列有神像、祭典等資料，有關神像部份，主神「池府王爺」、「土造」、「約四十公分」，配祀神為「神將二尊」，材料不詳，「約三十公分」，祭典部份，則稱：

> 「歷年四月廿五日、元月十八日王爺誕辰，該廟舉行祭典，由爐主、頭家等人提倡，籌辦五牲粿品等物，並在廟前上演掌中戲，以誌盛典。」[40]

亦為見證歷史的重要資料。

　　另據當地耆老引述小時聞諸老一輩的說法，謂彰山宮「番社王爺」，早年為一挑賣蒸籠者所帶來，為五王之一的池府王爺，池府王爺黑臉，面貌威武，頗能鎮懾半線社原住民，因此就留在該社奉祀，並興建王爺宮。

　　附近的南瑤宮興建時，便是請「番社王爺」前往看地理，而擇定現址。有此淵源，王爺公與南瑤宮媽祖有姊弟之誼。南瑤宮往笨港進香時，例由「番社王爺」接頭香，其故在此[41]。

　　今（89）年彰山宮改建為一座金碧輝煌的大型廟宇，並於農曆三月

---

[39] 臺灣省文獻委員會（編）《臺灣省宗教調查表》（臺灣省文獻委員會藏，1959，無頁碼），彰化市造送部分。

[40] 同註 39。

[41] 此為本（89）年 4 月筆者於該廟聞之耆老講述者。

二十四日舉行入火安座典禮。廟方蒐羅資料，並參採民間傳說，刻為碑記，嵌於廟內左壁。全文甚長，有關該廟沿革部份，大意如下（不錄原文）：康熙 23 年時，有蘇姓人士渡臺，隨身恭請池府王爺，落腳半線社內。先將神像奉祀草寮內，庇佑拓荒順利，繼而改建為土角竹管厝，名為彰山宮。乾隆 3 年，池王爺降乩，請莊民備大輦轎，奉金尊赴南瑤宮為三媽堪輿地理，定坐向。所擇為日月精華，除非日月無光，否則永不衰敗。因此王爺宮與南瑤宮媽祖姊弟相稱，媽祖赴笨港進香、新港刈火，回鑾繞境、入廟都由王爺公領銜接頭香，及承駕前開路先鋒。乾隆 35 年，「熟番」人口益增，民性雜亂，遂由王爺公顯靈，感化人心，發起重建，聘大陸名師泥塑三尺六寸的鎮殿神像[42]。

　　碑記所記創建年代，較《臺灣省宗教調查表》早了將近九十年。半線王爺宮沿革，缺乏清代直接史料，就半線社的開發背景而言，明末清初已有漢人進入，固然是無可厚非。但所謂乾隆 3 年（1738）有擇定南瑤宮地理情節，因牽涉南瑤宮的創建沿革，不妨從另一個角度，加以思考。

　　南瑤宮創建年代，極為隱晦，《彰化縣志》所記，也僅「天后聖母廟……一在邑治南門外尾窯，乾隆中士民公建。」[43]等文字，年代不明確。昭和 11 年（1936），南瑤宮重建完成，曾由吳士茂撰文，由「南瑤宮改築會員一同」的名義，正式建立沿革碑記，碑文首言「乏精細之資料可考，亦不得不搜集殘文斷碣及諸口傳，縮合以成之也」，接述創建沿革，略云：

> 「聞自前清雍正時代，彰化置縣始置城池，至乾隆十二年終告成功，建城時掘土燒磚，以疊城垣之用；有招募外來窯工以從事，中間有楊姓者，自笨港應募而來……攜有笨港最著靈感之神（即媽祖）……祀之坯寮。即造磚場，址在本廟地也。……每入夜頻見五彩毫光，居人奇之，群入寮尋覓一無所有，惟香火存焉。……

---

[42] 本（89）年五月彰山宮重建完成，新製碑記，嵌於廟內左壁，所述與《臺灣省宗教調查表》有所出入，特別是創建年代、泥塑神像部份。另據傳該宮曾發生火炎，許多舊文物燒燬。

[43] 周璽《彰化縣志》，頁 154，卷五祀典志「祀廟」。

遂共祀之於鄰福德廟內，禱告輒靈。自茲以後香煙日盛。越二年，庄民議建廟。……迨嘉慶七年，彰化紳董聯絡縣下信者，再倡重建。……（下略）[44]。」

據此碑記所言，南瑤宮創建可追溯到雍正時代至乾隆 12 年（1747）間，因掘土燒製城磚，由笨港楊姓工人攜來媽祖香火而結下一段香火緣。楊姓工人燒製城磚之說，如果是事實，則年代絕非在乾隆 12 年（1747）以前，很有可能是在嘉慶 16 年（1811）至 20 年（1815）之間。蓋彰化設縣於雍正元年（1733），至 12 年（1734）時，才在知縣秦士望任內遍種莿竹為城。乾隆 51 年（1786）及 60 年兩次民變，砍伐殆盡。嘉慶 2 年（1796），知縣胡應魁再依舊址，補栽莿竹，又於四門增建城樓。嘉慶 16 年，知縣楊桂森改建為磚城，至 20 年告成[45]。就彰化建城史實而言，大規模燒製城磚，應在嘉慶 16 年以後，這段建城歷史，不僅足以改寫南瑤宮創建沿革，甚至彰山宮碑記出現的乾隆 3 年勘輿南瑤宮地理的年代，恐怕也必須改寫。

其次，彰山宮前身既是「半線番民公建」的廟宇，那麼建廟以祀池府王爺的原因為何？是否果傳說所言，漢人入半線開墾或經商請來池府王爺，遂建廟立祀。或者竟是由半線社所祀傳統信仰，再經漢化的結果。目前資料有限，已不容易解決這項問題，但前引《宗教調查表》，有關祭典部份所載，「歷年農曆四月廿五日、元月十八日王爺誕辰」，卻留下一個值得思考的空間。當年只祀奉池府王爺，何以竟出現兩個王爺誕辰日期。池府王爺誕辰為六月十八日，資料中的「元月十八日」，顯係填報時的筆誤，可以不論。但另一個誕辰「四月廿五日」，則頗令人不解，經檢《三教聖誕千秋錄》，陰曆四月廿五日，只列了「武安尊王千秋」一項，別無其他神誕，因此筆者頗疑半線社公建廟宇之前，可能先有其他信仰，漢化後始轉化為漢人信仰的池府王爺，《彰化縣志》將「王爺宮」與「王宮」區隔，原因或許在此。

---

[44] 吳士茂〈南瑤宮沿革碑記〉，立於廟前左側。
[45] 周璽《彰化縣志》，頁 35-36，卷二規制志「城池」。

　　半線社因漢人聚集，而急速的漢化。一般而言，平埔族最容易接受
的，不外乎較為進步的物質文明以及日常溝通所需的語言，根深柢固的
宗教信仰，最難被漢人同化，南臺灣平埔族的阿立祖信仰，時至今日儘
管其固有語言及生活方式都消失殆盡，此項祭典仍沿續下來，即為一
例。半線社將固有信仰改奉漢人神祇，以筆者推測，或與當時政府積極
推動的教育政策有關。

　　雖文獻記載，雍正 12 年（1807），臺灣巡道張嗣昌奉文在各縣設「土
番社學」，「各置社師一人，以教番童，訓導按季考察」[46]，使半線社設
置了一所「土番社學」，但事實上清朝政府對於半線社的教化工作，在
此之前，已略具成效。雍正元年（1723），巡臺御史黃叔璥北巡，路過
半線社時，記道：

　　　「半線番童楚善讀下孟，大眉、盈之俱讀下論，商國讀大學[47]。」

　　這種讀書風氣甚盛的情形，是黃叔璥前巡視其他各社時所未見的，
足見半線漢化之深。前引乾隆 12 年（1747）半線社業主阿國迭立的給
佃批墾耕字，代寫契字的，竟是「代書番林志和」，的確令人訝異，在
乾隆初年，即使是漢人社會，教育仍未普及，半線社已出現足勝任代書
工作的平埔族人，再次印證了該社漢化的程度。

## 五、半線社走入歷史

　　清代臺灣未建立完備的戶口制度，舊志雖列有「戶口」一目，充其
量不過統計各府、縣人口的總數而已。此外，清代又有按丁徵餉的賦稅
制度，雖可粗略估算各社人口數，但舊志所載，康熙 30 年（1691）時
漢人每丁徵銀是四錢七分六釐，但「土番各社」卻是以社為單位，「每
社徵銀不等」，且某些地方是二社以上合併徵銀。因此半線社遂與大肚

---

[46] 劉良璧《重修福建臺灣府志》（臺北：臺灣銀行經濟研究室，1961），頁 333，卷十一學校
　　附「土番社學」。
[47] 黃叔璥《臺海使槎錄》，頁 117，卷五番俗六考「北路諸羅番六」。

社合併附柴坑仔、水裏二社，徵銀「三百三十一兩六錢三分二釐」[48]，這是早期較為模糊的賦稅資料，對半線社人丁的瞭解，並無助益。約雍正元年（1723），巡臺御史黃叔璥北巡，過半線社，曾有〈晚次半線〉五古一首，描述所見社內歡迎的情形，詩中有云：

> 「里社數百家，對宇望復衡。番長羅拜跪，竹綵兒童迎（原注：麻達用雙竹結紅綵以迎）。女嬢齊度曲，頫首款噫鳴（原注：番歌先以款噫發聲）。瓔珞垂頂領，跳足舞輕盈。鬥捷看麻達，飄颻雙羽橫。薩鼓聲鏗鏘，奮臂為朱英（原注：紅布懸竹竿為幟，麻達先至者奪之）。王化真無外，裸人雜我氓。安得置長吏，華風漸可成[49]。」

詩中透露了半線社「數百家」的社眾，且仍舊保有其固有的習俗。同時也反映了當時社內已雜住著極少數的漢人，黃叔璥甚至抱著儘早設官置吏，以期早日漢化。

雍正 2 年（1724），原屬諸羅縣轄各社，移歸彰化縣管轄。乾隆元年（1736），奉文將漢人每丁徵銀減為二錢。翌年，額徵社餉也「改照民丁例每丁徵銀二錢」，這時的半線社（含柴坑仔社）共有「番丁」一百一十四名[50]，按所謂「番丁」，應指社內青壯年男子而言，並不包括婦女、孩童等，因此實際的人口應更多。

乾隆初年，清廷免去社餉，而比照漢人的按丁徵銀，此一政策的背後，顯示了平埔各社已經逐漸漢化，當局乃有一視同仁的作法，證以前引乾隆 12 年（1747）半線社土地流失的文書資料，實若合符節。又乾隆 8 年（1743）至 12 年（1747）間任臺灣巡道的六十七（人名），在任內繪有「番社采風圖」，彙集成書，中有「迎婦」一幀，記述「彰邑東螺、西螺、大武郡、半線等社娶親迎婦名為牽手」的習俗[51]，圖中也反

---

48 高拱乾《臺灣府志》（臺北：臺灣銀行經濟研究室，1950），頁 135，卷五賦役志「陸餉」。按至乾隆初劉良璧《重修福建臺灣府志》，除半線、大肚二社合併外，另附柴坑仔、水裏二社，餉額仍與康熙 30 年相同。

49 黃叔璥《臺海使槎錄》，頁 118，卷六番俗六考「北路諸羅番六」。

50 劉良璧《重修福建臺灣府志》，頁 201，卷八學戶役「陸餉」。

51 六十七《六十七兩採風圖合卷》（臺北：國立中央圖書館臺灣分館，1997），第十二圖無頁碼。

映了半線社漢化的情形。

　　嘉慶年間的臺灣，平埔族土地流失加快，開始有舉族遷移的先例。
至道光年間，不僅各社田園流失殆盡，甚至連乾隆 53 年（1788）因平
定林爽文案有功，清廷為各社而設的「屯餉」，也多被侵占[52]。況且半線
社位在彰化縣治南門口，甚處境愈為艱困。

　　咸豐 8 年（1858），彰化陳肇興有〈番社過年歌〉一詩，吟詠「番
社過年」習俗之外，字裏行間，平埔族漢化後的困境，躍然紙上，詩道：

> 「摐金伐鼓聲淵淵，社番十月即過年。烹羊宰牛祭先祖，餈糅羅列
> 無幾筵。纏頭插羽盛衣飾，紅絨鬖鬖垂兩肩。或提藤籠或霞籃，膏
> 蚌鮭雜魚腥羶。持瓢圍坐恣酣飲，有如長鯨吸百川。醉起攘臂蹈地
> 走，歌呼跳躑何喧闐。鼻上簫吹無孔笛，嘴中琴奏不調絃。馬鄰貓
> 踏矜猱捷，螫弧一拔爭登先。腰間錚錚薩鼓宜，千聲沸出騰青天。
> 都盧國輄學膜拜。味嚧以祝多良田。物畜蕃滋風草死，乃箱萬萬倉
> 千千。土官通事持羊酒，獨坐公廨行賞錢。男嬉女笑出真樂，此風
> 直在羲皇前。邇來熟番變唐化，每歲歌舞猶相沿。獲稻築場農事畢，
> 家家舂磨修潔鮮。可憐眾社漸貧困，有室徒悲如磬懸。昔日千豚今
> 一臠，百年人事隨風煙。君不見生番化熟熟化岷，耕耘轉在高峰巔。
> 南北十社九社廢，裸人叢笑亦何焉[53]。」

　　陳肇興所詠，固然是當時全臺普遍的情形，而陳肇興彰化縣城人，
對於南門外的半線社，自較為熟悉，故此詩雖非專為半線社而詠，卻不
啻是該社的寫照。

　　清末的平埔族各社，在漢化及其他因素的影響之下，悉成弱勢族
群，未經舉族遷徙的半線社，更是弱勢中的弱勢。平常不受重視，以致
文獻記載，日益稀少，筆者僅見光緒 18 年（1892）十月，由業戶吳源
豐、賴樹德代林振升繳納該年份的通事社餉銀執照一紙，計銀壹兩三錢
三分，「執照」本微不足道，值得注意的是上鈐「理番分府」頒給半線
社通事張成懋的長行戳記，另有「張太和館」小長印，當是通事張成懋

---

[52] 詳見陳盛韶《問俗錄》，頁 61-62，卷六鹿港廳「屯埔」。
[53] 陳肇興《陶村詩稿》（臺北：臺灣新民報社，1937），頁 30，卷三。

租館收租印記。此一執照至少說明了光緒 18 年（1892）半線社已是苟延殘喘的年代，幾乎完全漢化，猶有通事坐收社餉，實理不可解。光緒 21 年（1895），臺灣歸日人統治。日治初期，半線社的生活愈絀，彰化宿儒吳德功有〈半線社〉一詩道：

> 「半線番更化，鄉村漸式微。古松多合抱，修竹自成圍。刺面兇形改，投田舊俗遺。可憐恒產少，日見社丁稀[54]。」

按此詩所詠仍針對半線社的衰敗而言，值得注意的有二，一是早期半線社或有「刺面」習俗，一是此時尚遺「投田」之俗。刺面即刺青於顏面，《諸羅縣志》提到中部平埔族相關習俗，但云：

> 「岸裏、掃揀、烏牛難、樸仔籬番女，繞脣皆刺之。……又於文身之外，別為一種。」[55]

未及於半線社，詩中所詠，足資參考。「投田」，以為「走田」的音譯之差。按平埔族「凡祭祖謂之田」，祭時：

> 「選社中善走者十餘人鳴金，各以手互相牽引，跳躍同走，旋分手走，漸走漸遠，約走數里，又聚集，以手互相牽引，踐躍一番，再分手，走十餘里，則各騁足力，奮迅如飛，先回到社者受賞」[56]

謂之「走田」。

明治 41 年（1909），日人將各社平埔族進行全面調查，編為《平埔蕃調查書》，半線社僅存十二戶，人口為四十九人，其中男三十三人，女十六人[57]，此後再隨著族群通婚、語言同化，半線社終於融入漢人社會。

半線社平埔族聚落，主要為今彰山宮附近彰化市區，另有一當地民眾認知的「蕃社洋」，範圍較廣，約包括今光南、華北、介壽、建寶、

---

[54] 吳德功《瑞桃齋詩稿》（南投：臺灣省文獻委員會，1992），頁 131，下卷。
[55] 周鍾瑄《諸羅縣志》，頁 155，卷八風俗志「番俗」。
[56] 陳朝龍著、林文龍（編）《合校足本新竹縣采訪冊》（南投：臺灣省文獻委員會，1999），頁 390-391，卷七風俗「熟番風俗」。
[57] 轉引自程士毅《彰化的自然環境與原住民》（彰化：彰化縣立文化中心，1997），頁 92。

延平等里，以及大埔以北、民生南路東側一帶，這片廣大的土地，清代屬半線社的外圍，早年仍頗為荒曠。至於半線社社域，約北起大肚溪，最南約在燕霧大莊附近，與大武郡社為界，東約以坑仔內與柴坑社為界，北鄰阿束社，惟界址尚待釐清。

目前「蕃社洋」附近，可視為半線社重要指標。日治初期調查資料，半線社有四十九人，故華北里一帶，當仍有不少該社後裔生活於此。據當地耆老表示，早年仍常見以生豬肉祭祀的習俗，但現已不復存在。據稱彰山宮林姓及楊姓委員，為半線社後代，前者係漢人入贅，因某些因素，一時無法聯繫，姑俟之異日，深以為憾。

另筆者約在十年前，曾於「蕃社洋百姓公廟」內，見奉祀著一面清代式牌位，上端橫書「皇清」二字，中央字跡甚長，因經香煙薰黑，頗難辨識，但可確認「潘府君」等字，由於式樣與漢人官紳相似，故所祀極有可能是半線社先民，甚至是土目階層，因乏嗣之故，而寄奉百姓公廟，惜已不見。又道光《彰化縣志》田賦志於「屯弁」一目稱「現北路屯千總李鴻勳，即彰化縣屬半線社屯丁也。」[58]，可知半線社改用漢姓，曾出現李姓。漢姓的出現，亦為半線社漢化具體表徵，斷簡殘篇，稽考不易，附誌於此，權為該社的歷史見證。

# 六、結論

綜上文所論，半線社的漢化與漢人移民息息相關，明鄭時代駐軍首開其端。康熙年間漢人拓墾踵斷其後。雍正元年（1723）彰化縣，半線社又與縣治半線街比鄰，社眾長時間與漢人相處，相互包融，族群的衝突，在有清一代，幾乎聞所未聞，與同時期臺灣各地的衝突事件，成了強烈的對比。尤其雍正 9 年（1731）發生的大甲西社抗清事件，半線社並未捲入紛爭，便是該社漢化的具體成效。

雍正 9 年（1731）十二月，大甲西社林武力等聚眾滋事。淡水同知

---

58　周璽《彰化縣志》，頁 222，卷七兵防志「屯政」。

張宏章走免，居民被殺甚多。臺灣鎮總兵呂瑞麟北巡淡水被圍，奮身殺出，入彰化縣治駐紮，徵兵府中，屢戰不克[59]。

翌年，事態擴大，參與抗清的除大甲西社外，已包括沙轆、牛罵、南大肚、水裏、貓盂、雙寮、房裏、苑裏、阿束、柴坑仔等社[60]，其中阿束、柴坑仔兩社，都與半線社接攘。

同年十一月，大甲西社事件平定。彰化縣境發生風災，禾稻欠收，在官方鼓舞之下，臺灣、鳳山、彰化各縣平埔族紛紛捐輸，其中「彰化縣之半線等二十三社番民阿罩等，又捐款一百三十四石二斗[61]」，地方大亂甫平之際，能獲各社捐輸，在清廷而言，區區米穀，並不重要，此舉實具有宣示各社歸順的政治意味，此由浙總督郝玉麟、福建巡撫盧焯會銜奏獎所言：

> 「至番民捐穀，乃特逢之盛事，臣等無例可援，未敢請旌，可否量給獎賞？」[62]

即能體會個中意涵。

乾隆 51 年（1786），彰化天地會林爽文起事。此一事件，半線社雖扮演了協助官軍的角色，但因林案屬於臺灣全面性的徵調，茲不具論。另乾隆 60 年（1795）陳周全事件中，有「熟番」眉目義「以募義復城功，奏賞八品頂戴[63]」，眉目義隸屬何社，雖不得而知，如就地緣關係而論，屬半線社的成份很大。

平埔族土地流失，為全臺平埔族共同的問題，不獨半線社為然。然而檢視歷史發展脈絡，半線莊的快速發展，恰與半線社的漢化與日俱增，最後兩者終於溶為一爐。回顧整個半線社漢化過程，所涉錯綜複雜，一鱗半爪，摭拾成篇，難免言不及義，敬請不吝賜正。

---

[59] 同前書卷卷十一雜識志「兵燹」，頁362。

[60] 梁志輝、鍾幼蘭（編）《臺灣原住民史料彙編第七輯－國立故宮博物院清代宮中檔案奏摺原住民史料》（南投：臺灣省文獻委員會，1998），頁186，福建陸路提督王郡〈奏報勦平逆番安撫凱捷情形摺〉。

[61] 同前書頁233，閩浙總督郝玉麟〈奏報臺地番民報捐社穀情形摺〉。

[62] 同前書，頁234。

[63] 周璽《彰化縣志》，頁254，卷八人物志「軍功」。

# 參考書目

## （1）圖書

楊英《從征實錄》，臺北：臺灣銀行經濟研究室，1958。

周鍾瑄《諸羅縣志》，臺北：臺灣銀行經濟研究室，1962。

藍鼎元《東征集》，臺北：臺灣銀行經濟研究室，1958。

黃叔璥《臺海使槎錄》，臺北：臺灣銀行經濟研究室，1957。

郁永河《裨海紀遊》，臺北：臺灣銀行經濟研究室，1959。

陳倫炯《海國聞見錄》，臺北：臺灣銀行經濟研究室，1963。

高拱乾《臺灣府志》，臺北：臺灣銀行經濟研究室，1950。

劉良璧《重修福建臺灣府志》，臺北：臺灣銀行經濟研究室，1961。

余文儀《續修臺灣府志》，臺北：臺灣銀行經濟研究室，1962。

周璽《彰化縣志》，臺北：臺灣銀行經濟研究室，1962。

姚瑩《東槎紀略》，臺北：臺灣銀行經濟研究室，1957。

陳盛韶《問俗錄》，南投：臺灣省文獻委員會，1997。

臺灣銀行經濟研究室（編）《清代臺灣大租調查書》，臺北：臺灣銀行經
　　　　濟研究室，1963。

陳朝龍著、林文龍（編）《合校足本新竹縣采訪冊》，南投：臺灣省文獻
　　　　委員會，1999。

劉枝萬《南投縣沿革志開發篇稿》，南投：南投縣文獻委員會，1958。

陳宗仁《彰化開發史》，彰化：彰化縣立文化中心，1997。

程士毅《彰化的自然環境與原住民》，彰化：彰化縣立文化中心，1997。

## （2）史料

臺灣省文獻委員會（編）《臺灣省宗教調查表》，臺北：臺灣省文獻委員
　　　　會，1959。

梁志輝、鍾幼蘭（編）《臺灣原住民史料彙編第七輯－國立故宮博物院
　　　　宮中檔案奏摺原住民史料》，南投：臺灣省文獻委員會，1998。

吳士茂〈南瑤宮沿革碑記〉，石碑，彰化：南瑤宮，1936。

張耀錡《平埔族社名對照表》，臺北：臺灣省文獻委員會，1951。

中村孝志、吳密察、許賢瑤譯〈荷蘭時代臺灣番社戶口表〉，收入《臺
　　　灣風物》第四十四卷第一期，臺北：臺灣風物雜誌社，1994。

（3）論文

翁佳音〈被遺忘的臺灣原住民－Quata（大肚番王）初考〉，收入《臺灣
　　　風物》第四十二卷第四期，臺北：臺灣風物雜誌社，1994。

# 八卦山畔平埔社址考辨——
## 以阿束社、柴坑仔社、半線社糾纏問題為中心

## 一、前言

　　八卦山脈綿亙而東，橫跨彰化、南投兩縣，嶺勢迂迴，宛如一隻靜臥的蜈蚣，清代彰化建城，孤懸山前，則似一顆與蜈蚣相照的明珠，道光《彰化縣志》形容這座城，說是：「依舊址而窺之，似葫蘆吸露之樣；以地勢而相之，若蜈蚣照珠之形。[1]」如今彰化古城早已灰飛煙滅，而八卦山如蜈蚣般的地勢，卻是終古如斯。「人事有代謝，往來成古今。」自古逐鹿山畔，不知帝力為何有的平埔族群，也已消失於這片土地。追尋遺蹤，徒留若干撲朔迷離的地名，令人困惑。

　　過去，民眾認知的八卦山，通常只界定在彰化市區這段，而非地理學上的八卦山脈。從文獻記載來看，環繞這段名山的平埔族，包括了半線社、柴坑仔社及阿束社。三社址在今何地，檢閱當代有關舊地名或平埔族的專著，幾乎都認為半線社在彰化市區內，柴坑仔社在今國聖里，即土名柴坑仔的聚落，阿束社在今彰化市香山里，即土名番社口。上述說法，自戰後至今，少有例外，最近偶閱程士毅著《彰化縣的自然環境與原住民》，書中列有一份「彰化縣境平埔族社名對照表」，表中註記各社「今大概位置」，又將半線、阿束兩社來個大搬家，說是半線社為「彰化市香山里」，阿束社為「彰化市昇平、順正、鎮南、福安等里[2]」（按此為裁併前里名）。此一新的對照表，讀之不勝訝異，使原本就糾纏不清的阿束社、柴坑仔社，再加入半線社，真有治絲而棼的感覺。

　　半線社位置，在道光《彰化縣志》及其他有關的文字記載，固然只列其名，很難有明確的所在處所，但自輿圖檢索，便不難加以辨識。以

---

1　周璽《彰化縣志》（臺北：臺灣銀行經濟研究室，1962），頁36，卷二規制志／城池。
2　程士毅《彰化縣的自然環境與原住民》（彰化：彰化縣立文化中心，1997），頁62-63。

乾隆 6 年成書的《重修福建臺灣府志》及乾隆中葉繪製的臺灣輿圖（國家圖書館藏）為例，二圖俱繪有半線社，位在由彰化城出南門的左側，因半線社自古並無社址遷移的困擾，故今南門口屬舊彰南區土名「番社洋」一帶，當即半線社社址所在，證以《彰化縣志》所謂：「半線之營壘，即今縣治也」[3]，早成確論，何能移花接木，將半線社移往靠近快官的「香山里」（即番社口），又把南門口的「番社洋」，改置阿束社。

其實半線社社址純是個不成問題的問題，文獻史料，原原本本，稍有涉獵，即能明辨。倒是阿束社與柴坑社之間的糾纏，自日治以來，問題就已存在，迄無提出疑問者，致近世平埔族研究蔚為顯學，學者專家製作平埔族社對照表，也都沿襲舊資料，似已成定論，實則不然。筆者數年以前，披閱舊輿圖及若干文獻資料，早已懷疑阿束社應為今和美鎮竹仔腳旁的「番社」，即行政區所稱的「還社里」，雖曾在幾個公開場合提出舊說之非，但迄無暇為文辨正。近有和美鎮耆宿周恭先生，因出席省文獻會主辦的耆老口述歷史，於會場（即彰化縣立文化中心）見所製彰化平埔族各社表，頗訝異阿束社所在地記為彰化市香山里，而非他從小認知的和美「番社」，於是他寫了一封信到省文獻會，並附了一些《清代臺灣大租調查書》的古文書資料作為佐證。周先生所疑，與筆者先前的推論不謀而合，因此信心益增，爰先草成短文獻曝，至長篇的考證論述，仍有待高明。

## 二、阿束社遷移引發的誤解

阿束社位在大肚溪南岸，頗見於早期的臺灣文獻，以康熙 56 年（1717）成書的《諸羅縣志》為例，該書卷首「山川總圖」在寮望山（即後來的八卦山）前有半線社，半線社以西的大肚溪南岸，繪有阿束社。又卷一「山川」則記道：「曰大肚溪，發源於南投山，過北投、貓羅、柴坑仔（原注：俱社名），北合水沙連九十九尖之流（原注：水口可容

---

小舟捕魚），出阿束（原注：社名），為草港，入於海。」[4]，由圖文合參，半線社地即今彰化市區，已是無庸置疑，那麼很顯然阿束社的位置，也應在今和美鎮內。

　　由古文獻來看，阿束社位在今和美鎮內，本無太大的疑義，然而《諸羅縣志》問世的翌年，即康熙 57 年（1718），卻發生阿束社因水災而遷移附近山岡一事，數年後巡臺御史黃叔璥北巡，路經其地，曾記道：「舊阿束社，於康熙五十七年大肚溪漲，幾遭淹沒，因移居山岡。今經其地，社寮就傾，而竹圍尚鬱然蔥蒨也。」[5]阿束社因大肚溪漲，而移居山岡，既見諸文獻記載，自不容否認，只因所記「山岡」未有明確地點，幾經轉述，後人「想當然耳」加以推論，遂引出一段移花接木的歷史公案。

　　康熙 57 年（1718）的大肚溪南岸一帶，固然已有漢人零星入墾，除寮望山下的半線莊外，其他各地似乎仍未出現漢莊，尤其是今和美境內，廣闊的土地，都屬阿束社社地，因此依常理判斷，當時因大肚溪漲「移居山岡」，應會選擇較近的小山丘，絕不至於捨近求遠，移居到柴坑仔社。然而令人不可解的是，後人因受阿束社「移居山岡」史事的影響，形成如今所謂阿束社在今彰化香山里，許多學者都深信不疑。

　　阿束社在今彰化香山里之說的始作俑者，筆者所見資料尚少，難作定論，日治時代學者伊能嘉矩所著《臺灣文化志》已在阿束社下括註「在今線東堡番社口」[6]，安倍明義著《臺灣地名研究》也說：「番社口，為番社的入口之意，附近為波伐薩族阿束社的入口，故名。」又說：「阿束社，原來的位置在大肚溪口，番俗六考云舊阿束社在康熙五十七年由於大肚溪漲水，幾遭到淹沒，是故移往山岡。阿束社遷到埔里地方，建立了梅仔腳部落[7]。」按所謂阿束社遷往埔里建立梅仔腳部落，為道光以後西部平原平埔族各社集體遷入埔里之事，與上文所言移居山岡是兩

---

[4]　周鍾瑄《諸羅縣志》（臺北：臺灣銀行經濟研究室，1962），頁 13，卷一封域志／山川。

[5]　黃叔璥《臺海使槎錄》（臺北：臺灣銀行經濟研究室，1967），頁 109，北路諸番三附載。

[6]　伊能嘉矩《臺灣文化志》（臺中：臺灣省文獻委員會，1991），下冊頁 295，「熟番之教育」。

[7]　安倍明義《臺灣地名研究》（臺北：武陵出版社，1990），頁 103-111。

回事，連貫敘述，易茲混淆。兩則地名合參，頗含糊其詞，言下之意，已認為阿束社於康熙 57 年（1718）遷居番社口附近，最後再遷往埔里，此似即後來指阿束社在今香山里說法的濫觴。

　　戰後，張耀錡氏於 1951 年編《平埔族社名對照表》（《文獻專刊》二卷第一、二期附冊），表中「附現在位置」，註明半線社在「彰化市」，柴坑仔社在「彰化市大竹字阿夷（土名柴坑仔）大肚溪口」（筆者按：即國聖里柴坑仔一帶），阿束社在「彰化市大竹字番社口」[8]（筆者按：即香山里），至此半線社、阿束、柴坑仔社社名的古今對照，幾乎就成了「定論」，影響往後各種論著，至深且鉅。

# 三、大甲西社之變與阿束社

　　阿束社是否如近代學者所言，位在今彰化香山里？其實只要檢驗清初至日治初的文獻或輿圖，便見分曉。阿束社遷社發生於康熙 57 年（1718），而距這一年最近、也與阿束社關係最為密切的史事，便是雍正 9 年（1731）發生的大甲西、沙轆、吞霄等社入侵彰化城事件；此一事件，阿束社也起而響應，受創甚深，事件始末，據《彰化縣志》的記載，大致如次：

> 「雍正九年十二月，大甲西社林武力學生等。結樸仔籬等八社滋事，臺灣鎮總兵呂瑞麟北巡淡水，聞變回至貓盂被圍，突圍至彰化駐紮，徵兵府中，屢戰不克。翌年五月，大甲西社又結沙轆、吞霄等十餘社同起，圍攻彰化城，百姓奔逃，六月，署閩浙總督郝玉麟派新任福建陸路提督王郡率兵往討。七月四日，王郡同巡察覺羅柏修抵鹿仔港，遣參將李蔭越、游擊黃林彩、林榮茂、守備蔡彬等，合兵攻阿束社。各社眾皆逃散。八月，王郡更派兵渡大甲溪追逐，至十一月全案纔告平定。」[9]

---

[8] 張耀錡《平埔族社名對照表》，收入《文獻專刊》（臺北：臺灣省文獻委員會，1951）第二卷第一、二期附冊。

[9] 周璽《彰化縣志》，頁 362-363，卷十一雜識志／兵燹，此係摘錄原文。

　　由《彰化縣志》所載，王郡自鹿仔港登陸，先攻阿束社，便可發現阿束社位在鹿仔港與彰化之間，以此而推，其地當在今和美鎮境內。反過來說，阿束社果如所謂在彰化城以東的「番社口」（香山里），王郡登岸後應是先入彰化城，然後再行出兵。有關王郡攻阿束社、進彰化城的過程，文獻上仍留有雍正 10 年（1732）八月二十八日署閩浙總督郝玉麟的奏摺，略謂：

> 「自提臣王郡同巡臺御史覺羅柏修率領官兵，於七月初六日到彰化縣之鹿仔港，因值雨水之候，道路泥濘，暫住鹿仔港地方。十六日，天色開霽，提臣及密遣官兵分作四路，親身於十七日辰刻合攻附近縣治梗阻道路、素稱強梁之阿束社歹番。我軍鎗砲齊發，社番逃遁入山。……提臣即由阿束社到縣，御史臣柏修亦於是日由鹿仔港到縣。」[10]

　　從奏摺所描述過程，更能清楚看出阿束社阻梗了鹿仔港到彰化縣城間的道路，故王郡須待掃平阿束社，再入彰化，當然阿束社位置便可略知大概了。

# 四、輿圖文獻所反映的史實

　　文字的描述，也許只能略知阿束社的大概位置，如檢視當時輿圖，尤能予以印證。按現存的雍正臺灣輿圖，即可清楚得知半線、柴坑仔、阿束三社的位置。半線社位在半線街東的山下（即今八卦山下），柴坑仔社在山後兩溪會流處附近（兩溪即今烏溪、貓羅溪）。阿束社在半線街（即彰化縣治）與鹿仔港之間稍偏北的大肚溪南岸。根據這份輿圖，足證所謂康熙 57 年（1718）阿束社的遷社舉動，只是稍移往附近地勢較高的山崙而已。即使王郡派兵攻阿束社，有所謂「社番逃遁入山」，也只是臨時性的逃逸，事平便各歸家園，社址不變。因此乾隆 6 年（1741）出版的《重修福建臺灣府志》卷首輿圖，以及乾隆中葉長卷臺灣輿圖，

---

[10] 臺灣銀行經濟研究室（編）《雍正硃批奏摺選輯》（臺北：臺灣銀行經濟研究室，1972），頁 235。

三社的相關位置，仍毫無變化，顯然阿束社在今和美鎮，柴坑仔社在今香山里，都有資料可稽，一束一西，絕不相干。

　　官方志書及奏摺記錄之外，阿束社與漢人的接觸，也留有珍貴的文書資料，日治時調查的《清代臺灣大租調查書》，收錄了當年調查所得的古文書，對於阿束社社址，也提供了重要的佐證資料，如乾隆 3 年（1738）阿束社土官大加老、大霞、甲頭投皆、小茅格、烏世、孩灣、大耳、社主天賜、眉斗、白番臺灣、洪加臘等所立「給批字」，提到：

> 「有承祖管業一所，座落土名月眉潭尾白沙墩西湖埔地一小片，東至白沙墩山為界，西至陳錦容草地為界，南至月眉潭田蛤仔路為界，北至阿務丹潭為界，四至明白為界。緣孔成宗於雍正十三年，用銀三十兩，向加老技首等闔社給抵六埔田第一十五甲。因抵六埔變賣漢人為業，無地給耕，茲加老技首等是以再會闔社眾番明議，再收孔成宗銀二十兩，分給眾番，情願將巡此白沙墩西湖埔地給換孔成宗前往墾耕，永為己業，按年不論豐凶，約貼納本社租粟二十石滿，永為定例。[11]」

　　另一份乾隆 56 年（1791）所立「招佃字」，也說：

> 「立招佃字人佃主陳朝珍，有明給阿束社番通土和亮大霞岱等大肚溪南至泉州厝莊北一帶沙磧荒熟田園埔地，已蒙縣主宋訊斷歸結，票押將業退耕，還珍掌管，另招墾種，照納番租。[12]」

這些古文書，不僅為阿束社重要的拓墾史料，並由所出現的地名，更可得知阿束社埔地，都在今大肚溪以南的和美、伸港、線西等地。

## 五、日治初留有明確記錄

　　年代較早的資料，已如上述，即使從比較晚近的資料來看，仍是頗

---

[11] 臺灣銀行經濟研究室（編）《清代臺灣大租調查書》（臺北：臺灣銀行經濟研究室，1963），頁 336-338。
[12] 臺灣銀行經濟研究室（編）《清代臺灣大租調查書》，頁 84-85。

為一致的。以道光《彰化縣志》而言，此時平埔族漢化情形極為嚴重，在「歸化熟番所居」的社中，仍列有半線、柴坑仔、阿束等三社，但在「半線東西堡」的漢莊部分，有「阿束社」、「番社口」、「柴坑仔」等莊，平埔族半線社及漢人半線街，已演變成縣城內外各莊，而阿束社與漢人雜處，另衍生漢莊的「阿束社」，柴坑仔社附近則衍生為「番社口」、「柴坑仔」兩個漢莊，當然這些漢莊的出現，應該還要早。

　　《彰化縣志》莊名的排列[13]，阿束社之前為歐湖、新埔、山寮、大霞佃等莊，明顯屬於今和美地區，柴坑仔前為大竹圍、番社口，後為渡船頭，明顯屬於今彰化市大竹地區。而最為關鍵性的資料，則是明治42年（1909）日本人所作的《平埔蕃調查書》，書中列有「線東堡南門口莊舊蕃社名半線社」，二戶（十二戶？二十戶？），男三十三人，女十六人。「線西堡頭前寮莊舊蕃社名阿束社」，一戶，男二人，女二人。「線東堡蕃社口莊舊蕃社名柴坑仔社」，二戶，男一人，女一人。原書現藏中央圖書館臺灣分館，此轉引自程士毅《彰化的自然環境與原住民》[14]，據此調查資料，則阿束社屬線西堡頭前寮莊的一部份即今和美鎮還社里（另部分為頭前里），柴坑仔社屬線東堡蕃社口莊的一部份，即今彰化市香山里，已然水落石出，毫無問題。尤其值得注意的是，柴坑仔社毗連「蕃社口」，與漢莊的柴坑仔莊，其實是兩個不同的地方（後者今屬彰化市國聖里）。

　　日治初期的《平埔蕃調查書》，阿束、柴坑仔二社，既留下了明確的地點，一屬線東堡，一屬線西堡，前者約為今彰化市轄境，後者約為今和美地區（包括伸港、線西），兩者之間，仍有一段距離，彰化人當不致混淆，但至日治中晚期，卻逐漸模糊，至戰後初期，終於積非成是，完全定型。其中最主要的關鍵，筆者認為應是這些學者如伊能嘉矩、安倍明義或張耀錡諸氏，都非彰化人，地理方位已不容易掌握，又未注意到漢莊、「番社」同名的問題，乃受現存莊名的誘導，先誤漢莊就是文獻上的平埔族「番社」，恰好又有清初阿束社遷移史料的推波助瀾，而

---

[13] 周璽《彰化縣志》，頁43-44，卷二規制志／保（莊社附）。

[14] 程士毅《彰化縣自然環境與原住民》，頁92。

造成糾纏不清的結果。

　　由前引《平埔蕃調查書》資料，可以得知柴坑仔社毗連「番社口」，即今彰南路以南靠近八卦山山區，而柴坑仔莊則在彰南路以北與大肚溪之間，即今中山路國聖加油站後方的聚落，很明顯可看出莊、社並非同一地點。柴坑仔社是清初臺灣南部大墾戶楊志申入墾柴坑仔社埔地後，所建立的漢莊，《臺灣通史》所稱：

> 「楊志申，字燕夫，臺邑人，居東安坊。……當是時，半線初啟，草萊未墾，志申逐適焉，居於柴坑仔莊，貸番田而耕之。[15]」

　　即是，故目前柴坑仔仍住有楊氏後裔。柴坑仔社在日治初期，已瀕臨消滅狀態，中期之後，「番社口」漢莊逐漸取而代之，一般人但知有漢莊的柴坑仔莊，而不知有平埔族的柴坑仔社，於是柴坑仔莊便被誤認是柴坑仔社了，伊能嘉矩《臺灣文化志》括註柴坑仔社為「線東堡阿夷莊柴坑仔」，即是一例。

　　其次，柴坑仔社名消失之後，由於「番社口」的存在，很容易讓人聯想當地原本應該還有個「番社」，於是再根據文獻記載，得知阿束社曾於康熙 57 年因大肚溪漲之故，遷居山岡。有此紀事，未經仔細考稽，便將阿束社社名移植至彰化市的「番社口」。而此時和美頭前寮旁的阿束社，社名也漸次為當地人所淡忘，一般但通稱為「番社」，至今僅一二耆老曾聞諸父祖輩，依稀猶記得阿束社之名。

# 六、結語

　　臺灣的平埔族，自荷蘭時代纔有各社的戶口表，經清代迄日治時代官方以及學者的調查、紀錄、戰後由張耀錡氏集其大成，彙編為《平埔族社名對照表》一書，然而因文獻不足，聞見未周，或族群遷徙頻繁，往往存有難以理清的若干問題。彰化市八卦山畔的半線、阿束、柴坑仔三社，文獻史料尚稱豐碩，但晚近數十年間，社址問題卻一再糾纏，先

---

[15] 連橫《臺灣通史》（臺北：臺灣銀行經濟研究室，1962），頁 807，施楊吳張列傳。

是阿束、柴坑仔的爭議，最無問題的半線社，這幾年也無端扯入其間，因此有必要抽絲剝繭，加以釐清。

　　社址的誤植，表面上看來，只關係這些走入歷史的平埔族群，茲舉例言之，《彰化縣志》有「十八義民傳」，所謂十八義民，俱為雍正10年（1732）大甲西社案的殉難者，傳中略謂：

> 「淡水同知張宏章帶鄉勇巡莊，路經阿社社，逆番突出圍之，鎗箭齊發，矢簇如雨，宏章所帶鄉勇，半皆潰散，幾不能脫。時阿束社近社村落，此粵人耕佃所居，方負未出，遽聞官長被圍，即呼莊眾，冒矢衝鋒，殺退逆番，宏章乃得走免。[16]」

　　據此，阿束社近社村落，都屬粵籍耕佃所居，阿束社社址正確與否，變影響到族群開拓地方的重要史事，原本應在和美鎮的阿束社，錯指位在彰化市香山里，對客家移民史的研究，便產生不正確的結果。又如近年《彰化市志》的纂修，因社址問題，仍沿襲舊說，致將阿束社的相關史事與文獻，悉數纂入，反與史實不府。

　　阿束社、柴坑仔社社址，稽諸文獻史料，原不是問題，但自日治晚期伊能嘉矩、安倍明義等未能明察，由於《臺灣文化志》、《臺灣地名研究》研究等書，對往後臺灣史研究，有很大的影響力，而使戰後各種論著都沿襲其說，貽誤匪淺，爰蒐羅相關文獻，略為探討，其能還其歷史原貌，然而根深柢固，恐怕不是一朝一夕就能改正過來。

---

[16] 周璽《彰化縣志》，頁263，卷八人物志／義民。

# 參考書目

## （1）圖書

周鍾瑄《諸羅縣志》，臺北：臺灣銀行經濟研究室，1962。

黃叔璥《臺海使槎錄》，臺北：臺灣銀行經濟研究室，1957。

周璽《彰化縣志》，臺北：臺灣銀行經濟研究室，1962。

臺灣銀行經濟研究室（編）《雍正硃批奏摺選輯》，臺北：臺灣銀行經濟
　　　　研究室，1972。

連橫《臺灣通史》，臺北：臺灣銀行經濟研究室，1962。

臺灣銀行經濟研究室（編）《清代臺灣大租調查書》，臺北：臺灣銀行經
　　　　濟研究室，1963。

伊能嘉矩《臺灣文化志》，南投：臺灣省文獻委員會，1991。

安倍明義《臺灣地名研究》，臺北：武陵出版社，1990。

程士毅《彰化的自然環境與原住民》，彰化：彰化縣立文化中心，1997。

## （2）史料

張耀錡《平埔族社名對照表》，臺北：臺灣省文獻委員會，1951。

# 周鍾瑄被誣案及其諸羅任內政績

## 一、從《臺灣通史》循吏列傳談起

日治時期，臺南史學家連橫著《臺灣通史》，他在卷三十四循吏列傳，曾為康熙末至雍正初年間，先後擔任過諸羅、臺灣兩縣知縣的周鍾瑄立過小傳，篇幅簡短，不到兩百字，全文是：

> 「周鍾瑄，字宣子，貴州貴筑人。康熙三十五年，舉於鄉。五十三年，知諸羅縣事。性慈惠，為治識大體。時縣治新闢，土曠人稀，遺利尚巨。乃留心諮訪，勸民鑿圳，捐俸助之。凡數百里溝洫，皆其所經畫，農功以興。有雅意文教，延漳浦陳夢林纂修邑志。當是時，諸羅以北，遠至雞籠，土地荒穢，規制未備。鍾瑄於其間，凡可以墾田建邑、駐兵設險，皆論其利害，稿成未刊。尋擢去，邑人念之，肖像於龍湖巖以祀。」[1]

這篇傳記，雖未注明出處，其實只要稍涉獵臺灣文獻，都知道是脫胎於乾隆年間余文儀的《續修臺灣府志》卷三，僅更動了幾個無關緊要的字。當然光復後所修的若干方志，也都沿襲這條資料。因此自古至今，修志者幾乎都沒有人對周鍾瑄的「循吏」身份有所疑惑。

十多年前，李嘉謨撰〈連雅堂臺灣通史讀後〉一文，列舉了通史的一些疏誤，同時也針對周鍾瑄是否值得列入「循吏」提出質疑，李文所持的理由，主要是周後來在臺灣知縣任內因案遭到彈劾而革職，且判絞刑死罪，說是：

> 「余閱及閩浙總督高其倬傳中有載：『……（雍正）七年六月，因與臺灣革職知縣周鍾瑄濫致書札，又未能審出加徵耗各實情，部議革職，命降三級留任……。』高其倬雍正三年冬任閩浙總督，嗣周鍾瑄被人彈劾有加徵耗穀弊端，高未審明，且有書札往來，可知上下勾通之一斑，罪證自非輕微，所以部議將總督革職留任

---

處分，周亦革職。又閱史貽直傳云：『……（雍正）六年十月，命往福建，察查原任巡撫朱綱劾按察喬學尹及巡臺御史禪濟布劾臺灣府知縣周鍾瑄，並與原任巡臺御史景考祥互揭二案。七年正月，審明學尹故出人罪，應杖流。鍾瑄加徵耗穀贓入己應絞刑，禪濟布受吏役私饋又重債牟利，景考祥庇年侄冒籍，均應交部嚴處，上獎其審議公當……。』史貽直時官吏部左侍郎兼戶部侍郎，奉旨來閩辦理這些案件，歷三個月結案判如傳記所述，雍正嘉許史氏審議公當。七年四月，高其倬被召入京，閩浙總督一職暫由史貽直署理，至八年三月，高回任，史離閩。」[2]

　　文中說「所以部議將總督革職留任處分」及「周亦革職」，都是不對的，所引原文已明白指出部議所擬是「革職」，而高之所以會「降三級留任」，全是雍正帝最後的裁決。至於周的革職，則是因禪濟布的彈劾，早在他與高其倬書札往來之前。

　　周鍾瑄遭到革職、判刑，並引發巡臺滿漢御史禪濟布、景考祥互控，再牽累閩浙總督高其倬，是雍正初年的一個大案，仍留有豐富的文獻史料，可資考證。其中情節，錯綜複雜，甚至是滿御史在臺作威作福的典型事例，李文僅由兩篇相關人物傳記的間接資料，就認為「證知周鍾瑄食贓入己，且判絞刑，情節一定嚴重，而加徵耗穀入己，是在臺灣知縣任內，初革職尚希勾通上官關說，致和高其倬有『濫致書札』，雖然緩和一些時間，最後被史貽直審出判絞。」因此頗質疑「如此大事，一方官民自然議論不休」，何以「臺灣府志為之立傳」、「臺灣通史為之入循吏列傳」？特別是「連雅堂通史成于民國初年」，「設周氏含冤最後洗雪」，那麼「當在周鍾瑄傳記中加以剖白，不應依樣葫蘆，將臺灣府志轉列，且轉列為循吏」[3]李文因未能盡知全案始末，而有此質疑，固無可厚非，但經此發表，讀其文者若不再深入查證，很容易就將一位臺灣史上少見的父母官，給定位在「貪贓入己」、「勾通上官關說」的不

[2] 李嘉謨〈連雅堂臺灣通史讀後〉，收入《臺南文化》新第十六期（臺南：臺南市政府，1983），頁116-130。

[3] 同註2

良印象。其實，周鍾瑄不僅「含冤最後洗雪」，甚至還榮陞知府，李文發表迄今，似乎尚無專文及此，爰就所知略述其事，兼及諸羅宦蹟，俾印證他所以被連氏列為「循吏」，正非浪得虛名。

# 二、出任臺邑建城遭誣

康熙 60 年（1721），臺灣發生了朱一貴事件，事平之後，清廷增設督察文武官員性質的巡臺御史，滿漢各一人，一年一更替。禪濟布是第二任的巡臺滿御史，雍正 2 年（1724）四月抵達臺灣，同時來臺的漢御史是丁士一。禪濟布是雍正帝的親信，他上任之後，為求表現，自然也積極向朝廷做了興革建議的報告，另針對地方需要也與文武官員做了一些建設。興建臺灣府城木柵，是禪濟布在臺任內的重要事蹟之一，興工時間是雍正 3 年三月，這時正值周鍾瑄任臺灣縣知縣。臺灣縣是臺灣府附郭，一切興工事宜，自然就必須臺灣知縣親自董理其事。

雍正 3 年三月，禪濟布在興建臺灣府城木柵籌備就緒準備興工之際，特向雍正帝做了報告，其中還提到將委由周鍾瑄「親董其事」，說是：

> 「又據臺灣縣知縣周鍾瑄詳同前由，士民皆懽忻踴躍，自一、二尺至一、三丈不等，並無抑派，樂願捐輸。今據臺廈道吳昌祚擬擇本月二十七日興工，仍經報明都撫，專委臺灣縣知縣周鍾瑄親董其事，經理收支，召匠購料，工完造冊報銷。」

雍正帝接獲報告，大加稱許，批道：

> 「兩年來臺灣文武官弁與禪濟布等，皆實心任事，即此建築木柵一事，籌畫甚屬妥當，深為可嘉！著將摺內有名官弁，該部議敘具奏」。[4]

不久，情勢卻急轉直下，禪濟布在臺與文武官員處得不好，早已有人密奏給雍正帝了。雍正 3 年秋，雍正帝突在禪濟布上的請安摺批說：

---

[4] 臺灣銀行經濟研究室（編）《雍正硃批奏摺選輯》（臺北：臺灣銀行經濟研究室，1972），頁 189-190。

「朕風聞爾臺灣文武官員不合，諸事異見，恐與地方無益，兵民受累，朕為此甚憂之。有則改，無則勉。朕若訪問的確，爾等當不起也。」[5]

於是禪濟布就在十月初七日上「奏報知縣貪婪不法案摺」，參了周鍾瑄一本，並連帶周的直屬長官臺灣府知府范廷謀及漢御史景考祥，藉以表白心跡，並博取雍正帝歡心。內容除了首言「臺灣縣知縣周鍾瑄貪婪不法，縱蠹殃民，臣同前御史臣丁士一，當臺灣鎮臣林亮、道臣吳昌祚、前知府高鐸俱在，諄諄告誡，欲其改過自新，以策後效。奈任性不悛。」等指控外，主要包括「貪贓」、「包庇」、「餽銀」等三事：

「臣訪聞有臺灣縣貢生吳素，本年四月內，強姦陳泰妻林氏鳴縣，周鍾瑄即提收監，未幾餽銀一千一百兩，監生陳世淳過付即釋減案。復據鎮臣林亮向臣並御史陞吏部給事中臣景考祥面白前情相符，惟過付說係監生陳良。因與科臣（按：指景考祥）密商繕摺，科臣以未得確供，訪聞安可具奏為阻。臣查周鍾瑄木柵數目，七月二十日據單開罰吳素造柵一百丈，折銀四百兩。又據臺灣府知府范廷謀『為貪官不可姑容等事』於七月二十二日詳到臣公署。二十五日，鎮臣林亮、道臣吳昌祚、知府范廷謀、同知王作梅，同周鍾瑄等，堅請製回原詳。據詳內稱『罰造柵四十丈』，呈單內『罰一百丈』，前後互異，周鍾瑄貪贓之跡，鑿鑿紙上。」
「而科臣景考祥說：『我出京時，大司農張囑我照看周令，抵閩省時，總督滿又以周令說我，且周令係我未會面之同門。』此言臣與道臣吳昌祚之所共聞也。……至八月內，屢請科臣景考祥列名具奏，科臣逕說：『此摺我是不奏的，就是你參了，皇上必交督撫審問，督撫沒有不為他的。』臣與科臣凡地方事宜，皆和衷商議，獨周鍾瑄一事，道不相同。」
「更異者，周鍾瑄遣新港司巡檢查克成，於十月初六晚起更時候，密餽銀三百兩為臣製造衣服，交臣家人阿爾登格，另隨銀禮三十六兩。」[6]

---

[5]　同前書，頁192。
[6]　國立故宮博物院（編）《宮中檔雍正朝奏摺》第五輯（臺北：國立故宮博物院，1997），頁

以上雖言之鑿鑿，但畢竟只是禪濟布欲加之罪的一面之詞，其中牽連景考祥，說他不列名具奏，道不相同。景考祥當然也難免要提出反擊，就在他卸任巡臺御史之前，向雍正帝密參禪濟布的種種劣跡，而形成滿、漢兩個巡臺御史互控局面，不過，不久之後，隨著景考祥離開臺灣而不了了之。至於周鍾瑄被指控所謂「貪贓」、「餽銀」二事，因他只是個知縣，一旦被參，便馬上受到解任待審、封點家產的待遇，禪濟布甚至將其家中銀兩也誣指為贓銀。

## 三、審驗得直擢陞知府

雍正 7 年（1729）二月初八日，吏部左侍郎兼管戶部侍郎事史貽直會同總督高其倬、巡撫劉世明、內閣侍讀學士西柱審竣，將審理情形及擬定的判決奏明雍正帝，據此可知禪濟布所控有不少是誣捏的，有關審理周鍾瑄部份如次：

> 「臣等審查得原任巡臺御史禪濟布摺參臺灣縣革職知縣周鍾瑄，並與原任運使景考祥互揭一案。緣臺灣府治，向無城垣，雍正三年三月內，臺地文武各官，咸以郡城之內，錢糧倉庫，甚關緊要，公議捐建木柵，以資保障。本年四月內，有全邑貢生吳素，因強姦民婦林氏報官，周鍾瑄回明御史、道、府，均以調姦未成，議會從寬罰贖，遂於吳素名下，罰銀四百兩，令其建築木柵一百丈，報明在案。忽於六月內，禪濟布以周鍾瑄於建造木柵四百兩外，又多罰吳素七百兩，與知府范廷謀分肥，欲與景考祥列銜參奏，考祥以事無確據，未便奏聞，曾於屬員孫進見時，令其傳諭誡飭，周鍾瑄以誣枉不甘，具稟各上司與辨冤，知府范廷謀亦即詳請御史並咨詳鎮、道，欲求訊明虛實，禪濟布見事屬涉需，遂於鎮、道前將詳文當面發還，延至十一月內，復將此事參奏。今訊問分肥之處，不特周鍾瑄與范廷謀堅供並無此事，即質之出銀之吳素，與經管修理木柵之李欽文等，咸供實無其事。復又究詰禪濟布，據供這話原係已故總兵林亮所說。又供我摺子上原沒有奏范廷謀分肥等語，則其事無確據，明屬妄奏無疑。至禪濟布參奏周鍾瑄行有賄銀三百六十兩之處，雖據周鍾瑄供係禪濟布令家人阿爾登格索要，現今嚴訊阿爾登格，堅不承認，

刑訊之下，矢口不移，其為周鍾瑄饋送顯然。但審非有事營求，實無行賄情弊。再審查禪濟布等封過周鍾瑄銀一萬九千九十二兩零，內一萬五千七百五十兩，實係周鍾瑄再任時，於雍正三年分，奉文平糶穀價，因時價昂貴，不敷採買，存貯買穀補倉之項，歷有案卷詳冊報明在案。其餘三千三百四十二兩零，悉係臺灣縣應存雜項錢兩，皆有案據。以上搜出銀一萬九千九十二兩零，訊之經手各承核之歷年案卷，悉相符合，實非周鍾瑄己貲。再查封過周鍾瑄各項領狀，開載銀九千三百八十兩零，內除二千二百八十兩，或係平糶穀價，發給買穀補倉，或係周鍾瑄借人之項，及重疊誤開冊內者，業經核訊明白，尚有七千一百兩，內除周鍾瑄己貲三百五十兩外，其餘悉係周鍾瑄在臺任時，額徵正供穀四萬五千石，於每石外加耗穀一斗，每年得耗穀四千五百石，值銀二千二百五十兩，在任三年，共計得加耗銀六千七百五十兩，即將己貲並所入耗銀，借給鹽商董聯成等，三分行利。銀八百兩，借給業戶黃國英等，二分行利。銀五千六百八十兩，借給船戶鄧選等，無利。銀六百二十兩，雖據周鍾瑄供稱係加一徵收，設法辦公，然查卷僅止五百九十九兩有零，委係因公捐解，其餘款項不符，礙難憑信。周鍾瑄違例加徵，放債圖利，罪實難逭。再查周鍾瑄借給施文標等粟米三千五百石零，訊明或係出陳易新、或係散給兵米，悉有確據，並非圖利營私。又查房契四紙，載銀三百兩，訊係雍正二年分辦理鹽務之時，買作鹽館，久經造入鹽項冊內，並非私置。又查禪濟布奏稱：搜查貲財之時，周鍾瑄供云我這裏並無分毫錢糧。又稱：檢查書札之時，周鍾瑄將書一封藏入袖內，范廷謀接去揉撮一團。又稱：范廷謀向總兵林亮求其撤兵，因林亮不依，范廷謀拂意而去等語。今逐一確訊，不特周鍾瑄、范廷謀僉供並無此言，亦無此事，即訊之當日會同搜查之臺廈道吳昌祚，亦稱實未聽聞，復令周鍾瑄、范廷謀與之面質，禪濟布亦語塞詞窮，茫無以對。」[7]

　　此一審訊，幾乎推翻了禪濟布原先的參奏，只有違例加徵耗穀一成被認定是有罪。但事實上清初的臺灣，許多水衝沙壓田園，佃人不堪賠累而逃散，致粟石無徵，往往須由地方官賠補，甚至吃上官司。此外，知縣又須面對年節長官的送禮及幕賓資脯等龐大開銷。因此對一位清廉的縣官而言，加徵一成耗穀已經是遠低於康熙末年康熙帝所說，官員私

---

[7] 國立故宮博物院（編）《宮中檔雍正朝奏摺》第十二輯，頁 404-407〈審訊臺灣官員互揭案〉。

徵百分之十五的耗穀「都是清廉之人」的標準了。誠如周鍾瑄所供「加
一徵收」，係「設法辦公」，然而帳目不符，加上本案又是雍正帝偏袒禪
濟布的大案，先前署閩浙總督宜兆熊、福建巡撫毛文銓及閩浙總督高其
倬都因提出有利周鍾瑄而不利於禪濟布的報告，不符雍正帝之意，遭到
批駁，甚至處分（高革職留任），當然也因此而一再換人審理。這種情
形，史貽直豈有不知，周鍾瑄要想全身而退，可說是完全不可能。然周
鍾瑄先後擔任諸羅、臺灣知縣，都以操守良好、甚得民心著稱，史貽直
也只能從細節上大作文章，以求週全，於是對各當事人做了如下的審擬：

> 「周鍾瑄於額徵正穀外，違例加派耗六千七百五十兩，除饋送外、
> 舉放錢債，罪輕不議外，合依『官吏非奉上司明文，因公科斂所屬
> 財物入己，收受者計贓以枉法論，八十兩絞』律，應擬絞監候。禪
> 濟布係皇上特差巡臺御史，不能潔己率屬，收受屬員衙役饋送，又
> 給發本錢，縱容書辦浩等，於部內典當財物，違禁六分取利，且諸
> 事任性，行止卑污，實屬有玷官箴應請敕部嚴加議處。景考祥參禪
> 濟布之處，雖審明並無挾怨情弊，但身為御史，奉命巡視臺灣，乃
> 祖庇年侄陳朝榮，帶令冒籍，亦屬不合，相應一併交部嚴加議處。
> 范廷謀於搜查周鍾瑄貲財時，雖審無徇私情弊，但周鍾瑄係范廷謀
> 本管屬員，違例加徵耗穀，並不查察揭參，實難辭咎，應與從前徇
> 私不行揭報之各上司於題本內，逐一查明列參。至於案犯繁多，其
> 應行究擬之處，及周鍾瑄、禪濟布各名下應行入官銀錢物件，統容
> 臣等於題本內，按律擬罪，照追入官。」[8]

　　史貽直這樣的審擬，兩位御史雖是交部「嚴加議處」，其實是從輕
發落。周鍾瑄雖是論死，卻非「斬立決」，而是「絞監候」，這中間仍有
很大的彈性空間。雍正帝對此也表示滿意，批了「此審理甚公！」而告
結案。

　　上述已言及地方官的違例加徵耗穀，其實都是為了賠補「無徵粟石」
的變相作法，雖為違例，但卻是存在已久的事實。周鍾瑄「絞監候」的
判決，不僅凸顯賠補問題的不合理，且受到不少官員的同情，尤其是福

---

[8] 同註7

建督、撫。雍正 8 年（1730）三月，署福建總督（原稱閩浙總督）史貽直調任兩江總督，高其倬仍回任福建總督。雍正 8 年九月初一日，戶部議覆：

> 「福建巡撫劉世明疏言：臺灣縣水衝沙壓田園，自康熙六十一年至雍正四年無爭粟石，應著落從前不行詳報之知縣周鍾瑄等賠補；但自五年以後，應徵原額，已奉旨永行豁免，則此項分賠粟石，亦應一體予豁，以免離任窮員苦累。應如所請，從之。」[9]

這項豁免離任官員賠補無徵粟石的政策，對周鍾瑄而言，固不適用，但似乎透露了某些訊息：一是周鍾瑄仍未執行絞刑，可能賠補之後，就可無罪開釋，否則就不須「著落」他還要賠補了；一是證實周鍾瑄的加徵耗穀，確是賠補無徵粟石舊律的受害者。

果然，雍正 8 年九月初一日清廷纔有「知縣周鍾瑄」仍須賠補的旨意，而同年便可找到他陞任湖北荊州知府的記錄了。荊州府治在江陵縣，乾隆《江陵縣志》卷十七秩官「文職•知府」條，說周鍾瑄「雍正八年任」，至十一年（1733）尚在任，這年江陵縣三里司堤潰，經他奔走呼號，建築堤防，鄉人為感其恩，稱曰「周公堤」[10]。縣志僅有周鍾瑄的任職荊州知府資料，至於何以他能由一個幾乎是「欽命要犯」的革職知縣，躍陞知府，在專制時代除非有皇帝的特達之知，否則就很難辦得到。民初，徐世昌輯《晚晴簃詩匯》，在卷五十四收有周鍾瑄詩二首，前有「詩話」一則，說：

> 「宣子初令臺灣諸羅，撫循番社，興學教耕，以事忤巡臺御史，為所劾，按驗得直，泰陵深賞之，擢守荊州。以開墾不如額，戍軍臺，子德明上書請代，得免。歸過荊州，有句云：『不甘袖手聽鴻唳，卻向危機捋虎鬚。』『流民已定邱中宅，逐客方歸塞外身。』卒後，荊州民尸祝之，名所築江堤為『周公堤』。」[11]

---

[9] 臺灣銀行經濟研究室（編）《清世宗實錄選輯》（臺北：臺灣銀行經濟研究室，1963），頁 33-34。

[10] 崔龍見修，黃義尊纂《江陵縣志》（臺北：臺灣學生書局，1970），頁 61。

[11] 徐世昌《晚晴簃詩匯》第二冊（北京：中國書店，1989），頁 51。

「泰陵」，指雍正帝而言。雍正帝作風嚴厲，他為銳意從事改革，整頓官場陋習因而差派了不少耳目在外，報告地方實狀及官員行事。周鍾瑄得罪禪濟布，再引發滿、漢御史互相揭控。雍正帝一貫作風，固然支持、乃至偏袒禪濟布，這自然有其削弱地方派系的用意，但他畢竟不是個糊塗皇帝，周鍾瑄所作所為，早已瞭若指掌，且「深賞之」，拔擢荊州知府。雍正 11 年的水災，周鍾瑄耿直個性再度表露無遺，乃以徵稅不足定額之故，被發往軍臺效力，雖經其子上書營救赦還，但受此打擊，不久就告謝世了。

# 四、興築諸羅水利

康熙 53 年（1714），周鍾瑄由福建邵武知縣調任臺灣府諸羅知縣，約康熙 57 年他調或卸任，至 61 年（1722）六月陞任臺灣知縣。周鍾瑄擔任諸羅知縣，約有四年，為他在臺灣最能發揮幹才的一段歲月。諸羅設縣於康熙 23 年（1684），自新港溪以北，以至雞籠，疆域遼闊。周鍾瑄抵任，上距諸羅設縣不過三十年，這時全境地廣人稀，許多建設都有待興修，鍾瑄也不負眾望，在他任內的確做了不少工作。乾隆間，知府余文儀續修府志，特為他立傳，說是「時縣治新闢，土曠人稀，遺利頗多。鍾瑄至，留心咨訪，嘗捐俸助民修築水利，凡數百里陂圳皆其所經畫，民以富庶。又雅意文教，延名宿纂修縣志，諸如臺北地方遼闊，規制有未盡備者，鍾瑄憂深思遠，情見乎辭，至今多見諸施行，尋擢去。」所記全是諸羅任內事，茲先就水利方面述之。

明鄭時代，臺灣南部已經有了初步的開發，歸清之後，由於臺灣知府蔣毓英、諸羅知縣張𤩝等人，都以大力招徠開墾為要務，大約在康熙 40 年（1701）以後，各地就陸續進行開發，特別是康熙末年，清廷的渡臺禁令日漸廢弛，大量移民湧入，從此促成了臺灣的全面開發。清初，由於諸羅以北，沃野千里，而吸引了不少投資者參拓墾，他們投入大量的資金，向官府申請「墾戶」（或稱「業戶」）執照，並贌租原住民土地，進行開發。為了開發土地，乃有興築水利陂圳以利灌溉的必要，龐大的

水利工程，費用浩大，墾戶雄厚的資本，固可發揮了良好的功效，而官府的參與，對於一般農戶助益尤多。

周鍾瑄任諸羅知縣的康熙 53 年（1714），正是諸羅境內移墾高潮，水利陂圳為興農利民根本，尤其是鄉間，如無人出面領導，往往意見分歧，半途而廢，因此在他任內，每利用巡行各地之際，觀察地勢高下以興水利，他分析說：

> 「……所最宜加意者，莫如水利津梁，何則？地溥且長，畏潦者，秋漲驟怒，海潮匯之，雖史起、鄭白無所用其力矣。畏旱者，因山澤溪澗之勢，引而灌溉，先王之溝洫澮川，詎異是哉！然穿鑿泉源，旁通曲引，木土之用，工力之煩，既已不貲：而歲有衝決，修築之費半於經始，故愚者怠於事而失其利，智者有其心而絀於力。且鄉井之眾，謀多不集，非官斯土者激勸有道，考其成功，不委諸草莽、即廢於半途耳。鍾瑄自五十三年視職，竊嘗留意於斯，巡行所至，度其高下、蓄洩之所宜，乑髦士、召父老子弟，與之商榷，工程浩大而民力不能及，則捐資以倡之、發倉粟以貸之。決壞壅塞，則令修治，使復其舊。陂之大者，另立陂長，責以巡察，司斗門之啟閉，以時其蓄洩，三年之間，田穀倍獲，雖未敢希蹤古先哲之遺烈，亦自盡其職所當為云爾。……」[12]

由於周鍾瑄積極從事水利建設，截至康熙 56 年（1717）止，經他修築的陂圳就多達三十二處，茲據《諸羅縣志》列如次：

（一）諸羅山大陂：即柴頭港陂。源由八掌溪出，長二十里許，灌本莊水窟頭、巷日厝、竹仔腳、無影厝等莊。康熙五十四年，知縣周鍾瑄捐穀一百石、另發倉粟借莊民合築。

（二）柳仔林陂：源由八掌溪分流，長可十餘里，大旱不涸。康熙五十四年，知縣周鍾瑄捐穀一百石、另發倉粟借莊民合築。

（三）八掌溪溪垵陂：源有二，一由赤蘭坑出，一由八掌溪分流，長可十餘里。康熙五十四年，知縣周鍾瑄捐穀五十石助莊民合築。

---

12 周鍾瑄《諸羅縣志》（臺北：臺灣銀行經濟研究室，1962），頁 44-45「水利」總論。

（四）馬朝後陂：源由內山土地公崎流出，原有舊陂址。康熙五十
　　　四年，知縣周鍾瑄捐銀二十兩助莊民重修。

（五）三間厝陂：在馬朝後莊南，源由馬朝後陂尾分出。康熙五十
　　　六年，知縣周鍾瑄捐穀五十石助莊民合築。

（六）烏樹林大陂：源由白水溪分流，長可二十餘里，灌本莊大排
　　　竹、臭祐莊、客莊、本協、下加冬等莊。康熙五十四年，
　　　知縣周鍾瑄捐穀一百石、另發倉粟借莊民合築。

（七）新營等莊陂：源由白水溪分流，長可三十里許，灌本莊太子
　　　宮、舊營、加冬腳等莊。康熙五十四年，知縣周鍾瑄捐穀
　　　一百石助莊民合築。

（八）哆囉嘓大陂：源由內山九重溪出，長二十餘里，灌本莊及龍
　　　船窩、埤仔頭、秀才等莊，大旱不涸。康熙五十四年，各
　　　莊民同土番合築。五十六年大水衝決，知縣周鍾瑄捐穀一
　　　百石、另發借倉粟八百餘重修。

（九）大腳腿陂：在哆囉嘓南，源由十八重溪出，長可十里許。康
　　　熙五十六年，知縣周鍾瑄捐穀八十石助莊民合築。

（十）樹林頭陂：在外九莊，源由八掌溪尾出，長五、六里許，灌
　　　樹林頭、新南勢竹二莊。康熙五十六年，知縣周鍾瑄捐穀
　　　五十石助莊民合築。

（十一）咬狗竹陂：源由牛朝山坑流出，長二十餘里，灌本莊及番
　　　　婆莊、月眉潭、土獅仔、北勢等莊。康熙三十二年，莊民
　　　　合築。五十六年，知縣周鍾瑄捐穀六十石助莊民重修。

（十二）雙溪口大陂：在打貓崙仔莊，源由山疊溪分流。康熙五十
　　　　六年，知縣周鍾瑄捐穀五十石助莊民合築。

（十三）西勢潭陂：在打貓莊西北，源由山疊溪分流，灌西勢潭、
　　　　柴林腳二莊。康熙四十五年，莊民合築。五十六年，知縣
　　　　周鍾瑄捐銀一十兩助莊民重修。

（十四）馬龍潭陂：在貓霧捒，潭有泉源，合內山之支流，長二十
　　　　餘里，陂流四注，大旱不涸，所灌之田甚廣。康熙五十六

年，知縣周鍾瑄捐穀二百石助莊民合築。

（十五）鹿場陂：在虎尾溪垷，源由虎尾溪分流。康熙五十三年，
知縣周鍾瑄捐穀五十石助莊民合築。

（十六）打馬辰陂：在西螺東，源由東螺溪出。康熙五十四年，知
縣周鍾瑄捐穀四十石助莊民合築。

（十七）林富莊陂：在舊噍莊。康熙五十六年，知縣周鍾瑄捐銀一
十兩助莊民合築。

（十八）果毅後陂：在舊噍莊。康熙五十六年，知縣周鍾瑄捐穀一
百石助莊民合築。

（十九）水漆林莊陂：在赤山莊。灌本莊及大竹圍、龜仔港等莊。
康熙五十三年，知縣周鍾瑄捐銀一十兩助莊民合築。

（二十）塗庫陂：在赤山莊。灌本莊及青埔仔、中社等莊。康熙五
十三年，知縣周鍾瑄捐穀八十石助莊民合築。

（二一）赤山陂：原有舊陂址。康熙五十三年，知縣周鍾瑄捐銀八
十石助莊民重修。

（二二）洋仔莊陂：在茅港尾束，原有舊陂址。康熙五十三年，知
縣周鍾瑄捐穀四十石助莊民重修。

（二三）番仔橋溝陂：在茅港尾。灌佳里興、茅港尾。康熙五十六
年，知縣周鍾瑄捐銀二十兩助莊民合築。

（二四）烏山頭陂：即龍船窩陂。灌烏山頭、二鎮、龍船窩等莊。
康熙五十三年，知縣周鍾瑄捐穀一百石助莊民合築。

（二五）新港東陂：在新港社。康熙五十四年，知縣周鍾瑄捐穀七
十石助莊民合築。

（二六）大目根陂：在縣東北牛朝山後。康熙五十四年，知縣周鍾
瑄捐穀八十石助莊民合築。

（二七）楝梛莊陂：在外九莊。灌大、小楝梛二莊。康熙五十三年，
知縣周鍾瑄捐穀五十石助莊民合築。

（二八）中坑仔陂：在打貓東北。康熙五十三年，知縣周鍾瑄捐穀
四十石助莊民合築。

（二九）埔姜崙陂：在他里霧社西。康熙五十四年，知縣周鍾瑄捐
　　　　銀一十兩助莊民合築。

（三十）西螺引引莊陂：在西螺社。康熙五十三年，知縣周鍾瑄捐
　　　　銀二十兩助民番合築。

（三一）打廉莊陂：在東螺社西北。康熙五十五年，知縣周鍾瑄捐
　　　　穀五十石助莊民合築。

（三二）燕霧莊陂：在半線社南。康熙五十五年，知縣周鍾瑄捐穀
　　　　五十石助莊民合築。[13]

# 五、纂修《諸羅縣志》

　　周鍾瑄諸羅知縣另一項重大成就，要數《諸羅縣志》的纂修了。康
熙 55 年（1716），周鍾瑄有意纂修縣志，而自閩南聘請頗負才學的漳浦
諸生陳夢林至諸羅，擔任總纂，再以鳳山縣學廩生李欽文、諸羅貢生林
中桂分修，至 56 年脫稿。有關本書纂修歷程及特色，周鍾瑄在書序曾
說：

> 「……諸羅僻處臺之北鄙，禹貢無傳，職方無紀，向存而不問之
> 列，今天子神聖文武，削平鄭氏，撫而有之，建立郡縣，仁漸義
> 摩，卉服雕題之眾，與漢人同體，涵煦乎高天後地中者，三十四
> 年於茲矣。其間戶口之生聚，財賦之盈縮，山川道里之險易遠近，
> 風俗人物之臧否賒儉醇醨，城池、倉庫、學校、祠廟、壇壝之繕
> 修，阨塞之設，兵戎之守，大致井然，前副使高公已創為郡志誌
> 之矣，獨邑乘缺焉。余自甲午奉調，東入鹿耳，度蔦松，每思得
> 所依據以為化理之本。及繙閱郡志，參之日所見聞，未嘗不致歎
> 於闕略者之多，而可疑者之復不少也。」
> 「考高公之修志，在乙亥、丙子之間，其時草昧初開，法制未備，
> 譬之築室，方初其基，譬之稽田，方藝其苗也。又茲邑延袤千里，
> 山海崇深，所見非一。傳聞異詞，其記載寥寥，疑信相半，誠無

---

[13] 同前書，頁 34-41「水利」。

足怪，至於今不可同年而語矣。昔之鹿場，今之民居，昔之荒草，今之嘉穀，昔之椎髻，今之衣冠。簿書期會日以繁，規畫營建日以多，聲名文物日以盛，及事時而不訂其訛舛，增其闕略，成一邑之志，備文獻之徵，後之人必有慨折衷之無自，非所以昭聖天子無外之模，久遠之化，信今而傳後也」。

「因以其事請於各上憲，既得允，則謀可以共斯舉者，漳浦陳君夢林，舊遊黔中，與家姪詹事漁璜為筆墨交。又嘗從儀封張大中丞，纂修先儒諸書於鰲峰書院，豫修漳洲、漳浦郡縣兩志，是足任也。乃具書幣，遣使迎至邑治，即所謂樣圍者而開局焉。既又擇鳳山縣學生李君欽文、邑明經林君中桂與俱，會粹建邑以後三十四年之見聞，斟酌郡志之已載者，而一總其成。陳君焚膏繼晷，綜核討究，存其所信，去其所疑。起自丙申秋八月，越明年丁酉仲春而脫稿，為志十有二。志各一卷，目分為四十有七。每一卷就，余輒參互而考訂之。凡所謂郡縣誌乘之載，各具體矣。」[14]

《諸羅縣志》自清代開始，就被稱之為「本郡志書，必以此為第一」，嘉慶間，臺灣知縣薛志亮聘嘉義學教諭謝金鑾、臺灣學教諭鄭兼才《續修臺灣縣志》，凡例說：

「臺郡之有邑志，創始於諸羅令周宣子；其時主纂者，則漳浦陳少林也。二公學問經濟，冠絕一時，其所作志書，樸實老當，以諸羅為初闢之地，故每事必示以原本；至其議論，則長才遠識，情見乎辭，分十二門，明備之中，仍稱高簡。本郡志書，必以此為第一也。故是編胚胎出於朝邑，而規橅取諸少林。」[15]

《諸羅縣志》既是「本郡第一」，自然就會有後之秉筆者，視之為模仿的對象了，因此誠如唐景崧所言：「臺灣志存者，莫先於諸羅，亦莫善於諸羅，府志淑自諸羅志，今澎湖志淑自府志，體例相嬗也。」[16]不僅《續修臺灣縣志》如此，其他還包括范咸《重修臺灣府志》、余文儀

---

[14] 同前書，卷首，頁 3-4「自序」。

[15] 謝金鑾、鄭兼才《續修臺灣縣志》（臺北：臺灣銀行經濟研究室，1962），頁 11，卷首，「凡例」。

[16] 林豪《澎湖廳志》（臺北：臺灣銀行經濟研究室，1963）卷首，頁 1-2「唐序」。

《續修臺灣府志》、王瑛曾《重修鳳山縣志》、周璽《彰化縣志》、魯鼎梅《續修臺灣縣志》、陳淑均《噶瑪蘭廳志》、林豪《澎湖廳志》，無怪乎方豪會認為《諸羅縣志》是「臺灣方志的標準本」，將上述這些方志歸納為「諸羅縣志型」。[17]

　　所謂「諸羅縣志型」，即依其體例而言。按臺灣正式的官修方志，以康熙 33 年高拱乾《臺灣府志》為最早，高志共分「封域」、「規制」、「秩官」、「武備」、「賦役」、「典秩」、「風土」、「人物」、「外志」、「藝文」等門，當時雖已經有若干私修志稿可資依傍，但仍可視之為臺灣方志體例的草創，二十年後的《諸羅縣志》，更依地方特性，另闢蹊徑，創出自己的風格，分為「封域志」、「規制志」、「秩官志」、「祀典志」、「學校志」、「賦役志」、「兵防志」、「風俗志」、「人物志」、「物官志」、「藝文志」、「雜記志」等門，較高志多出了一些項目，不過這只是因地、因時制宜的作法而已；方豪認為《諸羅縣志》所列項目，較高志（包括據高志增補資料的周志）為多，「並非修志人有何創獲，實因開闢之初，祀典、學校尚無可記，物產或種植不多，或少調查，諸羅志所多的，亦只此三事，其他不過改武備為兵防，改風土為風俗，改外志為雜記志而已」。[18]

　　由上述綱目的增補或變通，《諸羅縣志》之所以有臺灣第一的地位，其最主要原因，就是《續修臺灣縣志》凡例所稱「二公學問經濟，冠絕一時」之故。周鍾瑄自己也說：「陳君留心時務，動與余合，往復論難……皆確然於心，而共信於人而後已。」周、陳兩人在學識上都是一時之選，且配合得宜，纔能修出一部垂為後世典範的名志。

# 六、規制北路地方

　　周鍾瑄來任諸羅縣，正值諸羅設縣不久，亟須經營地方，水利設施是當務之急，他竭盡全力從事這項工作，成效甚佳。但諸羅幅員甚廣，南起蔦松溪，北抵雞籠，幾乎佔了臺灣全島三分之二的面積，因此他只

---

[17] 方豪〈記新抄苗栗縣志兼論臺灣方志的型態〉（《臺灣文獻》第二卷第一、二期合刊）。
[18] 同註 17。

有提出規劃，載入志書，存以有待。諸如：

> 「由斗六門山口東入，渡阿拔泉，又東入為林璞埔，亦曰二重埔。
> 土廣而饒，環以溪山，為水沙連及內山諸番出入之口，險阻可據。」
> 「竹塹過鳳山崎，一望平無。……然諸山秀拔，形勢大似漳泉，
> 若碁置村落，設備禦，因而開闢之，可得良田數千頃。」
> 「武勝灣、大浪泵等處，地廣土沃，可容萬夫之耕。」[19]
> 「淡水以南至半線二百餘里，鹿仔（港）、二林、海豐、笨港各
> 水汛相違表裏，宜割半線以上別為一縣，聽民開墾自如。而半線
> 即今安營之地，周原肥美，居中扼要，宜改置為縣治。……即又
> 於半線別置遊擊一營，與北路營汛聯絡。鎮以額兵一千，分守備
> 五百人，設巡檢一員於淡水，分千把總於後壠、竹塹，使首尾相
> 顧，臂指相屬。」[20]

　　上述議論，雖非出自周鍾瑄之手，但因全書都經他與陳夢林「參互
考訂」，且列名「主修」，故也能代表他的看法。

　　其次，在每志之後，都附有一段周鍾瑄親自執筆的總論，往往洋洋
灑灑數千言，他文采可觀，且長於議論，〈賦役志〉附論之後，他曾根
據前知縣宋永清短短一段話，加以發揮，未有幾句：「重洋遠隔，無有
縷陳其隱於上官而以入告者，私心過計，竊恐久而大為官民之累也，故
因宋論而申明之，以備君子之採擇焉。」最能看出他的用意所在，蓋因
官卑職小，難有「縷陳其隱於上官而以入告」的機會，利用修志，暢論
懷抱，以供上司或後人治理參考。由於周鍾瑄見解卓越，乃深受後人推
崇，僅擇要摘錄二段：

> 「今虎尾、大肚以上，深山大澤，非臭祐（莊）之比也。溪谷環
> 疊，中可以耕。既憑險阻，又有積聚落，彼其平日視汛塘之寥寥
> 數人，已不足介其胸中矣。……大抵北路之內憂者二，曰土番、
> 曰流民。番雖質性愚魯，然凶狠矯捷，貪不知恥，睚眦之怨，抽
> 刃相向。彼平日受制於漢人，而又見漢人之服飾、子女、玉帛，

---

[19] 周鍾瑄《諸羅縣志》，頁 286-288〈外紀〉。
[20] 同前書，頁 1-2〈兵防志〉

未嘗不艷而思一逞也，顧時有不能耳。故多利器，弓箭、鏢鎗、
刀牌，比戶而有，出入自隨、近且潛購鹿銃而藏之矣。此豈得盡
以不識、不知目之乎？……今流民大半潮之饒平、大埔、程鄉、
鎮平、惠之海豐，皆千百無賴而為一莊，在室家者，百不得一。
以傾側之人，處險阻之地，至於千、萬之眾，而又無室家宗族之
繫累，有識者不為寒心乎？」

「淡水南岸，宜度地增設砲城，以過北來之衝，添設雞籠一汛，
水師官兵五百人，永鎮其地，與淡水陸師為犄角之勢，而後壠一
港，港澳深闊，戰艦乘潮可入。且其地扼斗六門、八里坌之中，
亦宜設砲臺、煙墩，如鹿仔、海豐各汛之例。縣治以南，為蚊港、
青峰闕最為扼要，砲臺砲位，宜加修飭，庶乎臺海之北有備而無
患矣。」[21]

　　周鍾瑄在諸羅知縣任內，尚有不少事跡載於《諸羅縣志》，包括重
修諸羅城（木柵）、重修諸羅縣署、建茅港尾公館、重修縣內倉八十一
間、重修斗六門倉八十五間縣內倉、建半線倉三間、建淡水倉二間、重
建社倉八處、建牛朝山義塚、重修（建）文廟（修大成殿、啟聖祠及建
兩廡）、建社稷壇、建山川壇、建城隍廟、重建義學、建番社學四所、
旌表烈婦王氏、獎匾黃孟孫五世同居、贈額靈山廟等[22]，不可謂不多，
惟類似的建築或贈額旌表，大抵都屬政策性或例行性。尤其諸羅正當建
置之初，許多公共設施必須陸續興建，只是周鍾瑄適逢其會而已，茲臚
列如上，不另贅。

# 七、結語

　　周鍾瑄卸任諸羅知縣之後，接著就有康熙 61 年（1722）任臺灣知
縣的文獻記載，而范咸《重修臺灣府志》為周鍾瑄立傳，對於他的卸任
諸羅，只有「尋擢去」三個字，因此很容易造成錯覺，認為周鍾瑄卸任

---

[21] 同前書，頁 120-125〈兵防志〉
[22] 散見《諸羅縣志》規制志、祀典志、學校志、人物志、雜記志等，不一一引述。

諸羅知縣之後，必定擢陞臺灣首縣。李嘉謨〈連雅堂臺灣通史讀後〉一文，說：「可以明白周之『尋擢去』，乃是轉調臺灣縣知縣。」即為一例[23]。事實上並不然，以范志職秩官表所列為例，「諸羅縣知縣」表，在周鍾瑄後，有個「康熙五十八任，六十年臺變被議」的朱夔，而「臺灣縣知縣」表，周鍾瑄前，也有個「康熙五十九任，六十年臺變被議」的吳觀域[24]，明白地說，至少康熙 58 年至 60 年三個年頭，周鍾瑄的去處仍是個謎，我想最有可能的，應是回籍丁憂守制；依規定守制期間是二十七個月。按所謂「六十年臺變」，指的就是朱一貴抗清案而言，諸羅知縣朱夔、臺灣知縣吳觀域兩人「被議」的結果，都被判了死刑，周鍾瑄幸運逃過一劫，也許是他諸羅縣任內諸多善政所得的福報吧！

　　四年諸羅縣任內，周鍾瑄的確建樹不少，如以《諸羅縣志》的記載而言，有清一代臺灣各縣知縣，恐怕沒有幾個可以和他倫比。「邑人念之，肖像於龍湖巖以祀[25]。」是傳統的去思方法之一，龍湖巖的周鍾瑄肖像早已無存，不過嘉義城隍廟卻仍保持著一尊周鍾瑄塑像[26]，值得慶幸。周鍾瑄在康熙 60 年（1721），恰好避開朱一貴之役的浩劫。61 年任臺灣知縣，大亂甫平，百廢待興，正待他收拾殘局，一展長才。無奈因建城之役，得罪了巡臺御史禪濟布，革職待審，數年官司纏身，以致他的臺灣知縣任內，雖無較著的政績可言，但從他被革後民間的一些反應看來，仍不失為一位好官。此由雍正 4 年（1726）福建巡撫毛文銓所奏，便可略窺端倪，他說：

　　「……臺灣解任知縣周鍾瑄，臣再四訪查，並歷問按察使丁士一、汀漳道高鐸、鹽運使景考祥等，俱稱：周鍾瑄實有才情，操守亦好，所到之處，甚得民心。前任諸羅，後有臺灣，人人愛戴等語。昨日摘印看守後，兵民無日不挑送柴米，甚至聚眾紛紛，將該員搶出，先行帶赴省城，鎮臣林亮撥兵防守而止。如此情形，

[23] 同註 2。
[24] 范成《重修臺灣府志》（臺北：臺灣銀行經濟研究室，1961），頁 111、124「職官」。
[25] 同註 1。
[26] 此為 84 年訪談得悉，並攝影存真。

則周鍾瑄之為兵民愛戴實不虛也。……周鍾瑄卸事之後，民情既復如此，恥為禪濟布所搆陷，不敢不將臣所聞者，一併據實奏聞也。」[27]

　　雍正間，另一位臺灣關係人物漳浦藍鼎元，也幾乎遭到相同的際遇，他任潮陽知縣，因生性耿直，數與上官忤，以查辦惠潮指使運官、船戶盜賣賑糧案，反被誣揭六款，栽贓千餘，革職下獄，不只「二邑士民奔走欷歔，挈榼提筐，相望於道」，甚至有惠來人王希五，年已八十餘，還拄杖行二百餘里，攜米五升、雞子十餘枚為餽。及至雲廣總督鄂爾泰具摺申明被誣始末，藍鼎元奉雍正帝特旨赴京，命署廣州知府[28]。藍鼎元因禍得福的例子，與周鍾瑄被誣案極為類似，但藍鼎元事，文獻俱在，原原本本，而周鍾瑄由絞刑重犯開釋，再陞知府，除了前引《晚晴簃詩匯》有「泰陵深賞之」這條線索外，詳細情形，尚不得而知，仍有待繼續發掘史料，填補這段空白。

---

27　國立故宮博物院（編）《宮中檔雍正朝奏摺》第五輯，頁 693，毛文銓「奏報官員官箴摺」。
28　藍鼎元《平臺紀略》（臺北：臺灣銀行經濟研究室，1958），頁 13-14，卷首，「行述」。

# 參考書目

## （1）圖書

周鍾瑄《諸羅縣志》，臺北：臺灣銀行經濟研究室，1962。

謝金鑾、鄭兼才《續修臺灣縣志》，臺北：臺灣銀行經濟研究室，1962。

藍鼎元《平臺紀略》，臺北：臺灣銀行經濟研究室，1958。

范咸《重修臺灣府志》，臺灣銀行經濟研究室，臺北，1961。

臺灣銀行經濟研究室（編）《雍正硃批奏摺選輯》，臺北：臺灣銀行經濟研究室，1972。

臺灣銀行經濟研究室（編）《清世宗實錄選輯》，臺北：臺灣銀行經濟研究室，1972。

崔龍見修、黃義尊纂《江陵縣志》，臺北：臺灣學生書局，1970。

連橫《臺灣通史》，臺北：臺灣銀行經濟研究室，1962。

國立故宮博物院（編）《宮中檔雍正朝奏摺》，臺北：國立故宮博物院，1977。

徐世昌《晚晴簃詩匯》，北京：中國書店，1989。

## （2）論文

李嘉謨〈連雅堂臺灣通史讀後〉，收入《臺南文化》新第十六期，臺南：臺南市文獻委員會，1983。

方豪〈記新抄《苗栗縣志》兼論臺灣方志型態〉，收入《文獻專刊》第二卷第一、二期，臺北：臺灣省文獻委員會，1951，頁 13－14。

# 清代彰化知縣政績綜評

## 摘要

雍正元年（1723）八月，彰化設縣，至今二百八十年（1723－2003）；翌年（1724），首任知縣談經正抵任，迄光緒 21 年（1895）割臺為止，前後一百七十三年，已知的彰化知縣，共有一百三十三任。

依照清代對於行政區域的劃分，有所謂「衝、繁、疲、難」四字分等，彰化縣是屬於「繁」、「難」二字中缺，亦即「行政業務多」與「風俗不純、犯罪事件多」，屬難治縣份，在位者容易獲罪去職，在這種異動頻繁的情形之下，很難有所建樹，因此就文獻資料的考察，政績良好的知縣為數無幾，與整個清代知縣人數不成比例。

年代久遠，文獻無徵，欲探討歷任彰化知縣政績已屬不易，加以吏治腐敗，官場存有種種陋習，橫徵暴歛、中飽私囊者，往往交通上游，獲得優異薦舉；反之，愛民如子者，因某些措施而觸怒上司，重則身陷囹圄，輕則掛冠求去，真相極為隱晦，對於知縣政績的論斷，愈加不易。清初國力強盛，知縣多為兩榜正途出身，情況較佳；清代中葉之後，內戰頻仍，地方知縣的任用，幾乎成為捐班人員天下，將本求利，搜括民脂民膏，無疑成為常態，時代愈晚，情況愈為嚴重。

本文試以道光《彰化縣志》為基礎，再參以官方奏疏、私家筆記，將清代表現較佳的彰化知縣作一論述，再以道光《彰化縣志》作為分際，論述主持彰化建城的楊桂森，並及修志、重建儒學同時進行的李廷璧；咸豐朝獎披文教，開彰化文學風氣的殉難知縣高鴻飛，以及光緒初捐俸倡修彰化縣儒學（孔廟）的傅端銓。此外，評價兩極化的朱幹隆，則引述古今文獻資料，還原真相，俾作建縣二百八十週年的回顧，並稍補舊志不足。

# 一、前言

　　雍正元年（1723）八月，清廷正式核定新設彰化縣，翌年，首任知縣談經正抵任[1]，開啟治理新邑新頁，迄光緒 21 年（1895）割臺為止，前後一百七十三年，蒞任的彰化知縣（含「臺灣民主國」所任命者），包括本任、兼任、攝理、署理、代理等，據《重修臺灣省通志·文職表篇》所載，共有一百三十三任[2]。

　　清代對於行政區域的分等，有所謂「衝、繁、疲、難」四字考語，按照雍正時的解釋是：交通頻繁曰衝，行政業務多曰繁，稅糧滯納過多曰疲，風俗不純、犯罪事件多曰難。字數愈多，代表縣的等第愈高，反之，則字數愈少。衝繁疲難四字俱全的縣稱為「最要」缺或「要」缺，一字或無字的縣稱為「簡」缺，三字（有衝繁難、衝疲難、繁疲難三種）為「要」缺，二字（有衝繁、繁難、繁疲、疲難、衝難、衝疲六種）為「要」缺或「中」缺[3]。按據乾隆 22 年（1757）七月吏部題本，稱彰化縣「係繁難中缺」[4]，繁、難二字，由前述定義，可知是個「行政業務多」，再加上「風俗不純、犯罪事件多」的難治縣份，蒞任者容易獲罪去職，在這種異動頻繁的情形之下，難以有所建樹，因此就文獻資料考察，政績良好的知縣只有十餘人，與整個清代知縣人數不成比例。

　　年代久遠，文獻無徵，固然是歷任彰化知縣政績不彰主因，然而清代吏治腐敗，官場上存在著種種陋習，橫徵暴歛，中飽私囊，以之交通上游，而得優異薦舉，即使是文獻皇皇，也未必是事實真相；反之，愛民如子的知縣，因某些措施而觸怒上司，重則身陷囹圄，輕則掛冠求去，對於知縣政績的論斷，愈加不易。清初國力強盛，知縣多為兩榜正途出身，情況較佳；清代中葉之後，內戰頻仍，地方知縣的任用，幾乎成為

---

[1] 周璽《彰化縣志》（臺北：臺灣銀行經濟研究室，1962），頁 76。

[2] 鄭喜夫（編）《重修臺灣省通志·職官志·文職表篇》（南投：臺灣省文獻委員會，1993），頁 213-222。

[3] 周振鶴《中國歷代行政區劃的變遷》（臺北：商務印書館，1998），頁 147。

[4] 臺灣銀行經濟研究室編（編）《臺案彙錄乙集》（臺北：臺灣銀行經濟研究室，1963），頁 124。

捐班人員天下，將本求利，搜括民脂民膏，無疑成為常態，時代愈晚，情況愈為嚴重。茲舉一例，光緒 11 年（1885）十一月，鹿港諸生洪攀桂（月樵）撰有〈公憤酷吏某令詳文〉，駢四儷六，洋洋灑灑，對於這位「某令」極盡挖苦諷刺之能事：

> 「目不識丁，書嘗訛亥；捧大筆而如椽，欲成畫餅，吮墨毫以至禿，未解塗鴉。本江湖之蕩子，作壟斷之賤夫，則一副窮骨，得免溝壑之填；三頓壺飧，亦足風塵之願矣。乃輟耕隴上，妄懷富貴；辱在泥中，遐想風雲。遂卑躬屈膝，奔走公卿之門；納粟奉錢，覬覦簿書之吏。……素餐尸位，固有玷乎清筴；飯袋酒囊，亦無傷於赤子！何乃以刻為明，苛政猛如哮虎；因姦滋陋，陰柔毒似李貓！……此不特齊廷之濫竽宜吹，抑且吾邑之眼釘宜拔者也。……父母官為盜之魁，催科役尤賊之甚，乃知叔庠不來，虎難遠渡；謝令不去，鷹且飽饑矣[5]。」

此文雖未指名道姓，但以清代臺灣文職資料考之，光緒 11 年（1885）十一月在任的彰化知縣，正是「由監生議敘通判」出身的蔡麟祥[6]（光緒 10 年一月二十一日交卸恆春知縣，調署彰化；12 年卒於任。）；洪氏之言，頗能代表彰化民間不滿捐職縣令的心聲，值得深思。

蔡氏在彰化被罵得體無完膚，甚至稱為「酷吏」，但之前的代理澎湖通判任內，則又被譽為「政清勤，訟無留獄。與紳士之公正者交厚而不設門丁，懼其壅下情也[7]。」前後判若涇渭，令人不解，光緒 18 年（1892），臺灣名詩人邱逢甲有〈去思詞〉四首，或能作為註腳：

> 「子規聲裏使君歸，原草初長馬正肥；
> 剜肉醫瘡無限淚，春風吹上萬民衣。」
> 「官聲好處聽民歌，薦剡頻登上考多；
> 莫道無心談撫字，年年才力盡催科。」
> 「千箱百籝運脂膏，飽掛歸帆意氣豪；

---

[5] 洪繻《寄鶴齋駢文集》（南投：臺灣省文獻委員會，1993），頁 111-112。
[6] 鄭喜夫（編）《重修臺灣省通志‧職官志‧文職表篇》，頁 221。
[7] 林豪《澎湖廳志》（臺北：臺灣銀行經濟研究室，1963），頁 227。

岂是鬱林無石載，官囊已足壓波濤。」
「遍徵詩冊艷歸裝，自撰清操刻報章；
他日倘登循吏傳，人間滿地是龔黃[8]。」

　　邱氏之詩，反映了清末官場卸任的普遍現象，官員即使風評再差，地方紳士還是照舊例送「萬民衣」、送「去思詞」，說不定這些資料流傳下來，後人還會信以為真，據以登上志乘循吏傳；邱氏固未明指何人，應是觸景有感而發的寫實之作，可見這種情形，在當時是極為普遍。

　　本文試以道光《彰化縣志》為基礎，再參以官方奏疏、私家筆記，將清代表現較佳的彰化知縣作一論述，俾作建縣二百八十週年的回顧，並稍補縣志的不足。

# 二、《彰化縣志》有傳的知縣

　　方志為國史之基礎，故自古以來各地方無不重視修志。按例方志中必列「循吏」或「宦績」等門，登載已故文職官員傳記，使其名垂久遠，俾後之蒞任者見賢思齊。清代正式出版之《臺灣府志》，凡五種，時間都在乾隆中葉以前，志中雖收有若干知縣傳記，但並無彰化知縣，或許當時設縣未幾，仍無政績值得立傳者之故。

　　《彰化縣志》，約成書於道光 16 年（1836）。共分十二志十二卷，卷三為官秩志，分「文秩」、「列傳」、「政績（殉難附）」三門；「文秩」，即文職表，「政績（殉難附）」，悉為政績不著的殉難人員，「列傳」部分，才是政績優異的歷任職官，主要是彰化知縣，計有秦士望、曾曰瑛、蘇渭生、劉辰駿、朱山、張世珍、胡邦翰、胡應魁、宋學灝、吳性誠等十人，其次是北路理番同知薛志亮一人、鹿港巡檢王坦一人[9]。彰化知縣十人當中，最早者為雍正 12 年（1734）到任的秦士望，最晚者為嘉慶

---

8　邱逢甲《柏莊詩草》（臺北：臺北市文獻委員會，1980），無頁碼。
9　周璽《彰化縣志》（臺北：臺灣銀行經濟研究室，1962），頁 100-106。按該志所列職官最晚者為道光 16 年三月任之訓導劉鑑光，故其刊行當稍晚。又依文獻考證，乾隆年間應有《彰化縣志》之纂修，但未見傳本。

21 年（1816）署理的吳性誠，茲據各傳表列其重要政績如次：

| 姓名 | 籍貫 | 出身 | 任卸 | 重要政績 | 備註 |
|---|---|---|---|---|---|
| 秦士望 | 江南宿州 | （雍正）己酉拔貢 | 雍正 12 年（1734）調任 | 1、創建彰化竹城，彰化之有城池自士望始。<br>2、捐俸重修關帝廟<br>3、造西門外大橋 | |
| 曾日瑛 | 江西南昌 | 監生 | 乾隆 11 年（1746）以淡水同知兼攝 | 1、捐俸倡建白沙書院 | |
| 蘇渭生 | 雲南新平 | 舉人 | 乾隆 14 年（1749）調任 | 1、修彰化縣署<br>2、重建牢獄<br>3、捐俸修城隍廟<br>4、捐置快官、八卦山義塚<br>5、捐賓興經費以助南平寒士卷資<br>6、議建留養局、育嬰堂，因調任中輟。 | |
| 劉辰駿 | 江蘇武進 | 以諸生保舉賢良方正 | 乾隆 18 年（1753）調補 | 1、修彰化縣署<br>2、捐俸倡建天后宮<br>3、津梁多所修造<br>4、善聽斷，懲治舞弊胥役。 | |
| 朱山 | 浙江歸安 | 乾隆辛未進士 | 乾隆 20 年（1755）調補 | 1、到任調集繫獄小竊縱之，並各予十金，使治生計；約毋再犯，再犯無赦。先後再獲二賊，俱依初法杖斃，又獲一賊，知有孝心，仍贈金縱去，後改過自新。朱氏因冤案去，此人持金以贈，不得已受之。<br>2、在任二年，案無積牘，獄無冤民。 | 不事逢迎，不避權貴，忤某巡道，被誣以私收採買革職；福建將軍密奏其事，得復原官，再遷灤州知州。罷官時彰化士民買宅安置其家，歌頌弗衰。 |
| 張世珍 | 陝西臨潼 | 進士 | 乾隆 23 年（1758）調任 | 1、倡修關帝廟<br>2、繼營學宮，鑿泮池，並修學署、書院、明倫堂。 | |

| | | | | | |
|---|---|---|---|---|---|
| 胡邦翰 | 浙江餘姚 | 乾隆壬申進士 | 乾隆 27 年（1762） | 1、置義塚<br>2、設留養局<br>3、籲總督奏請豁免水沙連荒埔獲免舊欠及減則，詔報可。 | 沙連天后聖母廟有胡公祿位祠，凡遇誕辰，家家慶祝，如奉生佛然。 |
| 宋學灝 | 漢軍鑲紅旗 | 貢生 | 乾隆 53 年（1788）調任 | 1、值林爽文事件後，請帑營建文武衙署。<br>2、民之流離失所者，死亡相望，多方撫恤。 | |
| 胡應魁 | 江南曲阿 | 會魁 | 嘉慶 1 年（1796）調任 | 1、除陳周全餘黨<br>2、書院按月課士躬為評閱。<br>3、捐俸置古月井以息爭端。<br>4、遷建關帝廟於南街後同知署故址。<br>5、建太極亭於署後。 | 遷淡水同知 |
| 吳性誠 | 湖北黃安 | 廩貢 | 嘉慶 21 年（1816）1 月署 | 1、甫到任，適逢穀貴，群盜四起日夜奔馳，到處安撫，諭各業戶出資平糶，設廠煮粥。<br>2、課士有知人之目，輒分廉俸以助寒士。<br>3、倡修文昌祠書院<br>4、建忠烈祠 | 以捕盜敘績擢淡水同知 |

資料來源：道光《彰化縣志·官秩志》

　　綜上表所列而論，各知縣政績大都數表現在興修建築物方面，包括建縣初期的建城，以及文武衙署、祠廟、書院等的興建，其次是社會事業的興辦，包括設置育嬰堂及留養局、請求豁免舊欠供課、撫恤難民等；此外，知縣之中多為正途出身，因此對於育才造士等方面，致力尤深。

　　無可諱言的，林林總總的政績，特別是興修建築方面，或戰爭之後的流亡撫恤，某些部分，只是在執行中央或省的既定政策，任何知縣在此一時間接任，必面臨相同的任務，只在於執行過程是否平安順利，如此政績固然辛苦，仍予人適逢其會的感覺。

　　這些知縣事蹟，值得注意者有二，一是任內曾被革職繫獄的朱山，一是縣民設祿位祠以祀的胡邦翰。朱山傳記，長約八百字，為所有傳記

中最長的，傳中除有改過自新竊賊報恩的感人故事外，關於朱氏被誣始末，描述甚詳：

「性儉約，酌水屬清，不取民間絲粒。彰故有額採，山概不收。嘗云：『正供而外，即屬橫徵，某何敢吮民膏以自肥乎！』平居嚴毅，不事逢迎，不避權貴。嘗忤巡道某公，被劾幾殆，而民心益感。先是巡道某抵彰，故事供具甚奢；山不可，但餽粟十斛、羊四羊空，某公銜之。俄而檄命造冊清丈田畝，山力爭曰：『彰地半斥鹵，與他邑殊，自昔清丈，原留餘地以濟貧民；今若再丈，將大病民。』抗冊不上，巡道督愈急，諸紳士謀賂萬金以免，山不可，曰：『吾在此，斷不使諸君賄上游。』……某公大怒，劾山私收採，蓋誣之也。報罷，時委員逮山，邑民數萬，爭揭竿起逐委員，山再三語且泣曰：『諸百姓苟以我故而抗王章生事，是殺我也，非愛我也。』……到省繫月餘，獄未具。會福建將軍新公入覲，密奏其事。天子召見，復原官，再遷灤州知州。某巡道罷官。……彰化士民至今歌頌弗衰，蓋比之藍鹿洲云[10]。」

按所言巡道某公，與朱山卸任時間乾隆 22 年（1757）三月相符，且因罪罷官者，當為德文，滿洲正白旗人，乾隆 20 年（1755）五月任臺灣巡道，約 23 年（1758）四月以罪罷去[11]。朱山故事感人至深，光緒年間，地方仍廣為流傳，邱逢甲〈諸羅雜詠〉有詩曰：

「海濱斥鹵遍量還，盜警宵嚴戶早關；
父老相逢垂淚說，好官難得似朱山[12]。」

光緒 14 年（1888），臺灣進行全面清丈，彰化知縣李嘉棠及諸羅知縣羅建祥藉機搜括，海濱沙地，亦難倖免，而引起社會不安，在「盜警宵嚴」情況之下，到處已經「戶早關」，邱詩以朱山抗拒造冊清丈事，諷刺當道，愈突顯其「酌水屬清」風骨。

至於胡邦翰籲請減則一事，列傳所記如次：

[10] 周璽《彰化縣志・官秩志》，頁 102-103，「列傳」。
[11] 鄭喜夫（編）《重修臺灣省通志・職官志・文職表篇》，頁 19。
[12] 邱逢甲《柏莊詩草》，無頁碼。

「又年不順，穀無半穫。民授課累，日追逋欠；邦翰知民疾苦，為請大吏，備陳情狀。適制憲巡臺抵彰，邦翰即躬導制軍詣勘，跋涉畎畝間，不辭勞瘁，復為哀籲再三。制憲憫其誠，乃為奏請豁免水沖田園數千甲舊欠供課數萬石，仍請減則，詔報可，民咸知為邦翰力，雖婦孺猶歌頌弗忘焉。今沙連天后聖母廟，其後有胡公祿位祠，凡遇胡公誕辰，家家慶祝，如奉生佛然[13]。」

按制憲或制軍，即當時以福建巡撫署理閩浙總督的定長。豁免舊欠，顧名思義，即將歷年積欠供課一筆勾銷，淺顯易懂：而所謂減則，據文獻記載係兩甲租賦作一甲完納，現存彰化知縣張可傳諭示碑，即與此有關，《雲林縣采訪冊‧沙連堡》謂：

「兩甲作一碑，在社寮石碑仔莊。……乾隆二十九年，奉上縣奏題減則，彰化縣令張諭立石碑」。[14]

胡氏之澤被沙連，非只上述一端，《雲林縣采訪冊‧沙連堡》「祠廟」已稍透露：

「連興宮……乾隆中，里人公建。前彰化縣邑令胡公邦翰捐置山租若干，為寺僧香火之資。」[15]

媽祖廟連興宮本名天上宮，約清代中纔改今名，文書資料仍並用天上宮舊名。

胡邦翰捐置媽祖廟（天上宮、連興宮）山租一事，有該宮現存乾隆43 年（1778）殘碑可據，碑由彰化知縣馬鳴鑣給示。敘水沙連保各莊在乾隆初年墾闢後，經丈納課。不久，仍歸荒蕪，乾隆 27 年（1762）秋，胡邦翰「親臨駕勘」，並作諭示，除對受災田園有所豁免之外，將收成的稻穀按一九之例配入天后宮（天上宮），作香油之資，十餘年後，佃民杜猛等多人聯合呈請彰化知縣立石，以垂久遠，保障雙方權益。[16]

---

[13] 周璽《彰化縣志‧官秩志》，頁 104，「列傳」。

[14] 倪贊元《雲林縣采訪冊‧沙連堡》（臺北：臺灣銀行經濟研究室，1959），頁 161，「碑碣」。

[15] 倪贊元《雲林縣采訪冊‧沙連堡》，頁 159，「祠廟」。

[16] 參拙著《臺灣中部的人文》（臺北：常民文化公司，1991），頁 43-56〈澤被竹山農業兩知縣〉。

　　乾隆 27 年（1762），胡邦翰籲請署閩浙總督定長奏准豁免舊欠供課及減則，深受到地方人士感念，在天上宮後設立胡公祿位祠，連帶供奉定長祿位。但檢視現存祿位，除胡邦翰、定長姓名之外，另有彰化知縣李振青，按李振青祿位入祀連興宮，僅見的文獻記載只有《雲林縣采訪冊》：「連興宮……附祀福建巡撫定公之長生祿位、彰化縣令胡公邦翰祿位、李公振青祿位」[17]，李振青祿位，據該宮所存道光 3 年（1823）彰化知縣李振青所立諭示碑，可得知梗概，爰附此敘之。

　　水沙連保近山，所產竹、木材，向來都縛結成排，由清、濁兩載運出售，而濁水溪下游東螺一帶，以張姓居多，凡遇竹排由觸口、溪洲經過，每藉端勒索錢文，排夫劉承行、莊先進、黃克明等被索不甘，紛紛呈稟，請求官方保護。因而彼此之間挾有嫌隙。道光 3 年（1823）七月十七日，排夫劉承行僱請張受與等押運竹排出溪，以防不虞，惟竟被斗六門營陳姓守備疑係匪犯，誤挐解案，乃由總理林永、林衛、匠首陳永旺、莊耆張進、楊舉、王字、林洽、張香等出面調處，並傳同沙連保劉遠、東螺保張媽超等達成協議，以清、濁二溪載竹從觸口、溪洲經過，無論大小，首尾共四節算為一排，定錢二百文，聽由總董僉舉公正之人鳩收，充沙連保林杞埔天后宮及溪州元帥廟為香燈諸費。翌年五月，由知縣李振青出示曉諭，不許藉端多索，以杜滋事，並勒石連興宮，以垂久遠。[18]

　　李振青曾於嘉慶間，任金門縣丞。任內戢盜甚力，割俸為浯江書院期課膏火、祭費，以卓異陞去，旋為同安知縣，再委署彰化知縣。他在處理過水沙連放運竹木糾紛之後，不久卒於任，時間約在道光 6 年（1826）二月或三月。金門人聞訊，祀於浯江書院，《金門志》循吏有傳。[19]彰化、金門同時祀其牌位，殊為難得，並非浪得虛名。

[17] 同註 15。

[18] 參拙著《臺灣中部的人文》，頁 43-56〈澤被竹山農業兩知縣〉。

[19] 林焜熿纂修、林豪續修《金門志》（臺北：臺灣銀行經濟研究室，1960），頁 166-167，「循吏」。

# 三、建城名知縣楊桂森

　　清代歷任彰化知縣，在臺灣民間中，名氣最為響亮的，莫過於嘉慶 16 年（1811）主導彰化竹城改建磚城的楊桂森，楊氏之所以名氣大，不僅建樹可觀，且還有個民間流傳甚廣的「楊本縣敗地理」傳說，此傳說深入民間，平添楊桂森的神秘感。

　　檢視道光《彰化縣志》各卷記載，有關楊桂森政績資料，遠超過任何知縣，但列傳中卻無傳記，乍讀縣志，的確會產生懷疑；其實仔細勾稽，仍可發現修志之初，有曾為楊氏立傳的痕跡，或者至少曾有立傳的打算，《彰化縣志・官秩志》「北路理番同知兼鹿港海防」一表，列有楊桂森資料：

　　　「楊桂森，雲南石屏人，翰林。（嘉慶）十七年二月兼署（有傳）。[20]」

　　按據官秩另一「彰化縣知縣」表，楊桂森於嘉慶 15 年（1810）一月抵任，約 17 年（1812）九月「以終養去」[21]，最後約半年時間兼署北路理番同知。同知表殘留「有傳」二字，稍透露了為楊氏立傳的若干訊息，只因某些原因，最後未克實現計畫，依筆者推測，最主要原因，可能是修至時楊氏尚健在之故；前人修志有不為生人力傳通例，《彰化縣志》於人物傳亦遵守此例，曰：

　　　「如其人尚在，則倣史志舊例，留以有待。[22]」

　　臺灣知縣調補，多在四十至五十歲之間[23]，道光 12 年（1832）縣志創修。上距嘉慶 15 年（1810），約二十二年而已，當時資訊閉塞，無法確認，而採取折衷方式，即於官秩留下「有傳」字樣，再將政績打散。

　　楊桂森，字蓉初，雲南臨安府石屏州人。嘉慶 4 年（1799）己未科進士，翰林院庶吉士；散館後，授福建延平府南平縣知縣，調任彰化。

---

[20] 周璽《彰化縣志》，頁 74，「文秩」，經檢原刻亦同。
[21] 周璽《彰化縣志》，1962，頁 79，「文秩」。
[22] 周璽《彰化縣志》，1962，卷首頁 7「例言」。
[23] 可參《臺案彙錄乙集》所載各調補事例，如張世珍三年報滿為四十七歲，則抵任為四十三歲。

任內政修人和，百廢俱興，建樹良多，茲臚列如次：

## （一）、籌建彰化縣城

雍正 12 年（1734），知縣秦士望始仿效諸羅縣知縣周鍾瑄作法，於街巷外遍植莿竹，分為東西南北四門，從此每年均有栽種。乾隆 51 年（1786）林爽文暨 60 年（1795）陳周全兩次兵燹之後，砍伐殆盡。嘉慶 2 年（1797），知縣胡應魁仍依故址，栽種莿竹，又於四門增建城樓，因海外土鬆，且多地震，十餘年後，城樓半就傾圮。14 年（1809），閩浙總督方維甸巡臺抵彰，地方紳士王松、林文濬等乃簽呈請准民間捐建土城，經方維甸據情入奏，詔可，乃由楊氏籌劃建築事宜，「於是邑令楊桂森分俸倡捐，州同銜賴應光等十六人先捐銀一萬五千兩助之，遂庀材興工。旋以士民向義樂輸，王松等以土城易坍，議易以磚，謂足資鞏固而垂永久，楊縣令再為通詳列憲，兼籌形勢，依舊址而窺之，似葫蘆吸露之樣；以地勢而觀之，若蜈蚣照珠之形，辛未年經始，至乙亥年告成。[24]」這項工程，雖至嘉慶 20 年（1815）署彰化縣知縣錢燕喜任內，才告完成，但楊氏前期的倡捐、規劃，仍功不可泯。

## （二）、移建豐盈倉

豐盈倉，原在縣治東門外，計一十五間，康熙 52 年（1713），諸羅縣知縣周鍾瑄建，後屢經重修。嘉慶 16 年（1811），楊桂森將該倉移建於縣署之後，擬於此建主靜書院，立為義學，置租延師，令貧士課讀其中，惜楊氏以終養去而中輟。[25]使主靜書院功虧一簣，楊氏所倡捐租穀一百六十石，撥歸白沙書院。

## （三）、制聖廟禮樂器、重建明倫堂

---

[24] 周璽《彰化縣志》，頁 35-36，「城池」。
[25] 周璽《彰化縣志》，頁 113-114，「學宮」。

　　彰化縣儒學（即文廟），在縣治東門內，坐北朝南，雍正 4 年（1726）知縣張鎬建。乾隆 51 年（1786），明倫堂與學署均燬於兵燹。嘉慶 2 年（1797），歲貢生鄭士模曾加修葺，但未竟全功，迨嘉慶 16 年（1811），楊氏始全面整修聖廟，置禮樂器，塗丹腰露臺，並招佾生，教以歌舞之節，自是春秋丁祭，禮樂彬彬[26]。此一工程，楊氏撰有〈制聖廟禮樂器記〉、〈建明倫堂記〉二文，收入《彰化縣志》藝文志[27]。碩果僅存者，似僅有置於儀門的聖廟大鏞一器。

## （四）、建定軍寨

　　定軍寨，在八卦山，周圍長六十丈，雉堞五十六個，內高一丈二尺，外高一丈五尺，連雉堞高三尺，共高一丈八尺，內設有砲臺四座。「門樓高敞，登臨一望，遠矚全邑之形勢，近瞰一城之人煙，甚壯觀也。[28]」後以「定寨望洋」列彰化縣八景之一。

## （五）、修彰化縣署

　　彰化縣署，建於雍正 6 年（1728），即知縣湯啟聲任內，後屢經修建。嘉慶 16 年（1811），楊桂森任內曾予重修[29]。

## （六）、修豐樂亭

　　豐樂亭，即原太極亭，在彰化縣署後。嘉慶 3 年（1798），知縣胡應魁以邑治之主山名八卦山，乃於署後建太極亭，取太極生兩儀、四象生八卦之義；亭為重樓，上有護欄，複道相通，可以眺遠；戶牖軒豁，具有雅緻。16 年（1811），經楊桂森重修，並改名豐樂亭，此因當年三

---

[26] 周璽《彰化縣志》，頁 143，「書院」。
[27] 周璽《彰化縣志》，頁 449-451，「記」
[28] 周璽《彰化縣志》，頁 20，「形勝」。
[29] 周璽《彰化縣志》，頁 37，「官署」。

月，穀價高騰，四月，早禾大熟之故，取年豐民樂之意[30]。後以「豐亭坐月」列彰化縣八景之一。

此外，楊桂森對彰化文教，亦關心備至，據《彰化縣志》學校志所載，當時彰化縣儒學的書籍共四十四部，其中為楊氏所頒發的，竟高達二十九部之多[31]。

同時楊氏並親撰〈白沙書院學規〉，勸勉諸生讀書「以力行為先」、「以立品為重」、「以成物為急」，及讀八比文、讀賦、讀詩之法，與作全篇、半篇、起講、六七歲未作文者之學規，載《彰化縣志》學校志[32]，其後彰化文風之盛，楊氏功不可沒。

# 四、從「三公祠」到「四公祠」

光緒年間纂修《臺灣通志》，於「政績」補列知縣楊桂森小傳，稍補道光《彰化縣志》的缺憾，茲錄如次：

> 「楊桂森，字蓉初，雲南石屏人，由翰林授知縣。嘉慶十五年補彰化知縣，彰化故竹城，桂森集紳民捐資十四萬，易以磚城。東八卦山，俯瞰城中，復建寨其上，其名曰定軍。自義倉、書院、春秋釋奠、禮樂之器，莫不以次修舉。去後民思其德，入祀本邑名宦祠。」[33]

寥寥數語，仍不出《彰化縣志》範圍，但值得注意的是「去後民思其德，入祀本邑名宦祠」，按彰化名宦祠在孔廟後殿崇聖祠左畔，增建於道光10年（1830）的孔廟大修。[34]《彰化縣志》列有名宦祠名目，並稱：「在大成門左，其神位序爵同序世，其祭品視兩廡。」[35]但檢視知縣列傳，毫無入祀的記錄。可能只是聊備一格，尚未奉祀。

---

[30] 周璽《彰化縣志》，1962，頁19-20，「形勝」。

[31] 周璽《彰化縣志》，1962，頁142-143，「書籍」。

[32] 周璽《彰化縣志》，1962，頁143-146，「書院」。

[33] 蔣師轍《臺灣通志》（臺北：臺灣銀行經濟研究室，1962），頁451，〈政績〉。

[34] 周璽《彰化縣志》，1962，頁114，「學宮」。

[35] 周璽《彰化縣志》，1962，頁140，「祭禮」。

　　彰化歷任知縣之奉祀（不含殉難者），文獻足徵者，首推楊桂森，咸豐初劉家謀《海音詩》有云：

> 「依然朱邑祀桐鄉，歲久方知惠澤長。八卦山前人似織，不關菊酒賽重陽。（原注：楊蓉初大令桂森宰彰化有惠政，其去也民為立祠，九月三日大令生辰，至今醵祝不絕。）」[36]

　　此處但言立祠，雖未明指，似指名宦祠而言。光緒間，施士洁和知縣朱幹隆留別詩夾注云：

> 「彰邑前令朱公山、楊公桂森、高公鴻飛，皆有政聲，邑人建三公祠，以明府（按：指朱幹隆）長生祿位附焉。」[37]

　　可得知在此之前彰化縣治已有「三公祠」名目，依筆者推測，三公祠應是名宦祠的民間俗稱，至光緒間又因增祀朱幹隆，改稱「四公祠」，隨所祀人數而異。

　　三公祠祀朱山、楊桂森、高鴻飛三人，朱山、楊桂森二人事蹟，上文已詳；高鴻飛於道光 28 年（1848）任彰化知縣，任內最為地方人士津津樂道者，莫過於以詩古文辭課士，開彰化詩學風氣一事，事見《臺灣通史》陳肇興傳中：

> 「陳肇興，字伯康，彰化人。少入邑庠，涉獵文史。彰邑初建，詩學未興，士之出庠序者，多習制藝，博科名。道光季年，高鴻飛以翰林知縣事，聘廖春波主講白沙書院，始以詩古文辭課士。鴻飛亦時蒞講席，為言四始六義之教，間及唐、宋、明、清詩體。一時風氣所靡，彰人士競為吟詠。」[38]

　　其實從整體政績來看，高鴻飛在其他方面，仍有很好的表現，徐宗幹所撰〈高南卿司馬行狀〉，述之甚詳，節錄如次：

> 「戊申二月，東渡攝彰化縣，旋即調補。彰民好訟，人命多株連，

[36] 劉家謀《海音詩全卷》（臺北：臺灣省文獻委員會，1953），頁 42。
[37] 施士洁《後蘇龕合集》（臺北：臺灣銀行經濟研究室，1965），頁 318。
[38] 連橫《臺灣通史》（臺北：臺灣通史社，1921），頁 1089，〈文苑列傳〉。

得其情，盡摘釋之，無留獄。邑有白沙書院，倡捐置經費，充當膏火。自是肄業者日眾，而文風益振。歲旱，步烈日中，至八卦山叩禱，額破流血，雨沛然下。捐救火器具，儲水以防不虞。有報火者，不輿蓋而往，即返風滅。士民德之。旋調攝鳳山縣。……嗣奉檄返彰化本任。彰邑自前年春後，地大震，學宮、城樓皆圮。至是，次第倡捐修復。貧民有溺女者，創議育嬰堂，立條規，皆簡便易行，可垂久遠。咸豐元年，葫蘆墩地方漳泉造謠分類，鄉民倉皇遷徙，即會營漏夜馳往，竭十五晝夜之力，彈壓撫綏，誅其首禍者，而各莊安堵如故。辦治迅速，保全生靈不可以數計。初，因獲盜有功，會鎮奏准加五品銜，至是復奏奉諭旨，以同知即補。二年，調臺灣縣……三年四月初，內地寇亂，恐海外騷動，請團練、陳要策數事於當道。旋聞南北兩路匪徒揭竿聚眾，慮勦除不速、滋蔓難圖，隨會營撥兵勇於是月二十八日出城二十餘里，駐灣裏街。偵報賊勢已熾，正在稟請添兵，是夜賊麇集，奮力抵禦，轉戰達旦，賊稍卻。復飛書告急，其子人鏡募壯丁數十人先行，途遇潰卒，紛紛皆云賊眾復合，公被困重圍，徒步手刃數人，力竭遇害喪其元，丁胥役勇同死者數十人。……獲殘骸歸殮，百姓哀號之聲徧野，士民設位於白沙書院哭之。郡城戒嚴，孔雲鶴司馬自鹿港集丁壯來援。彰人爭隨行，云為官報仇。……為具疏聞於朝，奉旨從優賜卹。[39]」

高氏兩任彰化，頗得民心，咸豐 3 年（1853）於臺灣縣任內殉難，其入祀似在此時。

　　至於後來附祀的清末知縣朱幹隆，任內政績，吳德功《瑞桃齋詩話》，頗有列舉，歌頌其「盛德大矣」，茲錄如次：

「朱樹梧，名幹隆，湖南人，性強項，上官不能屈，甲戌知彰化縣，添設白沙書院膏伙、建義渡、設義倉。庚辰重來，倡捐育嬰堂，以余董其事，自辛巳迄乙未，共活女孩五千餘口，公之盛德大矣。然公尤工於詩，記其留別四首云：『虎溪獵獵朔風催，北斗橫流五派開。舟楫渡頭尤共濟，荊榛滿目實堪哀。狂瀾此日憑

[39] 徐宗幹《斯未信齋文編》（臺北：臺灣銀行經濟研究室，1960），頁 148-149。

誰托，強項當年笑我獃。婦孺沿途睜眼看，低聲相語舊官來。』
『南郊壁壘已荒涼，野草全枯大地霜。伏櫪有誰憐老驥，補牢何
日返亡羊。十三堡半空留爪，二五年來幾斷腸。指點當時攀轅處，
爐香十里馬蹄忙。』『海天浪跡付浮雲，往事追尋不可聞。戰骨
空埋貓霧捒，壺頭遺恨馬將軍。敗兵之將難言勇，嫉惡如仇只自
焚。此日未增重愧作，爭田爭地尚紛紛。』『礦溪宿夢醒黃粱，
人事天心總渺茫。薄治久慚陰雨黍，吾民猶戀舊時棠。藐躬生近
重陽節，諸老情深一瓣香。名器從來不可假，幾回怕過三公堂。』
一時邑中和者甚眾，余和原韻四首云：『馳驅皇路檄頻催，息訟
平爭寶鑑開。自昔綏猷成駿烈，至今留澤泯鴻哀。渡橫北斗人同
濟，院建明新俗化獃。姓氏昭彰傳婦孺，何時再借寇君來。』『宦
途世態盡炎涼，介節如公懍雪霜。製錦操刀嗤罕虎，持籌摧酷陋
宏羊。詩文獲賞深銘佩，利弊論伸感肺腸。（予有利弊論，公錄
取）難怪當時諸父老，攀轅遮道走倉忙。』『翔翔鷺鳳上青雲，
燕雀爭喧未許聞。獻策闕廷方賈誼，請纓長路比終軍。精神經煉
常呈粹，美玉何辜亦被焚。案牘如山誰剖斷，賴公排解難兼紛。』
『胸中飽德厭膏粱，富貴浮雲付渺茫，除暑人懷彭邑柳，思君世
植廣陵棠。政垂北路軍民喜，詩詠東郊草木香。（公遊東郊迎春
詩）祿位長生今已進，三公堂作四公堂』。[40]」

　　文中「甲戌」是同治 13 年（1874），是年有廖有富抗清案，案平後，
朱幹隆藉所抄封廖有富田租，從事各種建設或社會事業。據《南投縣教
育志稿》轉引朱著《兼善集》云：

　　「因藉廖匪田租，以為書院膏火、義學、義渡經費，請於大府。……
　　余即捐廉以為倡，邦人士咸踴躍輸田租，傾囊以襄事，於是書院、
　　義學、義倉、義渡、育嬰諸善政，得以先後興焉。[41]」

　　惜筆者孤陋，迄未見《兼善集》，內容如何，不得其詳。另外三個
干支「庚辰」、「辛巳」、「乙未」，分別是光緒 6 年（1880）、7 年（1881）、

---

[40] 吳德功《瑞桃齋詩話》（南投：臺灣省文獻委員會，1992），頁 109-111。
[41] 劉枝萬《南投縣教育志稿》（南投：南投縣文獻委員會，1960），頁 15，「清代之教育」。

21 年（1895），所敘皆與育嬰堂事有關，吳德功《瑞桃齋文稿》另有〈續捐育嬰經費〉一篇，《瑞桃齋詩稿》亦有〈育嬰堂〉詩五古一首，備述其事[42]，朱幹隆在育嬰堂所扮演的腳色，只是站在主管官署的立場，掛名「捐廉倡捐」而已，其他都是邑紳（主要為吳德功）四處勸募，與朱幹隆關係不深，從略不述。

有關書院、義學膏火經費，朱幹隆所釐定之「白沙書院章程」，略有所記；書院，指白沙書院而言，義學則指各地接受白沙書院經費補助之義塾，該章程備載經費來源，筆者所見僅南投紳士吳朝陽捐充部分，包括北投保新莊洋、下茄荖洋、番仔田洋小租田二十三甲，共十九佃，全年原額租穀八百石。[43]

義學經費的提供，「白沙書院章程」所列，則有「南投義學二館，全年束金一百二十元。」「北投義學一館，全年束金六十元。」此外，朱氏並整頓冒濫等弊端，包括義學裁撤、塾師稽核等，諸如：

> 「哮貓義學一館，查該處逼近內山，居民稀少，係屬虛應故事，應即裁撤。且查南投、北投與哮貓毗連一處，上下相離不過十里，義學四館，尤屬冒濫。
> 義塾師年終由在地紳董保舉有品學者，不論生童，送書院訪查確實，由董事稟縣批准立案，然後開館，以杜爭端。開館後，該地紳董即將生徒姓名、年歲及現讀何書，造冊加具並無冒濫切結，送縣備查。每月董事到塾，稽查背書一二次，年終仍將讀過之書，造冊報縣，以徵塾師之勤惰。塾師當一年一舉，不得湮留久踞，蓋久則視為固有，而怠心生焉。[44]」

以此煌煌政績，再加上朱、吳唱和共八首律詩來看，朱幹隆附祀三公祠，並不為過，但徵諸其他文獻，可能並非如此。

---

[42] 吳德功《瑞桃齋詩稿》，1992，頁 13-14。

[43] 劉枝萬《南投縣教育志稿》，頁 14-16，「清代之教育」。

[44] 同前註。

# 五、朱幹隆政績之爭議

　　前引邱逢甲〈去思詞〉，有「遍徵詩冊豔歸裝，自撰清操刻報章」之句，可知所謂「留別」、「一時和者甚眾」，不過例行公事。當然吳德功詩所謂「爐香十里」、「攀轅遮道」等情景，恐怕也是言過其實。

　　值得注意的是吳詩有「祿位長生今已進、三公堂作四公堂」之句，再證以前引施士洁同韻和詩夾注，可知彰化紳士將朱氏長生祿位附祀三公祠，並改稱「四公祠」，是確有其事。

　　吳著詩話敘述朱幹隆生平，只強調其「政績」，然而這些「政績」不過是「藉廖匪田租」加以運用，根本是慷他人之慨，至於光緒 2 年（1876）朱幹隆是如何下臺，詩話則隻字不提。茲節錄光緒 2 年福建巡撫丁日昌奏請參革朱幹隆的附片：

> 「再，前署彰化縣知縣朱幹隆，先經臣訪聞縱勇殃民、劣蹟甚多，奏請撤任參辦，欽奉諭旨：『著該撫嚴參懲辦，以儆貪頑』等因，欽此。嗣查朱幹隆之家丁湯金貴等並帶勇哨弁夏錫漢、謝銘鐘均有藉案勒索情事，密飭臺灣道提郡發府審定。茲據臺灣府知府周懋琦提到湯金貴等研訊，湯金貴供明朱幹隆藉案科罰，先後得贓……。臣查朱幹隆藉案科罰，數至盈千，已據家丁湯金貴供指鑿鑿。且該令縱放以及此外劣跡甚多，先已逐案飭令臺灣道夏獻綸分別委查提審。除批飭勒提案內丁役一併解郡外，相應請旨將藍翎福建補用同知直隸州儘先補用知縣朱幹隆革職查辦。……謹奏。」

　　於是軍機大臣奉旨：「著照所請，該部知道，欽此。」不久，丁日昌又陸續奏革嘉義知縣楊寶吾、何鑾等人，為此他乃「自請懲處」，並沉痛的指出：「臺灣吏治暗無天日，牧令能以撫字教養為心者，不過百分之一二，其餘非耽安逸，即剝削膏脂，百姓怨毒已深，無可控訴，往往鋌而走險釀成大變者，臺灣所以相傳『無十年不反』之說也。」又舉「貪酷各員」包括朱幹隆、楊寶吾二人「均已先後據實嚴參，請旨查辦

在案」為例[45]，來說明其整頓臺灣吏治決心。

　　同治 13 年（1874）至光緒 2 年（1876），前後三年，朱幹隆官方資料是「劣蹟甚多」，但民間記載，卻認為他「至今留澤」、「姓名昭彰」，甚至還將附祀祿位於三公祠。官民之間，南轅北轍，評價截然不同。鑑於吳德功曾提到朱幹隆「性強項，不為大吏所屈」，或果真如此，亦未可知，蓋當時官場文化，大吏欲加之罪，何患無詞？但近幾年筆者偶得到數冊清末民間雜記鈔本，中有〈劣員朱幹隆罪狀〉駢文一篇，頗能作為丁日昌奏摺之呼應。全文如次：

> 「革員朱幹隆者，性與人殊，本湖地之小人（今本湖南人，父為藤匠，甚寒微。）為閩疆之污吏。逢迎計巧，官謀狐媚而來，狡猾性成，以與禽獸何異？原莫識一丁之字，徒具形骸；乃謬膺七品之官，有何面目？況生平之劣蹟，曾遺臭於同安，既恨士以為仇，復愛財而若命，遂至激士之怒，鳴鼓攻罪，乃得蒙列憲之明，摘冠問罪（該令宰同安縣，貪婪不法，眾共攻之，後遂拏問革職。）。四面網，三年縲絏，慘可勝言（令在獄押三年），七品官，一筆勾消，孽由自作，自分形殘喘，終為世間不齒之人；何其格外恩施，免作刀下無頭之鬼（令□□貪贓擬斬，因百計求生，始見開釋。），乃乞憐當道，渡臺效犬馬之勞（開釋後，自請渡臺效犬馬之勞，以贖前愆。），正須重鑒前車，革面化豺狼之性，豈料小人得志，不改初心，可憐彰化何辜，偏來孽物。胸無點墨，冒虛名而下馬觀風；眼小雙珠，對文字而臥牛喘月（令下車時考試觀風，文皆已閱，點皆寸許，所取卷皆臭不可聞，其不識丁如此。）。蒞任纔經半載，作惡非止一端，張春華乃名教罪人，視同心腹；張仲山（即張二）本公門走狗，用作爪牙（令每有案情說項，俱二人經手，諺所謂『布袋首』也。）。甚至漏網巨魁（指揀東著罪張輔軍），委以清查之任（清查局即抄封廖逆處也，令竟以張輔軍等任也。）；遂使原耕舊佃，遭刻剝之冤（抄封佃人去冬俱問清查局給領佃批，例應三年開給，軍令勒再換佃批，并索多費。）魚目混珠，非叛產指為叛產（莊民有田近廖逆界內，軍竟謬指為抄封，勒索

45 臺灣銀行經濟研究室（編）《清季申報臺灣紀事輯錄》（臺北：臺灣銀行經濟研究室，1960），頁 618-619，第七冊。

不遂，輒奪赴去，洗掠一空，赴縣訴冤，反加其罪。）；漁人得利，真抄封反不抄封（軍辦清查局，凡有田近軍界內，一概混掌不報，有四千餘石。）。何舉動之乖張，竟是非之顛倒，而乃妄自尊大，井底蛙管見窺天；靡所不為，湖南犬官聲掃地。設告櫃以昭民訟，賤好自專（聖人使人無訟，訟乃不得已之事，不學無術，設此以啟事訟，其得罪於名教者不淺。），肆楚軍以假虎威，勇而無禮，誠大乖乎國典，實有玷於官方。且也耗無數之民膏，希圖己位（令恐卸篆，乃改易城垣，起蓋書院，勞民傷財，為題補實缺，彼雖善為粉飾，人心見其肺肝。）；殺無名之鼠賊，濫竊州銜（集集陳心婦仔，鼠賊也，殺之何關重，令乃陳文具詳，濫膺保舉。）其云無恥也非嗤，其喪心也實甚，尤可惡者，藐王章而稅契浮收，是可忍孰不可忍（稅契一款，至八九分之多，去年曾奉上諭禁止，督撫行批，今竟置若罔聞，浮收如故。）；欲民利而宦囊肥積，人可欺天不可欺。國費虛靡，勇夫僅存二百（令帶勇三百，其實只有二百名，餘皆虛報。）；罪名罔究，令竟取以三千（有富豪被控命案，潛以三千金賄令，被其批駁。），一味糊塗，無天無理，肆無忌憚，作福作威，名幹隆而幹濟未優；號樹梧而樹立不定。安得為民父母，是真吾邑禍胎，極之馬似流星，孺子無辜而殞命（令嘗於閒暇出遊，驅怒馬，有楊家小兒躲避不及，竟被踏死。）屍首暴露，遊魂有覺亦啣冤（令因改易東門外八卦城，墳墓界址，亦令遷移，十日為限，其中有無嗣無力者，被其掘起，可憐白骨堆山，徒使黃泉飲恨。）。人盡痛心，事難屈指，倘此人而社久膺，有庫之民奚罪？恐一旦蕭牆變起，爾時之悔難追，所願當路諸公，鑒輿情而伸國法，方使殄民酷吏，受天討而快人心，則百姓如解倒懸，一時其相謳頌矣。僕等本屬旁觀，初無言責，何敢效彌衡善罵，鼓撾漁陽；亦非宋玉傷心，文投湘水。蓋有懷欲白，聊興擊筑之歌，實不平則鳴，爰作誅奸之論也哉![46]」

　　本文作者，固已無從稽考，惟抄本出自臺中樹仔腳清代生員林耀亭之手，文中有「是真吾邑禍胎」之語，可知作者為彰化人，如非林耀亭，也當是同時的文人學士，始能以此絕妙文字，數落朱幹隆罪狀，也使後

---

[46] 舊抄本雜記資料。

人得知一些歷史事件的另一面，如清末兩項與朱幹隆有關的抗清事件，檢索既有文獻，只知廖案係廖有富因歷年增加稅賦，而聚眾抗租，朱幹隆曾率同犁頭店巡檢前往彈壓。後廖又遭人以命案嫁禍，朱不察，呈報上司剿捕，終至引起廖有富全面起而抗清，終被剿平。其間廖有富曾派人密稟投於侵臺的日軍營，備述官吏貪污、殘暴等情形，有云：「詎料清官人面獸心，偽計百出」，所指的「清官」，即是曾與「交戰一日連夜」的朱幹隆[47]，此文不僅印證朱幹隆之貪污、殘暴，更可得知在廖有富案大肆搜刮的史實，那麼所謂「藉廖匪抄封」所做的一些社會事業，可能只是不成比例的小惠，遮人耳目而已。

陳心婦仔案，也是朱幹隆任內的傑作之一，陳心婦仔佔據集集一帶，同治 13 年（1874）九月，朱幹隆曾「督軍攻破竹圍」，陳黨逃入內山。十一月，陳潛至葫蘆墩之南坑地方，朱幹隆聞知，「會同副將唐守贊等」帶勇馳往，生擒到案就地正法。[48]陳心婦仔起事滋擾，表面上看固死有餘辜，但背後的真正原因，可能就是官逼民反，甚至小題大作，將不起眼的「鼠賊」虛報為「著匪」而邀功，為此朱幹隆曾獲獎「州銜」，由此文看來，陳心婦仔實為朱幹隆虛報邀功的犧牲者。至其他朱氏疊疊罪狀，讀者可自行體會，此不多贅。

整理朱幹隆相關史料，可發現朱幹隆任內大肆搜刮、加稅、索賄……等種種卑劣手段，若干地方建設，只是略施小惠，或根本竟是怕遭革職的緩兵之計。朱幹隆初任彰化縣，搜刮之餘，恰逢近世以政聲卓著的丁日昌巡撫福建，大刀闊斧整頓「暗無天日」的臺灣吏治，而將之奏參「革職查辦」。查辦的結果如何，筆者無法得知。只知道隨著丁日昌的卸任，不久（光緒 6 年），朱又復出為彰化知縣，臺灣進士施士洁有〈朱樹吾明府別三年矣，至是始復來臺。大府檄辦彰邑某巨戶積案，招余同往，館於烏日莊，極承款洽，感而有作〉詩[49]，即是作於此時，可知朱幹隆

---

[47] 此參劉枝萬《南投縣革命志稿》（南投：南投縣文獻委員會，1959），頁 65-68，「清末小亂」。

[48] 沈葆楨《福建臺灣奏摺》（臺北：臺灣銀行經濟研究室，1959），頁 9，〈匪犯陳心婦仔就地正法片〉。

[49] 施士洁《後蘇龕合集》（臺北：臺灣銀行經濟研究室，1965），頁 317。

復出的主要任務,就是辦理「某巨戶積案」,所謂「某巨戶積案」,據施另一詩題〈朱樹吾明府重至臺郡,旋奉檄赴彰邑會辦一巨戶歷年京控案,適余客鹿浦,明府於烏日莊,時復往還,因和原韻〉[50],京控案,指的自然是霧峰林家的案子。數年之間,朱幹隆由一「革職查辦」的要犯,竟然搖身一變為「查辦巨戶積案」的官員,其中奧妙,不言可喻。當然「查辦」的結果,按照舊例,可能已達到邱逢甲詩「官囊已足壓波濤」地步。

# 六、結論

清代官場文化特殊,許多官員在任內逢迎上司、結合鄉紳,橫徵暴斂,魚肉鄉民,及卸任去後,又刻意留下德政碑、去思碑,意圖混淆是非,清末諷刺小說《官場現形記》、《二十年目睹之怪現狀》等,對於官場種種醜態,描繪得淋漓盡致,足以發人深醒,然而畢竟百姓眼睛是雪亮的,公道自在人心,每人心中自有一把尺,加以衡量。

清末鹿港文士洪攀桂對於眼見的貪官污吏,雖不敢正面犯其鋒,卻以犀利的文筆,予以嚴厲批判。蔡麟祥、李嘉棠都是洪氏筆下的酷吏,關於蔡麟祥前文已有所引述,不贅。李嘉棠在彰化以清丈引發施九緞圍城之變,聲名狼藉,後來卻成其故鄉《嘉應州志》的「鄉賢」,極力稱道彰化知縣官任內政績[51],這些事例說明了政績評斷的不易,即使是文獻可徵,也未必可靠。

有關清代彰化較為完備的方志,首推道光《彰化縣志》,政績一門所列知縣十人,其施政表現多可自其他文獻記載,找到相應資料,應可肯定。大抵彰化知縣隨著整個清朝政局的不穩定,而每況愈下。清代臺灣民變、械鬥頻仍,早期彰化知縣知革職、撤任,往往都是受到連累,並非全是貪贓枉法;咸豐朝之後,知縣去任則多屬操守問題,光緒 2(1876)至 5 年(1879),不到三年,創下朱幹隆、彭鰲、鍾鴻逵三位

---

[50] 施士洁《後蘇龕合集》(臺北:臺灣銀行經濟研究室,1965),頁 318。
[51] 溫仲和《光緒嘉應州志》(臺北:臺北市梅縣同鄉會,1962),頁 85,卷二十三人物志。

知縣撤任的紀錄[52]。

　　評論清代彰化知縣，或可以道光《彰化縣志》作為分際，主持修志的李廷璧，一方面修志，一方面重建儒學，展開全面性的募款，為自嘉慶16年（1751）建城以來的重大建設，政績仍有值得稱道之處。咸豐朝以降，除前述殉難知高鴻飛外，尚有值得一提的，則是傅端銓，約光緒5年（1879）前後在任[53]。

　　傅端銓係於光緒4年（1878）秋，由淡水廳艋舺縣丞直接升補彰化知縣，頗有破格任用的味道。任內捐俸倡修彰化縣儒學（孔廟），光緒6年（1880）秋蕆事，勒有碑記[54]，至今尚存，在清末經費拮据的年代，已是難能可貴。

　　清代彰化縣檔案散佚無存，表現較佳的知縣也許不止於此，蓋棺論猶未定，尤以朱幹隆兩極化評價為甚，仍有待新資料的發現。

---

[52] 可參鄭喜夫（編）《重修臺灣省通志‧職官志‧文職表篇》、臺灣銀行經濟研究室（編）《清季申報臺灣紀事輯錄》。

[53] 鄭喜夫（編）《重修臺灣省通志‧職官志‧文職表篇》，頁221。

[54] 劉枝萬（編）《臺灣中部碑文集成》（臺北：臺灣銀行經濟研究室，1962），頁57-59，「重修邑學碑記」、《清季申報臺灣紀事輯錄》，頁791，「閩浙督何（璟）奏揀員升補知縣摺（七月二十八日京報）」合參。

# 參考書目

## （1）圖書

周璽《彰化縣志》，臺北：臺灣銀行經濟研究室，1962。

林焜熿纂修、林豪續修《金門志》，臺北：臺灣銀行經濟研究室，1960。

徐宗幹《斯未信齋文編》，臺北：臺灣銀行經濟研究室，1960。

倪贊元《雲林縣采訪冊》，臺北：臺灣銀行經濟研究室，1959。

蔣師轍、薛紹元《臺灣通志》，臺北：臺灣銀行經濟研究室，1962。

劉家謀《海音詩全卷》，臺北：臺灣省文獻委員會，1953。

沈葆楨《福建臺灣奏摺》，臺北：臺灣銀行經濟研究室，1957。

溫仲和《光緒嘉應州志》，臺北：臺北市梅縣同鄉會，1962。

施士洁《後蘇龕合集》，臺北：臺灣銀行經濟研究室，1965。

邱逢甲《柏莊詩草》，臺北：臺北市文獻委員會，1980。

連橫《臺灣通史》，臺北：臺灣通史社，1921。

洪繻《寄鶴齋駢文集》，南投：臺灣省文獻委員會，1963。

吳德功《瑞桃齋詩話》，南投：臺灣省文獻委員會，1991。

臺灣銀行經濟研究室（編）《臺案彙錄乙集》，臺北：臺灣銀行經濟研究室，1963。

臺灣銀行經濟研究室（編）《清季申報臺灣紀事輯錄》，臺北：臺灣銀行經濟研究室，1960。

劉枝萬《南投縣沿革志開發篇稿》，南投：南投縣文獻委員會，1958。

劉枝萬（編）《臺灣中部碑文集成》，臺北：臺灣銀行經濟研究室，1962。

鄭喜夫（編）《重修臺灣省通志·職官志·文職表篇》，南投：臺灣省文獻委員會，1998。

周振鶴《中國歷代行政區劃的變遷》，臺北：臺灣商務印書館，1963。

林文龍《臺灣中部的人文》，臺北：常民文化公司，1991。

## （2）史料

林耀亭雜記舊抄本

# 清臺灣道孔昭慈追諡建祠史事新探

## 一、前言

　　清同治元年（1862）三月，彰化八卦會黨戴萬生起事，臺灣道孔昭慈殉難於彰化縣城。孔昭慈殉難經過，據吳德功《戴案紀略》記載，孔昭慈在三月初就已風聞會黨即將起事，乃於三月初九日，自臺灣府北上，駐兵彰化，辦理會黨。三月十七日，戴萬生率會黨攻彰化城，先佔據東門外八卦山。一連兩日，漫山遍野，草木皆兵，彰化城大門緊閉，幕友汪寶箴以城中空虛，勸孔先退鹿以觀其變，然後可從中調兵以為救援。孔不聽，令勇首施九挺從鹿港召勇至，但至城閉之日，竟無任何回應。汪又勸孔率丁壯突圍而出，但他又畏縮不前。三月十九夜三更，會黨裏攻外應，進入彰化城，各官被拘禁在「金萬安」總局內，多不屈死。孔遲至數日，寄書問計於汪寶箴，汪答以「朝聞道夕」四個字，孔即仰藥死[1]。

　　孔昭慈殉難之後，清廷自然要加以褒獎、撫卹，但在有關戴案的前人著作中，卻未見記載，前述《戴案紀略》如此，林豪所著《東瀛紀事》，情形也相同[2]。經檢《清穆宗實錄選輯》一書，則有兩條很簡略的紀事，一是同治元年（1862）五月十一日的「予福建彰化傷亡道員孔昭慈發葬、世職加等。」[3]以及同治 5 年（1866）九月初一日的「追予福建臺灣殉難道員孔昭慈建立專祠，諡剛介。」[4]兩者之間，前後長達五年，其中緣故，頗耐人尋味。關於這點，《續碑傳選集》所錄宗稷辰撰〈孔雲鶴墓志銘〉（以下簡稱「墓志銘」），曾留有一條線索，說是：「事聞，卹廕騎都尉世職，民痛其忠，籲請贈諡、建祠不能已。」[5]所謂「不能已」，

[1] 吳德功《戴施兩案紀略》（臺北：臺灣銀行經濟研究室，1959），頁 6-8，「戴案紀略」卷上。

[2] 林豪《東瀛記事》（臺北：臺灣銀行經濟研究室，1957），頁 3-6，「賊黨陷彰化縣」。

[3] 臺灣銀行經濟研究室（編）《清穆宗實錄選輯》（臺北：臺灣銀行經濟研究室，1963），頁 24。

[4] 臺灣銀行經濟研究室（編）《清穆宗實錄選輯》，頁 99。

[5] 宗稷辰〈孔雲鶴墓誌銘〉，收入臺灣銀行經濟研究室（編）《續碑傳選輯》（臺北：臺灣銀行經濟研究室，1966），頁 97-99。

換句話說，就是一再「籲請」朝廷，但年湮代遠，籲請過程如何，已不得其詳了。近因《孔剛介公國史原傳》（以下簡稱「國史原傳」）抄本的發現[6]，而得知更具體的資料，爰以此為基礎，參以其他史料，略述其事，以存一方文獻。

# 二、國史原傳與清史稿列傳異同

孔昭慈因曾得到清廷的贈諡及建祠殊榮，故在當時必定會循例將其生平事蹟宣付國史館立傳。「國史原傳」收錄有〈前清國史館孔昭慈列傳〉一篇，約三百六十字，顧名思義，這篇列傳應是事蹟宣付國史館後的「擬傳」。民國成立以後所纂修的《清史稿》，仍有孔昭慈列傳（見卷四九七列傳二七七忠義四）[7]，但文字已經刪補，增至四百多字，茲將兩傳表列如次：

| 前清國史館孔昭慈列傳 | 孔昭慈，山東曲阜人，道光十五年進士，改翰林院庶吉士。十六年，散館，選授廣東饒平知縣，丁母憂、服闋，仍以知縣揀發福建。二十二年，補授古田縣。二十八年二月，調閩縣。十一月，升補臺灣府鹿仔港理番同知。咸豐二年，賞加知府銜，甫受代，適南北匪徒洪（林）恭等擾陷鳳山，知縣王廷幹、高鴻飛相繼殉於難。郡城岌岌不可保，昭慈聞警，募屯丁五百，航海赴援，協力守禦，屢次出剿，殲擒甚眾。四年七月，升補臺灣府知府，督捕餘孽，次第蕩平。六年，福建水師提督邵連科上其功，賞加鹽運使銜。七年，在臺籌捐，為士民倡，獎以道員在任候選。八年六月，命交軍機處存記。十二月，補授臺灣道。<br><br>九年，賞加按察使銜。十年四月，以捐輸助餉，賞給二品頂戴。同治元年，彰化匪戴萬生等糾合匪黨，結會為逆謀，昭慈偵知，即親督官兵馳抵彰化，時營部未定，逆黨潛擾內變，猝不及備，城遂陷。昭慈率眾巷戰，力竭不支死焉。事聞，得旨下部優恤，賜恤如例，賞給騎都尉世職，襲次完時以恩騎尉世襲罔替，予諡剛介，入祀昭忠祠，並於立功地方建立專祠。 |
|---|---|
| 《清史 | 孔昭慈，字雲鶴，山東曲阜人，至聖七十一代裔孫。道光十五年進士，改庶吉士；散館，授廣東饒平縣知縣，憂歸。服闋，發福建，署莆田、沙縣。攝興化通判，授古田縣。二十八年，調閩縣，進邵武同知，移臺灣鹿 |

6　舊抄本，其他不詳。

7　臺灣銀行經濟研究室（編）《清史稿臺灣資料輯選》（臺北：臺灣銀行經濟研究室，1968），頁 947-948，列傳之五／忠義。

| 《稿》孔昭慈列傳 | 港。時南北匪徒洪（林）恭等陷鳳山，知縣王廷幹、高鴻飛相繼死，郡城岌岌不保。昭慈聞警，航海赴援，協力守禦，殲擒甚眾。（咸豐）四年，擢臺灣府知府，督捕餘孽，次第蕩平；晉道員，備兵臺澎，加按察使銜，兼提督學政，以助餉，加二品銜。在臺五年，威信大著，外裔、內番悉畏服。同治元年，彰化亂民戴萬生等糾眾結會謀亂，昭慈偵知，督兵馳抵彰。部署未定，變起倉卒，城陷，巷戰，力竭不支，殉節文廟先聖前。昭慈為政，興利剔弊，不遺餘力。莆田俗好鬥，推誠諭禁，勸以懲忿保身，治正兇不少貸。民憚法，罷鬥。邑多孔氏寄籍，為創立義學。沙縣土利藝茶，少耕植，遊民競逐末暇，則事攘奪，為拔茶禁之，而農桑始興，至今利賴。所至停采買、革津貼，捐粟平糶，多損己益民。尤愛才，重林文察材略，白其復父讎，可宥而薦之，殺賊立功，官至提督。治盜嚴明，誅止其魁，盜之良者，或重其賢而避之。歿後，匪為斂殯歸喪，愧歎曰：「吾輩負孔使君矣！」卒年六十八，卹世職，諡剛介，於立功地方建祠。 |
|---|---|

　　由以上兩篇傳記加以比較，國史館的擬稿，似乎只是就孔昭慈「履歷」資料剪輯而成，按年月次序，平鋪直述，不無參考價值。《清史稿》的列傳，則是刪節這篇稿子，再揉合「墓誌銘」等若干資料而成。兩者對於孔昭慈殉難情形，都輕描淡寫，僅強調他的殉節是「巷戰力竭不支」，與史實有所出入，這自然是為邀清廷賞卹的緣故，容下文再討論。

## 三、呈稟追諡建祠始末

　　戴案從發生到平定，前後共三年，除了同治元年（1862）的孔昭慈殉難外，第二年又有繼任的臺灣道洪毓琛病卒於任。洪卒後，福建巡撫徐宗幹奏請從優議卹，贈太常寺卿，蔭一子入監讀書。臺郡進士施瓊芳及鄉宦左贊善趙新等僉呈，以「毓琛毀家紓難，保障全臺，請援已故江寧布政使王夢齡、南河河營參將蔡天祿之例，于城內建專祠，查取在官事蹟，宣付史館立傳，並請飭下閩省督撫，轉飭道府各府，將該故員靈柩照料回籍」，經由都察院左都禦史宗室靈桂據以代奏，奉旨：「該部議奏」，此事《東瀛紀事》、《戴案紀略》都有所記載，但不知何故，孔昭慈殉難後臺郡紳民一再籲請追諡、建祠等史實，無獨有偶，二書全給遺漏了，令人不解。

　　新發現的「國史原傳」，倖保存有一件完整的史料，這件史料共分

〈呈稟〉、〈事蹟清冊〉、〈結語〉三部份，「呈稟」首列具呈的臺灣府闔郡紳士職銜及姓名，包括候選主事進士施瓊芳，四品銜候選員外郎舉人黃景琦、四品藍翎員外郎銜刑部主事拔貢生黃應清、道銜花翎舉人劉達元、內閣中書舉人吳尚震、候選同知舉人吳敦禮、舉人韋國琛、吳尚霑、陳有容、王藩、曾雲鏞、李望洋、李春波、蔡德芳、邱位南、魏緝熙、貢生蔡聯淵、吳應徵、張建之、拔貢生周維新、李逢時、張登鰲、吳存仁、葉孚甲、顏廷墉、蕭文蘭、歲貢生林瀛、黃鏘、楊元音、蘇迪修、施家潤、黃獻南、魏化龍、柯魁梧、盧振基、賴宜和、吳春華、李巖、知府銜候選同知黃應先、候選同知詹廷貴、候選訓導陳熙年、陳國駿、楊履祥、廩生蔡傳心、蔡文泰、林鷲翔、林上青、郭見龍、葉式賢、徐元焯、黃世培、蔡慶雲、黃希元、陳策、黃達材、林春培、廖士希、吳時亨、江廷棋、陳申昌、黃朝林、生員顏國治、黃清光、蔡霞潭、石朝儀、黃福辰、葉在鎔、吳師古、蕭文福、陳春濤、陳藜照、吳文成、陳曉暉、許邦英、陳化三、李清泉、武舉林建勳、李耀東、武生林鵬程等八十人、幾乎網羅了當時臺灣府轄下各廳、縣的知名人物，如臺灣縣的施瓊芳、黃景琦、黃應清、吳尚震、吳尚霑、周維新、曾雲鏞等，及嘉義縣的陳熙年、彰化縣的蔡德芳、邱位南、噶瑪蘭廳的李望洋、李春波、李逢時……等，而以進士施瓊芳領銜提出呈請。

其次，具呈事由，敘述孔昭慈事蹟，用駢四儷六的文體寫成，文情並茂。文云：

「為官聲卓著、殉節從容，業蒙賜卹，再牒詳題請照例予諡，並准建立專祠事。竊以易名為諡，本朝廷錫賚之隆；奉祀稱神，乃閭里尊崇之素。是以誅公孫於衛國，一字蒙褒，祠叔子於峴山，千秋食報。竹帛既垂其聞望，蘋芸即達夫馨香，況復皎日昭丹，疾風彰勁，求死得死，不負丈夫之名；城亡與亡，克盡守臣之義，如二品頂戴原任臺澎兵備道兼提督學政孔昭慈，曲阜通儒，尼山聖裔，家傳詩禮，佩觿便習庚經，學貫典墳，束帶無羞甲族。榜花迭秀，詞蕊聯芬，本木天造鳳之才，應花縣飛鳧之選。初官粵省，繼宰閩疆，歷饒平、古田、莆田、沙縣、閩縣、興糧通判、

邵武同知，甚可變鴞，麥多馴雉，誣良俗革，無僵桃代李之冤，
逐末弊祛，有拔茶植桑之益。遷鹿港同知，船政嚴明，鴻毛達順，
鄉規釐切，蝸角弭爭，值咸豐三年林供倡亂，郡城被圍，故道憲
憤關白之奸民，練雕青之年少。蒼頭特起，自將數千人；黃蔑順
流，徑趨二百里。焚柵而援泗水，叩舷以餉渭橋。卒解趙圍，未
靡中軍旗鼓；全空楚幕，比之下瀨樓船，同列咸欽，厥功斯偉。
既而陞補臺灣府知府，懸羊節勵，化鱷誠孚，追負而利減羔兒，
課齷而帳寬鼠尾。散財討賊，劉總管功在濟南；發廩賑民，富鄭
公澤流河北。遂使鴿籠啓夏，效杭俗之祈年；果然鹿轂行春，兆
臨淮之遷秩。晉階繡斧，兼掌冰衡，辨膺鼎於羆叢；珊枝秀擢，
搜遺珠於驪海，玉筍班清。庚癸雖呼膠序，不容其入粟；辛酉之
試科名，尤慎於拔茅。假令桃李成陰，萑苻絕迹，則文翁化蜀，
戶有弦歌；龔遂治齊，路無佩帶。仙吏之風規足挹，神君之愛戴
彌長，而乃分野推占，災星適至，窮山嘯聚，妖霧遽興，故道憲
憂滋蔓之難圖，灼亂絲之必斬。九探黑白，早厪大局攸關，棋劫
蒼黃，恐非屬吏能了。踵王尊之度阪，奮不顧身；效祖逖之誓江，
氣將吞賊。討孫恩於此日，親歷蜂屯；縛李復者何人，反遭螳拒。
紙鳶信斷，六陌無援，銅馬氛多，孤城遂破。邑卒潛而蘇公獨戰，
定州陷而李帥自裁，浩氣留天地之間，憤持段笏；平生學聖賢有
在，正結仲纓。一息尚存，叱虎牙而強起；百身莫贖，痛馬革之
歸來。瓊芳等植竹公安，繡絲趙國，弔忠魂以三遂，聞磬興思；
哭遺惠以八哀，銘鐘紀績。查故道憲卹典已奉大部奏請賞給騎都
尉世職，襲次完時，給予恩騎尉罔替在案。延世之賞，已荷殊恩，
飭終之典，未蒙特錫，再查道光十二年斗六門縣丞方振聲全家被
難，奉旨賜卹，照例賜諡，並於斗六門建立專祠。又咸豐三年，
臺灣縣知縣高鴻飛剿賊陣亡，蒙恩入祀京師昭忠祠，並准祀名宦
於臺灣縣建立專祠，茲故道憲官職較尊，死節無異，祭法有以死
勤事之祀，宜於歲節奉嘗。論語垂殺身成仁之文，請付史官記載。
伏冀老師台慎持名教，代達輿情，循軺軒上告之經，振袍澤同仇
之氣，錫之華袞，名尤重於泰山，妥以馠芬，論允符於瀛海，謹

具事跡清冊，並切實甘結上呈，切稟！同治三年九月　日。」[8]

呈稟所附「事實清冊」，共十六條，除第一、二條係交代孔昭慈字號、家世、科名等基本資料外，另第三、四、五、六條各條所述，則為他在閩、粵各地任內事蹟，與臺灣無關，均從略，其他十條如左：

「鹿港廳地方與彰化毗連，漳泉雜處，各分氣類，本官蒞任後，遇有列械相鬥者，即輕騎減從直往彈壓，召集父老，婉轉開導編氓，多得相安，間有分類之案，勸諭解散，深賴本官焉。」

「三年，臺地林供等戕官豎旗，竄陷鳳山，圍攻郡城，本官時在鹿港，即自備資斧，募購兵米，躬自督軍航海赴援，且聲言省中大兵已至，賊膽因落，郡圍遂解。」

「本官之任臺灣府也，以鹽務為餉需所出，又值三年兵燹之餘，私販充斥，有礙引銷，即選派幹員，嚴行巡緝禁止，悉心整頓，用以阜財裕國焉。」

「五年，斗六逆匪戕害斗六縣丞，豎旗滋事，本官聞報，即捐俸星夜調集兵戎，相機進剿，不閱月而殲厥渠魁，安謐如故，無不服其調度神速，幸免燎原之患也。

「鳳邑閩粵異籍，尤為浮動，奸民往往每歲揭竿滋事。五年，斗六未靜，崗山又復煽動。本官星夜調撥兵勇進剿，兩地支應，措之裕如，不兩月，擒獲逆首，掃除餘黨，殆盡跳梁者，始知畏法矣。」

「咸豐七年，臺地米價驟昂，民難聊生，本官捐廉籌款，賤值平糶，又妥立章程，使吏胥無所侵漁，貧寒徧沾實惠，臺地之賴以全活者不少焉。」

「本官撫恤貧寒，愛憐備至，每於年節，時輒捐貲，使人布施窮民，期少饑寒之患焉。」

「本官之任臺灣道兼提督學政也，每屆試期，矢慎矢公，試卷皆躬自校閱，於一切情弊洞然，凡夤緣鎗替之術，俱無所施，務期選取真材，汲引寒素，瀛海珊枝，網羅殆盡。辛酉選拔，尤為慎重，所取皆窮經積學膠庠著名之士，其取士公明，風清弊絕如此。」

---

「本官之任臺灣道，值浙防吃緊，大憲屢次札調臺勇赴援，本官選擇維嚴，招募有方，募就後復會同營員，加意訓練，妥配船隻，賴以迅赴浙防焉。」

「同治元年，本官以全浙糜爛，閩防日緊，早慮浮動之區必滋事端，飭各廳縣認真聯莊團練，果嘉義匪徒造謠滋事，謀為不軌，斯時兵餉匱乏，獨賴本官運籌調度，得以消患未萌。而乃嘉地初靖，彰化戴萬生又復暗聚匪徒結會謀逆，公審知賊勢已張，非大兵親臨不能撲滅。又苦變起倉卒，兵食未足，乃自備資斧，召集兵勇，於三月初五月北巡，兼往剿辦，原意撫剿兼施，解散脅從，窮治渠魁。不圖羽翼已成，十八日，派往剿辦賊巢之署淡水廳秋日覲陣亡，即於十八日圍攻彰城。維時守備俱無，孤城援絕，本官鼓舞士氣，激勵民心，以大義相勉，矢以死守，無如內應有賊。二十日，城陷，本官猶復奮臂疾呼，率眾巷戰，力竭受傷，士民痛良父母之罹害，極力救護，欲圖保全，本官終執城亡與亡之義，令掖送學宮，仰藥殉難。……」[9]

「事實清冊」之後為「結語」，是向臺灣府儒學提出的，仍以候選主事進士施瓊芳領銜，約一百餘字，亦駢體文，無文獻價值，茲從略。這篇「國史原傳」，包括「呈稟」、「事實清冊」、「結語」三大部份，已如前述，全文雖以施瓊芳領銜，但並非全是施氏手筆。據傳世的施氏詩文集《石蘭山房遺稿》卷三，收有〈為臺灣故道憲孔公昭慈請諡請專祠稟末結語〉，內容就是稟末百餘字的〈結語〉（有十餘字出入），而非全文，可知全文應出自多手，其中〈事實清冊〉部份，只是就案卷予以潤色，再加上〈呈稟〉及〈結語〉而成，施瓊芳負責撰寫〈結語〉，因此在他的集子就只錄這一部份而已。

這篇臺灣府紳士聯名呈稟，透過儒學層轉到福建巡撫，最後由督、撫會銜入奏，「國史原傳」中也錄存了這件奏摺，略謂：

「茲據省局司道准臺灣道丁曰健轉據臺灣府陳懋烈申稱：臺郡閣屬紳士候選主事施瓊芳等暨舉貢生員八十餘人呈稱：該道孔昭慈

由庶吉士散館選授知縣，遷調臺陽，洊陞府道。自到臺以來，勤政愛民，循聲卓著，升任道員。……同治元年間，訪聞彰化境內匪徒戴萬生等結會謀逆，即循例出巡北路，親督官兵，直抵彰化縣城，正在調派布置，猝不及防，逆黨潛伏內變，隨率眾巷戰受傷，丁勇救護，該道以身為聖裔，囑令掖送學宮，旋即殞命，經紳耆妥為棺歛，事平後，其長子孔憲曾赴臺扶運內渡，沿途士民泣送海濱，至今遺愛不忘，僉請於府城建專祠，並籲懇可否奏請予諡等情，由該同道會詳前來，臣等查原任臺灣道孔昭慈在臺服官十餘年之久，士民同深愛戴，茲聯名呈懇，出于至誠，合無仰懇聖恩，准如所請，以彰忠藎而順輿情。」[10]

　　清廷終於准了為孔昭慈建專祠及予諡的請求，見上引《清穆宗實錄選輯》同治5年（1866）九月初一日的諭旨。

## 四、臺灣孔昭慈專祠之謎

　　清廷既將孔昭慈予諡「剛介」，又准建專祠，但臺灣文獻上似乎沒有任何紀錄，原因值得探討。按有關清末臺南府城內官宦專祠的存在，據日治初的《安平縣雜記》所記，共有「高公」、「洪公」、「王公」、「唐公」四個專祠。高公，即高鴻飛，咸豐3年（1853）林恭之役殉難。洪公，即洪毓琛，病故於戴萬生之役。王公，即王開俊，管帶福靖左營、溫州右營遊擊，光緒元年（1875）剿獅頭社陣亡。唐公，即陸路提督唐定奎，光緒13年建祠予諡。當中並無孔昭慈專祠，再證以有關戴案文獻，如《戴案紀略》，《東瀛紀事》等，也都無一語及此，似乎清代的臺南府城內，根本就不曾建過孔昭慈專祠。但「國史原傳」中，卻留有孔昭慈專祠的資料，即卷首所收的〈皇清誥授資政大夫二品頂戴臺澎兵備道兼學政孔剛介公祠堂碑記〉，有云：

「同治元年春，濟寧孔剛介公諱昭慈殉難於臺灣之彰化，事聞，詔蔭襲騎都尉，賜祭葬，祀昭忠祠，又從臺灣人之請，建專祠於

---

臺灣，予諡剛介，詔史館為立傳。九年，濟寧人復請建祠其鄉，詔曰可，於是又建祠於濟寧。公有子翰林院編修憲曾、新河縣知縣憲高屬桐城吳刺史汝綸為碑銘，刻之濟寧祠堂，而臺灣之祠，顧尚未有紀，於是復以屬諸裕釗。」[11]

　　據文末所記，本篇碑記撰成於光緒 25 年（1899），即日人據臺的第四年。作者武昌張裕釗，篆額者銅梁王瓛，書丹者婭江葆初。從勒碑的動機來看，是濟寧的孔昭慈祠早已刻有碑記，而臺灣之祠「尚未有紀」的緣故，據此推測，清末的臺灣建有孔昭慈祠，至光緒 25 年（1899）尚存在，應是可以肯定的。當然「臺灣之祠」，未必就建在臺灣府（臺南府）城，孔昭慈殉難彰化，彰化縣城也可能是建祠的所在地，但筆者從兩件事加以推敲，孔昭慈祠似乎應建在臺南，而非彰化，何以見得呢？一是《戴案紀略》作者吳德功是彰化縣城人，如祠建在彰化，他不可能不提此事。一是碑記中提到「又從臺灣人之請，建專祠於臺灣，予諡剛介」，所謂「臺灣人之請」，從前文所述，可知呈稟者主要都是活躍臺灣府治的紳衿，而以進士施瓊芳為首，因此建祠之地，應以臺灣府城內最有可能。

　　《安平縣雜記》未見孔昭慈祠記載，如非採訪不週的漏記，就是孔昭慈祠與洪毓琛祠比鄰，而兩人都與戴案有關，致誤記為一祠。光緒 25 年（1899）碑記撰成，由列有「篆額」及「書丹」者兩人姓名看來，應已正式寫刻，惟有無立於祠前？甚至祠建於何處？毀於何時？在在都是不可解的謎，只能存疑待考了。

# 五、結語

　　「國史原傳」一帙抄本的出現，彌補了既有文獻史料的不足，如施瓊芳等鍥而不捨的請諡，使得同治元年（1862）殉難的孔昭慈，遲至同治 5 年（1866）纔建祠、予諡，堪稱是清代臺灣的一項異數。他如光緒

---

[11] 舊抄本《孔剛介功國史原傳》，「碑記」。

25 年（1899）碑記的存在，更提供了孔昭慈專祠確曾建立的訊息，為前所未聞，值得重視。

此外，「事實清冊」的若干記事，也頗堪玩味，按關於孔昭慈的殉難，前引《戴案紀略》記述甚詳，即彰化城破日畏縮不出，數日之後，見大勢已去，纔仰藥自殺。這點恐怕就是孔昭慈在殉難後，清廷僅給他賜恤、蔭襲，而未能建祠、予諡的主要原因。誠如吳德功所評論：

> 「當孔道之來彰也，既知賊勢蔓延，若火燎原，難以撲滅，故特簡能員之秋丞以剿辦，亦可謂得人矣。奈全師盡出，城中空虛，爾時何不請紳士以召民兵為守陴之計？貢生陳捷魁以蠟丸告變，轉囚其使於獄中，而不為之備。又不聽汪寶箴之言，退守鹿港，徐圖恢復，奈何株守孤城，援兵卒無一應，坐使巖邑傾陷，百姓流離，惜哉！」

可知孔昭慈殉難之初，並無很高的評價。而「事實清冊」卻就這方面大作文章，說是城陷之日「奮臂疾呼，巷戰力竭受傷」，士民「極力救護」，最後他仍本「城亡與亡之義」，不願苟且偷生，於是「囑令掖送學宮，仰藥殉難。」此一殉難情節與當初藏匿民間，無計脫身，而不得已自盡的文獻記載，真不啻是天淵之別，清廷後來的建祠、予諡，「事實清冊」所敘，應是重要的關鍵。

至於孔昭慈仰藥彰化文廟的確切日期，在以往各種文獻，都語焉不詳，如《戴案紀略》僅云：「遲至數日」，即使是「事實清冊」，也只敘此事於「二十日城陷」之後，並無日期，而「國史原傳」所錄濟寧紳士聯名的〈具呈〉一稿，則明確指出「於三月二十一日盡節於文廟」，一語足以解決存在已久的問題，此又「國史原傳」的史料價值之一。惟此次所記「二十一日盡節」事，與吳著《戴案紀略》所記「遲至數日」，頗有出入，是否有誤記，仍待深入考證，如吳記無誤，那麼可能是「事實清冊」有所隱諱或曲筆了。

# 參考書目

## （1）圖書

吳德功《戴施兩案紀略》，臺北：臺灣銀行經濟研究室，1959。

林豪《東瀛紀事》，臺北：臺灣銀行經濟研究室，1957。

臺灣銀行經濟研究室（編）《清穆宗實錄選輯》，臺北：臺灣銀行經濟
　　　　研究室，1963。

臺灣銀行經濟研究室（編）《續碑傳選輯》，臺北：臺灣銀行經濟研究
　　　　室，1966。

臺灣銀行經濟研究室（編）《清史稿臺灣資料輯集》，臺北：臺灣銀行
　　　　經濟研究室，1968。

## （2）史料

舊抄本《孔剛介公國史原傳》

# 清季臺南循吏包容事蹟考

## 一、前言

　　宋代名臣包拯，性峭直，鐵面無私，後世因受稗官野史渲染的影響，遂成為婦孺皆知、家喻戶曉的「包青天」。民間相傳，包公歿後為閻羅天子，專管陰曹地府，常見的十殿閻君畫像或城隍廟、地藏王廟附祀的塑像，其中第五殿，頭戴冕旒、黑面者即是。而事有巧合，百年前的臺南府城，竟也出現一位生為清官、歿為城隍的人物——包容，真堪後先輝映，不讓孝肅專美於前。

　　包氏歷任臺南府安平、嘉義知縣、代理臺南府知府及臺南支應局提調、基隆廳同知，而卒於任內。其在臺時間至少在七年以上，除最後的基隆廳同知將近一年外，餘均在臺南任職，與臺南關係密切，惜包氏官職不顯，史志著墨無多，在臺事蹟極為隱晦，爰鉤沉輯佚，略加探討，俾於臺灣史上有所定位。

## 二、出宰安平、嘉義

　　包氏，名容，字喆生，一生喆生，號喆臣，江西南昌人，捐納出身。光緒 14 年（1888）七月，來任臺南府安平縣（即舊臺灣府臺灣縣）知縣，在任僅二月即調署嘉義縣知縣。[1]按其渡臺年分，雖史料缺乏，不得而知，以筆者度之，似在光緒 12 年（1866）前後，蓋以當時臺灣新建行省，析疆置吏，急需用人故也。至於包氏渡臺的職銜，則以捐納的候補知縣（或同知）可能性最大，惟真相如何，尚俟史料發掘。

　　上憲將包氏調署嘉義，接替原署知縣羅建祥的主要目的，當與羅氏辦理清丈不公有關。按光緒 12 年（1886），臺灣巡撫劉銘傳為籌措建

---

[1] 鄭喜夫（編）《臺灣地理及歷史》卷九官師志（臺中：臺灣省文獻委員會，1980）第一冊文職表頁 138。

省經費，奏請臺灣田園一律清丈，啓徵新賦；翌年，各縣同時著手辦理，由於署嘉義縣知縣羅建祥採取高壓手段，催迫丈單，而引起民間騷動，會盟糾眾，劉銘傳遂檄調本駐彰化的武毅右營統領朱煥明往嘉義彈壓，朱煥明帶勇到嘉，焚爇莊社，趕散餘黨，於是知縣羅建祥竟以收繳丈費起色，為上游優擢。[2]

　　未幾，嘉義縣的清賦作業即為劉銘傳查出弊端，乃於光緒 14 年（1888）奏參羅建祥，略謂：

> 「查署嘉義縣羅建祥，初覺精明強幹，自上年捐升知府，仍留署任，後即膜視民生，既不坐堂問案，亦不巡緝各鄉。……其於清丈一事，首報丈訖升科，臣固未敢深信，隨時訪查督責，羅建祥專恃狡辯，矢口不移，稟稱實在辦竣，毫無虛偽，而人言藉藉，直至委員復丈，始知該縣田多未勘，盡屬空言，經費虛靡，要公坐誤，尤其膜視民命，政務廢弛，未便寬縱。……除將該署令等先後撤任，並催接任各員速行補丈外，應請旨羅建祥即行革職，由臺灣道派員押交淡水縣看管，聽候查辦，其用過清丈經費，先行勒令全數繳賠」。[3]

　　羅建祥既經撤任，奉文交卸。同時，彰化方面，則發生施九緞以知縣李嘉棠清丈不公的圍城索焚丈單事件。九月初二日，奉調南下彈壓的武毅右營統領朱煥明在嘉義聞變，立即回援彰化。[4]朱煥明回彰，嘉城兵力單薄，加以新任知縣未至，且民間積怨已深，各地蠢蠢欲動，幸賴在籍工部主事林啓東會合嘉義營參將陳宗凱辦理團練，始轉危為安。事平，林啓東經包氏及陳宗凱聯名保獎，巡撫劉銘傳旋於光緒 15 年（1889）二月，奏云：

> 「又據署嘉義縣知縣包容、署嘉義營參將陳宗凱稟稱：『嘉義毗連彰化，當土匪肆擾之際，前署知縣羅建祥奉文交卸，新任未到，人心惶惑，一夕數驚。在籍工部主事林啓東聲望夙孚，孝友素著，

---

[2] 吳德功《戴施兩案紀略》（臺北：臺灣銀行經研室，1959），頁 97-98。

[3] 劉銘傳《劉壯肅公奏議》（臺北：臺灣銀行經研室，1958），頁 442-443，〈奏參羅建祥摺〉。

[4] 吳德功《戴施兩案紀略》，頁 99。

會合陳宗凱辦理團防，曉諭順逆，約會各鄉聯莊緝匪，民心乃安。彰匪亦未敢南竄，實賴林啓東保衛之功』各等情，先後稟請保獎前來。臣查……林啓東孝友素著，品學俱優，臨亂倡團，地方得以安謐，於臺灣民氣尤為難得……工部主事林啓東可否賞加五品銜，並均請賞戴花翎，俾昭激勸」。[5]

　　按據此摺所載，包氏似僅屬事後請獎性質，與辦理團練守城並無直接關係，然以其他史料稽之，並非如此。考包氏的調署嘉義縣日期，為光緒 14 年（1888）九月，地方不靖，辦理聯莊，衡諸情理，以堂堂一縣之尊，豈能置身事外？只惜劉氏奏議之中，無法找到相關的記載，幸郭佐臣所輯《藻臣遺錄》，錄有相關信稿一件，而使問題迎刃而解，茲節錄該信稿如次：

　　「□翁仁兄大人閣下：巧秋中浣，得荷朔惠書，比即肅覆，驛遞嘉義新任，未識已登青誉否？……近來江浙一帶梟風尚斂，防營汛地亦尚托庇粗安，差足告紓綺注。惟浙院現已更調，崧師涖任後，另有一番局面，其間寵辱升沉，亦但看各人時運如何耳。近閱報章，知臺屬彰、嘉土匪滋事，正在履新之初，撝下凤諳韜鈐，智珠在握，始得撫剿有方，膚功速奏，現經劉撫帥上陳黼座，彙入呂家望社保案請獎。……近來貴體康健否？水土便習否？瀛眷在任否？尊夫人以次平安否？遠念良爾，縈廻夢轂，千祈惠言，俾慰離懷。看梅柳之迎陽，新年又到，緬芝蘭之契好，舊雨遙睽，略肅蕪詞，藉伸葵悰，專泐，祇頌歲禧，敬請勛安。」[6]

　　信稿因缺首字，雖致收件人不明，但由文中「嘉義新任」及「臺屬彰，嘉一帶土匪茲事，正在履新之初」等語，可證包氏即為該信稿的收件人。收信時間，由文中「新年又到」、「祇頌歲禧」二語而推，當在光緒 15 年（1889）正月。由於信稿曾述及包氏辦理「履新之初」的「土匪滋事」，結果「撫剿有方，膚功速奏」，而經巡撫劉銘傳彙入呂家望

---

[5] 劉銘傳《劉壯肅公奏議》頁 408-409「奏保紳士片」。

[6] 郭佐臣《藻臣遺錄》，載《臺南文化》第三卷第四期，（臺南：臺南市文獻委員會，1954）
　　頁 84 第三十六則。

案請獎，可見工部主事林啓東、嘉義營參將陳宗凱的辦理團防，包氏亦全程參與其事，並經劉銘傳請獎。按所謂「彙入呂家望社保案請獎」，即指劉銘傳於光緒 15 年六月初四日所奏「遵保剿辦埤南叛番彰化土匪並歷年剿撫肅清各員弁摺」而言[7]，因屬彙獎性質，劉氏奏議未錄附件「彙獎清單」，致詳細內容不得而知。

其次，從《藻臣遺錄》的內容來看，該書僅是「抄錄」的性質，所錄五花八門，包括各種公牘、信稿、賀札、各官考評、帳目……等，蓋郭氏在清末曾任臺灣縣署幕僚，此即其平時隨手錄存，而作為「參考資料」者，由此可知該信稿的發信人絕非郭氏，據文中所述「近來江浙一帶梟風尚歛」、「浙院現已更調」等語觀之，發信人當為浙江官場中人，惜其姓名已無法查考。

光緒 15 年十二月十九日，臺灣巡撫劉銘傳奏「全臺清丈給單完竣籲定額徵摺」有云：「此次全臺一律清丈，籲給丈單，五、六月間本可竣事，依限奏銷，乃以嘉義等屬會辦草率，不得不添委分投復丈，抽查清釐，期歸至當。」[8]可知包氏調署嘉義任內，最主要的工作，即是重丈田園一事，《清代臺灣大租調查書》所收包氏核發「執照」即為一例，茲錄如次：

> 「嘉義縣正堂包，為挈給執照事。照得本邑田園，奉撫部院劉奏明清丈。今丈得本縣官莊管下天字第二十七圖第十六號佃戶吳合春，坐落下茄冬北堡下茄冬莊下下則田零甲三分五釐五毫，其四至並賦則另編圖冊，除該丈費由縣收租報繳外，合行挈給印照，永遠耕管，嗣後如有典賣，應將此照隨契流交，報明過佃，須照。光緒十六年九月　　日給」。[9]

由於包氏主持的嘉義重丈田園作業，減免不少羅建祥所留的苛捐雜稅，因而頗贏得地方人士的好評，明治 30 年（1897），歲貢賴世英曾回

---

[7] 劉銘傳《劉壯肅公奏議》，頁 411-413。

[8] 同前書頁 319。

[9] 臺灣銀行經濟研究室（編）《清代臺灣大租調查書》（臺北：臺灣銀行經濟研究室，1962），頁 986。

憶其事，記云：「（甲申）……酷吏羅建祥，勒貼稅契銀，貪穢之極，是年，諸多苛派，入不供出。……（丁亥）時逢清丈，核計租館所收，不敷錢糧。力爭苦較，蒙包邑主深體苦情，酌減完納，方存些少租穀，為書田輪收。」[10]按甲申為光緒 10 年（1884），丁亥為光緒 13 年（1887），而包氏調署嘉義為光緒 14 年（1888）事，賴氏所記，因屬多年後的追述，致年代稍有混淆。

嘉義縣治以東多山，山田多利用水圳引泉灌溉，因而常為爭水灌田釀成糾紛。光緒 14 年（1888）九月，有斗六堡溝仔壩莊業戶陳元達暨田心仔莊水確等人，與庵古坑莊黃獅、游得等人，為爭水份而起訴訟。蓋庵古坑莊位於高阜，鮮有溝圳，以致祇能耕作旱田，而莊人為增加收入，改種水稻，乃背約盜水，於是兩造對簿公堂，包氏即傳飭鄉紳簡精華到地調停，並判「二比照舊規而行」，即「庵古坑僅給口食，不得盜破混灌旱田」、「溝仔壩等莊亦不得藉水田而絕庵古坑口食之水」，從此兩造俱各悅服。[11]是為包氏嘉義任內，目前僅見的一件民事訟案，餘多湮滅，爰略記如上，以見一斑。

其次，包氏在嘉義縣任內，尚有一件值得一提的政績，即重修嘉義縣城。考嘉義縣土城，建竣於乾隆 58 年（1793）十月。[12]至道光 13 年（1833），又作大規模的整修，16 年（1836）竣工[13]。旋在 19 年（1839）五月十七日的嘉義大地震中「東西北三門月城樓，並窩舖、堞房，俱行倒塌。週歷城身止坍六丈有餘，城垛僅存四百二十九堵，計倒塌九百八十一堵。」[14]。同治元年（1862），戴萬生之變，會黨正圍攻嘉義縣城時，忽於五月十一夜發生大地震，結果「城圮數丈，西門外土牆傾塌。」[15]兩年後，戴案雖告平定，但地方已元氣大損，經費拮据，故修城之事，迄

[10] 賴惠川《悶紅墨餘》（嘉義：作者自印本，1959），頁 2，附錄賴世英〈追述平生〉。

[11] 臺灣省文獻委員會（編）《臺灣開闢資料續編》（臺中：臺灣省文獻委員會，1977），頁 404-405，〈雲林正堂示禁碑記〉。

[12] 陳國瑛等《臺灣采訪冊》（臺北：臺灣銀行經濟研究室，1959），頁 15，〈嘉義縣城〉條下。

[13] 連橫《臺灣通史》（臺北：臺灣通史社，1921），頁 53，〈城池志〉。

[14] 石萬壽《嘉義市史蹟專輯》（嘉義：嘉義市政府，1989），頁 17，轉引《明清史料戊編》第二本，頁 194，署理閩浙總督魏元烺奏。

[15] 林豪《東瀛紀事》（臺北：臺灣銀行經濟研究室，1957），頁 25，〈嘉義城守〉。

未進行。至包氏署嘉義知縣，乃於光緒 15 年（1889）倡修縣城，據《臺灣通史》記云：「嘉義縣城……光緒十五年，知縣包容與紳士林啓東等重修。」[16]此次的重修，可能限於經費，僅作局部性的修補，即重建道光、同治間兩度倒塌部份而已。另外又於城外增植刺竹，以增強防衞能力，是為嘉義縣城最後一次的整修。[17]

臺灣與內地之間，遠隔大海，往來兩地，帆船是往昔唯一的交通工具，帆船設備簡陋，加以風濤難測，稍有不慎，即葬身魚腹，因此渡海者遇有險狀，輒禱之海神湄洲聖母，以祈庇護。如幸而化險為夷，平安登岸，當然就得叩謝神恩一番，其中獻匾祠廟是最常見的方式之一，故至今臺南大天后宮清代古匾琳琅滿目，即為此一時代背景的產物。包氏既調補海外，波濤屢涉，於此自不例外。光緒 14 年（1888）十二月，包氏在嘉義縣任內，便曾與總兵銜補用副將署臺灣城守營參將胡德興、塩運使銜在任候補道臺灣府知府程起鶚、補用同知前署臺灣府臺灣縣知縣沈光綏、同知銜署臺南府安平縣知縣范克承、同知銜前福建邵武府邵武縣知縣丁振德等合獻「鯤海慈航」匾額於大天后宮[18]，至今尚存，為包氏在臺絕無僅有的遺跡。

# 三、代理臺南知府

約光緒 17 年（1891）五月（或六月），包氏以政績斐然，由委署嘉義縣知縣擢調為代理臺南府知府。[19]包氏既調南郡，嘉義人士感其德澤，乃思徵集詩歌以頌，至翌年夏，始由臺灣名進士前羅山書院掌教邱逢甲先唱七律三首以贈，題為〈署臺南守包君哲臣容，舊嘉令也，有德嘉人，其人士思以詩歌頌之，屬為先唱。包君在嘉，予適掌教羅山，署南守，予又崇文主講也，為采輿論屬詞焉，以予嘉人彙以贈包君〉，詩

---

[16] 同註 13。
[17] 石萬壽《嘉義市史蹟專輯》，頁 17。
[18] 何培夫《臺南市寺廟匾聯圖集》（臺南：臺南市政府，1988），頁 16。
[19] 鄭喜夫（編）《臺灣地理及歷史》卷九官師志第一冊，文職表，頁 36。

云：

> 「九派江流到海清，扁舟琴鶴出專城；漢家本重循良治，海上爭
> 傳孝肅名。去蠹秋堂刀筆判，勸蠶春院紡車聲；要從凋敝回元氣，
> 不獨尋常飲水情。」
> 「得時能吏太紛紛，輿頌誰知屬使君；一片持心如霽月，萬家稽
> 首祝慈雲。愛民每慎魚符下，課士親將鶴俸分；畢竟老天相報速，
> 包融有子已能文。」
> 「天興父老拜征塵，擢守嵌城聖澤新；生意在胸庭草長，去思滿
> 眼縣花春。賣刀龔遂頒寬政，下榻周璆本部民；冷抱千秋心史事，
> 待書循吏傳中人。[20]

　　就邱詩內容而言，除若干引用歷代典故者外，也有一部份是寫實之
作，如第一首的後半段，第二首的五、六句，第三首的前半段，特別是
「課士親將鶴俸分」之句，可以看出包氏在判案、勸農之餘，關心書院
教育的一班，不僅親自課士，甚至還捐出部份的薪俸，作為獎掖學子的
膏伙銀，無怪乎嘉義人士在其任內，曾有「萬家稽首祝慈雲」的盛況，
以及卸任後懷有不盡的去思。

　　包氏代理臺南知府任內政績，目前多不可考，一方面固然是文獻史
料散佚；另一方面，最主要的原因，還是在於代理的時間不長，而且只
是過渡性質的代理，自難有所建樹，目前所知者，僅有處理積欠洋款一
事而已，據唐贊袞《臺陽見聞錄》記云：

> 「臺南陳守禮欠美商旗昌行一款，曾經總理衙門行知轉飭該美商
> 遵判，以被告繳交洋銀一萬五千元，即將該案註銷。嗣拖延日久，
> 未得如數繳清。贊袞在道任，商及臺南府包守，飭據陳守禮將抄
> 封備抵達三堂租館變賣洋一萬五千元，照還美國駐廈領事收給完
> 結」。[21]

　　其次，現存清代公牘中，由包氏在臺南府任內判行者，就筆者管窺

---

[20] 邱逢甲《柏莊詩草》（臺中：不阿齋影印手稿本，1978），頁91-93。按此題繫於〈臺南郡
　　署寓齋夏日即事〉二首之後、〈七夕旅中寄內〉之前，可知係作於是年夏。
[21] 唐贊袞《臺陽見聞錄》（臺北：臺灣銀行經濟研究室，1958），頁42，〈洋款〉。

所及，僅得七件，茲依年月先後，臚列其內容大意如次：

甲、光緒 17 年（1891）六月二十九日，臺南府轉知臺灣巡撫劉銘
　　傳開缺謝摺稿。[22]

乙、光緒 17 年（1891）六月二十九日，臺南府行知卸臺灣巡撫劉
　　銘傳及護任巡撫沈應奎卸接日期。[23]

丙、光緒 17 年（1891）十一月二十四日，臺南府行知護理巡撫沈
　　應奎具奏「臺灣解滙海軍衙門鐵路半數二萬五千兩」硃批。[24]

丁、光緒 18 年（1892）二月二十八日，臺南府轉飭臺灣巡撫邵友
　　濂札飭，不准外來客戶游民混雜淘挖基隆金砂以杜爭鬬而裕民
　　生。[25]

戊、光緒 18 年（1892）四月二十九日，臺南府札轉臺灣巡撫邵友
　　濂案准戶部核覆，臺灣等三府光緒 16 年（1890）下忙徵完錢糧、
　　官莊、雜稅等遵行事項。[26]

己、光緒 18 年（1892）閏六月十六日，臺南府示諭給發諭戳，徵
　　收繳課。[27]

庚、光緒 18 年（1892）閏六月二十日，臺南府行知臺灣巡撫邵友
　　濂札飭，案准福建臺灣通志設局事宜，及派充監修、提調各員。
　　[28]

　　以上七件公牘，多屬轉飭所屬各縣的例行公事，與包氏並無直接關
係，其中僅光緒 18 年（1892）閏六月十六日的示諭，與包氏關係較為
密切，茲錄如次：

　　　「代理臺南府正堂補用府即補清軍府加十級紀錄十次包，為給發諭

---

[22] 臺灣銀行經濟研究室（編）《劉銘傳撫臺前後檔案》（臺北：臺灣銀行經濟研究室，1969），
　　頁 217-218。

[23] 同前書頁 218-219。

[24] 同前書頁 220-221。

[25] 臺灣銀行經濟研究室（編）《臺灣私法商事編》（臺北：臺灣銀行經濟研究室，1961），頁
　　6-8，第一章第一節商事「官廳札飭」。

[26] 臺灣銀行經濟研究室（編）《劉銘傳撫臺前後檔案》，頁 220-221。

[27] 臺灣銀行經濟研究室（編）《清代臺灣大租調查書》，頁 1020-1021。

[28] 盧德嘉《鳳山縣采訪冊》（臺北：臺灣銀行經濟研究室，1960）卷首，頁 7-11。

戳，徵收繳課事。照得業戶黃天德積欠府庫，生息本利，為數甚鉅，經前府查封產業備抵。前據墣戶李和記墣辦黃天德名下三年輪值一年租糖，認繳稅銀三百元，業已照數繳清。嗣據李和記以該業丈後，各小租戶應納租糖，無不藉詞玩抗，稟請退辦等情，業經前府並本府先後飭差委員查追，暨批候查明飭遵去後。茲據該墣戶具稟，認墣前項三年輪值一年租糖，本年係輪值之期，應繳稅銀三百元，至十月終，先繳一百元，餘俟明年正、二兩月，分期繳清，並取具郡城行舖金迎祥號保結稟充前來。除稟批准接充，並出示曉諭外，合就給發諭戳。為此，諭仰該墣戶立即遵照賚帶戳記、告示，屆期前往後香、本洲等莊認佃，迅將黃天德名下田園租穀及三年輪值一年大租糖，按數收完，依限繳清，備抵息項。所……清款，均毋違延，至干究革不貸，凜之，切切！此諭。計發：告示二道、戳記一顆。光緒十八年閏六月十六日諭」。[29]

光緒 18 年（1892）三月，全臺營務總巡胡傳抵臺南巡閱防伍，往來臺南，皆曾一見包氏，當時的情形，據胡氏日記云：

「（三月）……，二十四日，抵安平口。二十五日，上岸，入試院。午後，辭中丞及諸同人，移居安平縣姚西牧大令署內。……拜臺南府包詰生太守，見。」
「（五月）……十一日，回抵安平縣，住縣署。……十二日，謁鎮臺萬、道臺唐、臺南府包詰生太守、釐局朱調元太守、營務官劉際周、幫辦萬棣花，皆見。」[30]

惟此二次見面，純屬官場上禮貌性的拜訪，並無特殊意義，故胡氏日記中，也只輕描淡寫帶過。

至於包氏卸任代理臺南知府的確切日期，雖缺乏官方資料可據，但就目前所知，署臺灣道唐贊袞於光緒 18 年（1892）到任臺南知府[31]而言，可知包氏即於是日與之交接，上距光緒 17 年（1891）五、六月，計代

---

[29] 同註 27。包氏職銜中「補用府即補清軍府」八字後缺，據其他公牘補足。

[30] 胡傳《臺灣日記與稟啟》（臺北：臺灣銀行經濟研究室，1960），頁 10、23。

[31] 同前書頁 73。

理臺南知府的時間，大約一年有餘。

# 四、任臺南支應局提調

　　包氏卸去代理臺南知府後的出路，亦極為隱晦，官方史志毫無資料可稽，倒是前引胡氏日記，卻留有一條珍貴的線索。按光緒 18 年（1892）九月，胡氏由原任的全臺營務總巡委赴臺南提調塩務總局，兼辦安、嘉總館。於是於十二日重抵臺南，居於鹽務總局。翌日，即四處拜訪，其日記有云：

> 「十三日……拜臺南府唐犎之觀察、支應局包哲生太守、安平縣姚西牧大令、釐局朱調元太守、電報局疏禹門司馬，皆見。」[32]

　　由此條日記來看，可證包氏已奉調臺南支應局，且為該局的負責人，惜其職務名稱，胡氏日記中並未進一步的透露。筆者多方蒐羅，幸在史久龍（號蓮蓀，浙江餘姚人，曾為臺南支應局文案）所著《憶臺雜記》見有「謁支應局提調包哲臣太尊容」（詳見下文）一語，而告確定包氏係由代理臺南知府轉任臺南支應局提調。

　　按臺南支應局，本稱支應局，為前臺灣道劉璈所創。[33]光緒 11 年（1885）移設於臺北府治，歸臺灣布政使督辦，而舊支應局則改為臺南分局。[34]臺南支應局總司南路的收支錢糧與兵餉，局設臺南府署右側鴻指園，鴻指園本為府署花園，頗有可觀，據史久龍的描述：

> 「廳事宏敞，房廊清潔，廳前有假山數峰，中植鐵樹四、五本，花開白色，晝綻夜閉，饒有別韻。此花須數十年一開，予適見之，亦可云眼福矣。後廳院西，有大榕樹一，合抱須四、五人，老幹虯蟠，濃葉稠密，院大畝許，陰翳過之，云係延平手植，諒非誣也」。[35]

---

[32] 同註 31。
[33] 劉銘傳《劉壯肅公奏議》，頁 427。
[34] 連橫《臺灣通史》，頁 545〈城池志〉附局所表。
[35] 史久龍《憶臺雜記》，載《臺灣文獻》第二十六卷第四期、第二十七卷第一期合刊（臺中：臺灣省文獻委員會，1976），頁 4，卷上。

包氏既提調臺南支應局，前述浙人史久龍即於此時應其二兄長久丹（仁伯）、久青（翰臣）之邀渡臺，擔任文案。史氏於光緒 18 年（1892）八月二十九日攜眷起程，九月十九日申刻抵安平。旅寓小憩後，即謁見包氏，相見之餘，頗蒙青眼，乃約其移住支應局內襄理文案。後史氏曾於冬夜偶成感懷詩一首，其中略述及包氏及支應局的情形，有云：

「……龍圖太守幸多情，溫厚笑不比河清。闢室下榻入幕賓，感恩知己寸心傾。吁嗟事誠逆覩難，海市蜃樓不耐看。破斧沉舟渡員滇，邂逅半異夙肺肝。何期孝肅最禮士，木屑竹頭亦異視。襪線短材藉鳩藏，磨驢踪跡休步趾。況復廣廈萬間深，寄食勿擬同淮陰。比室繆形（山陰繆獻甫茂才綸藻，時包公延主西席，甲午已登賢書，為包公之賢東床）劉禹錫（劉翰廷兄朝衛，亦包公之婿，時受學於獻甫先生），說經問字亦快心。無何熊軾旋珂里，將謀窀穸妥考妣。鮒生既得儲藥籠，小住為佳還轅俟。……」。[36]

由詩中夾註所述，可知當時隨同住於支應局的包氏家眷，尚包括女婿劉朝衛及所聘西席繆綸藻秀才等，後者後來亦為包氏的乘龍快婿。翌年五月，繆、劉二人聯袂返籍應鄉試，任包氏文案的史久龍，遂由側院遷入正室，與包氏對戶而居。[37]此後支應局內房舍配屬情形，迄包氏北調為止，並未再發生異動。

同月，臺南鹽務提調胡傳奉臺灣布政使唐景崧牌委代理臺東直隸州知州。六月，並兼統鎮海後軍各營屯，由於兵餉的支領為支應局承辦業務之一，為此包、胡二人的往來更趨頻繁，茲節錄此一時期胡氏日記如次：

「（光緒十八年九月）十四日，包、朱、姚諸公來答拜。」
「十七日……包太守來談。」
「二十八日，包哲臣太守、凌英士司馬、陳友定參將、嘉城館委員從九歐陽春亭來拜。」
「（十月）初五日……包哲臣太守枉顧。」

[36] 同註 35。
[37] 同前書，《臺灣文獻》第二十六卷第四期、第二十七卷第一期合刊頁 6。

「初七日，包哲臣太守、疏禹門司馬、施韻篁山長枉顧。」

「十四日，包哲臣太守請假回家安葬，來辭行。」

「（光緒十九年四月）十二日……訪疏禹門，遇包哲臣自江西葬親回局。」

「十四日……訪包、疏二君。」

「五月壬午朔，朱調元、包哲臣二太守枉顧。」

「初三日，邀包哲臣太守、朱調元觀察，謝鍾英大令、疏禹門司馬、陶聲甫、舒品三、范膏民三兄飲于局。」

「初七日……包哲翁、疏禹翁均枉顧。」

「十六日，唐觀察及包太守、俞大令來送行。包太守送火腿、皮蛋、筍乾、磨菇、收筍、菇二物，餘璧。」

「（六月）二十五日……又得唐觀察、包太守書各一。」

「二十六日……又書復包太守，託其代領六、七月安撫軍餉銀。」

「二十九日……作書復唐觀察、包太守。」

「（七月）初五日，作書寄包哲臣太守。」

「（八月）初六日……又作書致黃雲孫及朗山侄、包哲臣太守，兼託雲孫領朗山見包太守，領銀千兩，以滙付吳勳曹。」

「二十日……又得包太守書一。」

「二十一日，作書復包太守。」

「（九月）初三日……又作書致包太守。」

「二十二日……又書致包太守。」

「（十月）十九日……作書致包哲臣太守，託其於本部前營、左營各扣六八銀二十元，海防、南路各八元，埤南四元，皆于九月餉內，中營十月借款內扣四十元，作為弔胡次樵司馬奠敬，以此事係渠所囑故也。」[38]

上引胡氏日記中，在臺南部份，包、胡二人因同住一城，大抵只是拜會、邀飲而已。在臺東部份，則因二人相隔甚遠，以業務上的需要，書信往來頻仍，包氏致胡氏的書信，今未見流傳，想已散佚，而胡氏致包氏書信，則倖存一篇，即日記中所云「初五日，作書寄包哲臣太守」

---

[38] 胡傳《臺灣日記與稟啟》，頁 73、74、77、78、80、84、144、145、147、163、164、165、170、182、192、193、197、203、207。

者乃是，全文如次：

> 「哲臣仁兄太守大人閣下：前肅蕪函，諒蒙藻鑒。以弟才短，復
> 兼防務，雖係暫局，而竭蹶貽誤，時切憂虞。現已稟明勢難兼顧，
> 請撫憲速派統將來東，想能邀准。惟查軍中每月應領之餉，遵照
> 新章，須遲一月而後得請，如敝軍七月之餉，必過八月至九月始
> 能領到。而閩營四百二十五人，七、八月兩月，日食米、塩、油、
> 菜等價，均須預籌墊發，不能少緩。弟倉卒入軍，應墊不及，拮
> 据殊甚。為此函懇閣下，代以此情稟商匇憲，先借庫平銀乙千兩
> 以資軍糧。謹具鈐領一紙，祈即鑒存。弟得此數，可以暫時周轉。
> 將來統將派出，即能速來，計弟應領之餉，由貴局扣除，亦不致
> 于虧空。如蒙允許，此款發出，仍懇另存貴局。弟現因軍中日食
> 所需，迫不及待，已就近於埤南舖戶先挪墊辦，許俟該舖戶到郡
> 配貨時，持弟字據詣貴局照數領取，以圖兩便。然非藉大力為之
> 斡旋其間，不克有濟也。謹此耑函，以求曲賜成全焉，不勝企禱
> 之至！手肅，恭請勛安，統希亮鑒。」[39]

　　臺南支應局專司南路的收支錢糧、兵餉，前已言之，除胡氏因統鎮
海軍各營，而於日記中頗有記載領餉事外，其他有關經費收支及地方建
設，則當時署臺灣道、補臺南知府的唐贊袞在所著《臺陽見聞錄》，亦
記有數則，惟這些記載多泛指整個支應局而言，與包氏關係不深，其中
僅郡城疏濬溝道一事，為包氏直接參與者，茲錄如次：

> 「臺南縣城內外水溝，自前臺灣道劉蘭舟觀察籌款修築，積久淤
> 塞，且舊基亦多傾圮。時屆夏令，地防阻逆，穢氣鬱蒸，亟宜疏
> 濬重修，以利水道，而弭疾疫。當經回明顧緝庭觀察，由府移委
> 包哲臣司馬召匠估計，逐段興修，城內分為三段，委王守備華如、
> 雷從九其藻、鄭巡檢文海監修。其西城外五條港，亦一律疏濬。
> 閱五月蕆事。是役也，費公項千二百兩，餘由民間捐修。」[40]

文中雖未載明年月，惟以顧肇熙（緝庭）任臺灣道、唐贊袞任臺南知府

---

[39] 同前書，頁 171。
[40] 唐贊袞《臺陽見聞錄》，頁 124，〈溝道〉。

的時間推之，當為光緒 18 年（1892）事。

　　包氏卸任臺南支應局提調的時間，未見文獻記載，幸胡傳日記留有一條珍貴線索足資考證。按光緒 19 年（1893）十一月十九日，胡氏記有「又書賀朱筍園觀察重臨支應局」一語[41]，且自此以後的日記，即不再出現與包氏往來的記載，可知朱氏即於該日接任臺南支應局提調，而包氏的交卸，似為同日事。至於包氏卸事後的出路，胡氏日記中，找不到任何蛛絲馬跡。

## 五、陞署基隆同知與成神傳說

　　基隆市忠一路七段，有城隍廟一座，據林衡道《臺灣勝蹟採訪冊》引述當地傳說，稱該廟「創建於光緒 13 年（1887），奉祀護國城隍」、「相傳清代基隆海防廳第七任廳長包容，為人慈善，辦事公正，歿後，地方官民歌頌其德，建廟奉祀，稱為護國城隍。」[42]由此可知至今基隆一帶，民間尚盛傳包氏曾任同知（廳長）、歿為城隍的說法。

　　按地方官吏有德於民而歿後為當地城隍的說法，自古已然，時地俱遠者，姑且不論，就臺灣而言，早有先例，如道光間淡水同知曹士桂勤民慎獄，積勞卒於任，相傳為淡水廳（新竹）城隍[43]，與基隆傳說相似，僅年代稍異而已。至於包氏卸任臺南支應局提調之後，是否如傳說所稱出任第七任「廳長」（即基隆廳同知）及卒於任內？筆者乍見此一傳說，隨即檢閱鄭喜夫《臺灣地理及歷史》卷九官師志第一冊文職表，在「臺北府撫民理番同知（基隆廳）」一目，列有歷任同知八人，其中並無包氏姓名。之後，再檢閱多種光緒間臺灣文獻史料，亦無包氏曾任基隆同知的記載，因此一度頗疑此傳說的真實性。最近，偶然重閱《憶臺雜記》，赫然在卷上發現有：

---

[41] 胡傳《臺灣日記與稟啟》，頁 206-207。

[42] 林衡道《臺灣勝蹟採訪冊》（臺中：臺灣省文獻委員會，1977），頁 405，〈基隆的名勝古蹟〉。

[43] 林豪《東瀛紀事》（臺北：臺灣銀行經濟研究室，1957），頁 69，〈叢談〉下。

「……金砂產於基隆，聽民自採，官為約束，入山挖取，人須領牌，每牌日收錢二百五十文。本係設局委員專辦，嗣改歸基隆廳兼辦。……甲午春，陡然大盛，甚有一日而探至數百兩者。於是官民群起，眈眈而視，時署廳篆者即包太尊，知利既大興，害必叢生，因請另立總局於瑞芳店，設分局於九份、八堵等處。」[44]

等記載，因而證實傳說無誤，包氏確曾署理基隆同知，且至光緒 20 年（1894）尚在任，經與〈官師志〉文職表所列基隆同知任期比對，則包氏當在「光緒十九年正月在任」的方祖蔭之後，那麼總計前面各任（含代理、署理）共有六人，包括林桂芬、汪興禕、黎景嵩、溫培華、方祖蔭、林（佚名）、方祖蔭等[45]，包氏適為第七任，正與民間傳說相符。

其次，包氏卒於基隆同知任內之說，也不見於任何文獻史料，以筆者管見，此一傳說的可信度極高，蓋《憶臺雜記》中雖未述及，但卻留有一條耐人尋味的線索，略謂：

「基隆廳署，背山臨海，勢頗雄峻，惟大門外，東方閉塞，西方開敞。且室既偏窄，入其中後覺陰森之氣襲人，故握廳篆者，大都不能善去，是豈陰陽生尅之說，果不可不信乎？恐然而不然也。」[46]

按《憶臺雜記》作者史久龍追隨包氏甚久，所記屬事後追憶，因不忍述及包氏卒於任事，只好輕描淡寫，以「故握廳篆者大都不能善去」一語帶過，否則絕不可能作此不祥之語，甚至根本不必要此段記述，以免對包氏不敬。

又上引《憶臺雜記》，稱包氏於光緒 20 年（1894）春，曾以金砂之利既大興，害必叢生為由，稟請另立總分局於瑞芳店彈壓事，似為包氏在基隆同知任內目前唯一可考的事蹟。按關於基隆金砂局的設、裁，《臺灣通史》有云：

---

44 史久龍《憶臺雜記》，《臺灣文獻》第二十六卷第四期、第二十七卷第一期合刊頁 9。

45 鄭喜夫《臺灣地理及歷史》卷九官師志，第一冊文職表，頁 87-88。

46 史久龍《憶臺雜記》下卷，《臺灣文獻》第二十六卷第四期、第二十七卷第一期合刊，頁 12。

「（光緒）十七年八月……基隆同知黎景嵩議歸官，巡撫邵友濂
許之。十八年二月，奏准開辦，設金砂總局於基隆，瑞芳、暖暖、
四腳亭、六堵、七堵、頂雙溪各設分局，派員理之。採者領照納
稅，駐勇彈壓。是年多，商人金寶泉稟請承辦……以十九年起，
撤局歸商。」[47]

此段記載雖詳，但仍有疏漏，蓋光緒 19 年（1893）正月，基隆同
知方祖蔭所出示曉諭有「本年正月初一日，據抽收金砂釐費商戶金寶泉
稟稱：竊泉於十二月間，稟請承辦基隆官、民地金砂抽收釐費，以一年
為期。」[48]等語，因此，至包氏任內的 20 年（1894）春，恰滿一年之期，
加以採金「陡然大盛」、「官民群起，眈眈而視」，包氏乃有「另立」
總分局之請。所謂「另立」也者，即有別於舊設者是也。此次另立的金
砂總、分局，除見於《憶臺雜記》所記外，《臺灣私法商事編》則收錄
有該局示諭一紙，可互為印證，文云：

「（金砂總局）為出示曉諭事。照得基隆等處金砂抽釐，奉大憲
飭改官辦，已於七月初一日一律開局，業將詳定章程抄粘遍地通
衢：凡爾商民諒早家戶喻曉。所有金硐工首人等，宜如何激發天
良，踴躍輸將！茲查逐日赴局報繳花名，為數甚屬寥寥，豈週等
尚未週知？正在飭差查傳間，據報獲解乘夜偷挖奸民到局提訊，
各供不諱。殊不知金砂抽釐，由來已久，日間人票相離，尚屬有
違禁令，何況乘夜偷挖！重賞封硐入官，輕亦應予究罰，始足以
昭烱戒，其刁民巧思百出，希圖逃牌洗挖，實屬膽大妄為，若不
嚴行禁止，誠恐相率效尤，於釐項大有關係。除飭分投明查暗訪，
晝夜校巡，並派差查傳外，合行出示嚴禁。……切切！特示。光
緒二十年七月初三日稿，總辦包行，會辦蕭行。」[49]

光緒 20 年（1894）既將金砂總局自民營的金寶泉收歸官辦，那麼
必然仍照舊例，由基隆廳兼辦，故示諭之末署「總辦包」，蓋以包氏兼

---

[47] 連橫《臺灣通史》，頁 580，〈榷賣志〉。
[48] 臺灣銀行經濟研究室（編）《臺灣司法商事編》，頁 8。
[49] 同前書，頁 9-10。

任金砂局總辦是也。本件示諭的存在，不僅堪補《臺灣通史》之闕，同時更可進一步發現，包氏在光緒 20 年（1894）七月以前仍任基隆同知，即使真有卒於任一事，也當後於此時才是。

　　包氏歿為基隆城隍之說，前已述及，此說恐由來已久，以常理度之，應起源於割臺前後，歷經日治時期的流傳，除城隍之外，包氏似又被奉為其他宮堂之神，如基隆代天宮扶鸞著作的《慈音佛三期普度救劫經》，卷首即列有「奉旨蒞任代天宮孚佑帝君主席包」[50]；又基隆啟化堂扶鸞著作的《玄靈太子真經》附錄列神降詩，也收有「代天宮主席包降筆」[51]的詩數首。包姓代天宮主席，未見其名，以地緣推測，似由包氏為城隍之說衍生而來，惟真相如何，尚俟確據。

## 六、結語

　　有清一代，吏治腐敗，究其原因，固然不止一端，而最為人所詬病者，莫如捐官一項。操守佳者，頂多素餐尸位，做個酒囊飯袋，對百姓尚無大礙。苟遇到不肖之徒，將本求利，其後果就可想而知。茲例言之，光緒 11 年（1885），彰化知縣蔡麟祥為捐班出身，民間怨聲四起，於是鹿港名士洪一枝撰〈公憤酷吏某令詳文〉，將其罵得體無完膚，有云：

> 「如市井無賴夤緣入官之某令者，目不識丁，書嘗訛亥，捧大筆而如椽，欲成畫餅，吮墨毫以至禿，未解塗鴉。……何乃以刻為明，苛政猛如哮虎，因姦滋陋，陰柔毒似李貓！寡嫠被侮，豈徒執臂之羞，文士受殃，奚止投流之恨。吉之網、羅之鉗，鍛練難寬夫疑罪，鞅之鑊、周之甕，坐連徧及於無辜。滋惡草以傷蘭，棄良苗而養莠，此不特齊廷之濫竽宜吹，抑且吾邑之眼釘宜拔者也。……」

　　光緒 13 年（1887）繼蔡麟祥之後的彰化縣令李嘉棠，也是捐班出

---

[50] 代天宮《慈音佛三期普度救劫經》（基隆：代天宮，1950）卷首，頁 4。
[51] 啟化堂《玄靈太子真經》（基隆：啟化堂，1949），頁 88-89。

身，作法更為嚴苛，終至釀成施九緞之變，於是洪一枝又跋上文云：

> 「此乙酉仲冬作也。是時納粟之例盛行，於是市井奸人，莫不欲
> 錢捐官，因而責償於民。故四品以下，鮮有讀書人為者。視宦途
> 為利市之場，以赤子供老饕之飽，國家之憂也。邑令某，亦納粟
> 得官者，貪婪無狀，因借此以洩公憤，以見朝廷捐官助餉之非計
> 耳。丁亥又記」。[52]

語云：「一樣米養百樣人」，人有賢愚忠奸之別，當然捐官出身者，
未必就與貪官污吏劃上等號，清代臺灣各種方志的循吏傳中，仍有不少
是捐官出身，而行端志潔、政績卓著者。光緒 14 年（1888），全臺清丈，
民情洶湧。嘉義縣方面，因知縣羅建祥「聲名狼藉」，而導致民情沸騰。
包氏以一捐班出身的安平知縣，臨危受命，終於贏得嘉義人士無限的去
思，而徵詩歌頌之。及其代理臺南知府，又因操守清廉，而受上憲器重，
委以支應局重任。其後陞署基隆同知，更因「為人慈善，辦事公正」，
令基隆人士懷念不已，竟至奉為城隍，真堪與道光間曹士桂為淡水城隍
一事後先媲美。惜時隔百年，史料湮滅，包氏事蹟不彰，爰重加稽勾，
權充引玉之磚，以為他日相關縣市續修史志的參考。

---

[52] 洪棄生《寄鶴齋選集》（臺北：臺灣銀行經濟研究室，1972），頁 100-102 文選、駢文。

# 參考書目

## （1）圖書

陳國瑛等輯《臺灣采訪冊》，臺北：臺灣銀行經濟研究室，1959。

劉銘傳《劉壯肅公奏議》，臺北：臺灣銀行經濟研究室，1959。

吳德功《戴施兩案紀略》，臺北：臺灣銀行經濟研究室，1959。

林豪《東瀛紀事》，臺北：臺灣銀行經濟研究室，1957。

唐贊袞《臺陽見聞錄》，臺北：臺灣銀行經濟研究室，1958。

胡傳《臺灣日記與稟啟》，臺北：臺灣銀行經濟研究室，1960。

盧德嘉《鳳山縣采訪冊》，臺北：臺灣銀行經濟研究室，1960。

邱逢甲《柏莊詩草》，臺中：不阿齋，1978。

洪棄生《寄鶴齋選集》，臺北：臺灣銀行經濟研究室，1972。

連橫《臺灣通史》，臺北：臺灣通史社，1921。

臺灣銀行經濟研究室（編）《劉銘傳撫臺前後檔案》，臺北：臺灣銀行經濟研究室，1963。

臺灣銀行經濟研究室（編）《清代臺灣大租調查書》，臺北：臺灣銀行經濟研究室，1969。

臺灣銀行經濟研究室（編）《臺灣私法商事編》，臺北：臺灣銀行經濟研究室，1961。

賴惠川《悶紅墨餘》，臺北：作者自印，1959。

臺灣省文獻委員會（編）《臺灣開闢資料續編》，臺中：臺灣省文獻委員會，1977。

林衡道《臺灣勝蹟採訪冊》，臺中：臺灣省文獻委員會，1977。

鄭喜夫（編）《臺灣地理及歷史》卷九官師志，臺中：臺灣省文獻委員會，1980。

石萬壽《嘉義市史蹟專輯》，嘉義：嘉義市政府，1989。

啟化堂《玄靈太子真經》，基隆：啟化堂，1949。

代天宮《慈音佛三期普度救劫經》，基隆：代天宮，1950。

（2）史料

郭佐臣《藻臣遺錄》，收入《臺南文化》第三卷第四期，臺南：臺南市
　　　文獻委員會，1954。

史久龍《憶臺雜記》，收入《臺灣文獻》第二十六卷第四期、第二十七
　　　卷第一期合刊，臺中：臺灣省文獻委員會，1976。

# 「開臺進士」的歷史糾纏

## 摘要

　　臺灣科舉制度濫觴於明鄭時代，而清代開科取士，則始自康熙 26
年的鳳山蘇莪中式乙科，開臺灣科舉先聲。乾隆 22 年諸羅王克捷、31
年鳳山莊文進以及道光 3 年淡水鄭用錫等三人，先後高中甲科，於是衍
生「開臺進士」爭議。

　　既稱「開臺進士」，顧名思義，以時間先後即能論斷。然清代的臺
灣，冒籍情形嚴重。漳泉士子在臺虛設戶籍，由生員而舉人、進士，雖
以臺籍中式，事實上卻非臺籍人士。乾隆 22 年，王克捷考取進士，兩
年後獻匾宮廟，署「開臺進士」，此時臺灣進士唯有王克捷一人，尚無
爭議。

　　道光 3 年，淡水廳之鄭用錫，為臺灣土著登第進士之始，同治《淡
水廳志》且以「開臺進士」歸之。此後之論「開臺進士」者，非王即鄭，
各有依據。近二、三十年，學界則又有陳夢球、莊文進二說的出現。陳
夢球為旗籍進士，可以不論。莊文進說，主張者為謝浩，其論點為王克
捷屬「冒籍」，鄭用錫時間太晚，莊文進之籍貫，「除『臺灣鳳山』外，
別無其他府縣之記載。」遂考定為「開臺進士」。

　　然以乾隆 28 年調任鳳山縣儒學教諭的朱仕玠所見最近五科鄉試為
例，即「臺灣自乾隆癸酉至壬午凡五科，共額中十名內，惟癸酉科中式
謝居仁一名係鳳山人，餘俱屬內地。」王克捷、莊文進都在十名之內。
朱仕玠一言足破長年之謎，仍依謝說所主「時間、學籍、籍貫」三標準
檢視，王、莊俱屬冒籍，則鄭用錫才屬「開臺進士」，不必曲解為臺籍
保障名額之故。

　　**關鍵詞：開臺進士、冒籍、王克捷、莊文進、鄭用錫**

# 一、前言

臺灣傳統信仰宮廟，為提升其歷史地位，動輒宣稱為全臺最早、某地區最早，而充斥著「開臺」、「開基」等廟，甚至是「開彰」、「開蘭」……等地區性廟宇，這些廟宇標榜，鬧出雙包、三胞，乃至於多胞，往往衍生長年不歇的論戰。無獨有偶，清代臺灣的科舉取士，爭議性最大的是「開臺進士」歸屬，迄無定論。人數最少的翰林公，其「開臺翰林」屬於彰化曾維楨，則無爭議，而地區性的「開澎進士」蔡廷蘭、「開蘭進士」楊士芳，資料明確，亦無問題。

臺灣各地區進士、舉人先聲，同治間丁紹儀著《東瀛識略》，曾略予論列，他說：

> 「今考臺灣縣有舉人，自康熙三十二年王璋始，有進士自道光九年黃驤雲始。鳳山縣有舉人，自康熙二十六年蘇莪始，有進士自乾隆三十一年莊文進始。嘉義縣有舉人，自康熙五十年王錫祺始，有進士自乾隆二十二年王克捷始。彰化縣有舉人，自乾隆九年黃師琬始，有進士自道光六年曾維楨始。淡水廳有舉人，自乾隆三十六年葉期頤始，有進士自道光三年鄭用錫始。澎湖廳有舉人，自嘉慶五年蔡其英始，有進士自道光二十五年蔡廷蘭始。噶瑪蘭廳有舉人，自道光二十年黃纘緒始，進士尚闕。」[1]

丁氏以廳縣分別臚列，未涉及全臺性排名，巧妙避開爭議。其實誰是「開臺進士」，早在清朝時代，問題已經存在。清朝歷科進士題名資料完整，依據籍貫確認誰是臺灣籍，再依登科時間先後，最早者便是「開臺進士」，理論上應無問題，實際上亦有學者據此立論；不過臺灣居民來自閩粵，虛籍、冒籍應考，一直是清代臺灣無法根本解決之弊端，而影響「開臺進士」的確認。

王克捷中式進士，為乾隆二十二年丁丑科，最早見諸余文儀《續修臺灣府志》，稱：

---

[1] 丁紹儀《東瀛識略》，頁27，卷三、學校習尚/學校。

「乾隆二十二年丁丑（蔡以臺榜）：王克捷（諸羅附生）。」[2]

　　該志成書予乾隆 28 年（1763），其選舉表「進士」僅列王克捷一人，且依臺南孔廟（舊為臺灣府儒學）所存「國朝文進士題名」，亦以王克捷為首，顯然王克捷就是清代官方承認的「開臺進士」，並無疑義。日治時期，連橫修《臺灣通史》，稱王克捷「為臺人士登禮闈之始。[3]」呼應此說，此為早期「開臺進士」說法的主流。

　　以鄭用錫為「開臺進士」，首見於同治《淡水廳志》，大約臺灣光復後的五十、六十年代，淡水廳進士鄭用錫後來居上，成為社會大眾所熟知的「開臺進士」，理由是鄭用錫土生土長，臺灣銀行經濟研究室所言：「鄭君字祉亭，臺灣淡水廳人；生於清乾隆五十三年戊申（一七八八），咸豐八年戊午（一八五八）卒，享年七十有一。君於道光三年成進士，臺灣土著之登甲科者自君始。[4]」可作為此說代表。其後，謝浩再力排眾議，提出「開臺進士」為鳳山莊文進新說，影響所及，臺灣省文獻委員會亦以莊文進為「開臺進士」定調，詳下文。在「開臺進士」爭議的潮流之下，鄭家也標榜「開臺黃甲」之說[5]，換言之，即是臺灣第一個進士，用詞文雅，實則意義相同。清代迄今，「開臺進士」、「開臺黃甲」，糾纏不斷，爰就所涉人物史事略予勾勒，或有裨益。

## 二、「禮闈之始」的王克捷

　　王克捷為乾隆 22 年（1757）丁巳科進士，故乾隆年間僅見《續修臺灣府志》著錄：「乾隆二十二年丁丑（蔡以臺榜）：王克捷（諸羅附生）。」[6]這是臺灣科舉登第進士的破天荒，且是不須憑藉保障名額而取得的殊榮，

[2] 余文儀《續修臺灣府志》（臺北：臺灣銀行經濟研究室，1962），頁 457，卷十二人物/進士。
[3] 連橫《臺灣通史》（臺北：臺灣銀行經濟研究室，1962）頁 971-972，卷三十四列傳六/流寓列傳/王克捷。
[4] 鄭用錫《北郭園詩鈔》（臺北：臺灣銀行經濟研究室，1959），頁 1，弁言。
[5] 新竹鄭氏家廟有「開臺黃甲」執事牌實物。
[6] 余文儀《續修臺灣府志》，頁 457，卷十二人物/進士。

《重修鳳山縣志》進士科目小引便說：

> 「按乾隆四年，巡視臺灣御史諾穆布奏請會試之期，臺郡士子照鄉試例，於福省中額內編『臺』字號取中一名。部議：臺郡士子來京至十名以上，再行奏聞，恭請欽定；奉旨依議。然臺郡風氣日上，文治炳蔚，無俟另編取中，而諸羅王克捷已翹然獨破天荒矣。[7]」

王克捷是諸羅縣人，不獨諸羅引以為榮，就連南部文運未興的鳳山，亦引為事例，鼓舞儒生。

再從《續修臺灣府志》追溯王克捷的舉人身分，則是乾隆 18 年（1753）癸酉科舉人，載稱：「（乾隆）十八年癸酉（駱天衢榜）：謝其仁（鳳山□生）、王克捷（見進士）。[8]」在此之前，則是《續修臺灣府志》進士科目所載的「諸羅附生」。

王克捷事蹟極為隱晦，考取舉人之後，所見僅有數例，如：

> 《一統志》：「王克捷：字仲肯，嘉義人，乾隆丁丑進士，任行唐知縣，遷江寧同知。郡人舉進士，自克捷始。」[9]
> 《重纂福建通志》：「通虛齋集，王克捷撰。字貽茂，乾隆丁丑進士。[10]」

此外，《重纂福建通志》科目則載：「乾隆十八年（癸酉）駱天衢榜：臺灣府鳳山謝其仁、諸羅王克捷（晉江人，商霖子，丁丑進士）。[11]」，值得注意的是，這則資料的「晉江人，商霖子」記載，超出了臺灣各志範圍，此說明了王克捷雖設籍諸羅，主要活動仍在晉江，臺灣少見其事

---

[7] 王瑛曾《重修鳳山縣志》（臺北：臺灣銀行經濟研究室，1962），頁 243，卷九選舉志/科目/進士。

[8] 余文儀《續修臺灣府志》，頁 459，卷十二人物/舉人。

[9] 臺灣銀行經濟研究室（編）《清一統志臺灣府》（臺北：臺灣銀行經濟研究室，1960），頁 40，人物（本朝）。

[10] 臺灣銀行經濟研究室（編）《福建通志臺灣府》（臺北：臺灣銀行經濟研究室，1960），頁 251，經籍。錄自《重纂福建通志》卷八十三。

[11] 臺灣銀行經濟研究室（編）《福建通志臺灣府》，頁 697，錄自《重纂福建通志》卷一百六十二－一百六十四/舉人。

跡，可能是重要因素，也為開臺進士爭議，埋下了伏筆。

　　綜前引記述，可得知王克捷為諸羅附生，原籍福建晉江，父為王商霖。克捷字貽茂，又字仲耆，通籍後，任行唐知縣，遷江寧同知。著有《通虛齋集》。史料有限，其他幾乎都不可考。而現存屏東市慈鳳宮有「海濱砥柱」一匾，立匾時間為「乾隆貳拾肆年桐月穀旦」，下款為「丁丑科開臺進士王捷元[12]」，依據「丁丑科開臺進士」用語，可知立匾者王捷元當為王克捷其人，古人別名、字號甚多，推測可能是較早期的本名，為地方人士所熟知，此為「字貽茂，又字仲耆」外的另一別名，足補文獻之失。惟王克捷與慈鳳宮淵源如何，代遠年湮，頗難考稽。

　　王克捷事蹟無多，故清代閩臺舊志無為其立傳者，後連橫纂修《臺灣通史》，乃在〈流寓列傳〉首度出現王傳，然而卻誤以為《重修臺灣縣志》的進士王必昌即是王克捷，於是傳中將王必昌所著〈臺灣賦〉整個引述，其他僅有簡單的舊志資料，故王傳看似洋洋灑灑，其實幾無事蹟可言，轉引全文如後，以供參閱：

> 「王克捷，字必昌，諸羅人。乾隆十八年舉於鄉，二十二年成進士，為臺人士登禮闈之始。好詞翰，通群籍，著臺灣賦一篇。其辭曰：『緬瀛海於鴻濛，環九州而莫窮。覽形勝於臺郡，乃屹立乎海中。叢岡鎖翠，巨浸浮空。南抵馬磯，北發雞籠。綿亙二千餘里，誠泱泱兮大風。……方今風會宏敞，聖治廣被，久道化成，百物咸遂，海不揚波，地奠其位，馬圖器車，物華呈瑞，人傑應運而齊出矣。謹就見聞，按圖記，輯俚詞，資多識。愧研鍊之無才，兼採摭之未備。聊敷陳夫土風，用附登於邑志。[13]」

　　統觀全傳，王克捷的只有「王克捷，字必昌，諸羅人。乾隆十八年舉於鄉，二十二年成進士，為臺人士登禮闈之始。」除「字必昌」外，都是基本資料，自「其辭曰」之後，便接上王必昌的〈臺灣賦〉，為了圓此說法，更補上了舊志所無的「字必昌」，成為資料糾纏的源頭。

---

[12] 鄭喜夫、莊世宗（編）《光復以前臺灣匾額輯錄》（臺中：臺灣省文獻委員會，1988），頁78-79。

[13] 連橫《臺灣通史》，頁971-976，卷三十四列傳六/流寓列傳/王克捷。

　　考王必昌〈臺灣賦〉，首先登載於他所總輯的《重修臺灣縣志》，最末一段說：「謹就見聞，按圖記，輯俚詞，資多識；愧研練之無才，兼採摭之未備。聚敷陳夫土風，用附登於邑志。[14]」此後的余文儀《續修臺灣府志》、謝金鑾《續修臺灣縣志》先後轉錄。連橫《臺灣通史》稱王克捷「字必昌」，雖未知所據文獻如何？但可以確定的是並非出自舊志，且依〈臺灣賦〉接在王克捷小傳之後，顯然不是偶然的巧合。清代臺灣相關志書提到王克捷字號者有二，一是《清一統志臺灣府》（康熙朝初修、乾隆朝增修、嘉慶朝重修）的「字仲肯」，一是陳壽祺《重纂福建通志》的「字貽茂」，詳前引文。王克捷「字仲肯」或「字貽茂」，都有文獻可考，惟獨這「字必昌」啟人疑竇，即使有此字號，只能說是巧合，不能因此而認定此王與彼王同是一人。

　　籍貫、科名之外，以下再將兩人事蹟稍作比較，王克捷在臺灣本土無任何仕履資料可考，推測與他不在臺灣活動應有關聯，臺灣甚至未將他視為「開臺進士」，理由相同。《清一統志臺灣府》稱王克捷「任行唐知縣，遷江寧同知」，為少見的任官紀錄，行唐知縣屬河北正定府，江寧，即江寧府（金陵）。再看王必昌，他因接受臺灣知縣魯鼎梅之聘，來臺重修《臺灣縣志》，而留下相關資料，在「重修姓氏」載云：「總輯：德化縣乙丑科進士截選知縣王必昌」，這是一條關鍵性資料，可確認王必昌為德化人，乾隆 10 年（1745）乙丑科進士。

　　王必昌在臺事蹟，舊志大都圍繞在修志一事，最直接的便是聘請他的知縣魯鼎梅序文：

> 「辛未冬，爰集二、三寅好暨邑之紳士耆碩，聚而商之。僉曰：是邑之先務也。迺鳩剞劂之資，舉博士弟子潔士侯生世輝司其出納，孝廉明之陳君輝、博士弟子幼達盧生九圍、博士弟子醇夫方生達聖專司編纂，明經子遠郭君朝宗、明經修仲蔡君開春、明經岐伯金君鳴鳳、博士弟子爾簡龔生帝臣分司採輯。諸君子既集眾

---

[14] 魯鼎梅、王必昌《重修臺灣縣志》（臺北：臺灣銀行經濟研究室，1961），頁 476-481 卷十三藝文志（一）/賦/臺灣賦王必昌。

腋，又遠徵進士後山王君必昌於德化，以總輯之。[15]」

辛未，為乾隆 16 年（1751），縣志重修前一年。後山，為王必昌別號。這段紀事僅記述修志籌備，並未觸及魯、王兩人的淵源。嘉慶間的《續修臺灣縣志》，〈政志〉有魯鼎梅傳，說是：

「先是德化進士王必昌，博學多聞，鼎梅令德化延修邑志。及蒞臺，以臺志久弗修，慮文獻廢墜，乃使渡海致幣於進士，於是舊志以成，頗稱富贍。[16]」

可知魯鼎梅之前在德化知縣任內，已有聘請王必昌修志經驗。

來臺修志之前的王必昌出身，郭其南〈科場才俊王必昌〉一文，有極為詳細的介紹，摘要如次：王必昌（1704-1788）乳名揆，字喬岳，號後山。福建德化城關西門人，生於清康熙 43 年（1704），雍正 10 年（1732）壬子科鄉試，中式第十三名舉人。12 年（1734），德化知縣黃南春延聘掌教縣義學。乾隆 10 年（1745）乙丑科登進士第，殿試二甲第六十二名，銓選吏部觀政。乾隆 11 年（1746）二月，應德化縣令魯鼎梅之聘，主纂《德化縣志》。次年六月修竣。14 年（1749），魯鼎梅調任臺灣知縣。17 年，王必昌又應鼎梅之聘來臺主纂《臺灣縣志》。18 年（1752），王必昌出任湖北鄖縣知縣，兼理竹溪縣事。任職三年，勤政愛民，後以病辭歸，乾隆 53 年（1788），卒於故居甲園，享年八十五歲，著有《甲園內外篇》文集若干卷[17]。

連橫纂修《臺灣通史》的年代，史料取得不易，加上完全依賴手抄，資料爬梳，容易發生誤植，王克捷「字必昌」及接引〈臺灣賦〉的疏忽，成為王克捷、王必昌合而為一之濫觴，《臺南縣志》踵繼其後，為王克捷立傳，沒有審辨兩人籍貫不同，科名年份亦異，再經後世的輾轉引用或傳抄，傳播兩岸網路，幾乎沒有異詞。電腦、網路之便，無遠弗屆，

[15] 魯鼎梅、王必昌《重修臺灣縣志》，頁 13-14。
[16] 謝金鑾、鄭兼才《續修臺灣縣志》（臺北：臺灣銀行經濟研究室，1962），頁 106，卷二政志/縣官/知縣。
[17] 福建「德化網」郭其南〈科場才俊王必昌〉。

許多文章，一再轉貼，以訛傳訛，開始可能只是一人的錯誤，最後卻造成全面的錯誤。諸羅進士王克捷與德化進士王必昌，兩人文獻資料原原本本，不成問題，現在卻演變為不是問題的問題，兩岸網路一面倒，都說王克捷字必昌，修過《臺灣縣志》，換句話說，他們認為王克捷、王必昌是同一個人。其實前者是臺灣人（原籍晉江），後者是福建德化人，籍貫有所不同，連進士科名，也非同榜。王必昌早於王克捷考取進士十二年之久，因此王克捷其人絕不能與王必昌劃上等號。

王克捷非王必昌，只要稍涉獵臺灣文獻，便能理解，而事實上兩人的糾纏，卻漫無邊際的擴散，日久積非成是。茲舉臺北國圖「臺灣記憶」[18]網站的王克捷小傳為例，說是：

> 「王克捷字必昌，祖籍福建晉江，幼隨父高（商）霖自泉州渡臺，居於諸羅。乾隆十八年（1753）舉於鄉，二十二年中二甲六十二名進士，為臺人登禮闈之始。博學多聞，通經史而善為詞翰，嘗為德化令魯鼎梅延修《德化縣志》；乾隆十四年八月，鼎梅調任臺灣縣令，至十六年議修縣志，舉博士弟子陳輝等分司采輯，又遠徵克捷於德化歸臺以總輯之，於是舊志以成。書凡十五卷，今稱為《重修臺灣縣志》」。

王克捷、王必昌是兩個不相干人物，居然移花接木，加以合體，此為王克捷捲入「開臺進士」之外的又一歷史糾纏，附此併予釐清。

## 三、「開臺黃甲」與鄭用錫

道光 3 年（1823），淡水廳城北門外的鄭用錫，中式癸未科進士。時間上已是清朝中葉，之前的臺灣進士，至少已有王克捷、莊文進兩人，無論如何鄭用錫也擠不上「開臺進士」稱號，但卻是最為世人所熟悉的「開臺進士」，原因無他，就是「臺灣土著之登甲科者自君始[19]」之故。

---

18 臺灣記憶〈臺灣人物小傳〉王克捷條。
19 鄭用錫《北郭園詩鈔》，頁 1，弁言。

　　鄭用錫是臺灣名進士，為新竹鄭家最重要人物，用錫生於乾隆 53
年（1788）五月，卒於咸豐 8 年（1858）二月，享年七十一[20]；同治《淡
水廳志》曾予立傳，鄭用錫事蹟牽涉極廣，此傳適為概括性的介紹，先
錄如後，俾知其生平大概：

> 「鄭用錫，字在中，號祉亭，崇和子，少穎異，淹通經史百家，
> 尤精於易，好吟詠。主明志書院講席，汲引後進。淡自開闢，志
> 乘無書，乃纂稿藏之。嘉慶戊寅，舉於鄉，道光癸未成進士；開
> 臺二百餘年，通籍自用錫始。丁亥，督建塹城，功加同知銜。復
> 捐京秩，籤分兵部武選司，補授禮部鑄印局員外郎，精勤稱職，
> 旋因母老乞養。壬寅，洋船擾大安口，率先募勇赴援，以功賞花
> 翎。繼獲土地公港草烏洋匪，加四品銜，甲寅，在籍協辦團練，
> 勸捐津米，給二品封典。曾捐穀三千，贍父黨母黨之貧乏者。南
> 北漳、泉、粵各莊互鬥，用錫躬詣慰解，並手書勸告，輒止；存
> 活尤多。凡倡修學宮橋渡，及賑饑恤寒，悉力為之。治家最嚴，
> 所編家規，子孫猶恪守之。晚築北郭園以自娛，著述日富，有詩
> 文若干卷‧請祀鄉賢祠。[21]」

　　傳中，「嘉慶戊寅」，為 23 年（1818）。「道光癸未」，為 3 年（1823）。
「壬寅」，為道光 22 年（1842）。「甲寅」，為咸豐 4 年（1854）。此一小
傳，不僅為鄭用錫傳記先聲，且「開臺二百餘年，通籍自用錫始」之語，
亦為用錫「開臺進士」一稱之嚆矢。至於鄭用錫的科名歷程，《淡水廳
築城案卷》的議敘文書，留有具體紀事，略謂：

> 「進士鄭用錫：年四十二歲。淡水廳民籍。由廳學廩生中式嘉慶
> 戊寅恩科福建省鄉試舉人；道光癸未科會試，中式第四十二名進
> 士；殿試第三甲第一百九名，歸班在籍候選知縣；道光四年，首
> 先出貲，運米赴津糶濟民食，蒙制憲孫奏請議敘在案。……查該
> 進士總理城工，出納有度，核實收支，費用撙節，洵屬急公向義。

---

[20] 鄭毓臣編輯、林衡道重刊《影本浯江鄭氏家乘》（臺中：臺灣省文獻委員會，1978），頁 186，
　　鄭用錫生卒資料。
[21] 陳培桂《淡水廳志》（臺北：臺灣銀行經濟研究室，1959），頁 270，卷九（中）列傳二先
　　正。

該進士係在籍候選知縣，應請從優議敘。[22]」

鄭用錫為淡水廳廩生，固然無誤，而早期卻為彰化縣廩生，按淡水廳原未設學，嘉慶 22 年（1817），彰化縣學訓導分駐竹塹，改為淡水學訓導，兼管噶瑪蘭學務。[23]於是鄭用錫乃由彰化廩生，改歸淡水廳學中式嘉慶 23 年戊寅恩科舉人[24]，事見道光《彰化縣志》。

《淡水廳志》「開臺二百餘年，通籍自用錫始」之語，使鄭用錫跨入「開臺進士」之林，而其引據的原始史料卻是「開淡進士」。咸豐 8 年（1858），用錫既卒，鄭家請前淡水同知、現任臺灣知府朱材哲撰「墓誌銘」，提及科名，有云：「君年二十三，補弟子員，由廩膳生舉嘉慶戊寅省闈，為予同譜。道光癸未成進士；開淡一百餘年，通籍自君始。[25]」，最後兩句：「開淡一百餘年，通籍自君始。」通常墓誌銘的撰寫，基本資料都由喪家提供，撰稿者只是稍加潤飾，故「開淡進士」之說，說是鄭家意見亦無不可。至「開淡一百餘年，通籍自用錫始」，修廳志時文句轉為「開臺二百餘年，通籍自用錫始」，後來的《新竹縣志初稿》，仍予沿用，而新竹鄭氏家廟又有「開臺黃甲」實物，於是鄭用錫後來居上，成為知名度最高的「開臺進士」。

鄭用錫的榮膺「開臺進士」，早年學者大都持「臺灣土著之登甲科者自君始」說，少有異議。近年始有主張鄭是首位以臺灣字號取中的臺籍進士[26]，略同今日之保障名額，此說之流佈，因網路資訊發達之故，隨之日趨廣泛。

清廷鑒於臺灣文教情形特殊，科舉考試確有另編字號的保障措施，鼓舞士子上進。先是舉人鄉試，臺灣自康熙 25 年（1686）開始設學，26 年，陸路提督張雲翼疏請臺士參加鄉試，請比照甘肅、寧夏之例，

---

22 臺灣銀行經濟研究室（編）《淡水廳築城案卷》（臺北：臺灣銀行經濟研究室，1963），頁 95，淡水同知造送捐賞殷戶紳民三代履歷清冊底。

23 陳培桂《淡水廳志》，頁 204，卷八（上）表一職官表/官制。。

24 周璽《彰化縣志》，頁 234，卷八人物志/選舉/舉人。

25 鄭毓臣編輯、林衡道重刊《影本浯江鄭氏家乘》，頁 188，〈皇清賜同進士出身誥授中憲大夫晉封通奉大夫恩給二品封典加四品銜賞戴花翎禮部鑄印局原外郎祉亭鄭君墓誌銘〉。

26 約 10 年前宜蘭傳統藝術中心邀請大陸收藏家作清代科舉特展，展版即用此說。

於閩省鄉闈，另編字號，額取一、二名，俟應試者日眾，再撤去另號。於是詔令另編字號，額中舉人一名。36 年，閩浙總督郭世隆奏准撤去另號，與閩省一體取中。因無保障名額，此後各科多無上榜者，臺士之赴省試者愈少。雍正 7 年（1729），巡臺御史夏之芳再奏准仍舊另編字號中一名。13 年，巡道張嗣昌，請加臺灣解額。巡撫盧焯具奏，詔令於閩省解額內，加取中一名，於是以二名為定額。乾隆元年（1736）丙辰恩科，閩省於常例外，加中三十名，臺士亦加中一名（後凡遇覃恩，閩省加中三十名，臺灣亦可援例呈請加中一名）。嘉慶 11 年（1806），海寇蔡牽騷擾臺灣，紳士捍禦有功；次年，總督阿林保、巡撫張師誠，奏准加臺士解額。自嘉慶 15 年起，遂以三名為定額。道光 8 年，總督孫爾準因臺士郭開榮等請加解額，題准於閩省內另編字號，在原臺額三名外，取中粵籍生一名。全臺閩、粵解額共四名，後為定例。進士考試部分，則於乾隆 4 年（1739），經巡臺御史諾穆布、單德謨奏請臺士會試照鄉試例，另編字號，取中一名。部議「令俟臺士來京會試者，果至十人之多，奏請取中一名。」後著為例[27]。其實所謂「果至十人之多」參加會試，再取中一名，只是假設性的建議，止於「部議」階段，換句話說，尚未奉朝廷「詔可」，何來鄭用錫為保障名額之說。退一步說，即使鄭用錫屬臺字取中，時地俱近的彰化縣修志，必然大書特書。綜觀《彰化縣志》所載，僅以部議帶過，極為模糊，鄭用錫非出自臺字號保障，已經非常明確。

## 四、晚出的莊文進「開臺進士」說

六十年代之前，談臺灣的「開臺進士」，主要集中在王克捷與鄭用錫兩人，其間，雖然主張陳夢球為「開臺進士」者，倡此說為方豪，所據為高拱乾《臺灣府志》，稍後的臺南學者盧嘉興亦採此說[28]。按高府志成書於康熙 33 年（1694），當時臺灣初闢，科舉未興，於是納入明鄭

---

[27] 周璽《彰化縣志》（臺北：臺灣銀行經濟研究室，1962），頁 232，卷八人物志／選舉。
[28] 謝浩《南明暨清領臺灣史考辨》（臺北：作者自印，1976），頁 255，〈開臺進士考〉。

時代出生臺灣的康熙 33 年進士陳夢球，為「臺灣府」進士，其實此時的陳夢球早已「隸籍正白旗」，只能算是首位臺灣關係進士，並不能稱為「開臺進士」，因此後來便少有提及陳夢球者。

其後，臺北市文獻委員會編纂謝浩，撰〈開臺進士考〉，發表於《臺北文獻》直字第二十八期，這篇文字屬翻案性質，推陳出新，在既有三說之外，另主「開臺進士」是乾隆 31 年（1766）丙戌科的鳳山進士莊文進。《續修臺灣府志》、《重修鳳山縣志》均成書乾隆 29 年，未及列入莊文進進士科名，故莊文進之登科，首見《重纂福建通志》：「乾隆三十一年（丙戌）張書勳榜：臺灣府鳳山莊文進（歷泉州、福寧教授）。」[29]此外，亦見臺南孔廟「國朝文進士題名」，排名第二，僅次於諸羅王克捷。

謝浩文既主「開臺進士」為莊文進新說，就必須辯駁舊說之非。先「旗籍進士陳夢球」，次為「晉江進士王克捷」，再次為「道光進士鄭用錫」，最後才是「開臺進士莊文進」。首先是最不成問題的陳夢球，僅引《福建通志》與《泉州府志》兩篇陳夢球傳記，即予否定，他說：

> 「陳夢球既以旗籍中式順天舉人，復以旗籍成進士。通篇之中，除『聖祖召問臺灣遺事』一語外，並無任何有關臺灣之記載。其所以與臺灣發生淵源者，蓋以其父永華為明鄭諮議參軍，且曾大有貢獻於臺灣所致。苟謂夢球中式前曾肄業臺灣，想係當然，若逕稱臺灣進士則有未可。……陳夢球雖然於康熙三十三年成進士，第非臺灣府、縣學之生員，又無臺灣府之籍貫，故不得視為『開臺進士』必矣。」[30]

王克捷之科舉資料明確，如何排除其「開臺進士」身分，唯有就籍貫著手，尤其是雙重籍貫問題。臺灣舊志選舉有關王克捷之科目記載，幾乎無懈可擊，不過福建方面各志，為了突顯其關係密切，而加入臺灣所無紀事，乃成了質疑焦點。前引《重纂福建通志》的「晉江人，商霖子」記載，便由此爆發爭議。同治年間重刻《泉州府志》，亦有此記。

---

[29] 臺灣銀行經濟研究室（編）《福建通志臺灣府》，頁 695，選舉，錄自《重纂福建通志》卷一百六十一/進士。

[30] 謝浩《南明暨清領臺灣史考辨》，頁 258，〈開臺進士考〉。

謝文即據此發揮，他說：

> 「乾隆二十八年郭賡武重修同治九年重刻泉州府志第三十七卷
> 舉人年表，更詳註『王克捷，商霖子，晉江人，丁丑進士，由諸
> 羅學中式。』……考王商霖，晉江人，乾隆元年丙辰登解榜，連
> 捷成進士。……與重修泉州府志之郭賡武不僅屬小同鄉，且係會
> 選同榜。而郭又係名宦、人物二志之主修者。商霖既屬父子進士，
> 此在科舉時代，不但是書香門第，抑且為地方之盛事與榮耀，賡
> 武以年世伯及郡志主修隻雙重身分，對王克捷家世知之甚稔不難
> 想像得出。……故就籍貫而論，王克捷並非臺灣人，縱使寄居甚
> 或落籍，亦是雙重籍貫，苟謂之為臺灣府所屬儒學生員中登禮闈
> 之始者則可，謂之開臺進士則不可。」[31]

　　繼王克捷之後而登甲科者為乾隆 31 年（1766）丙戌科莊文進，謝
文既否定王克捷「開臺進士」頭銜，於鄭用錫部分，更是以時間太慢，
直接否定之。他說：

> 「夫以鄭氏於道光三年癸未登禮闈，而臺籍人士最早入會選者，
> 實在乾隆三十一年丙戌，惟其如此，故不能以『開臺進士』名鄭
> 氏，實不待言而明也。」[32]

對於《淡水廳志》所載，鄭氏家廟實物之存，毫無考辨。蓋其「開臺進
士」之屬莊文進，已經先有定見。

　　最後是謝文認知的「開臺進士」莊文進，所持理由是：

> 「陳夢球成進士之時間雖早，但非臺籍。此外，王克捷成進士之
> 時間與學籍雖均相吻合，而泉州府志已確定其為泉州人。鄭用錫
> 學籍、籍貫固無問題，而入會選之時間又太晚。今綜時間、學籍、
> 籍貫三者言之，惟獨莊文進相吻合。[33]」

其實謝文的論述，為支持其設定的結果，往往有厚彼薄此之成見。為落

---

31　謝浩《南明暨清領臺灣史考辨》，頁 260，〈開臺進士考〉。
32　謝浩《南明暨清領臺灣史考辨》，頁 262，〈開臺進士考〉。
33　謝浩《南明暨清領臺灣史考辨》，頁 263，〈開臺進士考〉。

實王克捷為晉江人，僅引《泉州府志》的「商霖子，晉江人」，便逕指王是晉江人，或雙重籍貫。鄭用錫情形非常類似，《金門志》視鄭氏為金門人，選舉表之「進士」、「舉人」均列其名，其他金門碑刻、捐款都有鄭氏之名。「舉人表」甚至說：「（鄭用錫）隨父移住淡水。子如松，舉人。以後不錄）。」[34]顯然鄭用錫是出生金門，登科後仍往來臺、金兩地，相同的情形，王克捷被認定是晉江人，或雙重籍貫，而鄭用錫則是「學籍、籍貫固無問題」，按超過一定的年限，的確無問題，但應有所著墨。

　　再說莊文進其人，臺灣文獻浩瀚如海，除舊志選舉表之外，毫無事蹟流傳，宛如人間蒸發。推測其原因，不外乎清代甚為流行的冒籍、虛設戶籍問題。籍貫設於鳳山，旨在參加科舉考試，取得功名之後，便與臺灣斷絕關係。莊的情形與王克捷幾乎類似，後者因有《泉州府志》攀關係，載入其父之名，乃被歸為晉江人。莊文進的登科，恰在《泉州府志》修成之後，無此榮幸；雖然《重纂福建通志》所載，「對莊之籍貫，除『臺灣鳳山』外，別無其他府縣之記載。福建省其他方志進士年表亦無『莊文進』其人，可證莊文進確無雙重籍貫。[35]」（語見謝文）其實《重纂福建通志》成書，歷經多次續纂，莊文進與主事者毫無關係，故未特別標示其父或原籍，但並不能據此認定他「無雙重籍貫」。

　　謝浩提出鳳山進士莊文進才是「開臺進士」，先發表於文獻期刊，再結集收入《南明與清領臺灣史考辨》一書，惟並無太大的影響。不過後來謝氏奉調臺灣省文獻會擔任委員，其參與《臺灣開發史話》撰寫，其中文教科舉篇章，應出自謝氏之手，特別是「開臺進士」不再沿用《臺灣省通志》的王克捷為「臺人登禮闈之始」舊說，改採莊文進說，略謂：

　　　「道光年間，鄭用錫為中北部臺灣的頭一位進士。」[36]
　　　「道光八年，另增粵籍一名。至此共有四名，參加會試滿十名時另

34　林焜熿纂修、林豪續修《金門志》（臺北：臺灣銀行經濟研究室，1960），頁 179，選舉表/舉人。
35　謝浩《南明暨清領臺灣史考辨》，頁 262，〈開臺進士考〉。
36　臺灣省文獻委員會《臺灣開發史話》（臺中：臺灣省文獻委員會 1985），頁 66。

編新字號，額中進士一名。鳳山蘇莪為開臺舉人，莊文進為開臺進士，時在乾隆三十一年，曾維楨則為開臺翰林，時道光六年。」[37]

畢竟王、鄭為開臺進士之說，根深蒂固，很難撼動，汪文進說並未受到學界支持。

## 五、從冒籍問題看「開臺進士」諸說

科舉考試，為晉身仕途的階梯，由於僧多粥少，自古以來便競爭激烈。也因此衍生層出不窮的科場弊案。從考場舞弊、槍手代考，到買通考官、上司關說等等，技巧翻新，無所不在，這些都屬違法、干禁的做法，弊案一旦爆發，必定斷送前程。於是遊走法律邊緣的冒籍，乃至虛設戶籍，便成了科舉考試的一大隱憂，尤其臺灣移民多來自漳泉，口音相同，此一問題愈加嚴重。

查閱臺灣各府、縣舊志選舉表，存在著許多陌生的科舉人物，在臺灣幾乎沒有其他文獻可稽，原因無他，就是閩人設籍臺灣之故。文風不振地區，機會較多，此一問題亦愈加明顯。以乾隆 28 年（1763）調任鳳山縣儒學教諭的朱仕玠所見為例，問題之嚴重可見一斑。他說：

「康熙三十七年，總督郭世隆奏准撤去另號，通省一體勻中。以後三十一年，鄉試十二科，臺地無獲雋者。雍正七年，巡察臺灣御史夏之芳奏准臺灣貢監生員，仍照舊例另編字號，於閩省中額內取中一名。雍正十三年，巡撫盧焯奏准於本省解額外，不論何經，加增中額一名。乾隆元年，巡撫盧焯奏准恩科福建加中三十名內，臺灣於原額外加中一名。但臺地冒籍者多，中式多非土著。予查臺灣自乾隆癸酉至壬午凡五科，共額中十名內，惟癸酉科中式謝居仁一名係鳳山人，餘俱屬內地。」[38]

冒籍情形，非常嚴重，幾乎形成慣例。

---

37 臺灣省文獻委員會《臺灣開發史話》，頁78，〈清代臺灣之科舉〉。
38 朱仕玠《小琉球漫誌》，頁51，海東賸語（上）/額定鄉試中式。

　　朱仕玠既任官學署，發現臺灣考取舉人者，「冒籍者多，中式多非土著。」情形嚴重，他查閱了最近五科案卷資料，赫然發現「共額中十名內，惟癸酉科中式謝居仁一名係鳳山人，餘俱屬內地。」依據朱仕玠所言，再檢視這五科全部中式榜單：

> 乾隆十八年（癸酉）駱天衢榜：臺灣府鳳山謝其仁、諸羅王克捷（晉江人，商霖子。丁丑進士）。
> 乾隆二十一年（丙子）楊鳳騰榜：臺灣府穆帝賚、鳳山莊文進（丙戌進士）。
> 乾隆二十四年（己卯）孟然超榜：臺灣府楊對時、彰化白紫雲（安溪人）。
> 乾隆二十五年（庚辰）恩科張克綏榜：臺灣府張源仁（晉江人）、施延封（晉江人。和平教諭）。
> 乾隆二十七年（壬午）賴濤榜：臺灣府臺灣縣張源德（見晉江「孝義傳」）、蔡霞舉。[39]

以上十名舉人，只有鳳山謝其仁為土著，其他都是冒籍應考者。很不幸諸羅王克捷、鳳山莊文進兩人，雙雙榜上有名。

　　如此考風敗壞，朱仕玠任官的當年（即乾隆28年），巡臺滿御史永慶、漢御史李宜青至臺，臺地紳士以額中虛冒其名，聯名進詞，願撤去另號，一體勻中。二巡臺御史不允所請，但面諭道、府、縣嚴禁冒籍，其源既清，則其弊自止。[40]次年，李宜青返朝覆命，便針對冒籍問題，向朝廷提出建言：

> 「考校首嚴冒籍及鎗手頂替等弊，爰設立廩保童生互結，法至詳也。臺灣四縣應試多福、興、漳、泉四府之人，稍通文墨，不得本籍，則指同姓在臺居住者認為弟侄，公然赴考。教官不及問，廩保互結不暇詳，至竊取一衿，輒褰裳以歸。是按名為臺之士，實則臺地無其人。臣於上月抵臺，以文觀風，四縣生員只八十餘卷，詢之該處官吏，據稱俱在內地。夫庠序之設，凡以宏獎風教，

---

39 蔣師轍等《臺灣通志》，頁396，選舉/舉人。
40 朱仕玠《小琉球漫誌誌》，頁51，海東賸語（上）/額定鄉試中式。

使居其上者知所向方。今臺屬南北二路，廣袤一千數百餘里，計其莊戶，不下數萬，而博士弟子員寥寥不少概見，皆內地竄名之所致也。查臺地考試，從前具有明禁，非生長臺地者不得隸於臺學。聖朝作養邊陲之至意，人所共見。又定例入籍二十年亦無原籍可歸者，方准於寄籍考試。今四府人士，其本籍不患無可以應試之處，而遠涉重洋，或兩地重考，抑頂名混充，覬功令而竊榮名，莫此為甚。請將內地冒籍臺屬各該學文武生員，照冒籍北闈中式之例，悉改歸本籍。仍請飭下該督撫飭行兼管提督學政之臺灣道，嗣後府縣試及該道考試，應作何設法稽查，識認精細，其廩保等不敢通同徇隱及受賄等弊，則海邦皆鄒魯，而作人之化無遠勿屆矣。」

李宜青奏言交戶部議奏，戶部乃擬具興革意見，略稱：「茲據該御史奏稱：臺灣四縣多福、興、泉、漳之人，指同姓在臺居住者認為弟姪，公然赴考；是立法非不嚴密，而日久漸至廢弛。應如該御史所請，敕下該督撫及臺灣道轉飭地方官查明的係入籍二十年以上並無原籍可歸者方准考試，如有冒籍赴考者，除將本童及廩保照例治罪外，地方官一併查參議處。至現在已經冒籍入學各生，亦應照乾隆二十一年清查順天冒籍之例，勒限一年改歸原籍。」並於乾隆 29 年十一月初八日奉旨：「依議」[41]，使冒籍問題暫時有所改善。

臺灣冒籍問題，自清初便已存在，朝廷亦有相關杜絕措施，誠如戶部議覆所言：「是立法非不嚴密，而日久漸至廢弛」。雍正 5 年（1727），清廷特頒諭旨：「凡前冒進茲洋者，改歸原籍。嗣後必生長臺地及眷室有憑者，方得與試」。日久形同具文，收效不大。乾隆 20 年，再重申前令，由臺灣學政穆齊圖轉飭各縣立碑示禁，目前尚存諸羅縣之「嚴禁冒籍應考條例碑記」，諸羅知縣徐德峻也不得不承認：「臺地土著者少，流寓者多，冒籍之弊，致難稽察。」[42]其實此次嚴禁，仍未能收效，朱仕

---

41 臺灣銀行經濟研究室（編）《福建通志臺灣府》，頁 8-10，詔諭。錄自《重纂福建通志》卷首之四/乾隆二十九年遵旨議奏臺灣冒籍。

42 臺灣銀行經濟研究室（編）《臺灣南部碑文集成》（臺北：臺灣銀行經濟研究室，1966），頁 384，乙、示諭/嚴禁冒籍應考條例碑記。

珧所稱五科十名，除乾隆 18 年癸酉科有諸羅王克捷冒籍之外，以次乾隆 21 年丙子科、24 年己卯科、25 年庚辰恩科、27 年壬午科共四科八名舉人，全屬冒籍，包括鳳山的莊文進。

　　回顧清初的冒籍史事，再逐一檢視每個「開臺進士」，陳夢球籍正白旗，史實明確，可不置論外。其他不妨仍沿用謝浩考辨三標準，即時間、學籍、籍貫三者予以論斷。王克捷因有《重纂福建通志》、《泉州府志》等「晉江人，商霖子」記載，是泉州人，因此依據謝浩說法：「王克捷並非臺灣人，縱使寄居甚或落籍，亦是雙重籍貫」，可以排除「開臺進士」頭銜。

　　至於謝浩強調的莊文進，「別無其他府縣之記載。福建省其他方志進士年表亦無『莊文進』其人，可證莊文進卻無雙重籍貫。」與三標準相吻合，才是真正的「開臺進士」。然以乾隆 28 年鳳山教諭朱仕珧檢視前五科所見事實，王克捷、莊文進都屬冒籍應考，臺灣方志未見兩人其他事蹟，其故在此。朱仕珧身為學官，且以當時人記當時事，必然可信。王克捷既是冒籍，莊文進情形相同，當然也是冒籍，也可依同一標準排除於「開臺進士」之外。

　　最後是臺人眼中的「開臺進士」鄭用錫，謝浩說他「學籍、籍貫固無問題」，只因時間慢於莊文進，謝文力主莊為「開臺進士」，乃以時間晚於莊，「故不能以『開臺進士』名鄭氏」，將鄭用錫除名。今據朱仕珧史料，王克捷與莊文進之考取臺灣舉人都屬冒籍。依據上引清廷處理冒籍方式是「現在已經冒籍入學各生，亦應照乾隆二十一年清查順天冒籍之例，勒限一年改歸原籍。」現有入學各生勒限改歸原籍，對於已考取舉人者雖未見追究，如依此一「改歸原籍」精神，嚴格而論，不得算是臺籍進士。鄭用錫幼隨父來臺，入學彰化，後改歸淡水中式舉人，不僅符合入籍年限，且定居臺地，衍為巨族，臺人認定為「開臺進士」，並無任何不妥。

# 六、結論

清代的王克捷高中進士，掛匾慈鳳宮，頭銜自署「丁丑科開臺進士」，首開臺地「開臺進士」之例。道光初，竹塹鄭用錫再考取進士，初僅稱「開淡進士」，後《淡水廳志》始稱「開臺進士」，鄭家亦自製執事牌「開臺黃甲」。鑒於在此之前，已有諸羅王克捷得此殊榮，自是解說分歧，或言係使用臺字號保障名額而考中，亦有主張鄭氏從受學、入學到考取進士整個過程都在臺灣完成，故有此尊號。前說實則臺字號保障名額，尚屬議而未決，並未實施，絕不可信。後說則臺灣銀行經濟研究室選編鄭集，所言「臺灣土著之登甲科者自君」，適足作為詮釋。

六十年代前後，學界先後有主張陳夢球、莊文進為「開臺進士」者，陳夢球入清歸旗籍，此說自然經不起考驗。晚出的莊文進說，力駁王克捷為晉江人，屬雙重籍貫，且以莊登科於乾隆 31 年，籍貫毫無問題，尚早於鄭用錫，於是推翻舊說，其影響且反映在省文獻會編印的《臺灣開發史話》。其影響力不大，聊備一格而已。

「開臺進士」爭議至今多年，論者多諸說並陳，難有突破。本文據乾隆中葉鳳山教諭朱仕玠所言，乾隆癸酉、丙子、己卯、庚辰（恩）、壬午等科，臺灣中式舉人十名，除鳳山謝其仁外，悉為冒籍，王克捷、莊文進恰在冒籍名單之內，證以王、莊事蹟不見於臺灣文獻，即屬冒籍之故。清廷處理冒籍，必須勒限回歸原籍。王、莊既中進士，清廷未深究，亦無學籍可返，選舉表之臺籍固無法改變，而「開臺進士」之稱可廢。總之，鄭用錫之「開臺黃甲」，始自清代，文獻原原本本，實至名歸，不須再作其他曲意解釋。值以進士為中心的「科舉制度在臺灣」特展在臺展出，爰草此釐清王、莊二說之謬，還給鄭用錫「開臺進士」歷史定位。

# 參考書目

## （1）圖書

余文儀《續修臺灣府志》，臺北：臺灣銀行經濟研究室，1962。

魯鼎梅、王必昌《重修臺灣縣志》，臺北：臺灣銀行經濟研究室，1961。

王瑛曾《重修鳳山縣志》，臺北：臺灣銀行經濟研究室，1962。

朱仕玠《小琉球漫誌》，臺北：臺灣銀行經濟研究室，1957。

謝金鑾、鄭兼才《續修臺灣縣志》，臺北：臺灣銀行經濟研究室，1962。

臺灣銀行經濟研究室（編）《清一統志臺灣府》，臺北：臺灣銀行經濟研究室，1960。

周璽《彰化縣志》，臺北：臺灣銀行經濟研究室，1962。

林焜熿纂修、林豪續修《金門志》，臺北：臺灣銀行經濟研究室，1960。

臺灣銀行經濟研究室（編）《淡水廳築城案卷》，臺北：臺灣銀行經濟研究室，1963。

陳培桂《淡水廳志》，臺北：臺灣銀行經濟研究室，1959。

鄭用錫《北郭園詩鈔》，臺北：臺灣銀行經濟研究室，1959。

臺灣銀行經濟研究室（編）《福建通志臺灣府》，臺北：臺灣銀行經濟研究室，1960。

丁紹儀著《東瀛識略》，臺北：臺灣銀行經濟研究室，1957。

連橫《臺灣通史》，臺北：臺灣銀行經濟研究室，1962

鄭毓臣編輯、林衡道重刊《影本浯江鄭氏家乘》，臺中：臺灣省文獻委員會，1978。

臺灣銀行經濟研究室（編）《臺灣南部碑文集成》，臺北：臺灣銀行經濟研究室，1966。

謝浩《南明暨清領臺灣史考辨》，臺北：作者自印，1976。

臺灣省文獻委員會《臺灣開發史話》，臺中：臺灣省文獻委員會，1985。

鄭喜夫、莊世宗（編）《光復以前臺灣匾額輯錄》，臺中：臺灣省文獻委員會，1988。

（2）網路資料

臺灣記憶「臺灣人物小傳」王克捷條：

http://memory.ncl.edu.tw/tm_cgi/hypage.cgi?HYPAGE=toolbox_figure_det
ail.hpg&project_id=twpeop&dtd_id=15&subject_name=%E8%87%BA%E
7%81%A3%E4%BA%BA%E7%89%A9%E8%AA%8C （ 1895-1945 ）
&subject_url=toolbox_figure.hpg&xml_id=0000008350&who=%E7%8E%
8B%E5%85%8B%E6%8D%B7

福建「德化網」（古今人物－科場才俊王必昌）

http://www.dehua.net/intro/2005/04/22570_1.shtm

# 金門科舉與臺灣

## 摘要

　　金門自宋代以來，科甲鼎盛，至明朝嘉靖、萬曆之間，達到顛峰，乃有：「戊子一科而聯捷者五姓，浯洲一地而並雋者七人。」之美談。清代福建沿海四島，分別號稱富貴貧賤，金門獨以貴稱，實與科舉考試關係密不可分。宋淳化 3 年壬辰科進士陳綱（陽翟人），開金門甲科之先，亦同安登第之始。此後科甲綿延，以迄有清之世。明清之際，金門移民陸續東渡，並循序參與臺灣科舉，但初期輒牽涉到設籍問題，多徘徊在寄籍與冒籍之間。康熙至乾隆初年，臺灣的科舉，盡是閩南士子天下，金門籍人士雖也參與其中，但在甲乙兩榜，完全落空，只有十人考取貢生。乾隆中葉之後，臺灣雷厲風行整頓科場弊端，冒籍不易。金門籍儒生在臺應試，只能走合法途徑，亦即入籍與寄籍。道光年間，竹塹鄭用錫、澎湖蔡廷蘭雙雙登進士第，兩人都原籍金門，恰是此一歷史背景的典型。蔡廷蘭為蔡氏入澎第五代，鄭用錫出生金門，幼年隨父遷臺，兩人籍貫問題懸殊，故《金門志》選舉表視蔡廷蘭為澎湖人，選舉表不列其名。於竹塹鄭家則視鄭用錫、鄭用鑑為金門籍，鄭用錫子舉人鄭如松不入表，僅附見乃父名下。金門本土科舉人物，乙科舉人以下，出路不易，紛紛往廈門、臺灣發展。多從事幕僚及教育工作，發展較易，其中呂世宜、林豪名氣最大。

**關鍵詞：金門科舉、冒籍、鄭用錫、呂世宜、林豪**

# 一、前言

　　福建海岸線曲折，多島嶼。其中與臺灣本島關係最密切者，有所謂「閩海四島」，包括金門、廈門、海壇、澎湖。澎湖與臺灣唇齒相依，明鄭以來，都隸屬臺灣行政區，關係固不待言。海壇因清代有「海壇鎮總兵」編制，加以臺灣民變頻仍，故與臺灣關係，主要是在軍事方面。金門、廈門舊隸泉州之同安縣，為臺灣閩籍移民重要原鄉之一，因此與臺灣的交流，遍及許多層面，科舉與文教是其中較著者。

　　清末林豪修《澎湖廳志》，曾論之曰：「閩海四島：金門、廈門、海壇、澎湖，舊有富貴貧賤之分。謂廈門富、金門貴，而澎湖獨以貧稱也。」[1]廈門自古「為商務輻輳之區，儼然一大都會。[2]」其地之富，可得而知。至於金門以貴著稱，必然與出任官職有關。過去洪受家族所居的西洪曾流傳有：「人丁不滿百，京官三十六。」亟言西洪人物之盛，現今多移作整個金門之寫照。

　　出任官職，踏入仕途，雖文武殊途，歷代對於選拔、任用及考核等都有相關制度，而以「選舉」二字概括之。方志中多列「選舉志」一門，臚列科目、鄉貢以及封蔭等，因封蔭畢竟極為少數，只是聊備一格，以是「選舉志」幾乎等同科舉之專志，實際上選舉與科舉兩者意義並不盡相同，選舉範疇更廣，科舉只是選舉的一個環節。金門之貴，與歷代「選舉」關係密切，尤其是科舉考試。北宋淳化 3 年（992）王辰科進士陳綱（陽翟人），不僅在金門甲科拔得頭籌，亦為宋代同安登第之始。[3]此後科甲蟬聯，至明朝嘉靖、萬曆之間，達到顛峰，乾隆《同安縣志》說：

　　「嘗考前明嘉萬時，戊子一科而聯捷者五姓，浯洲一地而並雋者七人。[4]」

---

[1]　林豪《澎湖廳志》（臺北：臺灣銀行經濟研究室，1963），頁 383，舊事/叢談。

[2]　林學增主修、吳錫璜纂輯《同安縣志》（臺北：成文出版社，1967），頁 41，疆域沿革。

[3]　林焜熿纂修、林豪續修《金門志》（臺北：臺灣銀行經濟研究室，1960），頁 235，人物列傳（二）/宦績/陳綱、顏五郎、彭用乾。

[4]　林學增主修、吳錫璜纂輯《同安縣志》，頁 1351，舊志小引。

　　惟嘉萬之間無戊子一科，似為隆慶 2 年（1568）戊辰科之誤，該科同安籍考取五名進士，依序為洪邦光、李文簡、葉明元、莊有臨及蔡貴易五人，姓氏不同，符合五姓之說，此指同安閤邑而言，與金門關係不大。其次，「浯洲一地而並雋者七人」，浯洲即金門，所言「並雋者七人」，似概括嘉萬之間，非專指某科，證以《金門志》，甲科人數又不止七人，無論如何，金門科甲之盛，與其以貴著稱乃互為表裏。

　　永曆 4 年（1650）8 月，延平郡王鄭成功初駐金門。14 年（1660）6 月北征敗回，駐後埔。15 年（1661），鄭成功開府臺灣，簪纓畢集。三年後，前浙江巡撫盧若騰入澎湖，以及兄弟舉人張灝、張瀛亦東渡，首開金門科舉人物接觸臺灣之例。若騰字閑之，一字海運，號牧洲；福建同安金門島賢聚人。明崇禎 9 年（1636）舉人，13 年（1640）進士；御試召對稱旨，授兵部主事，旋陞本部郎中兼總京衛武學。後外遷浙江布政使司左參議，分司寧紹巡海兵備道；在任遺愛於民，士民建祠以奉，有「盧菩薩」之稱。福王立，召為僉都御史；唐王立，授以都察院右副都御史，巡撫溫、處、寧、臺，後加兵部尚書。清軍南下，若騰守平陽，力戰中矢，遇水師救出。聞閩變，痛憤赴水，為同官拯起。尋潛入澥州，輾轉入閩海，偕王忠孝、諸葛倬、沈宸荃、曾櫻、許吉景、辜朝薦、徐孚遠、郭貞一、紀許國、沈光文等居浯洲嶼，自號「留菴」。永曆 18 年（1664），與沈佺期、許吉景東渡，寓澎湖，病卒，年六十六，遺命題其墓曰「自許先生」。[5] 張灝，字為三，大嶝人；巡撫張廷拱長子，萬曆 46 年（1618）順天舉人。唐王時，任兵部職方司郎中；永曆 34 年（1680），自廈隱於臺。鄭氏亡，回金至澎湖卒，年九十五。弟張瀛，字洽五；崇禎 15 年（1642）順天舉人。唐王召為工部司務廳，從張灝渡臺，居一載卒，年八十四。[6]

　　鄭克塽之世，即永曆 36 年（1682）春，因「北番亂，新港、竹塹等社應之。」鄭克塽「命左協理陳絳帥師討，諸番皆竄。」金門籍的王

---

5　盧若騰《島噫詩》（臺北：臺灣銀行經濟研究室，1968），頁 1，弁言。

6　林焜熿纂修、林豪續修《金門志》，頁 225，人物列傳（一）/隱逸/張灝（弟張瀛），轉引臺灣府縣舊志。

世傑以運餉有功。「師旋,許其開墾。[7]」康熙末年,清廷對臺政策漸次開放,王世傑兩度返鄉,帶侄孫與鄉親約一百多人回到竹塹拓墾農地,興修水利,奠定漢人在竹塹地區的基礎[8],也成為竹塹地區重要業主。過此之後,臺灣北中南地區的土地拓墾,愈加蓬勃發展,金門移民亦與之俱來,並循著地區發展程序,參與臺灣的科舉考試。

　　金門籍移民入臺,為了參加科舉考試,牽涉到設籍問題。經歷父祖數代,土生土長,自無任何疑義。其餘移民則多徘徊在寄籍與冒籍之間,也產生不少金門籍科舉人物。而金門本土科舉人物,乙科的舉人以下,出路不易,紛紛往外發展,相同語言及同屬同安縣轄的廈門,可能是首選,其次,就屬移民的新樂園-臺灣。多從事幕僚及教育工作,與平生所習舉子業相關,駕輕就熟。此外,兩者更有機會接觸重要官紳,於往後發展均有關鍵性影響。本文即試從清初金門籍人士在臺應考獲雋諸例,以及金門本土科舉人物東渡發展,分別略予淺探,敬請讀者不吝賜教!

## 二、冒籍風氣下的金門科貢

　　明鄭時代,臺灣首設儒學,因與同時的清政府是兩個不同政權,尚無學籍問題。清初的臺灣,新置臺灣府及臺灣、鳳山、諸羅三縣,隸屬福建,併入清朝科舉體系。康熙年間,臺灣讀書人少,戶籍上仍留有模糊空間,以致福建漳、泉、興、福各府儒生紛紛在臺冒籍應考,學官亦未嚴格取締,致使臺灣成了閩籍失意考生的另一條生路。

　　清初臺灣的冒籍問題,有其時代背景,因此雍正年間,清廷為了整頓考試弊端,採取自首從寬的歸籍措施:

　　　「雍正五年議准:臺灣歲、科兩試,飭令該地方官查明現住臺地置有田產入籍既定之人,取具鄉里結狀,方許送考。如有冒籍臺

---

[7] 連橫《臺灣通史》(臺北:臺灣銀行經濟研究室,1962),頁799,列傳三/王世傑列傳。

[8] 黃振良、陳炳容《前人的足跡-金門的古蹟與先賢》(金門:金門縣文化局,2009),頁147-157,〈竹塹墾首王世傑〉。

地入學者察出，將該地方官題參議處，本童照冒籍例治罪。至從
前已經冒籍進學之文武諸生，限兩月內具呈自首；該地方官會同
教官逐一查明，俱令改歸原籍考試。如過期不行呈首，一經發覺，
黜革治罪。」

「八年議准：福建省各郡、縣冒籍生員，照臺灣改歸之例，該地
方官會同教官以部文到日，限兩月內許其自首，改歸原籍，以便
就近稽察。過期不首，黜革治罪。其廩、增改歸者，俱改為候廩、
候增；俟改歸後考居優等，准其與原籍諸生一體按名次幫補，仍
照原食餼年分挨次出貢。[9]」

　　雍正5、8兩年的兩次「議准」，重點在對於過去冒籍考中者的解套，
雖也重申「飭令該地方官查明現住臺地置有田產入籍既定之人，取具鄰
里結狀，方許送考。」的規定，畢竟積習已久，幾乎毫無效果，因此直
到乾隆中葉，臺灣仍是冒籍者的天堂。誠如朱仕玠之言：

「但臺地冒籍者多，中式多非土著。予查臺灣自乾隆癸酉至壬午
凡五科，共額中十名內，惟癸酉科中式謝居仁一名係鳳山人，餘
俱屬內地。乾隆二十八年，巡臺滿御史永公慶、漢御史李公宜青
至臺，臺地紳士以額中虛冒其名，聯名進詞，願撤去另號，一體
勻中。二巡臺不允所請，但面諭道、府、縣嚴禁冒籍，其源既清，
則其弊自止。[10]」

　　所稱乾隆28年巡臺滿御史永慶、漢御史李宜青至臺，曾「面諭道、
府、縣嚴禁冒籍」，此固然是事實，但是後透過奏摺及諭旨批示，才是
扭轉臺地冒籍問題的關鍵，而且與滿御史永慶無關，乃漢御史李宜青獨
自「條陳臺灣事宜」，顯然兩人觀點不同。此摺包括彰化縣水沙連官莊、
商船承運米穀陋規、考校冒籍及鎗手頂替、臺灣文武員弁調補等弊，因
未滿漢會銜，不符體制，李宜青先遭「傳旨申飭」，不過乾隆仍認為「所

[9] 臺灣銀行經濟研究室（編）《清會典臺灣事例》（臺北：臺灣銀行經濟研究室，1966），頁
98-99，（一）禮部（上）/學校/生童戶籍。

[10] 朱仕玠《小琉球漫誌》（臺北：臺灣銀行經濟研究室，1957），頁51，海東賸語（上）/額
定鄉試中式。

奏各條，亦不必以人廢言，仍著交部議奏」，此為臺灣考試制度除弊的重大轉折。以下是戶部遵旨議奏的冒籍問題解決方案：

「奏稱：考校首嚴冒籍及鎗手頂替等弊，原設立廩保童生互結，法至詳也。臺灣四縣，應試多福、興、漳、泉四府之人，稍通文墨，不得志本籍，則指同姓在臺居住者認為弟姪，公然赴考。教官不及問，廩保互結不暇詳，至竊取一衿，輒褰裳以歸。是按名為臺之士，實則臺地無其人。臣於上年抵臺，行文觀風，四縣生員只八十餘卷。詢之該處官吏，據稱俱在內地。夫庠序之設，凡以宏獎風教，使居其土者知所向方。今臺屬南北二路，廣袤一千數百餘里，計其莊戶，不下數萬，而博士弟子員，寥寥不少概見，則皆內地竄名之所致也。查臺地考試，從前具有明禁，非生長臺地者不得隸於臺學。聖朝作養邊陲之至意，人所共見。又定例入籍二十年亦無原籍可歸者，方准予寄籍考試。今四府人士，其本籍不患無可以應試之處，而遠涉重洋，或兩地重考，抑頂名混充，藐功令而竊榮名，莫此為甚。請將內地冒籍臺屬各該學文武生員照冒籍北闈中式之例，悉改歸本籍。仍請敕下督撫，飭行兼管提督學政之臺灣道，嗣後府縣試及該道考試，應作何設法稽查，識認精細，其廩保等不敢通同徇隱及受賄等弊，斯則海邦皆鄒魯，而作人之化無遠勿屆矣等語。查全書內載，臺灣向因新闢，讀書者少，多係泉、漳各處冒籍。今臺灣文風日盛，何必借才異郡？嗣後歲科兩試，飭令該地方官查明現住臺地有田有產、入籍既定之人，取其鄰里結狀，方准送考；如有冒籍臺地入學者，將該地方官題參議處，本童照冒籍例治罪等語。茲據該御史奏稱，臺灣四縣，多福、興、泉、漳之人，指同姓在臺居住者認為弟姪，公然赴考。是立法非不嚴密，而日久漸至廢弛。應如該御史所請，敕下該督撫及臺灣道轉飭地方官查明的係入籍二十年以上，並無原籍可歸者，方准考試；如有冒籍赴考者，除將本童及廩保照例治罪外，地方官一併查參議處。至現在已經冒籍入學各生，亦應照乾隆二十一年清查順天冒籍之例，勒限一年，改歸原籍。如地方官奉行不力，該督撫即行指明參處。」[11]

---

[11] 臺灣銀行經濟研究室（編）《臺案彙錄丙集》（臺北：臺灣銀行經濟研究室，1963），頁 314-320，

　　誠如戶部覆奏所稱：「是立法非不嚴密，而日久漸至廢弛」，立法不是問題，能否執行更為重要。朱仕玠於乾隆 29 年（1764）來任鳳山教諭，所著《小琉球漫誌》有云；「其源既清，則其弊自止。……多士頌之。」[12]顯然已收立竿見影之效。試舉「廣東民人劉麟遊等在臺冒考入學一案」的懲處，可見端倪，依據乾隆 37 年（1772）十月初三日「戶部題本」，冒考案情大致如次：

> 「劉麟遊、黃駰、伍逢捷、馮徽烈，均係粵民。……適乾隆三十二年十二月內，臺郡科試生童，劉麟遊、馮徽烈冒入鳳山縣籍。劉麟遊浼生員劉朝東認保，馮徽烈浼已故生員林魁章認保。伍逢捷冒諸羅縣籍，浼生員張東漢認保。吳明、黃駰入彰化縣籍，浼生員廖新、黃培驊認保。同回粵之梁謨、賴濟、謝榮赴前臺灣道張珽衙門應試，均蒙取進，撥入府學。馮徽烈於三十三年領照往省鄉試，順便回粵，至三十五年九月十七日在籍病故。伍逢捷於三十五年十一月內回至內地。嗣因梁謨在籍與梁逢伍等控爭祖遺嘗租，究出梁謨等偷渡過臺，冒考入學等情，經兩廣總督李侍堯具奏，將梁謨、謝榮、賴濟照越渡緣邊關塞律杖徒。奉部議覆，查明梁謨等入學年分，斥革除名。其同考入學之伍逢捷等，是否係入籍應考之人，與失察偷渡、濫准收考應參各該地方官，均由閩就近詳查明確，分別辦理。」[13]

　　這件冒籍案，由回粵的梁謨與伍逢捷爭祖產官司引發，接著牽扯出「偷渡過臺，冒考入學」等問題，再擴大案情。連累到做保人，以及臺灣知府及鳳山、諸羅、彰化知縣，此外，又涉及偷渡問題，另案辦理廈門失察各官，其中，只有吳明一人無罪，茲表列如次：

| 當事人 | 案情 | 懲處情形 |
|--------|------|----------|
| 吳明 | 經查係在臺生長，墳墓、家族、產業均在臺地，並非冒籍。 | 同保結之生員廖新，應毋庸議。 |

　　戶部「為本部議覆內閣抄出巡臺御史李宜青奏」移會。

[12]　朱仕玠《小琉球漫誌》，頁 51，海東賸語（上）/額定鄉試中式。

[13]　臺灣銀行經濟研究室（編）《臺案彙錄丙集》，頁 214-218，「七一、吏部題本」。

| | | |
|---|---|---|
| 劉麟遊 | 在臺雖有產業，但本身入籍年例不符，且墳墓、家屬俱在內地。 | 非入籍既定之人，與入籍二十年以上之例不符，均訊無偷渡情事，應照冒考例，杖八十，革去衣頂。 |
| 黃駟 | 伊祖在臺耕種，隨父至臺雖已二十餘年，但田產已典與胞叔承管 | 同上 |
| 生員賴欽書 | 保結梁謨、謝榮 | 並無受賄，但冒昧混保，應照冒保例杖八十，革去衣頂。所得各禮銀，照追入官。 |
| 生員劉朝東 | 保結劉麟遊 | 同上 |
| 生員黃培驊 | 保結黃駟 | 同上 |
| 生員張東漢 | 保結伍逢捷 | 同上 |
| 李嗣長 | 頂名冒考 | 俟提到另結 |
| 馮徽烈 | | 在籍病故，經縣現在移取嘉應州印結。所得各禮銀，照追入官。 |
| 生員林魁章 | 送保結賴濟、馮徽烈 | 已經病故，毋庸置議。所得各禮銀，照追入官。 |
| 在廈失察職名 | 梁謨、謝榮、賴濟在廈偷渡過臺失察 | 應俟巡撫查明另參，到日再議。 |
| 前任臺灣縣知縣趙愛 | （照混行收考） | 已經病故，毋庸議。 |
| 前任鳳山縣知縣譚垣 | 照混行收考降一級調用例降一級調用 | 已陞延平後上洋口通判，應照例於現任內降一級調用。有加一級，應銷去加一級。 |
| 前任諸羅縣知縣陶浚 | 同上 | 已經革職，又經捐復候補，應照例於補官日降一級用。俟補官引見之日，該部將此案降級之處聲明請旨。 |
| 前任彰化縣知縣韓琮 | 同上 | 已經俸滿離任，應照例於補官日降一級用。有加一級，應銷去加一級， |
| 前任臺灣府知府鄒應元 | 同上 | 已經革任，奉旨出具考語，送部引見，應照例降一級調用註冊。 |

資料來源：臺灣銀行經濟研究室輯《臺案彙錄丙集》卷六「吏部題本」

　　金門儒生擅於科舉考試，自古而然。康熙朝臺灣初闢，在閩省各府人士入臺應考蔚為潮流的年代，亦不缺席，檢閱《金門志》所載，與臺灣文獻若合符節，茲將康熙至乾隆年間由臺灣各學出身的金門貢生臚列如次：

> 康熙 32 年癸酉：陳逸（古區人。由臺灣學，福安訓導）。
>
> 康熙 34 年乙亥：鄭萼達（《邑志》：金門人。由臺灣學，永福訓導）、許汝舟（後浦人。由諸羅學，壽寧訓導）。
>
> 康熙 36 年丁丑：陳紹美（《邑志》：浯洲人。由臺灣學）、盧賢（賢聚人。由臺灣學）。
>
> 康熙 40 年辛巳：許士驥（後浦人。由臺灣府學）。
>
> 康熙 42 年癸未：方宗偉（烈嶼人。由諸羅學）。
>
> 康熙 51 年壬辰：許岡（後浦人。由臺灣府學。《縣志》作光。泰寧訓導）。
>
> 康熙 52 年癸巳：蔡纘烈（振聲弟。由諸羅學，長樂訓導）。
>
> 乾隆 4 年己未：許元珪（後浦人。由臺灣府學。善詩賦楷法）。[14]

　　以上所列，僅為貢生部分，進士與舉人只有鄭用錫一人，且與清初科舉風氣無關，茲不列，另詳後文。此一時期，臺灣文風未盛，故能吸引漳泉為主的閩籍考生應考，這些考生當中，可能糾雜著冒籍、寄籍問題。《金門志》載臺學貢生十人，中康熙朝九人，乾隆初一人，雖未必全然是冒籍而來，卻也反映康熙年間臺灣讀書人不多實況。

　　冒籍固然非法，但乾隆中葉以前，閩粵許多儒生卻趨之若鶩，上舉劉麟遊一案，只有吳明一人，經查「並非冒籍」，全身而退，其他都遭議處，因此乾隆中葉之後，「寄籍」成了閩粵人士的最佳選項。《清會典事例》載：

> 「乾隆二十九年議准：臺灣四縣多福、興、泉、漳之人，往往指同姓在臺居住者，認為弟姪赴考。嗣後交該督、撫及臺灣道轉飭地方官查明的係入籍二十年以上並無原籍可歸者，方准考試。如

---

[14] 林焜熿纂修、林豪續修《金門志》，頁 182-185，選舉表/貢生/附載貢生。

有冒籍赴考，除將本童及廩保照例治罪外，地方官一併查參議
處。至現在已經冒籍入學各生，照例勒限一年改歸原籍；如地方
官奉行不力，該督、撫指名參處。[15]」

　　證以前述劉麟遊案，發生在乾隆 37 年前後，顯然此時閩粵督、撫
正雷厲風行落實考試制度。

# 三、移民寄籍與登科

　　康熙至乾隆初期，臺灣的科舉考試，充滿著冒籍風氣，乾隆中葉以
後的嚴厲取締，有心科舉的閩粵士子，不得不在法律規範下，選擇安全
的「寄籍」模式。冒籍有風險，卻需時不多，寄籍雖合法，必須長期投
資，以「入籍二十年以上並無原籍可歸者」，如果是從小渡臺，最少是
二十年，始能參與考試。

　　關於寄籍，清代淡水廳籍的吳子光，是眾所熟知的事例，吳子光，
字芸閣，廣東嘉應人。連橫稱其「年十二，畢大小經，始學科舉文。數
試不售，乃渡臺，寄籍淡水。兵備道徐宗幹見其文，頗相期許。同治四
年，舉於鄉。」[16]臺灣兵備道徐宗幹兼提督學政，主持歲科兩試，賞吳
子光之文，終使在原鄉「數試不售」的吳子光，以寄籍身分即輕易取得
生員資格，再考中福建鄉試。因文中未繫渡臺年分，故易滋誤解，以為
吳之寄籍不過數年之間。其實仍難免於「入籍二十年」的規定。

　　「百吉」選輯吳著雜文為《臺灣紀事》，弁言有云：

「臺灣紀事二卷並附錄四，皆吳子光撰。子光字芸閣，生於清嘉
慶二十四年己卯，卒年不詳。原為廣東嘉應州（今梅縣）人，後
移居臺灣。初，子光之祖鳴濬來臺經紀生業，閱十年，積數千金，
囊資歸里，置田宅，遂稱小康。迨子光父讚謨秉家政，以豪爽好
客、喜濟人之困，家道中落；乃於道光間攜子光渡臺謀生，因家

---

[15] 臺灣銀行經濟研究室（編）《清會典臺灣事例》，頁 98，（一）禮部（上）/學校/生童戶籍。
[16] 連橫《臺灣通史》，頁 982，列傳六/流寓列傳/吳子光。

焉。」[17]

吳家在臺已經歷其祖、父兩代經營，絕非一蹴可即。

## （一）祖籍金門的澎湖進士蔡廷蘭

回顧金門移民之入籍臺灣，在科舉上的成就固然首推竹塹鄭氏家族，其次為澎湖雙頭跨（掛）蔡氏家族。但如以入臺而言，則蔡氏早於鄭氏。蔡家來自以科舉著稱的金門瓊林蔡氏。據蔡主賓統計，明清兩代，瓊林共出了進士六人、舉人七人、貢生十五人、秀才八十一人及太學生二十七人，其他還有武將六人。[18]瓊林蔡家始祖為蔡十七郎，傳十七世為新倉三房蔡鳴震，蔡鳴震於明崇禎 17 年（1644）遷澎湖之雙頭跨。再傳五世，即蔡廷蘭[19]。

蔡廷蘭是清代澎湖唯一進士，《澎湖廳志》有傳，首段便說：「蔡廷蘭，字香祖，學者稱秋園先生。父培華，別有傳。廷蘭幼穎異，五歲讀書倍常童，八歲能文，十三補弟子員，屢試輒冠其曹。旋食餼，名藉甚；澎之廉吏蔣鏞尤愛重之。[20]」由此可知蔡廷蘭是個天才型的讀書人。《廳志》說他五歲讀書，背誦超過一般學童好幾倍，八歲便能寫科場應試的八股文，十三歲考上秀才，這實在是很驚人的紀錄[21]。一般來說，志在舉業的學童六歲就學，須經十年寒窗，接受完整科舉教育，再參加歲試、科試，都已十六、七歲了。

由於蔡廷蘭稚齡進學，轟動全臺，後來又考取進士，地方上難免會流傳風水之說，《廳志》蔡培華傳有段記事：

「親既歿，孺慕不衰。有富人出數百金欲附葬母塚，藉術者紿之

---

[17] 吳子光《臺灣紀事》（臺北：臺灣銀行經濟研究室，1959），頁 1，弁言。

[18] 蔡主賓《蔡廷蘭傳》（金門：金門縣文化局，2005），頁 13，第二節〈瓊林蔡氏之榮耀〉。

[19] 蔡主賓《蔡廷蘭傳》，頁 14，第三節〈瓊林蔡氏之榮耀〉。

[20] 林豪《澎湖廳志》，頁 237-238，人物（上）/文學。

[21] 蔡廷蘭十三歲考上秀才，是破天荒，在澎湖更絕無僅有，即使臺灣恐怕也是難得一見，《澎湖廳志》傳記會刻意標榜，其故在此。在日治時期，民間還流傳雙頭掛（今馬公市與仁里）蔡家大門長年貼著一副門聯：「六歲能文澎少有；十齡進學郡週知。」六歲能文，比《廳志》所記早了兩年。十齡進學，可能遷就對聯形式，只是個約數。

日：『而能從吾，當有以報；不然，此地於子且不利！』培華盛
氣曰：『是謂我不丈夫也，吾豈以親墳圖富厚者？』力卻之，窮
益甚。」[22]

意指蔡培華葬母處為風水寶地，富人也想分一杯羹，遭到拒絕。當然在
古早年代，許多人便會聯想到蔡廷蘭的科舉發跡關乎風水，而抹煞其向
學的勤苦。

取進為郡庠生的蔡廷蘭，由於才氣橫溢，「屢試輒冠其曹，旋食餼」，
成了大名鼎鼎的廩膳生，受到澎通判蔣鏞器重。道光 12 年（1832），澎
湖的一場饑荒，賦詩請賑，更因此受知於奉檄勘賑的興泉永道周凱。周
凱抵澎勘賑，蔡廷蘭賦〈請急賑歌六首〉以進，備陳災黎窮困狀，周凱
一見傾心，賦〈撫恤六首答蔡生〉詩以答。[23]

蔡廷蘭因請賑之故，以詩受知於興泉永道周凱，兩人身分極為懸
殊。一是諸生，一是四品道員。對於蔡廷蘭而言，不啻是奇遇，也是科
舉生涯的轉捩點。這段期間，蔡廷蘭恰有臺灣應科試之行，臨別周凱贈
〈送蔡生臺灣小試〉，其一如次：

「海外英才今見之，如君始可與言詩。志高元幹空流輩，文愧昌
黎敢說師！大木定邀宗匠斲（謂平遠山觀察），小疵先把俗情醫。
島中相贈無長物，聊解春裘作饋遺。[24]」

道光 13 年（1833）七月，周凱以興泉永道署臺灣道，十月二十日
卸，留一月，旋回任興泉永道[25]。同年，蔡廷蘭來臺，受業於周氏門下[26]。
依據文獻資料的考察，14 年（1834），蔡廷蘭在臺受聘主講臺灣縣的引
心書院。這時蔡廷蘭尚屬生員身分，得以主講縣級書院，在臺幾乎僅見，
可能與學問受到周凱賞識有密切關係。主講書院，重在教學相長，準備

---

22 蔣鏞《澎湖續編》，頁 29-30，卷上/人物紀/鄉行。
23 蔣鏞《澎湖續編》，頁 127-128，藝文紀/詩/請急賑歌。
24 蔣鏞《澎湖續編》，頁 141-142 藝文紀/詩/送蔡生臺灣小試。
25 鄭喜夫《重修臺灣省通志・職官志》（南投：臺灣省文獻委員會，1991），頁 25，「按察使
銜分巡臺灣兵備道」。
26 蔡主賓《蔡廷蘭傳》，頁 115，附錄〈蔡廷蘭年譜〉。

參加貢生或舉人考試。

科舉考試除了真才實學，還要憑藉著幾分考運，甚至是老天爺的庇佑，蔡廷蘭在參加福建鄉試遭遇颱風，飄流越南，經歷九死一生，最後考取舉人、進士，是臺灣科舉史上奇事。道光 15 年（1835）年秋，蔡廷蘭赴福建鄉試，失利而歸，先抵廈門，再至澎湖探望老母，即赴臺灣，預計約十日可至。不料十二月二日發船之後，在金門海面遭到颱風，船飄流十晝夜，抵越南思義府的菜芹汛，後由陸路返閩，再回到臺灣。這段驚險之旅，前後共四個月，歷經萬餘里，因見聞所及，寫成《海南雜著》一書，記此行之遭遇。關於海難與獲救部分，他說：

> 「移時，媽祖旗飄動（天后，我俗皆稱媽祖），風轉東北，叫嘯怒號，訇哮澎湃，飛沫漫空，淋淋作雨下，濕人頂踵，毛骨生寒，眾相視無顏色。忽然一聲巨浪，撼船頭如崩崖墜石，舟沒入水，半瞬始起，盛蓋木板皆浮（艙面蓋板曰盛蓋），水傾盆瀉艙底矣。余淹仆，自分必死，家弟手一繩，泣令束腰間，強扶掖出船上，俯伏告天乞命。舟人悉嗷啕大慟。余顧謂出海（舟主稱出海）曰：『哭無益，速砍大桅』！桅折墜水中，舟始穩，隨波泛泛若輕鳧。」
> 「逾四、五日，見白鳥飛翔，海水轉淡黑色，又漸轉淡藍，料去山不遠。日將下，遙望浮雲中黑痕隱隱一線，粘水不動，大類山形。明晨霧開，則層巒疊嶂，畢陳目前。離船里許，屹立三小嶼，中有草樹青蒼，嶼邊巨石碻礊，狀俱險惡。舟隨潮曲折流入，辨來帆皆甲板（番船名），梭織不絕。熟視大山口有牆桅簇簇，知為大港，眾皆狂喜，羅跪仰天謝。」[27]

道光 16 年（1836）九月，周凱再署臺灣道，旋於十二月實授。17 年（1837），蔡廷蘭以諸生充該年丁酉科拔貢，同年聯捷為舉人。臺灣知府聘主講臺灣府崇文書院，兼引心、文石兩書院。

同年七月三十日，臺灣道周凱歿於臺灣任內，金廈門下士林樹梅輩議刻《內自訟齋文集》，勸募鳩資助費。蔡廷蘭挺身自任，乃以書臺地同門，包括進士施瓊芳等曰：

---

[27] 蔡廷蘭《海南雜著》（臺北：臺灣銀行經濟研究室，1959），頁 1-2，滄溟紀險。

「吾師素負知人愛士，目今此事宜各盡心力，庶彰吾師之明；豈
可諉之樹梅，使私為己責哉？」

依據刻成的《內自訟齋文集》所列「參訂門人」，共二十二人，排
序如次：

林鶚騰　字薦秋，號晴皋，庚子進士，改翰林庶吉士。
黃元琮　字君琬，號雲圃，戶部浙江司副郎。
吳廷材　字翹松，中書科中書。
蔡廷蘭　字香祖，臺灣舉人。
施龍文　字昭德，臺灣舉人。
葉化成　字東谷，海澄舉人。
呂世宜　字西村，同安舉人。
黃應清　字冰如，臺灣拔貢。
莊中正　字誠甫，平和縣監生。
林樹梅　字瘦雲，同安金門人。
林焜熿　字遜甫，同安廩生。
陳夢三　字南金，同安廩生。
林克家　字心言，臺灣廩生。
王源邃　字深如，嘉義生員。
吳敦仁　字子安，臺灣生員。
吳敦德　字汝修，臺灣生員。
何尚義　字□□，嘉義生員。
黃春華　字□□，嘉義生員。
楊廷球　字介眉，龍溪生員。
張福海　字□□，同安生員。
呂世脩　字子俊，同安生員。
林必瑞　字研香，同安縣監生。[28]

道光 24 年（1844），蔡廷蘭登進士第，以知縣即用分發江西。29
年（1849）四月，補峽江縣。咸豐 2（1852）年七月卸任。充江西鄉試

---

[28] 周凱《內自訟齋文選》（臺北：臺灣銀行經濟研究室，1959），頁 69-70，附錄（二）內自
訟齋文集參訂及校刊者姓氏。

同考官，九月署南昌水利同知，十月卸事。3 年（1853）回峽江任，5年（1855）八月卸事。6 年（1856）九月，又委署豐城縣。9 年三月，在任病故，年僅五十九。蔡廷蘭自補峽江縣起，迄委署豐城縣，前後八年，事蹟僅見《澎湖廳志》，在峽江縣，則清積案，獎善類，月課諸生，助修郡治章山書院，使邑士得就近肄業。在豐城縣，則遭江水暴漲隄壞，捐廉僱夫修築張家嘴、羅家角隄岸。又出貲，募人撈拾屍首數百，安插難民。又土匪焚掠，舉辦團練，屢卻悍寇。以防堵出力，巡撫耆齡保升同知。[29]

## （二）竹塹鄭氏家族科名

臺灣的科舉考試，竹塹鄭氏家族無疑是最大贏家，清代二百餘年間，綜計考取進士一名（鄭用錫）、舉人一名（鄭如松）、拔貢一名（鄭用鑑）、優貢一名（鄭如松）、恩貢一名（鄭如雲）、歲貢二名（鄭用銛、鄭如磻）[30]。鄭家的開臺祖為鄭崇和，原籍金門，其子鄭用錫考取進士，侄鄭用鑑為拔貢生，三人都膺選「鄉賢」，入祀鄉賢祠，一門三鄉賢為臺灣所僅見。鄭氏子孫，人才輩出，為臺灣最著名的科舉家族。

鄭用錫父即鄭崇和。崇和事蹟見《淡水廳志》，說他「籍金門，設教於淡，因家焉。」固然無誤，而《金門志》則有更進一步記載：「鄭崇和，字其德；內洋人。」內洋，舊屬金門十八都，倉湖保[31]；今為金門縣金沙鎮大洋里。依據《浯江鄭氏家乘》記載，鄭懷仁為鄭氏家族一世始祖，二世為依母陳氏渡金的鄭世輝，世輝生子國周、國漢、國晉、國唐、國慶。其中鄭國唐即是鄭崇和之父。鄭家之自金渡臺，是採取攜家帶眷式的集體行動，同由浯江遷居竹塹。其渡臺時間，以鄭崇和「年十九來臺」之說[32]，再參考《鄭氏家乘》所載生辰推算，當為乾隆 39 年（1774）事。

[29] 林豪《澎湖廳志》，頁 238-239，人物（上）/文學。
[30] 鄭鵬雲（編）《浯江鄭氏家乘》，頁 7-10，〈科名錄〉。
[31] 林焜熿纂修、林豪續修《金門志》，頁 19，分域略/都圖。
[32] 連橫《臺灣通史》，頁 966，列傳六/流寓列傳/鄭崇和。

　　鄭崇和共有兄弟四人，依次為崇聰、崇志、崇吉、崇和[33]。鄭崇和早期的「設教於淡」，當在後壠，即今苗栗縣後龍鎮。推測鄭家之移居廳治北門外水田街，應在致富之後。按依《鄭氏家乘》記載，鄭崇和共有四子，長用鍾、次用錫、三文順、四文靜。用鍾本為崇和長兄崇聰三子，過繼給崇和為長子。鄭用鍾以經商起家，累積資財，並與胞弟鄭用鈺聯手投資土地而成鉅富。[34]鄭用鍾既富，諸弟乃能不事生產，專心讀書，踏上科舉之路。二弟鄭用錫高中進士，三弟鄭用錦取進儒學生員，四弟用銛考取歲貢生。因此鄭用鍾的成就，而帶動整個家族蓬勃發展，實為新竹鄭家發展關鍵人物之一。

　　鄭崇和四子中的長子鄭用鍾，是由長兄崇聰三子過房承繼，次子鄭用錫，實際上是實胤的長子。鄭用錫能讀父書，年輕時代，家境已在長兄鄭用鍾的奮鬥之下，成為田產數千畝的素封之家，衣食無虞，從事舉子業，按部就班，參加科舉考試。鄭用錫的科舉之路，極為順暢，先取進彰化縣學為生員，再升為廩生。後隨著學制變化，撥歸淡水廳儒學，中式嘉慶 23 年（1818）戊寅科舉人，再登道光 3 年（1823）癸未科進士。[35]

　　鄭用錫考取進士之後，只取得「歸班在籍候選知縣」職銜[36]，即在原籍排班候選知縣，這種候選方式，如無其他機緣，任官幾乎遙不可及，因竹塹建城之役的貢獻，經閩浙總督孫爾準奏獎，「給予同知職銜」，且明載諭旨[37]，雖未如「欽點」的「老虎班」快捷，倒也開啟鄭用錫踏上京官機緣。鄭用錫的「敘同知銜」算是墊腳石，稍後還有花大筆銀子的「捐輸出力」，得以改為京官職缺[38]。

33 鄭鵬雲（編）《浯江鄭氏家乘》，頁 143-174，〈世系錄〉。

34 鄭鵬雲（編）《浯江鄭氏家乘》，頁 184，〈世系錄〉。侯官張煒（鏡心）所撰〈鄭理亭封翁傳〉。參頁 180-181，〈世系錄〉侯官鄭星駒（杰臣）〈誥贈朝議大夫榮亭公傳〉。

35 周璽《彰化縣志》（臺北：臺灣銀行經濟研究室，1962），頁 234，人物志/選舉/舉人。

36 臺灣銀行經濟研究室（編）《淡水廳築城案卷》（臺北：臺灣銀行經濟研究室，1963），頁 95，淡水同知送捐貲殷戶紳民三代履歷清冊底。

37 臺灣銀行經濟研究室（編）《淡水廳築城案卷》，頁 115-116，福建布政使司札淡水廳之附件。

38 鄭鵬雲（編）《浯江鄭氏家乘》，頁 188-189，〈皇清賜同進士出身鄭君墓誌銘〉。

敘次新竹鄭氏家族，在「用」字輩當中，鄭用鑑亦為出類拔萃人物。鄭用鑑科名只是拔貢生，不及族兄鄭用錫的進士及第。而用鑑接受朝廷褒以「孝廉方正」殊榮，其品端學正，自不待言。且畢生不仕，掌教明志書院三十餘年，允推北臺一大卓爾不群的教育家，實堪大書特書。光緒 16 年（1890）冬，晉江狀元翰林院修撰吳魯為鄭用鑑泥塑像寫下像讚道：

> 「其德則粹，其行尤芳。據經師席，登著作堂。千秋矩矱，萬古綱常。鑄金可事，搏土何妨。先生宛在，瓣蕝心香。[39]」

寥寥數字，綜括鄭用鑑畢生學行，具體而微，的是確論。

乾隆中葉自金門渡臺者，主要包括鄭國周、鄭國唐及鄭國慶及其妻子等家眷。鄭用錫為鄭國唐之孫，鄭用鑑則是鄭國慶之孫，因此用錫與用鑑兩人為從兄弟關係。鄭用鑑品端學正，科名止於拔貢，終生從事教育工作，故其生平事蹟未若乃兄鄭用錫活躍官場，教育之外，較為具體者，大都為地方義舉的參與。用鑑傳記首見《淡水廳志》，而以日治初期之《臺灣通史》最為完備，文云：

> 「用鑑，字明卿，號藻亭，用錫從弟也。道光五年，貢成均。性真摯，重然諾。設塾課徒，以德行為先，文藝為次。及門陳維英輩皆傑出。主明志書院講席垂三十年，誨人諄諄，至老不倦。素樂善，捐修淡水學宮，佐用錫纂志稿。咸豐三年，以籌運津米，加內閣中書銜。同治元年，舉孝廉方正。著《易經圖解易讀》三卷及詩文，未刊。六年卒，年七十有九。光緒二年，福建巡撫丁日昌奏祀鄉賢祠，詔可。[40]」

新竹鄭氏一族，鄭用錫開科第之先聲，且為臺灣甲科之嚆矢。族弟鄭用鑑踵繼其後，於道光 5 年（1825）乙酉科考取拔貢。鄭家財力雄厚，

---

[39] 鄭用鑑著、詹雅能（編）《靜遠堂詩文鈔》（新竹：新竹市文化局，2001），卷首圖版，上款為「恭頌藻亭鄉賢先生像」，下款為「光緒庚寅仲冬中澣賜進士及第翰林院修撰吳魯拜題」。

[40] 連橫《臺灣通史》，頁 968-969，列傳六/鄉賢列傳/鄭用鑑。

加上用錫、用鑑兩人均熱心文教事業，對於族中後進的栽培不遺餘力，故終有清之世，族內經由科舉考試取得生員以上功名者約有三十人之譜。

　　此外，鄭氏家族因財力雄厚，尚有多名因捐資而取得的例監生、例貢生等，其身分仍比照生員、貢生，如通過錄科考試，亦可參加省級的鄉試（舉人考試）。清朝舊制，廳縣儒學的廩生、增生、附生，仍可援例報捐為廩貢、增貢、附貢，新竹鄭家亦有不少因捐資而取得資格的廣義科舉人物，故堪稱是清代臺灣第一科舉家族。茲依據《浯江鄭氏家乘》整理如下附表：

## 竹塹鄭家科舉人物表

| 名目 | 姓名 | 字號 | 科別 | 備註 |
|---|---|---|---|---|
| 進士 | 鄭用錫 | 名蕃，字在中，號祉亭。 | 道光 3 年癸未科 | 崇和次子。殿試三甲，候選知縣。 |
| 舉人 | 鄭用錫 | 名蕃，字在中，號祉亭。 | 嘉慶 23 年戊寅恩科 | 崇和次子。 |
| 舉人 | 鄭如松 | 名德榕，字友生、牖生，號蔭坡。 | 道光 26 年丙午科 | 用錫長子。候選員外郎。 |
| 拔貢 | 鄭用鑑 | 字明卿，號人光。 | 道光 5 年乙酉科 | 崇科長子。詔舉孝廉方正，內閣中書。 |
| 優貢 | 鄭如松 | 名德榕，字友生、牖生，號蔭坡。 | 道光 17 年丁酉科 | 用錫長子 |
| 恩貢 | 鄭如雲 | 名德程，字晴秋，號晴川。 | 同治 13 年甲戌科 | 用銛長子，原籍同安縣。花翎同知銜、候選教諭。 |
| 歲貢 | 鄭用銛 | 名定，字文靜，一字文孚，號穎亭。 | 道光 24 年甲辰科 | 崇和四子。府學。 |
| 歲貢 | 鄭如磻 | 名德溪，字澄波。 | 光緒 20 年甲午科 | 用謨四子 |
| 廩生 | 鄭景南 | 名渭潢，字少坡，別號少岳。 | 咸豐 6 年考取生員，8 年升廩生。 | 如松長子。 |

| 廩生 | 鄭以典 | 名安策，字簡齋，號子方。 | | 如恭三子。後捐資為臺北府儒學廩貢生 |
|---|---|---|---|---|
| 增生 | 鄭如蘭 | 名德桂，字香谷，號芝田。 | | 用錦次子。淡水廳學，後捐資為增貢生。花翎四品銜分部主事。 |
| 增生 | 鄭以庠 | 名安國，號養齋。 | | 如珠次子。後捐資為臺北府儒學增貢生。 |
| 附生 | 鄭用錫 | 名蕃、文衍，字在中，號祉亭。 | | |
| 附生 | 鄭用錦 | 名從、文順，號勤亭，別號春江。 | | 崇和三子，淡水廳儒學。 |
| 附生 | 鄭用銛 | 名定，字文靜，一字文孚，號穎亭。 | | 崇和四子。 |
| 附生 | 鄭用鑑 | 字明卿，號人光。 | | |
| 附生 | 鄭如松 | 名德榕，字友生、牖生，號蔭坡。 | | 用錫長子。府學優貢，藍翎、候選員外郎。 |
| 附生 | 鄭如璧 | 名德珍，字廷瑜，號蒲堂。 | 道光 26 年以前 | 用鑲（文琳）長子。 |
| 附生 | 鄭如筠 | 名德竹，字瞻淇，號裴坡。 | | 用鍾長子。淡水廳庠生。 |
| 附生 | 鄭如升 | 字德麟，石圃。 | | 用鈺次子。 |
| 附生 | 鄭如雲 | 名德程，字晴秋，號晴川。 | | 用銛長子 |
| 附生 | 鄭如淇 | 名德泉，字廉勤，號蒙齋。 | | 用鑑長子。 |
| 附生 | 鄭如珠 | 名磻、德珪，字星躔。 | | 用鑑四子。後捐資為臺北府儒學附貢生 |
| 附生 | 鄭如金 | 名德錢，一名青錢，字荷田。 | | 用鍾四子。臺灣府學庠生。鹽大使。 |
| 附生 | 鄭如磻 | 名德溪，號澄波。 | | 用謨四子 |

| 附生 | 鄭道南 | 名致勝，字雪巖。 | | 如馴長子。後捐資為臺北府儒學附貢生 |
|---|---|---|---|---|
| 附生 | 鄭比南 | 名祖壽，字眉臣。 | | 如梁三子。後捐資為附貢生。 |
| 庠生 | 鄭安次 | 名步梯，字希前。 | | 如恭長子。淡水廳儒學。 |
| 以上共計 28 人（金門籍之同安縣學廩生鄭紀南不計入） | | | | |

資料來源：依據鄭毓臣（編）《影本浯江鄭氏家乘》整理

　　以上竹塹鄭氏科舉人物二十八人，扣除重複，共有二十一人。以鄭崇和、鄭用鍾、鄭用錫、鄭用鑑、鄭用謨、鄭用鈺、鄭如松、鄭如城、鄭如蘭等聲名最著。

# 四、科舉人物往臺發展舉隅

　　金門土地貧瘠，不適合農耕，也促使人才外流，因身分的不同，對外發展途徑也不一致。以清代文武職官而言，兩者都可經由科舉考試，謀得一官半職，但武職在科舉之外，機會更勝於文職，主要是臺灣民變頻仍，即使非武科出身的從軍者，仍可能因戰功卓著，從基層攀升到方面大員，林爽文案的蔡攀龍、蔡牽案的邱良功，以及戴萬生案的林向榮，都是金門籍武職官員的典型。相較之下，文科的發展，則無此幸運。文職可分三階段取得功名，生員、舉人、進士三種科名，與童試、歲試、科試、鄉試、會試、殿試等六階段考試，互為對應。[41]生員階段再經歲試、科試及其他考試，產生歲貢、恩貢、副貢、優貢及拔貢等正途五貢，通過省城鄉試者為舉人，通過會試、殿試者為進士。考取進士，出路寬廣，但畢竟名額極少，舉人通常要經過大挑，始能取得虛銜的知縣、教諭等職，必須搭配其他軍功、捐輸等獎賞。五貢當中真能授職者，為優貢與拔貢，前者是學官，後者則是七品小京官。

　　舉人以下，考試大不易，建功機會又不如武職，如想踏入仕途，捐

---

41　黃光亮《清代科舉制度之研究》（臺北：嘉新水泥公司，1976），頁87，〈鄉試前之考試〉。

資是不錯的捷徑，所捐對象，包括地方公共建設與軍功兩種，這些都非巨大財力莫辦。上述來臺的金門進士鄭用錫在竹塹建城之役，以其「督造功，敘同知銜」；再以「捐輸出力，復改京秩」，終於補缺入京供職。至於文職之敘獎「軍功」，其實等同軍費捐輸，茲舉兩例，一是郭揚華，「副將揚聲弟。臺灣庠生。咸豐 4 年（1854），以平會匪軍功，補湖南武陵縣丞。」[42]郭揚聲為金門後浦人，金門右營行伍出身，從戍臺灣，官至安平副將[43]。郭揚聲武職得意，乃弟揚華再以軍功由庠生補缺。另一例是竹塹鄭氏原鄉的族人鄭紀南，「內洋人。以平戴逆案內，由廩生准用訓導。[44]」軍功的確是基層科名人士出仕的敲門磚，資財之外，畢竟要有其他條件配合。

　　其他不由軍功發展的飽學之士，大抵都從事幕府與教育工作，可能原因有二，一是文章揮灑，得以發揮所學，一是學業不致荒廢，俟機參加科舉。關於遊幕臺灣的金門人物，首推金門籍的林樹梅，他是副將林廷福養子，及長從巡道周凱及玉屏掌教高澍然治古文。此外，更留心講求兵農要政之學，當道光 17 年（1837）曹謹出任鳳山知縣，樹梅得乃師高澍然之薦，佐幕鳳山。曹謹興埤頭水利，完成「曹公圳」，貢獻良多[45]。因樹梅為將門之子，不屑於舉子業，惟來臺入幕，固非由科舉出身，因風氣使然而略及之。

　　其實開清代金門科舉人物來臺遊幕風氣之先的，當推洪心澄，洪字淳思，號印川；後豐港人，《金門志》有傳，「年二十，登康熙丙子舉人，授河南偃師令；丁外艱歸。服除，值臺匪朱一貴竊發，提督施世驃延入幕中，運籌制勝多出其謀。事平，未議敘而卒。[46]」可惜未及議敘而亡。

　　至於清代往臺發展的金門科舉人物，知名度甚高的有兩位，一是林豪，一是呂世宜，兩人都是舉人出身，來臺後同為豪族門客。呂世宜在

[42] 林焜熿纂修、林豪續修《金門志》，頁 200，選舉表/國朝選舉。

[43] 林焜熿纂修、林豪續修《金門志》，頁 283-284，人物列傳（三）/武績/郭揚聲。

[44] 林焜熿纂修、林豪續修《金門志》，頁 200，選舉表/國朝選舉。

[45] 參陳怡霖《臺灣第一循吏曹謹研究》（高雄：作者自印，2016），頁 196-203，第五章〈興築曹公圳〉。

[46] 林焜熿纂修、林豪續修《金門志》，頁 266，人物列傳（二）/宦績/洪心澄。

枋橋林家，林豪在竹塹潛園林家。不同的是發展結果，呂世宜成為「臺灣金石學導師」，或稱「臺灣金石學宗師」[47]，林豪則三度修志，成為「修志專家」[48]。

## （一）臺灣金石學導師呂世宜

清代臺灣枋橋林家的門客，向有「三先生」之稱，而結翰墨緣最早，關係也最為密切的，莫過於金門籍的金石大師呂世宜。呂世宜一如林豪，因長輩來往金廈兩地，且在廈門讀書、受教，故文獻上也會稱作廈門人。《金門志》所稱：「呂世宜，字可合；其先金門之西村人，故又號西村。父仲誥，始移居廈門。[49]」或較符合情理。通常「始移居」外地者，都會客居地與家鄉兩頭跑，至今依然如是。因此，金門仍有呂仲誥曾返金完婚，生子世宜之說[50]。

呂世宜是道光 2 年（1822）壬午科舉人，性好古，通許氏《說文》及金石之學，最工篆隸[51]；早在道光末年就由興泉永道周凱推薦到林家擔任西席，即林國華、國芳主持家業的時代，與謝穎蘇、葉化成並稱枋橋林家「三先生」。《金門志》固然為呂世宜立傳，但著墨不多。晚出的連橫《臺灣通史》亦有傳，特詳於與淡水林氏的關係，說是：「當是時，淡水林氏以豪富聞里閭，而國華與弟國芳皆壯年，銳意文事。見世宜書慕之，具幣聘，且告之曰：『先生之志誠可嘉，先生之能亦不可及。今吾家幸頗足，如欲求古之金石，敢不唯命是從』。世宜遂主林氏，日益搜拾三代鼎彝、漢唐碑刻，手摹神會，悠然不倦」。[52]

---

[47] 呂世宜之有「臺灣金石學導師」或「臺灣金石學宗師」尊稱，起源無法確認，檢索網路文章，比比皆是。大抵「臺灣金石學導師」已出現於民國 50 年代的臺灣，可能較早。

[48] 方豪《方豪六十自定稿（上）》（臺北：臺灣學生書局，1969），頁 647-648〈修志專家與臺灣方志的修纂〉，關於「修志專家」的定義，據方豪說：「修志專家是我杜撰的名詞，所以只好由我來下個定義。定義很簡單，凡曾纂修志書自兩部以上的，我一概稱之為修志專家，因為至少他們在修第二部志書時，必能運用從前一部志書裡所獲的的經驗」。

[49] 林焜熿纂修、林豪續修《金門志》，頁 234，人物列傳（二）/文學/呂世宜。

[50] 吳鼎仁《西村呂世宜》（金門：金門縣文化局，2004），頁 12，〈呂氏之身世〉。

[51] 林焜熿纂修、林豪續修《金門志》，頁 234，人物列傳（二）/文學/呂世宜。

[52] 連橫《臺灣通史》，頁 97，列傳六/流寓列傳/呂世宜。

　　道光間，富陽周凱來廈任興泉永道，極力帶動閩南古文運動，蔚為風氣，呂世宜自然受其影響，卓然成家，《金門志》曾對其文有所評價，稱：「時巡道周凱、山長高澍然俱能古文，世宜時相談論。其為文，筆意警峭，頗似王半山。[53]」王半山即唐宋八大家的王安石。其後呂世宜往金石藝術發展，古文成就反不如金石之學。呂世宜著有文集《愛吾廬文鈔》，六十餘篇，其實自己也不滿意，認為「多阿諛奉承而少實話」[54]。除早期有各種版本流傳外，後與《愛吾廬筆記》、《愛吾廬題跋》合刊為《愛吾廬匯刻》，收入「廈門文獻叢刊」。

　　玩賞、收藏三代鼎彝、漢唐碑刻之類的金石古物，要有巨大財力支持，呂世宜之受聘枋橋林氏，無異是如魚得水，相得益彰。東家為全臺首富，好收藏，自然須要眼光銳力的鑒賞家。對於呂世宜而言，受聘林家是重要轉折。道光 13 年（1833），周凱的署理臺灣道與三年後的實授臺灣道，為呂世宜渡臺契機，世無異議，惟文獻極為模糊，莫衷一是。吳鼎仁參考各項史料及呂氏題跋而折衷為「機緣」與「遵奉遺命」兩個階段：

> 「道光十三年，周凱以興泉永道兼臺灣兵備道，處理張炳亂後事宜，遂產生日後引介西村受聘臺灣之機緣。」
> 「周凱生前每望西村渡臺侍奉左右，直至道光十七年，芸皐師歿於臺灣道任內，西村遵師遺命，東渡之意始決。[55]」

　　吳鼎仁再從其他古器物銘推論，呂世宜的渡臺時間為道光 21 或 22 年，甚至還可延遲至在廈門會晤蔡廷蘭並為其題像贊的道光 23 年（1843）。[56]

　　呂世宜著作，上述《愛吾廬文鈔》、《筆記》、《題跋》三種外，尚有字書性質的《古今文字通釋》十四卷（《金門志》作三十四卷，似是筆

[53] 林焜熿纂修、林豪續修《金門志》，頁 234，人物列傳（二）/文學/呂世宜。
[54] 吳鼎仁《西村呂世宜》，頁 12，〈呂氏文鈔筆記之著作〉。
[55] 吳鼎仁《西村呂世宜》，頁 49，〈呂世宜渡臺因緣〉。
[56] 吳鼎仁《西村呂世宜》，頁 47，〈呂世宜渡臺因緣〉。

誤）。《通釋》一稿據《金門志》說：「藏於其徒林維讓家，尚未刊行。[57]」。
由於「尚未刊行」這句話的誘導，很容易使人產生錯覺，以為這部《通
釋》稿從此消失於人間。其實，《通釋》早在光緒 5 年（1879），就由林
維源出資精刻刊行，惟印量無多，難得一見，《金門志》所記「尚未刊
行」，可能仍是許多人的困惑。

　　《金門志》說《古今文字通釋》「尚未刊行」，證以該志刊行時間，
並無錯誤，該志為金門林焜熿所纂修，先是道光 10 年（1830），興泉永
道周凱倡修《廈門志》，至 12 年（1832）完稿，林焜熿為纂修人員之一，
兩年時間參與修志，頗有心得，遂私下為金門修了一部志書，其體例悉
參照《廈門志》，道光 16 年（1836），再經周凱潤飾、撰序，並打算刻
印後與《廈門志》合稱為《廈金二島志》，詎料《金門志》「將開雕而未
果」，拖了將近三十年，再由林焜熿之子林豪續成。同治 12 年（1873），
金門協鎮劉松亭（秀嶺）倡議印行《金門志》，至光緒 8 年（1882）始
完成出版。據此可知，林豪續成《金門志》，時間在同治 12 年或稍前，
這時《古今文字通釋》尚未付梓，故《金門志》說其「尚未刊行」，並
無錯誤。

　　林維讓過世於光緒 4 年（1878），可能在病危之際，將《通釋》書
稿託付乃弟林維源，林維源財力雄厚，便在翌年透過妹婿莊正（養齋）
商請晉江陳棨仁（鐵香）太史整理、校讎，付印行世。林維源序詳記始
末，略謂：

> 「維源少日與先伯兄遜甫同受業於西村呂先生之門，時先生年蓋
> 高矣。……嘗以暇日進伯兄於前，授以手著《古今文字通釋》一
> 書，諄諄懇懇，思為傳世計者甚，棘兄謹受而弆之，未及殺青，
> 而先生夢奠，維源與兄復移家海東鯤島。……忽忽者二十餘年，
> 去歲伯兄徂謝，維源慘怛之餘，益復無厓，偶檢其書簏，得當日
> 先生手授之稿，蟫蠹鑽蝕，幸未漫湮，而零紙殘籤，棼如棼絲，
> 適莊養齋舍人理棹東歸，因郵商諸陳鐵香太史，細加讎勘，畀之
> 削人，以畢吾兄未竟之緒，而先生諄諄懇懇之心，亦藉手克告無

罪焉。[58]」

　　據此得知書稿當在廈門交付林維讓，二十餘年未能付印，推測是維讓體弱多病之故。維讓卒後，維源取得書稿，已經是「蟫蠹鑽蝕」，幸能即刻刊印，流傳於天壤之間[59]。

## （二）「修志專家」林豪

　　林豪（1831－1918）字嘉卓，一字卓人，號次逋，金門後浦人。先世出安溪駟馬派，曾祖林子友始遷後浦。子友生子林俊元，為金門鎮署稿識，掌書記。林俊元長子林焜煌，即林豪之父。林焜煌字巽甫，道光11年（1831）歲貢。從興泉永道周凱習詩古文辭，分修《廈門志》，及仿其體例創修《金門志》。著有《竹畦文鈔》、《浯洲見聞錄》等。

　　林焜煌有子五人，林豪排行第五，負笈廈門玉屏書院五年。道光29年（1849），林豪考取秀才，年僅十九。咸豐9年（1859），中式恩科並補行戊午正科鄉試，首次會試，遇亂折回，此後七上春官不第。

　　同治元年（1862）七月，應淡水族人之招渡臺，寓艋舺。適逢竹塹林占梅奉檄辦團練，一見如故，乃邀請林豪館於潛園。戴萬生之役平後，林占梅屬林豪為典筆札；暇輒相從論詩，至同治9年（1870），凡四年，共完成兩部史著，一是纂輯《淡水廳志稿》，一是撰成《東瀛紀事》。林豪家學淵源，早嫻熟修志理念，時機成熟，即進行實踐。潘是輝曾分析歸納：

　　　「（林豪）其對歷史功能抱持著道德勸誡與治理借鑑的看法，並在資料選擇上始終採取較為嚴謹的態度。其對編纂史書所抱持的原則是相當重視『史識』，並清楚的書寫地方志書應該是『運筆

---

[58] 呂世宜《古今文字通釋》（東京：定靜堂，1975），卷首林維源序。

[59] 《古今文字通釋》原刻，可能刷印部數無多，至民國11年（1922）時，移居鼓浪嶼的維源之子林菽莊（爾嘉），因原刊「歲久板佚，傳本濅尟」，於是再予重刻，收入「菽莊叢書」第一種，以廣其傳。可惜此次刊印，係採用重刻，非以原書覆刻。兩次的付印，到了民國70年代，依然一書難求。僑居扶桑的林維源之孫林宗毅，為了紀念「西村先生誕生百九十年、林本源家遷臺二百年、四叔父季丞公八秩大壽」，乃於1975年以光緒原刻本影印重刊。

修詞，達意而止』，即是在將意思清楚表達出來之後，應該著重
撰寫的文采。」[60]

同治6年（1867）正月，署淡水同知嚴金清就修志事訪林豪於潛園，
略稱：「淡水垂百餘年，考獻徵文，僅得鄭儀部《志略》二卷，大都摭錄
郡乘，難資考證。」「因就明志書院設局，屬豪秉筆。至孟冬，書成。」[61]
孟冬是十月，前後十月，實際采訪執筆，不到十月，主要原因，在於嚴
金清是署理，略同臨時暫代，有其任期不確定的壓力，林豪事後曾說：

> 「其時可與商榷者，惟家雪村方伯、家詩賓廣文、余子和少尉、黃
> 海洲茂才數人。方伯之言曰：志乘與他書不同，應考舊籍者十之二；
> 應採案牘者十之三，應採訪輿論者十之四、五。所見未確，必易稿
> 至再；非若抽筆為文，可計日就也。能事不受相迫促，繪事且然，
> 況著述乎！而嚴司馬於此中甘苦尚未深悉，欲以急就成章；間如節
> 烈一門，採訪安能遍及？不得不就耳目所及者志之。」[62]

果然志稿甫成，未及刊刻；而陳培桂任同知，以此為藍本，別延侯
官楊浚修之。於是「多方改竄」、「又有意歧異，遂至疵謬疊出」。林豪
大憤，撰《淡水廳志訂謬》以彈之[63]。此為林豪功敗垂成的首次修志。

林豪撰《東瀛紀事》，是關於戴萬生之變的紀錄，此役與林占梅關
係密切，林豪也因此而結識，頗有表彰東家仗義疏財的動機，「所載北
路攻勦之事甚詳」是其優點，當然中南部史事，難免有「誤以張三顯居
石榴班，誤以斗六有城，誤以先入彰城者北軍[64]」等訛誤，此為林豪來
臺之後的初試史筆之作，林豪自敘其成書經過，有云：

> 「中間薄遊郡垣，往復者再，所過之城郭、川原昔日被兵之處，
> 舊壘遺墟，蕭條在目，慨然者久之。輒與其賢士大夫、田間野老

[60] 潘是輝《林豪編纂地方志書的理念與實踐》（嘉義：中正大學歷史研究所博士論文，2006），
頁242，第八章結論。

[61] 陳培桂《淡水廳志》（臺北：臺灣銀行經濟研究室，1959），頁463，附錄《淡水廳志訂謬》。

[62] 陳培桂《淡水廳志》，頁463，附錄《淡水廳志訂謬》序。

[63] 連橫《臺灣通史》，頁958，列傳六/流寓列傳/林豪，參《淡水廳志訂謬》序。

[64] 吳德功《戴施兩案紀略》（臺北：臺灣銀行經濟研究室，1959），頁1-2，戴案紀略卷上，
自序、凡例。

縱談當日兵燹流離之故，因即見聞所可及者隨筆劄記。近又博採旁搜，實事求是，得戴逆所以倡亂者，原委犁然矣。於是仿趙雲松先生武功紀盛及楊氏三藩紀事、魏氏聖武記之例，分類編次，附以論斷，成上下二卷，題曰東瀛紀事，亦欲誅亂賊於既死、存義烈於不刊，俾他日徵文考獻者有所參考也。」[65]

　　同治 7 年（1868）春，林豪接受澎湖人士之聘，主講當地文石書院，約有兩年時間，嗣內渡鄉居，致力於著述。光緒 4 年（1878）三月，署澎湖通判蔡麟祥與紳士議修廳志，於是以厚禮聘林豪再主文石書院講席，成《澎湖廳志稿》十六卷，未及刊印，稿存海東書院，蔡麟祥也調署恆春知縣而去。光緒 18 年（1892），臺灣全面總修《通志》，林豪《澎湖廳志稿》雖在，但自光緒 11 年（1885）以後大事俱缺，澎湖通判潘文鳳乃以「是書為金門林卓人孝廉所屬草，若得孝廉始終其事，則駕輕就熟，應無枘鑿之慮矣。」於是林豪再主文石講席，潘文鳳並屬黃濟時、蔡玉成等協助，采獲見聞、搜羅案卷，互相參訂，闕者補之、冗者刪之。書成，仍為十六卷[66]。

　　總之，林豪在臺三度修志，並續修乃父之《金門志》，不愧「修志專家」之稱。案學者方豪自創「修志專家」一詞，並加以定義：「凡曾纂修志書自兩部以上的」，一概稱之為「修志專家」云云，依此標準，曾臚列陳夢林至蔣師轍等十一人為臺灣的「修志專家」，然其以已刊行的的纂輯姓名為統計基礎，故並未將林豪列入其中。吳密察認為依據方豪定義，林豪修過《淡水廳志》、《澎湖廳志》及《金門志》，應列入「修志專家」。[67]

[65] 林豪《東瀛紀事》（臺北：臺灣銀行經濟研究室，1957），頁 1，序、例言/自序。

[66] 林豪《澎湖廳志》，頁 3-4，序、纂修姓氏/潘序。

[67] 潘是輝〈林豪編纂地方志書的理念與實踐〉，轉引吳密察〈「歷史」的出現〉，收入黃富三等主編《臺灣史研究一百年－回顧與研究》，並據高志彬《臺灣文獻解題·第一輯方志類》，已逕稱林豪為「修志專家」。

# 五、結論

　　明鄭時代，中原板蕩，鄭成功入臺，「士大夫之東渡者蓋八百餘人」[68]，金門的盧若騰、張灝、張瀛等科舉人物，亦與之東渡，屬於避難性質，又因明鄭政權時間不長，致未能落地生根，故影響不大。

　　康熙至乾隆初年，臺灣的科舉，盡是閩南士子的天下，金門籍人士雖也參與其中，但在甲乙兩榜，完全落空，只有十人考取貢生，令人不解。也許金門在明清之際，飽經兵燹洗禮，民生凋蔽，而暫時影響到文事發展。乾隆中葉之後，臺灣雷厲風行整頓科場弊端，冒籍不易。金門籍儒生在臺應試，只能走合法途徑，亦即入籍與寄籍。道光年間，竹塹鄭用錫、澎湖蔡廷蘭雙雙登進士第，兩人都祖籍金門，恰是入籍、寄籍兩種典型。澎湖蔡氏來自金門瓊林蔡氏新倉三房，前已言之。開澎始祖蔡鳴震定居澎湖，為明崇禎17年（1644），至蔡廷蘭為第五代，距離蔡廷蘭的出生，有一百五十餘年，因此蔡廷蘭早已是臺灣府屬的澎湖廳人，絕無戶籍上的問題。

　　至於鄭用錫的籍貫問題，嚴格而言，算是寄籍，清朝《會典》規定：「入籍二十年以上並無原籍可歸者，方准考試。」為了符合規定，勢必長期投資。舉家遷臺，稚齡子弟定居臺灣超過二十年之後，乃父亦在臺灣，自然符合「並無原籍可歸」要件，鄭用錫如此，鄭用鑑亦復如是，兩人都出生金門，入籍竹塹二十年以上，完全符合法令。

　　舊志之鄭用錫選舉名表，未出現「寄籍」字樣，其故待考。同治9年（1870），侯官舉人楊浚在鄭家北郭園為《北郭園全集》撰序，特別強調兩人關係：「先生與予寄籍，一磺溪，一榕郡，然同溫陵產也。[69]」溫陵為同安古名，金門屬同安，兩人「同溫陵產」，鄭用錫寄籍彰化儒學，楊浚寄籍侯官儒學，情形類似，以當時人記當時事，且同為科第中人，楊浚之言自屬可信。

---

[68] 連橫《臺灣通史》，頁745，列傳六/流寓列傳/林豪。

[69] 鄭用錫《北郭園詩鈔》（臺北：臺灣銀行經濟研究室，1959），頁91，附錄二/北郭園全集序二。

蔡廷蘭與鄭用錫籍貫問題懸殊，故《金門志》選舉表視蔡廷蘭為澎湖人，毫無疑義，故舉人、進士都無蔡名。於竹塹鄭家則不然，鄭用錫、鄭用鑑，本人是金門產，雙雙入列。鄭用錫子鄭如松是渡臺第二代（自鄭崇和算起是第三代），只是附見於乃父舉人科名之下，臚列如次：

> 「道光三年癸未科（會試杜受田榜、廷試林召棠榜）：鄭用錫（附見「義行傳」）」[70]。
> 「嘉慶二十三年戊寅科：鄭用錫（隨父移住淡水。子如松，舉人。以後不錄）。」[71]
> 「同治元年：鄭用鑑（移居淡水。以拔貢舉孝廉方正）。」[72]

證以《金門志》選舉表紀錄竹塹鄭家科名為例，渡臺第二代，勉強列入，放在原書雙行小註，並不直接入表。第三代起，鄭家仍有拔貢、恩貢及歲貢等，即以「以後不錄」，一筆帶過。從理論與實務來看，《金門志》不列蔡廷蘭，也不錄鄭家渡臺第三代，那麼蔡廷蘭不能稱為金門進士，完全正確，頂多只能說是祖籍金門的澎湖進士；鄭用錫則無此疑慮，其子鄭如松未入表，僅以小註點出，顯然續纂者林豪並不支持鄭家如字輩為金門籍，乃有這種折衷寫法。

清代在臺活耀的金門科舉人物，金榜題名，成為甲科人物，授職途徑較廣。乙科舉人以次，包括正途五貢等，憑藉經商或軍功發跡，闖出一片天地，自然也是出路之一，惟終究非舉業正途。故按部就班，藉遊幕或教書工作，使學業不致荒疏，繼續準備京師的禮部會試。林豪受聘潛園、掌教文石，仍不斷公車北上，可惜文章憎命，七上春官不第，此為金門科舉人物在臺發展的標準模式。另一舉人呂世宜投身枋橋林氏，為全臺首富，主賓相得，乃無後顧之憂，潛心於鼎彝、碑銘的搜羅與研究，終有「臺灣金石學導（宗）師」之譽，未嘗不是另一項「異數」。

綜論金門科舉與臺灣關係，必定要碰觸鄭用錫、蔡廷蘭是否為金門進士問題。蔡廷蘭為渡澎第五代，根本不必討論。林豪續纂《金門志》，

---

[70] 林焜熿纂修、林豪續修《金門志》，頁169-171進士（宋至國朝）。
[71] 林焜熿纂修、林豪續修《金門志》，頁171，選舉表/舉人。
[72] 林焜熿纂修、林豪續修《金門志》，頁172，選舉表/武進士/薦辟。

既不列蔡，於鄭家亦取捨允當，秉持史識，毫無鄉曲之見，林豪自言：
「古人作史有三長之說，非才學兼優，不足以勝任。無識以運其才學，
猶游騎泛騖而弗能範以馳驅，其去駑下者幾何！地志為史志之流，其可
苟焉已哉？」[73]林豪前於竹塹所修《廳志》，原稿無存，史家連橫曾論之
曰：

> 「侯官楊浚新修《淡水廳志》，其文多謬，乃復挾其私心，以衡人物，
> 亦何足以徵信哉？林占梅為一時之傑，傾家紓難，保障北臺，忌者
> 多方構陷，占梅竟以憤死。浚不於此時為之表白，而列其人於志餘，
> 謂頗有一髮千鈞之力。夫一髮千鈞，厥功多矣，列之志餘，不亦小
> 哉？同安林豪曰：『占梅力排眾議，投袂而前。悉群虜於目中，運全
> 局於掌上。屢收要隘，再復堅城。以視夫階下叩頭者，其人之賢不
> 肖何如也』。連橫曰：林豪之論，賢於楊浚。作史須有三長，而知人
> 論世，尤貴史德，而後不致顛倒也。」[74]

《金門志》為林豪續纂乃父林焜熿舊稿，即選舉一表，便足覘其史筆，
因鄭、蔡之取捨，以印證前人評論林豪之言，爰附此及之。

---

[73] 陳培桂《淡水廳志》，頁461，附錄《淡水廳志訂謬》自序。
[74] 連橫《臺灣通史》，頁904-905，列傳五/林占梅列傳。

# 參考書目

## （1）圖書

盧若騰《島噫詩》，臺北：臺灣銀行經濟研究室，1968。

朱仕玠《小琉球漫誌》，臺北：臺灣銀行經濟研究室，1957。

臺灣銀行經濟研究室（編）《清會典臺灣事例》，臺北：臺灣銀行經濟研究室，1966。

臺灣銀行經濟研究室（編）《臺案彙錄丙集》，臺北：臺灣銀行經濟研究室，1963。

臺灣銀行經濟研究室（編）《淡水廳築城案卷》，臺北：臺灣銀行經濟研究室，1963。

周凱《內自訟齋文選》，臺北：臺灣銀行經濟研究室，1959。

蔡廷蘭《海南雜著》，臺北：臺灣銀行經濟研究室，1959。

周璽《彰化縣志》，臺北：臺灣銀行經濟研究室，1962。

鄭用錫《北郭園詩鈔》，臺北：臺灣銀行經濟研究室，1959。

鄭用鑑著、詹雅能（編）《靜遠堂詩文鈔》，新竹：新竹市文化局，2001。

蔣鏞《澎湖續編》，臺北：臺灣銀行經濟研究室，1961。

林焜熿纂修、林豪續修《金門志》，臺北：臺灣銀行經濟研究室，1960。

陳培桂《淡水廳志》，臺北：臺灣銀行經濟研究室，1959。

林豪《東瀛紀事》，臺北：臺灣銀行經濟研究室，1957

林豪《澎湖廳志》，臺北：臺灣銀行經濟研究室，1963。

吳子光《臺灣紀事》，臺北：臺灣銀行經濟研究室，1959。

呂世宜《古今文字通釋》，東京：定靜堂，1975。

吳德功《戴施兩案紀略》，臺北：臺灣銀行經濟研究室，1959。

連橫《臺灣通史》，臺北：臺灣銀行經濟研究室，1962。

鄭毓臣（編）《影本浯江鄭氏家乘》，臺中：臺灣省文獻委員會，1978。

林學增主修、吳錫璜纂輯《同安縣志》，臺北：成文出版社，1967。

黃光亮《清代科舉制度之研究》，臺北：嘉新水泥公司，1976。

鄭喜夫《重修臺灣省通志・職官志》，南投：臺灣省文獻委員會，1991。

蔡主賓《蔡廷蘭傳》，金門：金門縣文化局，2005。

方豪《方豪六十自定稿（上）》，臺北：臺灣學生書局，1969。

吳鼎仁《西村呂世宜》，金門：金門縣文化局，2004。

潘是輝《林豪編纂地方志書的理念與實踐》，嘉義：中正大學歷史研究
　　　所博士論文，2006。

黃振良、陳炳容《前人的足跡－金門的古蹟與先賢》，金門：金門縣文
　　　化局，2009。

陳怡霖《臺灣第一循吏曹謹研究》，高雄：作者自印，2016。

# 鳳儀書院沿革初稿

## 一、前言（義學、屏山到鳳儀）

　　書院制度濫觴於唐代的集賢殿書院，歷經宋元明清各朝發展，愈為盛行，設施亦愈為完備；其性質從最初以備朝廷顧問應對的諮詢機構角色，轉變為學者、大儒講學授業的場所；明清兩代，且成為培育科舉人才的主要場所。

　　臺灣的儒學制度，固始創於明鄭時代，惟仍未見設置書院的文獻紀錄。康熙 23 年（1684），清人正式領有臺灣，福建水師提督施琅首建西定坊書院於臺灣府治，此後各地疊經增建，書院教育的推廣，風氣愈盛，至光緒 21 年（1895）乙未割臺為止，全臺有名目可考的書院，約達六十餘所。

　　臺灣書院的性質與教育目標，並不盡相同，其中以科舉相關教育者佔了絕大多數，而官方（或半官方）設立的書院，多屬此一類型。因此依清代臺灣行政建置，包括總轄的臺灣道及府、廳、縣等行政機關，大都設有書院，以培育人才。康熙 23 年（1684），清領之初，劃為一府三縣，鳳儀書院所在地，即屬當時三縣之一的鳳山縣。

　　鳳儀書院的建立，為嘉慶年間事，與鳳山設縣相距約有一百二十年，落差懸殊，考究其原由，實與鳳山縣城的遷建關係密切。清初臺灣初設郡縣，書院教育發展模式，大抵先由義學再循序成為正規的官立書院，如康熙 23 年（1684），福建水師提督施琅首建西定坊書院；43 年（1704），知府衛台揆建崇文書院，都屬義學性質，崇文且發展為臺灣府之書院[1]。鳳山縣的書院興建，亦循此模式，並能追溯到建縣之初的康熙年間。

　　清初鳳山縣治設在興隆莊，即今左營舊城，並陸續設置文廟、縣署、教育設施等，使其漸具規模。康熙 49 年（1710），知縣宋永清在興隆莊

---

[1] 參周元文《重修臺灣府志》（臺北：臺灣銀行經濟研究室，1959），頁 36，卷二規制志/書院。

文廟之左建立了鳳山縣第一個義學，這時可能尚無書院的名稱，見諸康熙《鳳山縣志》規制志/義學記載[2]。

　　興隆莊鳳山縣治依照清廷政策，未建城池。康熙 60 年（1721），因發生朱一貴抗清事件，鳳山首當其衝，受此教訓，清廷始開放臺灣郡縣築城的限制。乃於次年事件平定之後，知縣劉光泗進行戰後重建，便在興隆莊建築鳳山縣城，左倚龜山，右連蛇山，形勢險要。宋永清首建義學於縣北文廟左。至雍正 4 年（1726）經知縣蕭震移建縣城東廂內；共有講堂二間，左右為齋舍；乾隆 11 年（1746），知縣呂鍾琇又增建後堂。16 年（1751），署知縣吳開福增砌圍牆。22 年（1757）及 27 年（1762），知縣丁居信、王瑛曾，先後曾進行修繕工作[3]。

　　遷入鳳山縣城東廂的義學，規模擴張，且背倚半屏山，以是命名為「屏山書院」，雖有書院之名，在性質上仍屬縣義學。屏山書院時期，規模不大，文獻載記著墨無多，其間以掌教舉人傅修事蹟，廣受外界矚目，《續修臺灣縣志》、《光緒臺灣通志》均收有其傳記。傅修，字竹漪，廣東海陽人。乾隆 27 年（1762）壬午科舉人。受知於涇陽張琬（鶴山）。張琬於乾隆 31 年（1766），由福建漳州知府擢陞臺澎兵備道，兼提督學政。當時，府治法華寺畔有南湖書院，特延請傅修來此擔任主講。據《續修臺灣縣志》載稱：

> 「（傅）修峻丰裁，見諸生未嘗不衣冠。月課講期，有規條，無或踰越。及門如葉期頤、陳作霖、郭旁達、史錦華，皆其高足也。[4]」

　　傅修為南湖奠定良好基礎之後，改掌鳳山屏山書院。他在屏山，除了課業「訓課一如南湖」外，尚有若干值得稱述的事蹟：

> 「院畔有蓮池潭，居民群得採捕，為勢力佔據，修言於官復之。」
> 「營卒素驕悍，某生負營債還子錢浮於母者，已累十倍，猶迫使

---

[2] 陳文達《鳳山縣志》（臺北：臺灣銀行經濟研究室，1958），頁 23，卷之二規制志/義學。

[3] 王瑛曾《重修鳳山縣志》（臺北：臺灣銀行經濟研究室，1962），頁 32-33，卷二規制志/公署（附行署、養濟院、義塚）。

[4] 謝金鑾、鄭兼才《續修臺灣縣志》（臺北：臺灣銀行經濟研究室，1958），頁 187，卷三學志/教官/縣儒學訓導。

售屋以償，鎖其門。修廉知，往謁營帥，繩卒以法，革其籍，士多感之。」[5]

嗣後傅修獲選山陰知縣。將行，鳳山士民焚香餞送，至千餘人，甚至有泣下者。

此外，擔任屏山書院講席，而文獻可考者，尚有鄭應球其人，事蹟略載乾隆《重修鳳山縣志》：

「鄭應球，字桐君，縣恩貢生。性耿介，尚氣節。康熙六十年朱一貴作亂，陷南路。賊黨郭國禎募使畫策，應球義不可，強迫之，球紿之曰：『明早往見』。偵募者歸，即挈妻子夜遁；募者不獲，怒焚其廬，盡為灰燼。亂平後，巡撫張伯行薦舉孝廉方正；球性恬淡，辭不赴。掌縣書院教席十餘年，壽幾八十終。」[6]

鄭應球為鳳山人，康熙 52 年（1713）恩貢生。傳中稱其「亂平後」、「掌縣書院教席十餘年」，此時鳳山縣治尚在舊城，所稱「縣書院」，僅有義學性質的屏山書院一所，可確定其掌教為屏山事。

屏山書院的發展，正待蒸蒸日上，不料乾隆 51 年（1786）的林爽文事件，卻改變了鳳山城的教育歷史。事件初期，林黨的莊大田攻破縣城，文武多死。事平後，中堂福康安奏請移設離舊縣十五里的埤頭店，仍用刺竹栽插為城，建門樓四座。嘉慶 10 年（1805）冬，洋匪蔡牽擾臺，次年，吳淮泗攻陷新城。之後，欽差大臣將軍賽沖阿以埤頭離海較遠，不能兼制海口，且新城無險可守，而認為昔日建城興隆莊，既可控山，亦可控海，大有深意，於是奏請移回舊城。但埤頭居民安土重遷，祇將殘缺竹城補葺了事，延未移建[7]。

其次，賽沖阿提出復建舊城計畫，且改建石城，嗣因費用龐大而中止。道光 3 年（1823），總督趙慎軫議建，飭知府方傳穟查復。翌年，巡撫孫爾準巡臺，奏請再建。恰好此時有楊良斌之變，潛入新城，落實

---

5　謝金鑾、鄭兼才《續修臺灣縣志》，頁 187，卷三學志/教官/縣儒學訓導。
6　王瑛曾《重修鳳山縣志》，頁 255，卷十人物志/列傳。
7　參陳國瑛等《臺灣采訪冊》（臺北：臺灣銀行經濟研究室，1964），頁 28，鳳山縣城條。

了新城的立即性危險之說，遷回舊城之議遂告定案。同年十一月，方傳
穟發動紳民捐款，得十四萬兩。道光 5 年（1825）七月起興工，以知縣
杜紹祁為監督，紳士黃化鯉、吳尚新、黃名標、劉伊仲等為城工總理。
擴其舊址，內包龜山，外接蛇山，疊石為牆，高一丈二尺，寬一丈五寸，
上建雉堞，闢四門，東鳳儀，西奠海，南啟文，北為拱辰。四隅各築砲
臺。計花費了九萬二千一百兩，六年八月竣工[8]，，正準備擇吉搬遷，
不料杜紹祁未來得及遷治，忽然去任，從此因治安等因素，未再遷移，
只得加強新城整建。

　　乾隆末年以來，鳳山縣治遷移新城之後，雖有遷回舊城之議，也付
諸實施，整建舊城完竣，卻因地方官無力掃蕩、解決打鼓山、蛇山附近
山區的盜匪，只得不斷力爭，以內遷至較為安全的埤頭街（鳳山市），
於是整個鳳山的建置重心都落在新城，書院也不例外。鳳山縣遷移新
城，理論上公有設施應整體跟著搬遷，但可能限於經費，以及事有輕重
緩急，書院並未立刻興建，誠如鳳儀書院碑記所言：

> 「邑舊治有屏山書院，延山長以課生童，置產歲可得息金二百餘
> 供脩脯，官司之；兵燹之後，變為邱墟。嗣縣署移建於茲，未遑
> 脩舉。[9]」

　　拖到二十餘年後的嘉慶 19 年（1814），才在知縣吳性誠的支持之
下，由候選訓導歲貢生張廷欽負責其事，且脫離義學框架，成為正式的
縣級書院。

　　屏山書院既廢，隨著縣治遷移而易地興建，且可能接收原來義學學
租，房舍固然是新建，而視之為重建亦無不可，甚至仍可以沿用舊名，
標榜為屏山書院，延續其歷史，史有前例。然何以捨「屏山」而改「鳳
儀」，推測其主要原因，可能是「屏山」二字，含有地理成分，指其位
於半屏山麓，既在新城興建書院，則此舊名恐不為地方所接受，乃以縣

---

[8] 連橫《臺灣通史》（臺北：臺灣銀行經濟研究室，1962），頁 465，卷十六城池志鳳山縣城
　　條。

[9] 盧德嘉《鳳山縣采訪冊》（臺北：臺灣銀行經濟研究室，1960），頁 343，壬部藝文（一）/
　　碑碣/鳳儀書院木碑。

名鳳山，而取《尚書》：「簫韶九成，鳳皇來儀。」典故，重新命名，推本溯源，都因地方動亂之故。

　　鳳儀書院建成之後，鳳山城便未有實質的遷移，因此鳳儀書院對往後鳳山文教發展影響，既深且廣。此外，鳳儀書院建造的同時，正值蔡牽案後，百廢待舉，若干公共設施，也都利用此一機會，合併辦理，如試院、文昌祠、五子祠、曹公祠、義倉等，成為名副其實的多功能書院。清代臺灣府及鳳山縣的修志，都在乾隆朝以前，嘉慶朝後未見續修，相關史事大都闕如，幸割讓臺灣前夕的《鳳山縣采訪冊》留有許多珍貴的現況調查，以及日治初期的臺灣總督府因統治之需的各項調查，得以利用這些史料建構鳳儀書院沿格史。

## 二、張廷欽主導興建

　　鳳儀書院的興建，遲至嘉慶 19 年（1814），鳳山知縣吳性誠（樸荗）認為興建書院為當務之急，在其倡導之下，由縣下以奮社為主的鄉紳進行捐輸。這段歷史詳載候選訓導張廷欽所撰創建碑記：

> 「甲戌歲（按即嘉慶 19 年），樸荗吳公攝篆斯邑，以為欲振民風，宜培士氣，詢諸紳士，議建書院。廷欽曰：公誠知先務之至矣。雖然，吾邑所宜脩者多矣。大成殿則歲久剝落也；文昌祠則尚未舉行也；歲科童試，其坐次猶偪仄也；城內民居稠密，字紙散擲於途，庚申歲（按即嘉慶 5 年），奮社諸友鳩金生息，催工檢拾，肇祀奎星、倉聖牌位，亦未有祠宇也。百堵之興，望公脩舉之，以為多士倡。公曰：善。於是慨然捐二百金，命廷欽董其事。邑中諸紳士踴躍捐輸，相助為理。而繼官斯土者，亦咸分鶴俸以期於成。由是舊治大成殿煥然一新，而建書院於新邑署之東偏，額之曰鳳儀，前有講堂，後有廳事，崇祀文昌、奎星、倉聖神位於其中。復廣三舍，設試棹，俾生童肄業有所。歲、科童試亦彙征於是，並造敬字亭於講堂之左，爰以奮社舊捐之貲與建院所賸者，合置息產。歲收其入，開用書院經費，並拾字工貲，其餘即以獎每期課藝之佳者，俾知所勸。而山長修金，則仍以官司之租

息取供焉。斯舉也，未知昔之屏山若何，而百堵皆興，則皆賴吳
公倡始之功與諸官長紳士贊襄之力也。」[10]

由這段記述，可知興工之前，鳳山縣內已存在著舊治大成殿「歲久
剝落」、文昌祠「尚未舉行」、歲科童試之考場（試院）「坐次猶偪仄」，
此外，奮社本身僱工檢拾字紙而崇祀的奎星、倉聖牌位，也「未有祠宇」。
於是趁此興建書院機會，同時解決數種難題。舊城「大成殿煥然一新」，
因大成殿不在新城，必須單獨辦理，其他都結合新建書院，「前有講堂，
後有廳事，崇祀文昌、奎星、倉聖神位於其中。」解決文昌祠及奎星、
倉聖建廟問題；「復廣三舍，設試棹，俾生童肄業有所，歲科童試亦彙
征於是。」解決試院座位擁擠（偪仄）問題。其次，「並造敬字亭於講
堂之左」，再以奮社舊捐之經費與建院節餘經費，合置息產。利用其歲
收充作書院經費、拾字工貲，其餘即作為書院每期課藝的獎金，山長修
金，則仍以院內官方租息供給。鳳儀書院的新建，一次解決鳳山遷治後
諸多文教問題，其貢獻不只書院的教育功能而已。

關於鳳儀書院最大功臣吳性誠，《鳳山縣采訪冊》並無為其立傳，
僅於職官列有任卸時間，說是：「吳性誠：字樸荐，籍貫莫考，嘉慶十
九年攝理，二十二年卸。[11]」採訪時間上距吳性誠攝理鳳山知縣，約有
八十年，資料散佚，乃有「籍貫莫考」之憾，甚至缺乏具體史料為其立
傳。其實吳性誠是個實心任事的好官，特別是文教事業。他來臺後，依
次擔任鳳山下淡水縣丞、鳳山知縣（攝理及實任）、署彰化知縣、淡水
同知等，都有相關建樹，清代臺灣方志當中列有吳性誠傳者，僅見道光
《彰化縣志》，雖大略涵蓋其在臺貢獻，不過仍有疏漏，節錄如次：

「吳性誠，號樸庵，湖北黃安廩貢，援例捐縣丞，來閩候委。嘉
慶二十年任鳳山縣丞，建阿緱書院。二十一年正月，署彰化縣
事。……課士有知人之目，所首拔者，登科第，入詞垣。鄉會兩
試，輒分廉俸以助貧士資斧；度歲亦有餽遺，士感其惠。又以邑

---

[10] 盧德嘉《鳳山縣采訪冊》，頁343，壬部藝文（一）/碑碣/鳳儀書院木碑。
[11] 盧德嘉《鳳山縣采訪冊》，頁193，戊部職官/知縣。

內文昌祠、書院舊制狹隘，學署經林逆之亂，許久未建，倡義捐修，費靡鉅萬，民效子來。……後以捕盜敘績，擢淡水同知。未幾以病告歸，到家一月卒。」[12]

《彰化縣志》所敘，重點固然以彰化為主，而既然述及縣丞任內建阿緱書院事，就不應遺漏嘉慶 19 年（1814）攝理鳳山知縣倡建鳳儀書院事。其次，吳性誠的「擢淡水同知」，在道光 4 年（1824），六年交卸，仍有續建淡水廳儒學（孔廟），並報竣工的文教貢獻[13]，附此並及，可證實吳性誠的倡建鳳儀書院，為其渡臺任職以來的一貫施政方針，並非偶然適逢其會。

鳳儀書院興建完成，性質上已脫離屏山書院的義學框架，蛻變為縣級書院，經費也大幅度增加。主要來自院田租粟收入，包括：

「歲收租粟：一千八百五十二石八斗五升八合七勺（內大租粟七百七十四石五斗一升八合七勺，小租粟七百四十九石，膏火粟三百二十九石三斗四升）。
大租糖：六百十五斤八兩。
租　　銀：一千二百四十三元五角零五尖（內舊圳水租銀六百元，膏火租銀三百二十九元五角零五尖，義學田租銀一百二十元，大租銀一百一十元，園底租銀七十二元，渡船租銀十二元）。」

以上是歲入部分。至於鳳儀書院每年歲出，項目繁多，包括：

「全年應完錢糧：六百元，
師生束脩、膏火：九百六十元（內山長束脩二百四十元，如在院加福食銀六十元，送關聘二十元）。
監院：一百元。
義學：一百二十元。
董事：一百二十元。
諸生膏火：二百四十元。
（諸生）度歲銀：六十元。

[12] 周璽《彰化縣志》（臺北：臺灣銀行經濟研究室，1958），頁 105 卷三官秩志/列傳。
[13] 陳培桂《淡水廳志》（臺北：臺灣銀行經濟研究室，1963），頁 122，卷五志四學校志/學宮。

花紅、試費、飯食、卷銀、裝送字灰、禮祀、油香、辛金、雜費：一千一百四十四元（內每月官師兩課年凡十二課，計獎賞花紅三百六十元）。

歲、科童試禮房大單歸書院給領，應貼試費：一百二十三元。

發單日各里諸生到院保結識認，酌貼應酬飯食銀：八元。

（同上）月課買卷：六元。

恭裝聖蹟入海：一百二十元。

祭祀五次：八十元。

神福十二次：十八元。

祭舊城節孝祠：十六元，

貼張廷欽、鄭朝清兩家禮祀：六十元，

貼聖廟油香：三十六元。

本書院油香、器具、茶炭及聯輝社祭費：六十元。

院書辛金：三十六元。

院丁、租丁：九十六元。

收租管事四人：一百零六元。

開課辦酒席：六元。

賞山長跟班：十元。

賞執帖：二元。

賞門斗：一元。[14]」

此外，鳳儀書院還有一項「賓興經費」，且曾引發閩粵籍民的爭議。所謂「賓興經費」，指的是資助院內士子參與科舉考試旅費所編列經費。鳳儀書院早期賓興不可考。同治 12 年（1873），「知縣李焜詳年撥新圳贏餘水租銀六百元，充作賓興經費，勒碑定案。限五、六、七三個月分期繳清，存郊行生息，三年共湊一千八百元，由書院監董帶省給發。如遇恩科，則發半費，而以其半留俟正科」。這是同、光年間賓興經費來源及使用情形，經費出自閩人所開水圳，用之於閩人，如：

「光緒元年，恭逢恩科，是年止發九百元，皆閩人分訖，而粵人不與焉。緣此圳既為閩人開築之圳，而水租又屬閩人繳完之租，

---

[14]　盧德嘉《鳳山縣采訪冊》，頁 158-159，丁部規制/書院（附試院、奎樓）。

與粵人毫無關涉，即在粵人，亦莫敢有萌意外之想者。」

自建置此項經費以來，倒也相安無事，無異議者。約光緒元年（1875），因：

「訓導葉滋東重建聖廟，董事蔡垂芳議建考棚兩處，籌題粵捐二千元，始議以十成之一俾粵抽分，即自光緒 2 年丙子科為始，歷給至辛卯，共被領去八百七十元，而粵捐至此尚短交七百餘元，以故各閩人憤激不平，即於去（光緒 19）年恩科及本（光緒 20）年正科，公同向董事議將此項暫行扣給，蓋欲俟該捐項照數繳清，然後賓興亦照數發給也」

光緒 14 年（1888），舉人盧德祥等僉請將賓興專款，「每年酌提一百元」，作為閩籍舉人參加會試的盤費（旅費），永為定例[15]。鳳儀書院每年提撥百元的會試盤費，經額固然不大，主要是光緒年間全臺舉人只分配了四個名額，鳳山籍生員能考取舉人者不多，何況三年一科，而盤費是「每年酌提」，逐年累積，仍有可觀。其次，古人有「窮秀才，富舉人」之說，一旦取得舉人功名，有許多來之容易的額外收入，經濟狀況遠比秀才階段寬裕，故此會試盤費的編列，鼓舞士氣的象徵性，可能才是主要目的。

鳳儀書院以培育人才為目的，其房舍在不同時期固然充作不同用途，但並不影響整個院務的運作。然而咸豐 3 年（1853）的林恭起事，卻發生了林恭佔領書院，作為「軍機房」的突發事件。當時鳳山縣幕僚唐壎在其〈曾元福守火藥庫論〉有所描述：

「賊既據衙署、掠倉庫、縱獄囚，林恭以所得儀仗、輿馬，自為縣令，出入升炮鳴金，據鳳儀書院為偽軍機房，而火藥庫尚為曾所守，賊固欲得之以為利者也[16]」

此一事件，與後來彰化發生的戴潮春抗清事件，攻下彰化城後，佔

---

[15] 盧德嘉《鳳山縣采訪冊》，頁 158，丁部規制/書院（附試院、奎樓）。
[16] 盧德嘉《鳳山縣采訪冊》，頁 418 壬部藝文（一）/兵事（上）/曾元福守火藥庫論。

領白沙書院，設「應天局」於院內，作為抽銀、派飯之用[17]，與鳳儀書院為「軍機房」，堪稱清代臺灣書院史的兩大浩劫。

# 三、曹公祠、義倉、五子祠及義學

新建的鳳儀書院，佔地寬廣，《鳳山縣采訪冊》記錄了約光緒 18 年（1892）的房舍分配概況說：

> 「（鳳儀書院）在縣署東數武，屋三十七間（正中廳事三間、左右官廳房各二間、兩廊學舍十二間、講堂三間、頭門五間、義倉九間、聖蹟庫一間），嘉慶十九年候選訓導歲貢生張廷欽建，光緒十七年舉人盧德祥重修。」[18]

所言「正中廳事三間」，這是書院主要的祭祀空間，以文昌帝君為主神，並祀奎星、倉聖牌位；其他「左右官廳房各二間、兩廊學舍十二間、講堂三間」，顧名思義，各有用途，很難移充他用，接著是「頭門五間、義倉九間、聖蹟庫一間」，義倉使用了九間、聖蹟庫又佔去一間。

書院的祭祀空間，為清代書院規制所必備，鳳山縣城且以鳳儀書院為中心，帶動「敬惜字紙」風氣，每年按例舉行「送聖蹟」活動，因此「聖蹟庫」的設立，亦屬書院創建之初的常態功能。隨著歲月的增長，鳳儀書院因佔地寬敞，可能在地方經費拮据之下，漸次移作他用，其中的「義倉」部分，完全與書院既有功能無關，純粹只是方便或安全考量的空間利用。

道光朝以降，至光緒年間，鳳儀書院先後增設曹公祠、五子祠及義學三種，功能更趨多元。曹公祠固然以祭祀功在鳳山水利的前知縣曹謹，而以匾額實物徵驗，其實仍有兼具德政祠的意義。臺灣官建書院，向以主祀朱子、配祀五子為正宗，民間書院則主祀文昌帝君，配祀朱子等；鳳儀書院創建之初，因遷就包容地方舊有之文昌祠，而主祀文昌帝

---

[17] 林豪《東瀛紀事》（臺北：臺北銀行經濟研究室，1957），頁 5，卷上/賊黨陷彰化縣。

[18] 盧德嘉《鳳山縣采訪冊》，頁 158，丁部規制/書院（附試院、奎樓）。

君，五子祠的建立，事在同治 12 年，紳董蔡垂芳為「宜崇先賢，以正學統。」乃請准增設五子祠，配祀宋代濂、洛、關、閩五夫子，俾「上接洙泗之淵源，下開萬古之聾瞶」（詳下文），使鳳儀書院更符合官建書院規制。光緒年間就「曹公祠」空間，增設義學，性質固近似鳳儀教學功能，惟只是單純的閒置空間利用而已。茲略依設置時間，臚列如次：

## （一）聖蹟庫

鳳儀書院的配置，尚有「聖蹟庫一間」，聖蹟，指的是字紙焚化後的灰燼，這些灰燼每年會擇定日期（通常為文昌帝君誕辰）恭送入海（或溪流），平時則貯存於淨室，故稱「聖蹟庫」。

鳳山縣的撿拾字紙與恭送聖蹟行事，源遠流長。文獻所見早在嘉慶 5 年（1800）庚申歲，奮社諸同人醵金倡建敬字亭，每年僱工檢拾字紙，彙集焚化。於正月選擇吉日，送入大海。此時奮社內僅奉祀奎星及倉聖神位，尚未建祠。嘉慶 19 年（1814），張廷欽承知縣吳性誠之命，辦理創建鳳儀書院事宜，同時並建文昌祠，即以奎星及倉聖人二神合祀，又建造敬字亭於講堂之左。敬字亭的建造經費，仍由奮社同仁負責捐募。道光 3 年（1823）竣工，張廷欽有碑記事[19]。

鳳儀書院既建造敬字亭，原由奮社辦理的敬惜字紙相關活動，便與書院結合，成為院內重要行事，也編列相關經費。其中以送聖蹟當日祭典為最主要花費，《鳳山縣采訪冊》記云：「裝送聖蹟入海，是日眾紳齊到，與祭者數百人，恭送出城，董事預備酒餚數十席以應客，計糜銀一百二十元，祭祀五次八十元，神福十二次十八元。」其他還有平日的「裝送字灰」小額開銷，併入雜支，金額不大，確切數目不得而知。

## （二）曹公祠

咸豐 10 年（1860），設立「曹公祠」則選在頭門內左畔。相關記載，

---

[19] 盧德嘉《鳳山縣采訪冊》，頁 345，壬部藝文（一）/碑碣/敬字亭木碑。

仍見《鳳山縣采訪冊》：「曹公祠，在鳳儀書院頭門內左畔，屋四間（祀前邑侯曹公諱謹，字懷樸，河南人，丁卯解元），咸豐十年闔邑士民建。[20]」曹公祠所祀「前邑侯曹公諱謹」，即前鳳山知縣曹謹，道光 17 年（1837）正月二十五日任，21 年（1841）七月一日卸。

曹謹在鳳山知縣任內的最大的貢獻，便是興築有清代臺灣三大水利工程之一的「曹公圳」，功德在民，去後鳳山紳民建祠於鳳儀書院內，以誌去思。曹謹治鳳山，前後五年，其事蹟在《鳳山縣采訪冊》列傳有簡要記述：

> 「曹謹，字懷樸，河南河內人，丁卯解元‧道光十七年春知縣事。邑故多旱田，謹下車即巡田野，尋察水源至九曲塘淡水溪邊，喟然歎曰：是造物者留以待人力之經營也。於是，集紳者，召圬匠，興工鑿築。公餘之暇，徒步往觀，指授方略，雜以笑言，歡若家人婦子。以故趨事者益眾。戊戌，功竣，凡掘圳四萬三百六十丈有奇，計可灌田三萬一千五百畝有奇。蓋由淡水溪決隄引水，於九曲塘之坳壘石為門，以時蓄洩。當其啟放之時，水由小竹里而觀音里、鳳山里，又由鳳山里而旁溢於赤山里、大竹里，環縣城，達署內，中建水心亭，水之消長，一望而知。在任五年，繕城郭，修衙署，勤聽斷；士涉訟庭，面斥不恕。去之日，祖餞者至數千人。咸豐十年，民思舊德，構祠三楹於書院東偏，每遇誕期，輒召梨園設酒醴以遙祝之。」[21]

清代慣例學宮（文廟）之側，必建有名宦祠或德政祠，以祀歷任宦績良好者。鳳山紳民建曹公祠於鳳儀書院內，不入名宦祠，推測有兩項因素。一是如合祀曹謹於名宦祠，無法突顯曹公興圳利民的大功德，而單獨建祠，以時祭祀。一是鳳山縣學宮在舊城，新城為當時政治、文化中心，以此地建祠表彰曹謹政績，最為適宜。其次，鳳儀書院空間寬敞，可加利用，無經費上額外負擔。

日治之初，鳳儀書院成為衛戍病院，進出不便，曹公祠因而逐漸傾

---

20 盧德嘉《鳳山縣采訪冊》，頁 189，丁部規制/祠廟/曹公祠。
21 盧德嘉《鳳山縣采訪冊》，頁 258，庚部列傳/宦蹟。

圯。明治 31 年（1898）臺灣總督兒玉源太郎巡視鳳山，因感佩曹謹功績，且見祠與廢頹，深為可惜，遂指示廳長規劃重修，並率先捐資作為號召，地方人士聞訊感奮，並認為應改建為宜。後由臺南廳主導，進行遷建事宜，並於明治 44 年（1912）竣工，曹公祠遂脫離鳳儀書院體系。

大正 5 年（1916），杉山靖憲著《臺灣名勝舊蹟志》，所記遷建後曹公祠現況，這時祠內懸有三面匾額說是：「大正三年五月臺南廳參事戊子科舉人盧德祥敬立」的「德及萬世」，是遷建後新立。另外兩面，一是「郇伯遺風」，上下款為：「恭頌紹堂孫老公祖大人德政，治下東港紳郊同叩」；一是「正德厚生」，上下款為：「咸豐庚申小陽春穀旦，闔邑士庶敬立」。此二匾當係自原曹公祠移來，「正德厚生」應是咸豐 10 年（庚申）建祠時公立之物。

值得注意的是「郇伯遺風」下款有「孫老公祖大人德政」字樣，顯然與曹謹無關。依《鳳山縣采訪冊》職官所列，這位「孫老公祖大人」，當是同治末、光緒初年在任的知縣孫繼祖。此與鳳儀書院講堂同治 10 年「恭頌父師紹堂孫大老爺德政」的「廉能著績」匾額，當是同時所立。「郇伯遺風」為曹公祠舊物，且隨遷建改懸新祠，其何以懸之曹公祠內，合理的推測，應是鳳儀書院未設德政祠，曹公祠之設，亦兼具德政祠意義，乃有德政匾額懸掛祠內之舉。

## （三）義倉

民以食為天，糧倉的儲糧，往往關係地方安危，故糧倉的建立，其位置選擇，安全性可能是主政者首先考慮的因素。鳳儀書院在城內，且在縣署附近，安全無虞，且空間足夠，附設義倉性質的糧倉，本屬無妨，但以一教育機構，附此設施，實為清代臺灣所罕見。

據《鳳山縣采訪冊》記載，鳳山縣城內之糧倉有二，一稱「倉廒」：

> 「在縣署後，計十間，嘉慶九年，知縣吳兆麟建。道光十八年，知縣曹謹修。咸豐三年，知縣鄭元杰重修（光緒十四年圯）。[22]」

22 盧德嘉《鳳山縣采訪冊》，頁 141，丁部規制/倉廒。

此為鳳山縣官倉。另一稱「義倉」：

> 「在鳳儀書院照牆內左廊，平列九間。同治十二年勸捐民穀六千餘石，董事生員王應運監理。今顆粒無存，倉亦倒壞。」

義倉所儲粟穀，主要來自「勸捐」，以備賑濟，可能視地方災情之需，臨時勸捐入庫，以致割臺前夕乃有「今顆粒無存，倉亦倒壞」的記載。

## （四）五子祠

臺灣的書院通常以文昌帝君或朱文公（朱熹）為主神，官方書院則在奎星、倉聖人等配祀之外，會增祀宋代濂、洛、關、閩五夫子，稱為五子祠。鳳儀書院早期無五子祠，郡庠生蔡啟鳳曾有意興建，但力有未逮。至同治年間，經費逐漸充裕，乃由蔡啟鳳倡建五子祠於院內。同治11年（1872），先後向知縣孫繼祖、署知縣饒書升提出建祠之議，均不得要領。同年十一月，新任鳳山知縣李烇（卓如）抵任；李烇治鳳數月，「推本化原，留心士習」，於是蔡垂芳再度提出增祀舊案，於同治12年（1873）春獲准進行，同年五月完工，蔡垂芳有碑記其始末，有云：

> 「顧思書院創制，宜崇先賢，以正學統。學統正而後世識有所依歸。宋濂、洛、關、閩五夫子，上接洙泗之淵源，下開萬古之聲膈，是必增祀斯堂，春秋典禮勿替。何況鳳儀院租，倍於昔日。司事者其可忘奮社諸君之舉，而不重為振興耶？垂芳自愧棉力菲薄，未能於斯道有功。第念先人有志未逮，今者言猶在耳，忍令風氣日趨，而辭越俎代庖之責哉？」
>
> 「癸酉春，卓如李公蒞鳳數月，推本化原，留心士習。乃復請而行之，並將院田租款，立石以示不朽，且冀後之有同志。大清同治十二年，歲次癸酉，夏三月吉旦，郡庠生蔡啟鳳遺命男垂芳立石。」（按租款從略）[23]

23 臺灣銀行經濟研究室（編）《臺灣南部碑文集成》（臺北：臺灣銀行經濟研究室，1966），頁 347-350，甲、記（下）/鳳儀崇祀五子並立院田碑記。

　　此次除增祀五子，同時，又有「並將院田租款立石以示不朽」之舉，所言「將院田租款立石」，從其他文獻史料觀察，主要原因是院田有所增加，且新建義學，撥歸義學使用，必須重新釐定條款，以垂久遠。

## （五）義學

　　李烒任內所建義學，在新城永安街縣署西南，《鳳山縣采訪冊》記云：

> 「義學，在永安街縣署西南數武，學舍五間，同治十二年邑侯李烒建，又詳請撥充公爺陂底民間隱匿秧田二十三甲一分二釐三毫三絲，歸鳳儀書院掌管，作義學田，年贌佃首銀一百二十元，為延師脩脯及修理等費。[24]」

乃是。所稱「公爺陂」，又稱赤山大陂，位在赤山里，群山環繞，四周有單季田二十三甲一分二釐三毫三絲，舊為民間隱匿秧田，同治 12 年，知縣李烒詳請上憲撥歸鳳儀書院，作為義學田。

　　李烒建義學於永安街之後，隨著時間增長，光緒 13 年（1887）知縣吳元韜又利用鳳儀書院內曹公祠空間作為另一所義學，則《鳳山縣采訪冊》又云：「（義學）一在鳳儀書院曹公祠內，光緒十三年邑侯吳元韜設起，又詳請撥充北畔圳不入甲贏餘水租銀九十元，為延師修脯及修理等費」。這是書院本身義學，不只是經費的掌管而已。

　　義學與書院性質不同，前者是推廣教育，收納貧民子弟就學，並無資格限制；後者則是專業教育，以科舉考試為目標，必須具備生員或童生身分使得入院攻讀。曹公祠內義學設於光緒 13 年（1887），直屬鳳儀書院，其經費來源為「撥充北畔圳不入甲贏餘水租銀九十元」，而依據翌年代理鳳山知縣吳元韜選任塾師告示，則有較完整記述，告示引據舊圳總理林際時暨眾甲首等聯名呈稟，緣同治年間，「籬仔內汴」有不入甲之田，私向甲首三合記買水灌田，每年得穀將近一千石，僅私貼前辦

---

24　盧德嘉《鳳山縣采訪冊》，頁 160，丁部規制/義學（附番社義學）。

總理二十元,以致入甲之田失水爭鬧。公議舉出生員王邦猷出為配水辦
理,逐年按繳局費銀一百二十元,添設義塾於曹公祠內,交由總理給發,
一則照顧祠內油香,二可栽培貧民子弟,僉請縣署立案。

　　既經費無虞,設塾場所無須另建,且可「照顧祠內油香」、「栽培貧
民子弟」,縣署自然樂觀其成,旋即「批准如稟辦理」。接著塾師的選任,
另由鳳儀書院監院周熙清、董事盧德嘉、盧德祥共同推舉:「查有本城
生員謝賴周文行端方,堪任塾掌教。」人選獲得縣署同意,即於光緒
14年（1888）三月十九日出示曉諭:

> 「諭仰該謝賴周即便遵照,前往曹公祠內義塾,擇日開館課教,
> 毋稍怠荒,致誤子弟。仍將啟教日期,並生徒人數造冊稟縣備查,
> 毋違,此諭!」[25]

　　曹公祠內義塾的辦理,因水利問題而來,卻意外留此創設、經營史
料,平添鳳儀書院教育掌故。

　　與鳳儀書院同時興工建造,緊鄰書院,卻非書院範疇者,為「試院」
建築,試院是鳳山縣舉行歲、科兩試場所,亦即秀才考試之地,目前仍
殘存部分遺跡,因錄《鳳山縣采訪冊》相關記載如次:

> 「試院,在鳳儀書院東偏,屋三十六間（頭門五間、大堂一座、
> 大堂前閩童廊號十間、座位四百號,大堂後穿心亭一座,亭左粵
> 童廊號六間、坐位二百四十號、亭後閱卷廳事一間、左右官房各
> 三間、廚房一間、廳事後為奎樓、樓左房屋五間）,光緒元年增
> 貢生蔡垂芳董建。」
> 「奎樓,在試院後,上、中、下三層,光緒九年生員丁星輝董建,
> 尚未完竣,十八年被颶風吹倒,基址猶存。」[26]

---

[25] 臺灣銀行經濟研究室（編）《臺灣私法物權編》（臺北:臺灣銀行經濟研究室,1963）,頁
　　1264,卷三物權之特別物體/第七節埤圳。

[26] 盧德嘉《鳳山縣采訪冊》,頁158-160,丁部規制/書院（附試院、奎樓）。

# 四、書院山長與紳董

清代以科舉取士，府州廳縣均分別建有儒學與書院。儒學辦理教育行政以及旌表事宜；書院則以攻讀課業，以資各項考試為主。通常書院有兩個體系，一是管理體系，由官府聘請地方紳士為董事作為領導階層，再設「監院」一職，實際管理書院運作，底下尚有基層各項職務，如院書、門斗、院丁、租丁、管事等。另一是教學體系，亦由官府聘請飽學碩儒擔任教師，教師資格視書院層級而定，進士、舉人、貢生均有，甚至有官員兼任者。書院教師有各種不同稱呼，通稱為「山長」，亦稱「院長」「掌教」、「主講」、「講席」等，名目雖殊，其實，作育英才的職掌是一致的。鳳儀書院自嘉慶 19 年（1814）開辦以來，以至光緒 20 年（1894），均延聘山長主持教學工作，且為書院靈魂人物，惟文獻闕如，歷任山長人物，僅賴片段的拼湊。

## （一）山長

鳳儀書院新建，必先延聘山長，依文獻考察，第一位山長，以嘉義籍優貢陳震曜可能性最高。陳震曜號星舟，以嘉義廩生選為嘉慶 15 年優貢[27]。按清代正途五貢之中，有「優貢」一種，學政三年試畢，遴各學生文行優者，每省錄取數名，亦赴廷試，稱曰優貢[28]。陳震曜於嘉慶 20 年（1815）後歷署建安、閩清、平和等教諭，及任惠安、平和訓導。道光 5 年（1825），調省；監理鰲峰書院，助修通志。《臺灣通史》稱：「先是震曜在鄉，鳳山知縣重其人，聘主鳳儀書院。鳳邑僻處南隅，文風不振。既至，日集諸士講經，間為詩文。自是鳳人始勵學。」敘述陳震曜獲聘主講鳳儀，為「在鄉」之時。且考《鳳山縣采訪冊》：「嘉慶十五年庚午：陳震曜（縣學，閩籍，惠安訓導）。」知陳震曜出身鳳山縣學，為鳳山縣「閩籍」人士。陳震曜陳於嘉慶 15 年（1810）選為優貢，

27 連橫《臺灣通史》，頁 962，卷三十四列傳六/流寓列傳/陳震曜。
28 參劉兆璸《清代科舉》（臺北：東大圖書公司，1977），頁 18，第四節五貢。

19 年（1814）鳳儀書院開辦，時間及地緣兩相符合，推測是首位鳳儀書院山長。且因嫻熟地方史事，道光年間福建補修通志，仍「奉巡撫命，委同鳳、嘉兩知縣督辦採訪冊，送省補修通志。震曜以臺灣府縣各志地圖，舊多疏謬，山川莊社誤置尤多，建議先繪里堡分圖，次繪廳縣分圖，然後統繪全圖。並倣國史館一統圖之法，布畫格線。」亦見《臺灣通史》流寓列傳。

其次，曹瑾在鳳山知縣任內，聘請了侯官籍舉人蔡徵藩為僚屬，並借重其才，兼任鳳儀主講。蔡徵藩字价期，號薇堂，早年因久困童試，而幕遊臺灣，就近在臺應試。年二十五才取進為縣學生員；同年連捷舉鄉試。先後擔任江蘇巡撫林則徐、江蘇學使廖鴻荃幕僚；返閩後，又就鳳山縣曹瑾之聘渡臺，兼主鳳儀書院。道光 21 年（1841）成進士，改庶吉士。散館，授編修。道光 25 年（1845），福建巡撫徐繼畬薦主臺灣崇文書院講席[29]。

此後，山長文獻大多失考，僅知光緒年間有盧德祥掌教兩年一事。盧德祥出生於鳳山城內之登瀛街，後遷居中和街，家中經營鑄農具職業，祖籍南靖縣高士門鄉。咸豐 9 年（1860）十二月生，光緒 3 年（1877），取進為鳳山儒學生員（秀才）；9 年（1883），以優等拔補廩生；14 年（1888），應福建鄉試，考取戊子科舉人。旋以辦理清丈勞績，獲保舉知縣銜。光緒 18 年（1892），以捐賑授同知銜。19 年（1893），掌教鳳儀書院，共兩年時間。割臺前曾兼任鳳山團練保甲總局長和籌防局委員。光緒 21 年（1895）七月，避居廈門蘇厝埕，先後移居漳州東鋪頭及廈門鼓浪嶼。明治 33 年（1900）六月，透過鳳山街及臺南縣具呈臺灣總督府，請求全家回臺入籍。明治 35 年（1902）六月，獲聘擔任鳳山廳參事，後改任臺南廳參事；42 年（1909）一月，臺灣總督府授佩紳章。大正 6 年（1917）六月初二日卒，年五十八歲[30]。

---

[29] 臺灣銀行經濟研究室（編）《福建通志列傳選》（臺北：臺灣銀行經濟研究室，1964），頁270，卷五/錄自福建列傳卷三十八/蔡徵藩條。

[30] 引自臺灣總督府公文類纂 000005020040037 號，盧德祥回臺入籍檔案。並參《臺灣列紳傳》。

## （二）紳董

　　鳳儀書院的管理，採集體領導方式，由知縣遴選董事。再由董事提出總理人選。按據院內賓興條款，有「此項經費定限每年於五、六、七三個月分期繳清，逾限一月，准由書院監董稟請，將總理斥革追辦。」可知董事聽命於知縣決定總理的任用或斥。

　　據院內保存有道光 5 年（1825）「奉憲禁胥役勒索紳衿碑記」，由署鳳山縣正堂杜紹祁，遵臺灣府札給示，嚴禁「衙門刑杖什差橫索『鋪堂禮』、「毋再稍任索擾滋事。」此碑旨在禁絕衙門相沿已久的陋規，通常只是虛應故事，很難革除弊端。不過，書院紳董「恐積久弊生，故態復萌，諸同人遵將禁示泐石，永垂久遠。」而在碑末刻列當時全部董事姓名，包括：「楊登科、吳向辰、李世青、趙榮宗、鄭元琛、洪春燕、鄭騰高等」等共十名，意外留此道光 5 年全部董事名單。

　　此外，僅能從其他史料，找到零星董事人員，如光緒 12 年（1886）契字，因書院的膏火（伙）田發生欠繳問題，田主乃將其田交由鳳儀書院董事沈時敏掌管，抵還膏火銀，有云：「立杜絕甲首契字人大竹里乙甲莊林靜觀，有承父林安居墾置下八莊舊圳甲首一股，該管田七十六甲七分，帶納總理膏伙並溪口諸費。因先父自光緒八年去世，有胞兄林清江掌辦三年，侵缺總理趙德觀繳款，迫討難容。江無力清還，與觀相議，願將此甲首交觀掌辦，抵還缺款。嗣後江出為混收，觀屢遭賠累，無力繳還，適因總理侵缺鳳儀書院董事沈時敏膏伙，總理將此甲首抄封，抵還敏膏伙銀一百二十元。」得知光緒 12 年的董事有沈時敏其人。又前引光緒 14 年（1888）盧德祥、盧德嘉等人推薦曹公祠內塾師公文，可確知此時盧德嘉仍有書院董事身分。此外，《鳳山縣采訪冊》敘述義倉經費管理，有云：「現存銀一百七十一元四角四瓣、穀二百九十二石，交董事生員陳崇管理。[31]」知光緒 20 年（1894）時，生員陳崇為董事之一。

　　盧德嘉的擔任鳳儀書院董事，共有三次。盧德嘉為鳳山城內登瀛街人，即舉人盧德祥之兄。咸豐 5 年（1855）生，光緒元年（1875），取

---

31　盧德嘉《鳳山縣采訪冊》，頁 141，丁部規制/倉廒。

進為鳳山儒學生員（秀才）；4 年（1878），鳳山知縣鄧厚成委教義學十八年，即光緒 21 年乙未割臺這年仍在鳳儀書院曹公祠內擔任義學塾師。盧德嘉首度於光緒 8 年（1882）由鳳山知縣武頌揚聘為鳳儀書院董事。12 年（1886），再獲聘為書院董事，16 年（1890），再擔任書院董事。均見盧氏於明治 31 年（1898）所填報履歷[32]。由盧德嘉出任董事的時間點推敲，董事應是任期四年，光緒 14 年仍是現任董事，即是出自光緒 12 年的續聘。光緒 16 年之聘，應至 20 年任滿。

　　盧氏履歷之末，尚有一項與鳳儀書院關係密切的輝煌成績，即「自同治十二年起，至光緒二十年止，所有與考書院會課及觀風決科，蒙取第一名一百零二次、前列一百二十八次，共得獎賞花紅、膏火銀一千二百八十圓」，這些考試都在鳳儀書院舉行，前後共二十二年，盧德嘉參加且得獎的就多達二百三十次之多，如加上可能未得獎者，至少每年會在十二次以上，幾乎每個月都有考試，因履歷填報而意外留此鳳儀主要考試紀錄，亦彌足珍貴。

　　此外，一份明治 31 年（1898）臺南縣向臺灣總督府彙報的「元鳳山縣管下」王山東等四十四名擬核給紳章人員，與鳳儀書院有關者有三人，包括王山東、林靜觀、盧德嘉，盧德嘉已如上文所敘，王山東為「大竹里鳳山市街鴨市街」人，「舊政府時代」的秀才與「鳳儀書院董事」，資產「十餘萬圓」，為鳳山地區的鉅富之一。林靜觀於前述膏火田糾紛已見其名，此彙報名冊則記載他為「大竹里鳳山市街新打路街人」，秀才，識量高尚，「舊政府時代」擔任「鳳儀書院監事」，現任鳳山辦務署參事、市街衛生委員、市場委員[33]。

　　鳳儀書院董事還有一項「福利」，便是每科鄉試帶著賓興經費，到省城福州發給與試諸生。事見《鳳山縣采訪冊》鳳儀書院條：「同治十二年知縣李燦詳請年撥新圳贏餘水租銀六百元，充作賓興經費，勒碑定案（見「碑碣」部），限五、六、七三個月分期繳清，存郊行生息，三

---

[32] 臺灣總督府公文類纂數位典藏資料庫第 000095370700256 號，盧德嘉履歷書。

[33] 有關王山東事蹟，引自臺灣總督府公文類纂數位典藏資料庫第 000003700150110 號，臺南縣下（元鳳山縣管下）王山東外四十四名へ紳章附與。

年共湊一千八百元，由書院監董帶省給發。如遇恩科，則發半費，而以其半留俟正科」[34]。

# 五、鳳山修志采訪與院內文物

　　光緒 18 年（1892）六月，臺北知府陳文騄、淡水知縣葉意深會稟請修臺灣通志，旋奉臺灣巡撫邵批准，成立臺灣纂修通志總局，並在各州、廳、縣設立修志采訪局，通令分纂各州、廳、縣采訪冊。十月十四日，通志總局將修志事宜及采訪冊式，飭發各屬，先行按條采訪，各自纂輯成書，送局彙核纂修。至光緒 20 年，已完成臺灣、鳳山、安平、新竹、雲林、恆春、宜蘭、苗栗等縣及澎湖廳、埔裏社廳、臺東州等采訪冊，並纂修部分志稿[35]。經過日治初期的政局動盪、兵馬倥傯，許多已經完成采訪冊因而散佚，《鳳山縣采訪冊》幸而完整保存迄今。

　　《鳳山縣采訪冊》設局辦理采訪事宜，整個過程均與鳳儀書院息息相關。盧德嘉序文稱：「鳳山采訪共事者，如盧孝廉德祥、陳孝廉日翔二君，其總辦者也；周明經熙清，王廣文春華二君，其幫辦者也；暨嘉，凡五人。」[36]據此並參其他文獻，得知鳳山縣采訪局的五位主其事者，分別是：

> 總辦
> 　　舉人盧德祥
> 　　舉人陳日翔
> 幫辦
> 　　貢生周熙清
> 　　訓導王春華
> 主稿
> 　　盧德嘉

---

[34] 盧德嘉《鳳山縣采訪冊》，頁 159，丁部規制/書院（附試院、奎樓）。

[35] 參盧德嘉《鳳山縣采訪冊》，頁 7-24，采訪案由。

[36] 盧德嘉《鳳山縣采訪冊》，頁 5，自序，頁 5。

　　五人當中，可確知盧德祥為鳳儀書院山長、盧德嘉為鳳儀書院董事，周熙清為鳳儀書院監院。至陳日翔、王春華兩人，當亦屬董事層級，惟尚待證實。其次，關於鳳山縣采訪局的設置地點，諸紳董都兼任鳳儀書院職務，以鳳儀房舍之寬敞，屢有移充他用前例，故最可能的地點便是鳳儀書院。

　　盧德嘉序文又稱：「局設於壬辰（光緒十八年）季冬之朔，諸同人坐候數月，寂無一事。至遲之又久，而始有港西里舉人李向榮及港東里生員洪占春各就該里約舉數條，亦屬寥寥無幾。不得已，商請李明府飭傳各里總保、莊耆按月查報，始得陸續造送疆域、田園兩項。」設局之初，固然誠如所言：「諸同人坐候數月，寂無一事。」[37]此指采訪彙報尚未造送而言，其實仍有蒐集舊志資料同時正在進行。

　　光緒年間，康熙《鳳山縣志》地方上已經無從見到，乾隆《重修鳳山縣志》，則尚有鳳儀書院董事蔡垂芳傳鈔本在，成為采訪局編修的重要依據，此一搜尋過程，《鳳山縣采訪冊》存有紀事：

　　　「鳳山舊志十二卷，創於康熙五十八年李邑侯丕煜；又重修於乾隆二十九年王邑侯瑛曾，距今已一百三十年。舊有刻本，兵燹之後，散失無存，惟興隆謝姓家藏一部。光緒三年，鳳儀書院前董事蔡垂芳曾向其借鈔，全部訂作十本，編十干為次第；計麇鈔寫、裝訂工資銀十四元。其中字多舛訛，殊非善本。近聞謝姓一部業經遺失，不知流落誰何之手？現在采訪必需，固猶賴有此鈔本，以資考證。物罕見珍，亦足貴矣。」[38]

蔡垂芳借鈔於前，盧德嘉等借用於後，都屬鳳儀書院前後任董事，書院保存史料之用心，在教育功能之外的又一重要貢獻。

　　訪求文獻典籍，固然關係修志，而實地的采訪，提供纂修素材，才是臺灣通志總局最為迫切需要的，尤其是長期未曾續修方志的廳縣。依照臺灣通志總局頒布給各府、廳、州、縣的采訪項目，包括「疆域、鄉

---

37　盧德嘉《鳳山縣采訪冊》，頁5，自序。
38　盧德嘉《鳳山縣采訪冊》頁25，舊志紀略。

堡、村鎮、山川、道里、險隘、田園、溝洫、城池、廨署、營汛、倉廒、橋梁、津渡、壇廟、祠宇、書院、義莊、善舉、人丁、戶口、錢糧、稅課、文武職官、兵制、選舉、學校、人物、古蹟、名宦、流寓、列女、番社、風俗、物產、典禮、政事、藝文、災祥、兵事、中外交涉，並一切地方建置興廢沿革」，均應纂敘並依采訪冊式，按條采訪，再各自纂輯成書，繳送總局[39]。

　　鳳山縣采訪局主事人員，幾乎都是鳳儀書院紳董，且可能設局書院內，采訪項目之「藝文」，當中有兩個子目，即「匾（扁）額」與「碑碣」，都屬文物實際采錄。采訪局既與書院關係密切，院內當時仍存文物，便鉅細靡遺，錄存《鳳山縣采訪冊》。臚列如次：

### 德速郵傳扁

　　在鳳儀書院頭門中楣上，恭頌邑侯丁大老爺德政。道光己酉年端月穀旦，闔邑紳耆立。

### 仁恩廣被扁

　　在鳳儀書院講堂中楣上，恭頌分府憲攝理邑侯全大老爺德政。道光壬寅年桐月穀旦，闔邑衿耆舖民敬立。

### 廉能著績扁

　　在鳳儀書院講堂東楣上，恭頌父師紹堂孫大老爺德政。同治十年蒲月，仁壽里紳耆舖戶立。

### 菁莪造士扁

　　在鳳儀書院講堂西楣上，恭頌卓翁李大老爺賓興德政。鳳儀書院紳士敬立。

---

[39] 參盧德嘉《鳳山縣采訪冊》，頁 14，采訪案由。

## 曹公圳碑

在鳳儀書院曹公祠東壁。高六尺，寬六尺。正書三十六行。行四十字。碑文已見「圳道」部。

## 禁增索卷價木碑

在鳳儀書院廳事東壁。高三尺五寸，寬一尺七寸。正書十四行，行三十六字。其辭云云：

> 鳳邑眾紳士鈔刻，遵奉欽命按察使司銜、福建分巡臺澎等處地方兵備道、兼提督學政、軍功加三級紀錄十次孔，為禁革違例增索卷價事。照得學政全書開載：奉上諭：學政考試卷價，自雍正十一年經部議定，每本價值三分，令提調官自行辦置，不許卷戶仍前增價重戥等弊，自應照定例辦理。今崔紀奏江蘇等屬，卷價浮多，有貴至一錢及二錢不等者，寒士未免拮据。此皆由書役舞弊巧取，該管官不行查察之所致。著該督、撫、學政等通行各屬，嗣後童生府州縣以及院試卷價，令依部定之例，毋得違例多取。如有仍蹈前轍者，著該督、撫查出，分別究治等因，欽此。欽遵在案。茲訪聞府兵書羅志華，借武童報名造冊，卷價較增洋銀二元或一元之多，實屬違例妄為。現在試期已屆，誠恐滋生事端，合亟出示嚴禁。為此，示仰闔屬赴考武童知悉：爾等院試納卷，務須恪遵定例，每本價銀三分，倘有不法經胥違例多索，許即赴提調官及本學政呈明，以憑從嚴究革。該武童等亦不得藉端滋事，併干重咎。其各凜遵毋違！特示。
> 道光七年四月　日給　掛鳳儀書院曉諭。

## 賓興木碑（三片）

在鳳儀書院廳事西壁。每片高六尺，寬一尺四寸。統計正書二十一行，行六十三字。其辭云：

> 賞換花翎、補用清軍府、攝理鳳山縣正堂加十級記錄十次李，為

遵批勒石事。照得本攝縣詳請興隆等五里新圳水租酌議減輕，並將贏餘銀兩，撥充賓興經費一案，茲於本年十一月十八日奉梟道憲夏批：據詳暨另詳賓興章程均尚妥協，仰即遵照勒石，俾垂永久，仍將石刻摹塌一紙送查繳。又於十一月十一日，奉本府憲周批：據詳已悉，仰候本道憲批示飭遵繳等因。奉此，查前項水租，先奉憲飭以抽收太重酌議減輕，分別定章，詳明立案。當經本攝縣遵照酌議，所有此項水租，如於年內完納者，每甲收銀二元二角；次年正月以後加抽三角，四月以後加抽六角。赤山里照舊抽收，毋庸更議。牽勻計算，每年約減收銀九百元，實尚收銀二千八百元。前項收費辛工、香油各款，共需銀二千元，均係必不可少，應准照舊開支。總理辛工、雜用，年定銀二百元。統除以外，仍有贏餘銀六百元，應請撥充賓興經費，為卑縣各生員晉省鄉試之需。此款，自同治十三年起，定限每年於五、六、七三個月內，分期由該圳總理全數繳清。所有衙門內外一切陋規，概行永遠革除，不得另設名目加增私索，以恤民艱。綜計該總理全年出納之數，有盈無絀，固不准於修圳工程草率偷減，亦不准於應繳賓興一款拖延短繳。自此以後，該圳總理如圍水懶惰，業佃告發，或侵吞賓興經費，逾限短繳，均即飭革追辦，不准復充。倘辦理妥協，並無過誤，亦不准地棍、土豪營私舞弊，牟利鑽充。即有事故，應行另舉更換，必須擇就地殷實之戶，自有田業坐落該圳，確於圳務熟悉情形者，方許充當。每年修築工竣，著該總理具稟報縣，即由卑縣輕輿減從，親赴該圳巡閱一次；一切夫馬需費，概行由官給發，毋庸該總理費用絲毫。至賓興經費，於體恤寒畯之中，實寓造就人材之意。惟生員中亦有殷實之家，自毋須與窮儒爭此薄利，亦經分別定章具詳各在案。茲奉前因，合亟勒石以垂久遠，須至勒石者。

計開賓興經費六條：

一、此項經費定限每年於五、六、七三個月分期繳清，逾限一月，准由書院監董稟請，將總理斥革追辦。

一、此項經費應交何家郊行代收存儲、如何生息，由監董自向議明，稟縣諭飭承辦。

一、應試生員，每名給發洋銀二十元。其家道實在殷實者，有志

觀光，儘可自備資斧，此項經費，概行扣給，以臻實惠。

一、冒領銀兩，並不赴省應試者，查出加倍追回。其臨時或有患病等事，不能應試者，應令告明監董，繳回領款，仍交郊行存儲。

一、每屆鄉試之年，應試各生員先赴監院處報名，公議實須給銀者，造冊報縣。由縣列單諭飭郊行照數按名給領，仍取領狀彙繳存案。

一、此項經費，每科除給領後，如有盈餘，存俟下科湊發，毋論官紳，永遠不准挪移別用。如違，惟該郊行賠償。

同治十二年十二月　日立。

## 惠我無疆碑

在鳳儀書院講堂東壁。高三尺八寸，寬二尺。正書九行，行二十九字。其辭云（文從略）。道光二十七年丁未秋九月，闔邑衿耆鐫石。

## 寬以猛濟碑

在鳳儀書院講堂西壁。高三尺六寸，寬一尺八寸。正書八行，行十五字。其辭云：（文從略）。道光三十年正月同立石。

## 禁胥役勒索紳衿碑

在鳳儀書院頭門內。高四尺一寸，寬二尺一寸。額橫書「奉憲禁胥役勒索紳衿碑記」十一字。下正書十行，行三十五字。其辭云：（文從略）。

## 和順流芳碑

另立一碑，在本碑對壁。高四尺，寬二尺一寸。額橫書「和順流芳」四字。下正書十九行，行三十二字。其辭云：（文從略）。道光乙酉年蒲月吉置。[40]

---

[40] 盧德嘉《鳳山縣采訪冊》壬部藝文（一）/碑碣，散見各頁。

　　以上為采訪當時鳳儀書院內「現有」匾額與碑碣，這些文物均具史料價值，尤其是「禁增索卷價」木碑及「賓興木碑」，並為鳳儀書院重要文獻。試卷之發售與所衍生弊端，乃至賓興經費的運用，足資考證。又如鳳山縣久未修志，縣署案卷紛失，許多職官無存，正好運用碑匾所載，補其不足，共有四例：

> 陳蒸（見鳳儀書院碑，籍貫莫考），嘉慶二十二年署。
> 劉蔭棠（見鳳儀書院木碑，籍貫無考），嘉慶年間任（尚在張炘以前）。
> 王騰芳（見鳳儀書院木碑，籍貫無考），嘉慶年間任。
> 徐廷榮（見鳳儀書院木碑，道光三年勒名，籍貫任卸莫考）。[41]

　　鳳儀書院後因年久失修，以及民眾佔住，匾聯、碑碣往往受到摧殘，尤以木質文物幾乎蕩然無存，幸有當年《鳳山縣采訪冊》紀錄，見證書院歷史，也彰顯紳董調查之功。

　　采訪局成立於光緒 18 年（1892），翌年秋，為癸巳科福建鄉試之期，盧德嘉是廩生身分，必須參加考試，而盧德祥恰有閩省之行，采訪事務暫為擱下。秋闈結束，盧德嘉回到鳳山，已是 19 年九月底。而早在上年九月，臺灣通志總局已透過臺灣布政使司下達催促送稿的指令：

> 「現在通行采訪，即可為各廳縣修志張本；努力為之，事半功倍。廳縣有志，則府志易於輯辦，不難接踵成書。幸勿視為不急之務，厭怠徘徊，本司將於此覘各牧令之志量焉；合行通飭。為此，札仰該縣官吏即便遵照，將修志事宜籌度開辦，具報查考。毋違！」[42]

　　主筆盧德嘉既回，鳳山知縣李淦有結案壓力，便在十月「命在局執草創之役，而以討論、修飾分責諸君。……嘉時屢辭不獲命，而諸君復堅為慫恿，且許以匡所不逮，因靦顏視事，每一稿脫，必先就正諸君，刊謬訂誤，至僉以為『可』，然後發鈔。鈔訖，又必校讀一過，然後裝

---

41 盧德嘉《鳳山縣采訪冊》戊部職官，散見各頁。
42 盧德嘉《鳳山縣采訪冊》，頁 10，采訪案由。

訂成書，由縣繳送。……，用述其緣起如此。」[43]

　　序文撰於「稿既成」之際，落款署「光緒二十年歲次甲午臘月既望」，即光緒 20 年十二月十五日，《鳳山縣采訪冊》終於大功告成，追本溯源，鳳儀書院功不可沒。

# 六、鳳儀書院的特殊功能

　　書院的創建，顧名思義，即首重教學功能，其次，為甄陶諸生品格，院內乃有神祇、先賢人物的崇祀。更因敬惜字紙，關係讀書風氣，書院在祭祀空間之外，例設聖蹟亭、聖蹟庫等附屬建築，大抵是全臺各書院都一致。此外，清代的鳳山縣，在經費不裕的情況之下，將鳳儀書院寬敞空間移充他用，從倉儲性質的「義倉」，到兼具德政祠功能的「曹公祠」，再衍為亦具教學功能的「義學」，這些都屬於常態性功能，顯然較臺灣其他廳縣更為多元。

　　鳳儀書院別有兩項「特殊」功能，在臺灣可能是特例，一是「修志采訪局」的設立，一是調解訟案功能的出現。前者為臨時性編制，書成局撤，光緒 18 年因纂修臺灣通志，臺灣通志總局分飭各屬造送采訪冊，以備纂修通志之需。擔任鳳山縣采訪諸紳董，都兼任鳳儀書院職務，鳳儀書院部分空間便充作采訪局使用，留下詳實史料，已如前節所述。

　　至於鳳儀書院調解訟案功能的出現，則在光緒間署理鳳山儒學教諭王元稚任內，之前有無其事，尚不得而知。按清代鳳山縣原設治興隆莊（左營舊城），文廟、縣署、教育設施等，都依制度陸續興建完成。乾隆 51 年的林爽文事件，林黨莊大田攻破縣城，文武多死。事平後，中堂福康安奏請移設離舊縣十五里的埤頭店，即鳳山新城。遷治之初，因經費考量，某些建築並未跟著遷移，文廟（孔廟）是其中之一。

　　文廟在清代規制為「學宮」，為儒學的祭祀空間，與活動中心。辦理儒學行政、管理事宜的職官，大縣通常都設有「儒學教諭」、「儒學訓

---

43　盧德嘉《鳳山縣采訪冊》，頁 5，自序。

導」，兩者廨署按例必設於文廟之後。縣級儒學教諭，亦稱教官，為一縣最高教育首長，訓導輔助教諭管理、訓誨生員。鳳山文廟既未隨著縣署遷往新城，儒學教諭、訓導二官自然也就留在舊城。鳳山既分新舊兩城，乃形成教諭駐舊城，知縣駐新城的特殊現象，為臺灣僅見。

　　知縣為一縣之長，儒學教諭為其下屬，業務諮商，教諭常會出入縣署。交通工具不發達的年代，文官以肩輿（轎子）為主，從左營舊城至鳳山新城，非常不便，於是歸教諭管轄的鳳儀書院，便成為教諭到鳳山辦事的臨時官廳或休息處所。《鳳山縣采訪冊》說：「鳳儀書院，在縣署東數武。」[44]可知兩者距離之近，「武」為古代長度單位之一，半步或小步稱為一武；數武，即沒有幾步路之意，由於教諭與縣官不同城之故，促使鳳儀書院與教諭關係更為密切，這種情形大約從鳳山遷治開始便已存在，至光緒 21 年割臺，約有百年時間，但少有文獻為這種特殊關係留存紀錄者。幸好光緒 7 年（1881）奉委署理鳳山儒學教諭的王元穉，在晚年所著《夜雨燈前錄》留有精彩的回憶片段。

　　王元穉為福建閩縣人，同治 13 年（1874），嘗擔任臺灣道幕[45]。後在光緒 7 年六月，奉委署理鳳山教諭，七月到任。抵任後首先發現文廟釋奠缺失，樂器不足，佾生訓練不夠，於是「置辦樂器，教導樂舞，盡心力而為之。」這是前面各任敷衍而累積的問題，添購樂器、加強訓練，倒還容易解決。其次，王元穉發現鳳山文風不振，造成文武生員干預訟事，學官也無法處理，惟有接受呈稟、發出傳票，最後收受見面儀禮了事。王元穉有心整頓，勸導排解之外，又從本身做起，杜絕任何餽贈，終於有所成就，他說：

> 「鳳山百十年，無登科目者，幸得一衿，即干預訟事，無案無之，故學署呈稟甚多，學官不能理事，惟出傳單收贄見以為進款大宗。有獲暮夜之金者，余悉心勸導排解。自謂聖諭『和鄉黨以息爭訟』、『息讎忿以全身命』二條，不但講說并躬行之，惟苞苴之

---

44 盧德嘉《鳳山縣采訪冊》，頁 158，丁部規制/書院（附試院、奎樓）。

45 王元穉《甲戌公牘鈔存》（臺北：臺灣銀行經濟研究室，1959），頁 1，「百吉」所撰之弁言。

餽，拒之甚嚴。抵任未久，聲名大起，所調處之案，任內不下百數十起，無不迎刃而解，不啻《周禮》調人之設也。」[46]

　　按所言《周禮》調人，見該書「地官司徒」：「調人：掌司萬民之難而諧和之。」儒學教諭本屬一縣之教育行政主官，鳳山因特殊歷史因素，文武生員的干預訟案，竟成為常態行為，甚至是「無案無之」，於是凡有生員涉及的訟案，教諭便擔任起調停的角色，地點會選在鳳儀書院內，推測是這裡離縣署近，萬一須要動用公權力，城內仍有縣署差役、南路營參將署及中軍守備署可以協助。鳳山的生員「干預訟事」，普遍到「無案無之」，王元穉為改善風氣，不得不在鳳儀書院苦口婆心進行疏解，於是鳳儀書院在教育功能之外，又扮演了類似今日「調解委員會」的功能，就連王元穉本人也不否認「不啻《周禮》調人之設也」。

　　王元穉以誠待人，恩威並濟，加上又拒絕「苞苴之餽」，秉諸大公無私，其調解案子便容易收效，他說：

「余雖稍見勞瘁，而人情愛戴，如子弟之率從父兄，亦興致勃發，自忘其苦，方據案治事，常有人驟來跪地哭訴，掖之起，詳詢始末，亦與伸理，所輯公牘鈔存不及十分之一，其餘不著一字，以一席之談消弭訟端者，不知凡幾，於家庭瑣屑、婦女勃谿之事尤多融釋，有為之聲淚俱下者，信乎至誠之無不可感動也。」[47]

　　這段回憶，王元穉提到「所輯公牘鈔存不及十分之一」，亦即所調解案件之情節重大者，都輯入「公牘鈔存」，大約只保留了總數的十分之一。王元穉選輯「公牘鈔存」早在臺灣道幕時代就已經開始，這可能是多數幕僚人員的習慣，主要是鈔存備查，省卻調閱原始檔案的不便。同治13年（甲戌），這年日本因藉口琉球難民被臺灣原住民殺害事件出兵臺灣，史稱「牡丹社事件」，王元穉因在道署，乃將此案相關公牘錄存副本，輯編成書，稱為《甲戌公牘鈔存》。全書共載一百七十九件文牘，其中不少是地方性的原始資料。其中以委員周有基探報十二件、華

---

[46] 王元穉《夜雨燈前錄》（福州：作者自印，1902），頁 12。

[47] 王元穉《夜雨燈前錄》，頁 12。

廷錫與袁聞柝探報二件、鄭秉機探報十七件暨地方文武如枋寮巡檢王懋功、千總郭占鰲、遊擊王開俊、鳳山知縣李瑛、孫繼祖等稟報二十五件以及未具職銜姓名「另紙探報」二十件，共計七十八件，幾乎將日人在臺舉動逐日查明紀錄[48]，史料價值極高。

　　王元穉既署鳳山縣儒學教諭，又將道署的「公牘鈔存」習慣帶到學署。惜所錄存稿未能流傳至今，否則文獻價值必有可觀。王元穉雖自言他任內在鳳儀書院的調處之案，「不下百數十起，無不迎刃而解」，但他在《夜雨燈前錄》也不諱言三個功虧一簣的案例：「惟有三案，至今思之，猶有餘憾，姓名皆不悉記憶。」此三例讓他長年耿耿於懷，而寫入回憶錄，成為珍貴鳳儀書院文獻。如次：

> 「一則嫡母告其庶出子生員某搶奪牛隻，控縣多次，撥役會學，屢傳不到。余至縣城，嫡母照例遞稟，立派斗傳（余任內無傳而不到之生員，自行戒飭亦只此一次。），在鳳儀書院設公案，令其母旁坐，其子長跪，詢之曰：此是否汝嫡母，持斬衰三年之服者乎？答曰然，即予重責數十，諭之曰：天下無不是底父母，汝為人子不能得父母歡心，況屢傳不到其可恕乎？立交捕衙管押。退後訪知其嫡母偏愛嫡孫，分產不均，今母富而子貧，迫而為此。又詢知其母素聽行中管事某人之言，一併邀到。諭其母曰：汝今日能在公案邊旁坐，人皆呼汝太母，本學亦加禮貌，以汝子之為秀才也。汝若控子，子必遞革，汝自失其體面矣。況汝之控子，吾不必問虛實是非，以有名份也。汝如此年老，遮庇汝孫者日少，一但有故，汝子之控汝孫，亦有名份也，將來報復不更甚乎？況律於干犯，服制重則罪愈重；於錢財，服制重則愈輕，汝子之於牛隻，不得謂之搶奪，直不告而取耳。汝若肯念汝子之貧，稍給貲財分潤，吾當為汝銷案，為汝訓誡，不特此日消弭母子相訟已形之禍，并為異日消弭叔姪相訟未形之禍，化乖戾之氣為祥和，汝亦可對汝夫於地下，汝心願否？反覆開導？管事人亦從旁心服力為勸解，其母頗以余言為然，乃帶往捕署，命其子出，長跪受訓。捕衙朱君，亦杭人，素稱公正，深佩余行事，亦力為贊成，

---

[48] 王元穉《甲戌公牘鈔存》，頁1，「百吉」所撰之弁言。

至給貲若干，余不與聞，令其管事斟酌盈虛，兩相情願，只候公親和息，其子服罪，甘結送到，當備文赴縣銷案。此信一出，鳳山縣衙大不以為然，若要此案和息，非百餘千不能進呈，事因中止，余亦長嘆而回舊城矣，此一案也。」

「又有以嫁母控其親生子，兩造皆有族中生員袒庇，余悉傳到。見其母貧甚，子則居小康僅能自立。余曉之曰：子無絕母之理，律於嫁母有服，天性之親，其可忽乎？今既難迎養，應令其子酌給養贍錢若干，交袒嫁母之生員經理，以終天年，斷以百五十千為率，兩造生員皆以為然，子亦首肯，母無他奢望，本可了結，乃以送闈匆迫，比返役則其母受人挑唆，控府、控道并控巡臺撫院，批發臺灣府審訊，一堂其子已花堂費百五十千，毫無頭緒，必至傾家，其母必流為餓莩而後已，此又一案也。」

「有某武生者，漢仗、技藝均好，周子玉太守所賞識。惟暴戾恣睢，無復人性，為胞姑母所告發，余擬傳到痛懲之，并為設法防範，到鳳儀書院，方詣縣署，請派執刑，縣官以教官無刑人之理尼之；乃向參將署請到軍棍，認定例載：『生員有抗糧滋事、逆理背倫者，教官照溺職例革職。』不能為若輩擔此重咎，又認定『軍興以來，無論提、鎮充當營哨，該管之統領營官，皆可以軍棍從事。』該生甫傳到，旋嚇逸去，余亦以知縣意見不合，廢然而返，後余交卸，此武生果流為大盜，此又一案也。」[49]

　　第一則之調停失敗，主要問題在於嫡母告庶出子生員某，「控縣多次」，早已成案，王元穉本意以為調停兩造各退一步，使撤告而結案，乃是雙贏策略，不料消息一出，「鳳山縣衙大不以為然」，認為此案要和解，非得花錢十萬以上不可，事因中止，王元穉只能「長嘆而回舊城」，任由縣署需索本案。第二則是調解嫁母控親子的案子，問題癥結只在贍養費，已經完成調解，以錢十五萬為度結案；不料，王元穉率領生員赴省秋闈，等其返鳳山後，乃知「其母受人挑唆，控府、控道并控巡臺撫院，批發臺灣府審訊一堂，其子已花堂費百五十千」，官司尚無頭緒，所花費訴訟費用就已經是原協調的贍養費額度了。第三則是胞姑母控告

[49] 王元穉《夜雨燈前錄》，頁 12-14。

武生某的案子，王元穉主張重打，滅其威風，縣官卻不支持。不得已轉向參將署請到軍棍，找出懲治法源，武生傳到即逃，因無知縣支持，遂不了了之，又是另一個案例。

# 七、日治後的鳳儀書院

　　光緒 21 年（1895）乙未之役後，日本政府統治了整個臺灣，一切典章制度，隨之而改變。科舉制度廢絕，使臺灣以傳授舉子業為主要功能的書院，受到嚴重打擊，尤以官辦的幾所書院受創最深，民間書院因產權多為地方所有，大都能轉型而繼續存在。官辦書院，以培育科舉人才為主要目的，科舉停止，書院制度自然隨之瓦解。日治初期，書院建築寬敞，幾乎都移作他用，再因年久失修，任其荒廢，最後終告拆除、消失。如彰化的白沙書院便是典型之例。

　　白沙書院於日治之初，首先負起維持地方治安的功能，先暫充警察廳。明治 30 年（1897），彰化孔子廟改設彰化公學校，曾將相鄰的文昌祠與白沙書院充為外地寄宿生宿舍。後來又「充為彰化廳員工宿舍」。鳳儀書院的遭遇，與白沙書院亦頗類似，先充陸軍宿舍，繼為衛戍病院，後來是鳳山養蠶所。

　　大正 5 年（1916），杉山靖憲著《臺灣名勝舊蹟志》，所記鳳儀書院現況，說是「領臺後」曾經陸軍衛戍病院暫時借用，現為鳳山養蠶所充用，因此頗歸荒頹，所幸建築尚稱堅牢宏壯，仍可想見昔日規模。這時書院內仍懸有清代匾額五面，其中「仁恩廣被」、「菁莪造士」、「廉能著績」三匾，已見《鳳山縣采訪冊》著錄，其他二匾則是修志採訪所疏漏的，臚列如次：

　　講堂
　　嘉慶二十二年歲次丁丑季冬穀旦
　　署鳳山縣知縣江寧龐周敬立


　　正心明理

嘉慶丁丑歲十月之望
長白武隆阿敬題[50]

　　龐周之署理鳳山縣知縣，見《鳳山縣采訪冊》職官表。其署理時間，以下一任的杜紹祁為道光 3 年（1823）推測，在職頗長。武隆阿為臺灣鎮總兵，滿洲正黃旗人，原任在廣東潮州鎮總兵，因事來臺，補授總兵，嘉慶 12 年（1807）十月任，23 年（1818）十一月請假卸事。嘉慶 24 年七月，由京回任，25 年丁艱回旗，見道光《臺灣采訪冊》[51]。武隆阿為武職大員，乃鳳儀書院匾額所僅見，即使在清代臺灣的官方書院，也不多見。推測其立匾動機，應與創建書院的鳳山知縣吳性誠有關。

　　吳性誠雖於嘉慶 21 年（1816）正月，調署彰化縣事，其實本職仍為鳳山知縣。吳性誠在調任彰化前一年（嘉慶 20 年）春，發生郭百年偽造文書取得墾照，侵墾水沙連六社土地，並大肆焚殺的慘案。21 年冬，臺灣總兵武隆阿巡閱北路，得悉其事，嚴予究辦，署彰化知縣吳性誠乃請諭墾戶，驅逐眾佃出山。後來臺灣鎮、道採納其言，飭臺灣府撤銷墾照，法辦為首諸人，拆毀所建土城，盡撤耕佃[52]。嘉慶 22 年，吳性誠仍是本任鳳山知縣，為處理郭百年案而與臺灣最高層武官武隆阿相契，可能因而留此匾額。

　　在鳳儀書院充衛戍病院、養蠶所之前，明治 32 年（1906）一月十四日之「臺灣日日新報」尚有書院在日軍甫入鳳山城，先以此為陸軍宿舍報導。該報標題為「鳳山縣志之發見」，敘述去年戶口調查之際，訪得清末已佚失的刻本《重修鳳山縣志》，報導且及於日軍進入鳳山，鳳儀書院遭佔用為宿舍，所藏《重修鳳山縣志》抄本遺失一事。摘錄報導如次：

　　　「鳳山縣志乃距今約二百年前，即康熙五十八年，編成出版之書籍。其後至乾隆二十九年重修。……其原版自不待言，即書物亦殆無傳，鳳山縣以該官廳絕無志乘，乃於光緒初年。廣覓全島，

---

[50] 杉山靖憲《臺灣名勝舊蹟志》（臺北：臺灣總督府，1916），頁 133。

[51] 陳國瑛《臺灣采訪冊》，頁 113，總兵。

[52] 姚瑩《東槎紀略》（臺北：臺灣銀行經濟研究室，1957），頁 34-35，卷一/埔裏社紀略。

始見有舊城一舊家藏之，因就謄寫，收置在鳳儀書院。至光緒十八年，欲修臺灣通志，設總局於臺北，命全島各縣廳，蒐集史料，各縣廳遂編纂采訪冊。時鳳山縣欲資參考，對照該謄寫本奈誤寫脫漏等甚多，再覓原本，終不得。……領臺一役，我軍隊入鳳山，以收藏該謄本之鳳儀書院充作宿舍，混雜紛錯，終使全島唯一之謄寫本，散逸無存。領臺之役，當道屢次竭力搜尋，然竟杳無踪跡。客年戶口調查之際，有委員某偶於鳳山城內一舊家，見其所藏原本，至其全部有無缺本等所關，目下當道正在照會中。實可謂本島歷史上最貴重之一大發見也。[53]」

縣志原本、抄本，一得一失，兩個時代，位置錯置，令人慨嘆！

明治 34 年（1901），日本政府為了統治之需，成立「臨時臺灣舊慣調查會」，預定以十年時間，全面進行臺灣舊慣調查，42 年（1909）刊行調查第三回報告書第一部《臺灣私法》第一卷，其中雖有鳳儀書院的調查紀錄，不過大致仍沿襲《鳳山縣采訪冊》資料，僅「曾充為衛戍病院」、「本書院亦實施官課及月課，依優等生等級分別賞給膏伙。」、「置院長、董事及監院各一人，皆由知縣任命，另置院丁二人。據說，舉人盧德祥在光緒十六七年間就任院長。」諸條紀事為調查所得。所言「實施官課及月課」，與下文田租調查所載「每月考課兩期」相符，至於盧德祥之任「院長」（山長），說是「在光緒十六、七年間」，約略與其回臺入日籍報告書所提相符，但與《臺灣列紳傳》的「光緒十九年」之說有異，並存待考。其次，所載人事任命，說是「置院長、董事及監院各一人」，並不完全正確，尤其是董事一職，據前述道光 5 年（1825）「奉憲禁胥役勒索紳衿碑記」，碑末刻有書院全部董事姓名，共計十名，顯然置董事一人之說，並非清代舊制。鳳儀書院董事，原設十名，四年一聘，光緒 20 年任滿，翌年臺灣割讓，書院運作停止，紳董星散，僅存調查所見的王山東一人，免強維持殘局，乃有此董事一人之說，其實這只是「現況」，過去並非如此。

除了全面舊慣調查之外，其他各方面調查，亦隨時在進行，尤其是

---

[53] 明治 32 年（1906）1 月 14 日之「臺灣日日新報」報導。

學租的調查。不過鳳儀書院各租項，割臺前夕的《鳳山縣采訪冊》，已經詳細紀錄，並無太大差異，如明治29年「學田園租額及其來歷並官租所在調書」，鳳儀書院共有九筆，只是內容更為詳細，表列如次：

### 日治時期鳳儀書院田園一覽表

| 官有地學田園所在地名及種別并甲數租額調 | | | | |
|---|---|---|---|---|
| 里名 | 種目 | 甲數 | 租額 | 換金額 |
| 嘉祥內里 | 鳳儀書院田 | 15.4520 甲 | 324.900 石 | 341.146 圓 |
| 鳳山上里 | 鳳儀書院田 | 5.1000 甲 | 190.000 石 | 199.500 圓 |
| 鳳山下里 | 鳳儀書院田 | 3.8600 甲 | 21.080 石 | 22.135 圓 |
| 興隆內里 | 鳳儀書院田 | 9.1822 甲 | 18.4416 石 | 28.387 圓 |
| | 鳳儀書院園 | 8.2744 甲 | 13.5585 石 | 20.855 圓 |
| 大竹里 | 鳳儀書院田 | 28.9908 甲 | 17.2729 兩（銀）<br>114.999 石（米） | 147.778 圓 |
| | 鳳儀書院園 | 14.0458 甲 | 164.090 斤（糖）<br>1.440 石（米）<br>0.040 元（銀）<br>14.7104（銀） | 38.204 圓 |
| 大竹里 | 鳳儀書院田 | 0.2799 甲 | 0 | 0 |
| 大竹里 | 鳳儀書院田園合併 | 0.3410 甲 | 2.000 石 | 2.100 圓 |

資料來源：臺灣總督府公文類纂第 000097000140206 號

　　表後所附概略性的說明，其實更具史料價值，尤以「每月考課兩期」，足以彌補文獻之失：

> 「查鳳儀書院在本城內城隍廟口街，自清國嘉慶年間，因鳳山縣衙門移駐埤頭街，無書院，各紳士、殷富等公同捐金買人民地基，建造書院，為培育人才、士子讀書之所。院中延請山長、監院及董事管理租業，皆由地方官作主，每月考課兩期，亦由地方官出題，取列優劣，賞給花紅膏伙。其書院之田業，有各里殷富捐金買置，亦有大富之人自行獻納者，亦有地方抄沒產業撥入書院為

膏伙者，每年可收取租息金貳千五、六百圓。田園各里皆有，各里管事經收。近年係福記號之王山東為董事。」[54]

此外，不屬於田園租項，亦歸鳳儀書院收入者，尚有「義渡官租」，據明治 29 年（1896）「八月份稅外諸收入調定額報告書」，當時鳳山管下「義渡官租」有二，其中歸書院管理者為「鳳山港西中里海坪庄地方」義渡，此一義渡收入，在《鳳山縣采訪冊》租銀收入，稍有提及：「渡船租銀十二元」，來歷不詳，此一調查則予詳述：

> 「義渡在鳳山港西中里海坪庄地方，但此義渡未有田業，遇有來往之過渡人，應納渡錢。當時係該處人吳文教徵收，迨至同治年間，吳文教犯法治罪之後，歸鳳山縣衙門十二班，賺金二十四圓，以作土地神誕之費。又至光緒年間，前臺灣巡撫丁日昌來臺，振起斯文，鳳山各紳士以為所有海坪傍岸溪洲，皆係鳳儀書院公田崩，此項義渡賺金，應歸書院徵收。是以現在義渡年納賺金二十四圓，歸鳳儀書院徵收，以作院內公費也。[55]」

按此處作「年納賺金二十四圓」，《鳳山縣采訪冊》作「渡船租銀十二元」，可能是扣除船夫薪資及其他雜支後的收益，故金額有此差異。

其次，明治 28 年日軍入鳳山城佔住鳳儀書院一事，前已敘及，至 36 年，事隔十五年，仍繼續佔住，遂衍生陸軍經理部與臺灣民政體系的業主權之爭，鳳儀書院代理管理人（即鳳山廳長長川田久喜），於同年五月十一日向臺灣臨時土地調查局提出相關資料及買賣契字，最後，業主權判定歸鳳儀書院所有，由鳳山廳管理。見於臨時臺灣土地調查局「鳳爭第四號」文書，簡述如次：

「鳳爭第四號紛爭地調書

　　陸軍經理部

---

[54] 臺灣總督府公文類纂數位典藏資料庫第 00009700020064 號

[55] 臺灣總督府公文類纂數位典藏資料庫，明治 29 年（1896）「八月份稅外諸收入調定額報告書」。

　　　　陸軍經理部部長大野賢一郎

鳳儀書院

　　　管理人民政長官後藤新平

　　　代理鳳山廳長長川田久喜

紛爭地：鳳山廳大竹里鳳山街土名縣口

　　　一、建物敷地、壹筆、假二四六番

陸軍經理部陳述要旨：

　　　該建物及敷地，係舊政府時代官有，明治 28 年八月二十八日，南進軍進入鳳山之際，由軍隊佔領。明治 30 年三月，由原臺灣建築部移交臺南陸軍經營部。31 年十一月，仍由原臺灣建築部再移交臺灣陸軍經理部，管理至今。

鳳儀書院管理人民政長官後藤新平代理鳳山廳長長川田久喜陳述要旨：

　　　該建物及敷地，向由鳳儀書院所屬的學租財團管理。今鳳儀書院沿革調查，係嘉慶 19 年貢生張廷欽以獎勵地方學生，及培養人才為目的，而與地方紳士、學者協議，向有志者募款，購買土地，興建書院，稱為鳳儀書院。又經數次增建，形成一大書院。尚且廣募資金，作為書院附屬財團，買收大小租權，充為院內教學經費，以及課試優等文章之獎勵。領臺後，學租財團歸民政長官管理，其買收資料齊全。明治 28 年秋，南進軍進入鳳山以至今日，建物雖由陸軍持續使用，業主權仍確實為鳳儀書院所有。

認定：

本件之土地，認定鳳儀書院為業主。

理由：

鳳儀書院之業主權，有沿革調查及買賣證書四通可以證明，不論陸軍之佔領，或明治 28 年 8 月以來的使用移轉，並不能視為擁有業主權。

明治 36 年八月十二日

　　　鳳山土地調查局派出所

　　　事務監督屬河合千代喜

　　　　臨時臺灣土地調查局長　　中村是公　　殿[56]」

　　以上是鳳山土地調查局派出所「事務監督屬」河合千代喜向臨時臺灣土地調查局長報告的土地紛爭認定，至此確認鳳儀書院仍規民政體系管理，即民政長官掛名管理人，而鳳山廳長則為實際的管理人。

# 七、結論

　　清代沿襲明朝八股取士風氣，崇尚儒學，依行政層級廣設以科舉考試為首要目標的書院。臺灣舊為福建一府，其上再設專掌刑名的臺灣道，並兼理學政事務。光緒 11 年（1885），臺灣建省之前，自臺灣道、府、廳、縣等幾乎都有官辦書院的創設。清初臺灣官辦書院，大抵先從義學性質試辦，再予擴建、升格。如臺灣府之崇文書院、彰化縣之白沙書院均是。

　　鳳山縣官辦之屏山書院，創辦之初，仍屬義學性質，如無林爽文事件的發生，促使鳳山遷治，最後屏山書院當一如其他書院發展而升格。卻因遷治初期，百廢待舉，書院暫時停頓。當嘉慶 19 年再建書院，已以嶄新的鳳儀書院出現，而非一如其他書院，始終名稱如一，這是鳳山縣特殊的歷史原因所造成。

　　鳳山遷治新城之後，官府限於財力，部分公共設施無法一一復原，嘉慶 19 年（1814），既廣募經費，辦理書院興建，在奮社紳民的支持之下，一口氣將書院、試院、文昌祠、五子祠等合而為一，往後更利用其空間，作為義倉、曹公祠、義塾等，乃至因新舊城分隔之故，儒學教諭駐舊城，知縣駐新城，成為臺灣少見的的多功能書院，此為鳳儀書院最大特色。教諭洽公必以鳳儀書院為暫停休憩處所，以是機緣，某些有心改革的學官，更以此作為調解生員訟案之所，疏解過去生員干預訟案陋習，亦屬鳳儀書院重要特色。

---

[56] 國家文化資料庫網站資料，原文系日文。
　　http://nrch.cca.gov.tw/metadataserverDevp/DOFiles/pdf/00/05/73/75/cca100003-od-ta_04424_000287-0001-i.pdf

　　光緒 18 年（1892）六月，臺灣纂修通志總局成立，通令各屬分纂采訪冊。十月十四日，通志總局將修志事宜及采訪冊式，飭發各屬，先行按條采訪，各自纂輯成書，送局彙核纂修。鳳山縣采訪局共有五位成員，包括總辦：舉人盧德祥、舉人陳日翔。幫辦：貢生周熙清、訓導王春華、主稿盧德嘉。此五人可確知盧德祥為鳳儀書院山長，盧德嘉為鳳儀書院董事，周熙清為鳳儀書院監院，與鳳儀書院關係密切。盧德嘉主稿的《鳳山縣采訪冊》，於光緒 20 年如期報繳，為目前少數完整傳世的采訪冊之一。其內容豐富，卷首甚至保留采訪局所有公文，透過此宗公文，呈現臺灣通志纂修始末，以及各廳縣采訪動態，為一大特色，具有重要史料價值。其間，更因采訪局業務之需，由盧德嘉訪得久佚的乾隆《重修鳳山縣志》傳鈔本。傳鈔者為鳳儀書院前董事蔡垂芳，亦屬鳳儀書院保存史料的重要貢獻。

　　日治之後，科舉廢止，民間書院大多直接轉型為文昌祠，或與鸞堂結合，繼續存在；官辦書院因產權為官有，遂多為政府接收，拆除建物，標售土地，是最常見的做法，如彰化白沙書院與文昌祠同時標售，其情形是：「變賣白沙書院之殘餘，拆毀文昌祠以充街庄財產者[57]」，至今片瓦無存，又如臺北學海書院，標售予高氏宗族，改建為高氏大宗祠。亦有就書院建築，改為孔廟之例，如阿緱街之屏東書院、澎湖之文石書院。

　　鳳儀書院早期因長期遭民眾佔住，文物遭到嚴重破壞，幸主體建築大致完整，經高雄市政府完成修護，堪稱為臺灣書院建築最具規模者，爰以有限的文獻史料，勾勒鳳儀書院早期歷史、人物，併及其功能，固然百不及一，仍有待新史料的出現。

---

[57] 張達修著《醉草園文集》（臺中：張振騰印行，2008），頁 42，卷三〈保存古蹟非迷信論〉。

# 參考書目

## （1）圖書

周元文《重修臺灣府志》（臺灣文獻叢刊第 66 種），臺北：臺灣銀行經濟研究室 1959。

陳文達《鳳山縣志》（臺灣文獻叢刊第 124 種），臺北：臺灣銀行經濟研究室，1958。

王瑛曾《重修鳳山縣志》（臺灣文獻叢刊第 146 種），臺北：臺灣銀行經濟研究室 1962。

謝金鑾、鄭兼才《續修臺灣縣志》（臺灣文獻叢刊第 140 種），臺北：臺灣銀行經濟研究室　1958。

周璽《彰化縣志》（臺灣文獻叢刊第 156 種），臺北：臺灣銀行經濟研究室，1958。

姚瑩《東槎紀略》（臺灣文獻叢刊第 5 種），臺北：臺灣銀行經濟研究室，1957。

陳國瑛等《臺灣采訪冊》（臺灣文獻叢刊第 156 種），臺北：臺灣銀行經濟研究室，1964。

陳培桂《淡水廳志》（臺灣文獻叢刊第 172 種），臺北：臺灣銀行經濟研究室，1963。

林　豪《東瀛紀事》（臺灣文獻叢刊第 8 種），臺北：臺灣銀行經濟研究室，1957。

王元穉《甲戌公牘鈔存》（臺灣文獻叢刊第 39 種），臺北：臺灣銀行經濟研究室，1959。

臺灣銀行經濟研究室（編）《福建通志列傳選》（臺灣文獻叢刊第 195 種），臺北：臺灣銀行經濟研究室，1964。

盧德嘉《鳳山縣采訪冊》（臺灣文獻叢刊第 73 種），臺北：臺灣銀行經濟研究室，1960。

王元穉《夜雨燈前錄》，福州：作者自印，1920。

臺灣總督府（編）《臺灣列紳傳》，臺北：臺灣總督府，1916。

杉山靖憲《臺灣名勝舊蹟志》，臺北：臺灣總督府，1916。

連　橫《臺灣通史》（臺灣文獻叢刊第 128 種），臺北：臺灣銀行經濟研究室，1962。

臺灣銀行經濟研究室（編）《臺灣私法物權編》（臺灣文獻叢刊第 150 種），臺北：臺灣銀行經濟研究室，1963。

臺灣銀行經濟研究室（編）《臺灣南部碑文集成》（臺灣文獻叢刊第 218 種），臺北：臺灣銀行經濟研究室，1966。

劉兆璸《清代科舉》，臺北：東大圖書公司，1977。

林文龍《臺灣的書院與科舉》，臺北：常民文化公司，1999。

張達修著、林文龍（編）《醉草園文集》（醉草園全集第二種），臺中：張振騰印行，2008。

（2）網站

國史館臺灣文獻館數位典藏管理系統（臺灣總督府公文類纂資料庫）

（本文係 102 年高雄市政府文化局「委託資料蒐集」撰稿）

# 彰化元清觀祀神與創修年代

## 一、前言

　　彰化市民生路的元清觀，為內政部指定的臺閩地區第二級古蹟，主祀玉皇大帝，故俗稱天公壇，附祀觀音菩薩，為清代臺灣少數以「觀」為名稱的廟宇。元清觀祀神及沿革，見諸文獻記錄較早的，以道光《彰化縣志》最詳，說是：

> 「嶽帝廟，在縣治東，協鎮署前，俗訛稱玉帝即嶽帝也。乾隆二十八年間，泉郡士民捐建，嘉慶年間重修，每歲正月初九日祝誕，火燭輝煌，徹宵如畫。廟前築檯一座，演劇十餘日，婦女焚香不絕，觀者如堵。[1]」
>
> 「（正月）初九日，傳為玉皇誕辰，家家慶祝。邑內嶽帝廟，俗訛為玉皇廟，前後數日，燈彩輝煌，演劇歡慶，城內外士女結隊來觀，每宵達旦。[2]」

　　這些記載，看似詳盡，卻留下「俗訛稱玉帝即嶽帝也」、「邑內嶽帝廟，俗訛為玉皇廟」等似是而非的論調，將元清觀的天公信仰，牽扯到東嶽大帝信仰，成了不成問題的問題，至今仍備受困擾。其次，元清觀的創建年代，也因《彰化縣志》所稱「乾隆二十八年間，泉郡士民捐建」，成為牢不可破的「定論」，其實以文物史料證之，該廟的創建，當在乾隆 28 年（1763）以前，至少可追溯到乾隆 23 年（1758）。再其次，道光年間以降的幾次重修，雖有邑紳吳德功所撰〈溫陵元清觀碑記〉可據，但早期者失之簡略，近期者又不免訛誤，以致糾纏不清。這些問題，因未加釐清，許多史冊輾轉引用，造成積非成是的現象，因搜羅相關文獻史料，略予考定，或有助於文化資產的認識。

---

[1] 周璽《彰化縣志》（臺北：臺灣銀行經濟研究室，1962），頁 157，祀典志。
[2] 周璽《彰化縣志》，頁 286，風俗志。

# 二、祀神「嶽帝」說辨謬

元清觀供奉玉皇大帝，玉皇大帝即民間俗稱的天公，故該廟另有天公壇的俗稱。此外，廟名稱為「元清觀」，「元清」之元字，本作「玄」，清代因避康熙帝諱，改以「元」字替代，如「玄天上帝」，有寫作「元天上帝」，即是一例，因此「元清」的本字，實當作「玄清」，玄清二字，均與天相關，「玄」，即眾所熟知的「天地玄黃」，典出《周易》坤：「夫玄黃者，天地之雜也；天玄而地黃」。「清」，則取《老子》「昔之得一者：天得一以清，地得一以寧」典故[3]。

有關玉皇大帝信仰，原是源自祭天的自然信仰，後人加以人格化，成為統轄諸神的至尊神祇，其來歷據《繪圖三教源流搜神大全》一書「玉皇上帝」條所載：

> 「往昔上世，有國名號光嚴妙樂，其國王者名曰淨德，時王有后名曰寶月光，王乃無嗣，嘗因一日作是思，惟我今老而無太子，身或崩滅，社稷九廟委付何人？作是念已，則便下詔諸道眾於諸宮殿，依諸科教懸諸旛……。忽夜寶月光皇后夢太上道君……，安座龍椅，抱一嬰兒，遍身毛孔放百億光，照諸宮殿，作百寶色幢，節前道浮空而來。是時，皇后心生歡喜，恭敬接禮，長跪道前白道君言：今王無嗣，願乞此子為社稷主，伏願詞悲哀憫廳許。邇時，道君答：皇后言願，特賜汝！是時，皇后禮謝道君，而乃收之；皇后收已，便從夢歸，覺而有孕，懷一年，于丙午歲正月九日午時，誕于王宮……以後，王忽告崩，太子治政，俯念浮生，告敕大臣，嗣位有道，遂捨其國，於普明秀岩山中修道……修行三千二百劫，始證金仙，號曰『清淨自然覺王如來』。[4]」

從所記玉皇大帝降誕及修道歷程來看，很可能是釋迦摩尼佛修道成佛故事的翻版，不必深信，但此說對於後世的影響卻極其深遠，尤其是降誕日期正月初九日，至今仍是民間信仰中的玉皇大帝生日。

---

[3] 以上古代經籍君檢索自中央研究院漢籍資料庫網站。
[4] 不著撰人《繪圖三教源流搜神大全》（臺北：聯經出版事業公司，1980），頁396-402。

以元清觀正月初九日「天公生」，證以古文獻記載，該廟所奉主神，確為玉皇大帝。此外，由廟中所存清代匾聯，亦可與玉皇信仰相互印證。茲列舉如次：

## （一）匾額

1、「穹窿主宰」：乾隆貳拾柒年歲次壬午陽月穀旦，協鎮北路副總兵官帶軍功二次張世英敬立。

2、「得一以清」：咸豐歲次己未（八年）元月穀旦，欽加巴圖魯鎮守福建臺澎等處地方總鎮調署水師提督軍門曾玉明立。

3、「尊于無極」：同治元年歲次壬戌上元穀旦（重修匾額），俸滿彰化知縣胡邦翰、韓琮敬立。

4、「萬物覆焉」：光緒壬午（八年）季冬，溫陵七邑公立。

5、「無能名焉」：光緒拾壹年乙酉桂月吉旦，頭品頂戴統領中路各軍前水師提督溫州總兵官樸勇巴圖魯吳鴻源敬立。[5]

這些古匾，在匾詞的撰擬上，無不詞藻優美，並藉由典故出處，頌揚主神，雖不明言玉皇，而考稽其典故，其實均隱寓上天之博大，在在說明了元清觀所祀主神確係玉皇大帝（天公），無庸置疑，如「穹窿主宰」，典出《太玄經》玄告篇：「天穹窿而周乎下」；「得一以清」，出自《老子》，詳如上文；「尊于無極」，出自《詩經》：「昊天罔極」典故；「萬物覆焉」，則是出自《禮記》：「天之所覆，地之所載」典故；「無能名焉」，典出《道德經》與：「有物混成先天地生，可以為天下母，吾不知其名，字之曰道，強為之名曰天」。又《孟子》滕文公上：「大哉！堯之為君，惟天為大，惟堯則之，蕩蕩乎民無能名焉」。[6]

---

[5] 錄自拙著《細說彰化古匾》（彰化：彰化文化局，1999），頁 34、186、196、248、258。

[6] 同註3。

## （二）、楹聯

1、木聯：「天視民視，有餘慶，有餘殃，修悖惟憑眾志；月旦日明，
　　空作威，空作福，勸懲不出帝心」，乾隆歲次甲寅，晉南
　　鄭士模薰沐敬題。

2、木聯：「徧覆包涵不言德，長育生殖不言功，蒼霄馭聲臭俱融，
　　屈問鄒談空測管；雨暘寒奧故以徵，怒渝旦明故以敬，
　　黑頭蟲善淫輒應，聽卑視察在捫心。」（莊俊元）。

3、石柱聯：「不可階而升也；因其材而篤焉。」，晉水教諭粘繼仕叩。

4、石柱聯：「日月星辰繫焉；江淮河漢是也。」，北斗生員陳作舟、
　　謝為章全敬叩。

5、石柱聯：「可以久則久；莫之為而為。」，武榮首事吳尚彬等全
　　敬叩。[7]

以上諸聯，也都巧妙運用與天相關的掌故，如鄭士模聯之「天視民
視」一詞，典出《書經》周書泰誓：「天視自我民視，天聽自我民聽。」
莊俊元聯之「屈問」，按戰國時代屈原作品有《天問》篇；又「鄒談」
一詞，指的是鄒衍談天掌故，鄒衍一作騶衍，齊人，為燕昭王師，號「談
天衍」，《史記》孟子荀卿列傳：

> 「荀卿，趙人，年五十始來游學於齊騶衍之術，迂大而閎辯；奭
> 也文具難施；淳于髡久與處，時有得善言。故齊人頌曰：『談天
> 衍，雕龍奭，炙轂過髡。』」

集解引劉向別錄：

> 「騶衍之所言五德終始，天地廣大，盡言天事，故曰談天」。

粘繼仕聯：「不可階而升也；因其材而篤焉。」上聯典出《孟子》：

> 「舜其大孝也與！德為聖人，尊為天子，富有四海之內。宗廟饗
> 之，子孫保之。故大德，必得其位，必得其祿，必得其名，必得

---

其壽。故天之生物必因其材而篤焉。故栽者培之，傾者覆之。」

下聯典出《論語》：

「子貢曰：君子一言以為知，一言以為不知，言不可不慎也！夫子之不可及也，猶天之不可階而升也」。

陳作舟等聯：「日月星辰繫焉；江淮河漢是也。」上聯典出《中庸》：

「天地之道，可一言而盡也。其為物不貳，則其生物不測。天地之道，博也、厚也、高也、明也、悠也、久也。今夫天，斯昭昭之多，及其無窮也，日月星辰繫焉，萬物覆焉」

下聯典出《孟子》滕文公：

「書曰：洚水警余，洚水者，洪水也；使禹治之，禹掘地而注之海，驅蛇龍而放之菹，水由地中行，江淮河漢是也。」

下聯雖未明言與天之關係，其實亦隱含「天一生水」典故。

吳尚彬等聯：「可以久則久；莫之為而為」，上聯典出《孟子》公孫丑：「可以仕則仕，可以止則止，可以久則久，可以速則速，孔子也」，本意是在形容聖人之道，歷久不移，此轉借用以形容天之互古不變。下聯典出《孟子》萬章：「莫之為而為者，天也。莫之致而致者，命也」。[8]

臺灣居民，多自閩粵移來，其宗教信仰或風俗習慣，也大都承襲原鄉而來；正月初九日，為玉皇大帝誕辰，即俗稱的「天公生」，早在明代就已深入民間，故臺灣自明末有閩粵移民以來，民間必定也有在是日祭拜天公的習俗。

祭天之起源甚古，據《禮記》禮運篇：「天子祭天地，諸侯祭社稷」，因受儒家思想影響，歷代帝王都將祭天視為天子之特權，民間不得僭越，因此懸有禁例，以清朝為例，在《大清律例會通新纂》一書之「禮律祭祀」門，便有如次禁例：

「凡私家告天拜斗、焚燒夜香、燃點天燈、七燈，褻瀆神明者，

---

[8] 同註3。

> 杖八十，有婦女犯罪，坐家長；若僧道修齋設醮而拜青詞表文及
> 祈禳火災者同罪，還俗。」

註云：

> 「告天拜斗、焚香點燈，皆敬禮天神之事，祀典各有其分；私家所
> 得祭者，祖先之外，惟里社五祀，若上及天神，則僭越矣，故杖八
> 十。婦女無知，事由家長，故獨坐之。青詞表文，所以告天也，若
> 僧道在人家修齋設醮，而行告天之禮，拜奏青詞表文及用以祈禳火
> 災者，亦因僭越而致褻瀆也，故與告天等項同罪，勒令還俗。[9]」

　　無論從元清觀名（含或民間俗稱）、神誕，以及民間的認知，乃至現存
匾聯文物仔細稽勾，該廟實為一座不折不扣的玉皇大帝廟，但道光《彰化
縣志》何以無視事實的存在，而硬指其為「嶽帝廟」，並說是「俗訛稱玉帝
即嶽帝」？其實這只是修志官員為了避開民間不得祭天的變通做法。然注
意這句話，還是留有很大的破綻。「玉帝」、「嶽帝」，容或發音非常相近，
但民間稱玉皇大帝，都稱為「天公」，無有稱之為「玉帝」者，因此絕不可
能「訛稱」，這是其一。其次，「嶽帝」，即東嶽大帝，民間視為職司幽冥的
神祇之一，按東嶽大帝為東嶽泰山之神，是道教中的重要山神。泰山神源
於原始社會人們對自然神的崇拜。道教產生以後，納入道教神祇系列。晉
張華《博物志》：「泰山一日天孫，言為天帝之孫也。主召人魂，東方萬物
之始，故知人生命之長短。」道教認為泰山神「主管人間貴賤尊卑之數，
生死修短之權」，領群神五千九百，主生主死，百鬼之主帥也[10]。因此主召
人魂為百鬼之主帥的東嶽大帝，民間自有東嶽大帝廟的崇祀，絕不可能「訛
稱」為玉皇大帝；何況東嶽大帝聖誕為三月二十八日[11]，與玉皇大帝的正月
初九日，更是風馬牛不相及。

　　古人修志，旨在備載一方之史地，但並非有聞必錄，如遇違礙史實，
往往刻意抹殺，或者曲筆掩飾。如清初臺灣已存在的鄭成功信仰，舊志

---

9　《大清律例會通新纂》（臺北：文海出版公司，1987），頁 1403-1405。

10　參馬東盈〈泰山神祇－泰山神〉，國山網站資料。

11　追雲燕《三教聖誕千秋錄》（臺中：聖德雜誌社，1985），頁 66，

或略而不提，或指為「開山廟」。又如乾隆 28 年（1763）鳳山知縣王瑛曾撰〈重建武廟碑記〉，有這麼一段話：「考自寧靖王竄跡以來，剩水殘山，崎嶇死所，幾視田橫義島而上之。」但王瑛曾本人纂修的《重修鳳山縣志》著錄此碑，卻易為「而聖教遐敷，沐浴者久。匹夫慕義，效命疆場，糾鄉勇、舉義旗，破鷗張之賊膽，作海外之順民。[12]」完全改變原來文義，即使是作者自修志書，對於違礙字句的處理，尚且如此謹慎，其他可想而知。

　　乾隆 29 年（1764）余文儀《續修臺灣府志》，著錄彰化縣寺觀，只列了觀音亭、定公（光）庵、聖王廟、碧山巖、虎山巖、三山國王廟（員林街），卻不見元清觀，以該廟創建在乾隆 28 年（1763）以前，甚至可上溯至乾隆 23 年（1758），且位在縣治，實無遺漏之理，合理的推測，元清觀之未列乾隆余志，觸及禁忌問題，可能是主要理由。道光《彰化縣志》處理元清觀祀神問題，便以「訛稱」為由，巧妙的避開敏感禁忌，大家心照不宣，也就相安無事。

# 三、元清觀的創建

　　元清觀的創建年代，自道光《彰化縣志》記為「乾隆二十八年」後，幾成定論，自清代中葉，以至現今，凡記載元清觀沿革者，都無異詞，茲舉數例如次：

　　內政部臺閩地區古蹟資訊網：元清觀，創建於乾隆 28 年（1763），由泉州晉江舊溫陵移民所捐建，因此前殿上方懸有「溫陵福地」匾一座。[13]

　　林衡道等著《臺灣古蹟集》：「元清觀，土民俗稱嶽帝廟，俗訛玉帝為嶽帝也。清乾隆二十八年間泉郡士民捐建，嘉慶年間重修」。[14]

　　《彰化市志》：「元清觀，俗稱嶽帝廟，緣於昔時謂玉帝為嶽帝之故，

---

[12] 臺灣銀行經濟研究室（編）《臺灣南部碑文集成》（臺北：臺灣銀行經濟研究室，1966），頁 59。

[13] 內政部民政司網站資料。

[14] 林衡道、郭嘉雄著《臺灣古蹟集》第一輯，（臺中：臺灣省文獻委員會，1977），頁 105，沿襲舊志資料。

是臺灣唯一以供奉玉皇上帝的寺廟。清乾隆二十八年，由福建省泉州府晉江縣移民集資創建」。[15]

以上所列，只是抽樣性，都屬官方資料，從表面看，乾隆 28 年（1763）之說，係沿襲道光《彰化縣志》記載，似無大問題，但如注意其匾聯文物，則此創建年代，便經不起證據的驗證：

證據之一：

「穹窿主宰」匾額，乾隆 27 年十月，北路協副將張世英立。[16]匾立於乾隆 27 年（1762），是該年元清觀已經存在的確據。

證據之二：

「海國同天」匾額，上款：「乾隆歲次戊寅臘月穀旦」，下款：「欽命鎮守福建臺澎水陸等處掛印總鎮府馬龍圖立」[17]。此匾立於後殿觀音神龕之上，戊寅臘月，為乾隆 23 年（1758）十二月。本匾的存在，更為元清觀創建年代，往前推了五年。

證據之三：

「慈航慧照」匾額，本匾無常見的上下款無文字，卻代以印章，上款印文曰：「乾隆戊寅臘月」，下款有二印，上印文曰：「溫陵」，下印文曰：「眾董事立」[18]，戊寅臘月，為乾隆 23 年（1758）十二月，本匾與「海國同天」匾同時懸掛，為建築完成眾董事公立匾額，「海國同天」則為當時臺灣最高武職掛印總兵官的賀匾，元清觀鄰近北路協鎮署，直屬臺灣總鎮管轄，或與此有關。

元清觀的的乾隆 28 年（1763）創建說法，見諸道光舊志，然而廟中卻懸掛著早於此年的匾額三件，以此情況加以推論，大約有兩種可能：一是廟早已存在，只是規模較小，所謂乾隆 28 年（1763）創建，

---

[15] 《彰化市志》（彰化：彰化市公所，1997），頁 834，勝蹟。此一敘述，雖沿襲舊志資料，但舊志謂「俗訛稱玉帝即嶽帝」，旨在強調「嶽帝廟」一名由來，並非俗稱如此，元清觀俗稱天公壇，自古而然。又元清觀為「泉郡士民公建」，即泉州府晉江、南安、惠安、同安、安溪五縣，因明代之德化、永春二縣，亦隸屬泉州，通稱泉郡七屬，沿用至今。

[16] 上下款全部文字詳見上文。

[17] 參拙著《細說彰化古匾》（彰化：彰化縣文化局，1999），頁 30。

[18] 參拙著《細說彰化古匾》頁 33

實際是重建或擴建，臺灣有不少廟宇沿革往往因此而出現爭議，元清觀也可能出現這種情形。一是元清觀創建的時間拖的很長，且動工時間更早，至乾隆 23 年（1758）先完成後殿，即行掛匾。但一般而言，廟宇興建是以正殿主神為主，不太可能正殿尚未完工，就急於在後殿掛匾。

元清觀創建年代的文獻記載與實物之間，自古以來便存在著矛盾，日治初期吳德功似乎已發現了問題，因此在所撰〈溫陵元清觀碑記〉，乃採取模糊的寫法，有云：

「觀名元清者何？以祀玉皇大帝也；殿名溫陵者何？以籍隸泉郡來臺集貲建造也，考之禮經，王者始行郊天之禮，庶人不得與焉，然泰誓天視民視，孔孟曰畏天順天，則人稟天以生，都人士建廟立祀，俾知天鑒在茲，天威咫尺，小民得曉然於惠迪及從逆凶之理，時凜對不渝，有裨於世道人心匪淺顯也。每年遇春王正月祝聖誕，演劇和歌，金碧輝煌，如入不夜之城，士女焚香祈禱，冠蓋相摹，如是者半月，其所以敬天者至矣。廟建於乾隆年間，職員林文濬、貢生鄭士模、業戶黃添註、阮昌、張國良等倡建。」[19]

這段文字，除闡明元清觀所奉祀為玉皇大帝外，對於創建年代更以「乾隆年間」帶過，吳氏不可能不知舊志有乾隆 28 年（1763）創建之說。此外，碑文對於創建元清觀的主要人物，也有所記錄，足補文獻之缺。

吳德功所記元清觀創建人物，除業戶黃添註、阮昌、張國良三人，尚待查考之外，為首之職員林文濬及貢生鄭士模二人，都是乾隆末至嘉慶間活躍人物，林文濬且是鹿港泉郊日茂行林振嵩之子，關於其生平事蹟，道光《彰化縣志》有扼要的記載：

「林文濬，字金伯，泉州永凝衛人；誥封中憲大夫軍功六品銜林振嵩第三子，少長渡臺，代父理生計。父歿，喪葬盡志，奉母尤謹；初，振嵩在臺時，急公向義，素為當道推重。文濬克承先志，力敦義舉，嘗為宗族母黨，置祀田卹族中寡婦無改適，且為延師教其孤，

> 鄉人德之，在彰尤多建立倡造，縣城改建，文昌閣重新，白沙書院、
> 學署新建，鹿港文開書院、天后宮、龍山寺及鹹水港真武廟各處津
> 梁道路，或獨建、或倡捐，皆不吝多貲以成事，而功德最大者，莫
> 如賑飢一役：嘉慶丙子春夏之交，穀價驟昂，飢民奪食，文濬領率
> 郊商殷戶，請於官，立市平糶，設廠施粥，沿海居民，全活者以萬
> 計。觀察廳公獎以額，曰『績佐撫綏』，非虛譽也。是秋，其五子
> 廷璋、長孫世賢同登賢書，人謂積善之報。」[20]

傳記列舉了林文濬在彰化的各項義舉，但卻缺乏創建元清觀的相應資料，此為可疑之一，再檢視這些義舉，幾乎都在嘉慶朝以後，與元清觀創建於乾隆 28 年（1763）以前之史實不符，此為可疑之二。

其次，鄭士模活躍彰化政商界時間，也幾乎都集中在嘉慶一朝，碑中稱其身分是「貢生」，檢索相關科貢資料，可知鄭士模為乾隆 48 年（1783）臺灣縣儒學歲貢生[21]，已在乾隆朝末葉，與乾隆 28 年（1763）元清觀創建無關。此外，關於鄭士模事蹟，尚有可考者數則：

（一）、重修關帝廟—彰化關帝廟，原在南門內，雍正 13 年（1735）知縣秦士望建，嘉慶 5 年（1800），知縣胡應魁移建於南街同知署故址[22]，其移建始末，胡應魁曾撰勒碑記，有云：

> 「乾隆六十年謁部選，得閩之德化縣；嘉慶元年，調授彰邑。彰
> 自林、陳亂後，廟宇多被焚燬，魁以次興修。聖帝廟在南門內，
> 傾頹尤甚；乃與貢生鄭士模、吳升東等移建於理番署之舊基。己
> 未春興工，至庚申秋而竣」[23]。

（二）、舉充官佃首—貓羅社通事蔡世祿、土目李士英、隘丁首葉顯宗、甲頭眉系蘭、屯隊首李自同及社眾等，有祖遺登臺、萬斗六二處大租共九百石，又下茄荖莊大租四百石，合計一千三百石，前因借欠鄧

---

[20] 周璽《彰化縣志》人物志，頁 246-247。

[21] 謝金鑾《續修臺灣縣志》，（臺北：臺灣銀行經濟研究室，1962），頁 203，卷三學志／選
舉／歲貢表。

[22] 周璽《彰化縣志》，頁 153-154，祀典志。

[23] 周璽《彰化縣志》，頁 454，藝文志。

國俊銀項，付收抵利，及後鄧國俊緣罪入抄，經該社呈訴，奉知縣宋學灝定斷，以該三處年收租額，除應完供耗隘糧外，餘穀限十四年收抵原借欠鄧國俊之項，仍舉鄭士模為官佃首，按年管收。至嘉慶 7 年（1802）限滿後，嗣因該社「度歲維艱，糧食缺乏，且通社有急切公事」，於嘉慶 9 年（1804）簽訂合約，以四千大元代價，將三處大租永付鄭士模管收。[24]

　　歸納上述資料，可知鄭士模原為臺灣南部士族，先在臺灣縣取得貢生資格，再循著當時南部業戶開發彰化平原的模式[25]，漸次與官方合作，參與地方建設。值得注意的是，彰化城在乾隆 51 年（1786）及 60 年（1795），先後經過林爽文、陳周全二次抗清戰役，城池、官署、寺廟等建築破壞殆盡，胡應魁任彰化知縣，前後六年，主要的政績，便是重建工作；其中關帝廟遷建，即與鄭士模等合作，以此推論，鄭士模之參與元清觀建築，據所題木聯上款為「乾隆歲次甲寅」，即乾隆 59 年（1794），這年似乎已由鄭士模開始進行局部修繕，但翌年彰化城卻爆發陳周全抗清事件，後續工程因此而延宕，陳案平定後，官方展開重建，鄭士模已有先前經驗，而得到知縣胡應魁借重，進行關帝廟遷建，當然元清觀之重修，也再度興工。按道光《彰化縣志》記元清觀沿革於乾隆 28 年（1763）間捐建之後，接敘「嘉慶年間重修」[26]，但吳德功碑記雖提到乾隆年間「職員林文濬、貢生鄭士模、業戶黃添註、阮昌、張國良等倡建」，卻遺漏了嘉慶間重修一役，其實以林文濬、鄭士模等的時間點而論，吳德功所謂「乾隆年間」，應是跨越乾隆末與嘉慶初，與《彰化縣志》所言「嘉慶年間重修」，實際上是同一件事。

　　此次重修，檢視現存匾聯文物，主要有鄭士模木聯（大殿，聯文見上文）、粘繼仕石柱聯（兩廊，聯文亦見上文），考粘繼仕曾於乾隆 60（1795）十一月至嘉慶元年（1796）四月擔任彰化縣儒學教諭[27]，其題

[24] 臺灣銀行經濟研究室（編）《清代臺灣大租調查書》（臺北：臺灣銀行經濟研究室，1963），頁 359-360，第三章「番大租・典賣字」。
[25] 如鳳山縣施世榜、臺灣縣楊志申等業戶之入墾彰化，均是典型事例。
[26] 周璽《彰化縣志》，頁 17，祀典志。
[27] 周璽《彰化縣志》，頁 86，官秩志，頁 86，彰化縣儒學。

聯時間，應不出乾隆 60 年（1795）至嘉慶元年（1796）之間。

# 四、同光之間的重建

　　道光 28 年（1848）十一月初八日，臺灣北路嘉義、彰化二縣，並鹿港廳地方，計兩百餘里，同時發生地震，城垣、衙署均有坍塌，並倒壞民房、傷斃人口[28]，這次地震，元清觀也遭到重創，包括山門及戲臺的損毀；有關地震損毀及重建，吳德功於日治初期所撰碑記留有詳細紀錄：

> 「道光二十八年地震，前進五門及戲臺崩圮，邑紳議徙於邑之南偏，旋因戴逆之變不果，同治丙子，舉人蔡德芳、職員陳元吉、貢生世振治諏吉上樑，倡捐興修，以監生楊祥光董其事，數年工未竣，後貢張昭彩、職員莊瓊輝再行捐修，比蔡德芳通籍後，經閱十星霜，始告成功，巍然改觀，不特前殿、戲臺規模宏敞，中後殿續長增高，塗以丹雘，皆輪奐一新，即於光緒丁亥秋開光謝土，合晉、南、惠、同、安、德、永七屬紳者，設醮三朝，合樂燕享以慶落成焉，伊時本議立石碑以垂不朽，迨乙未年滄桑之變，碑文散遺，幸薦紳先生猶能道其軼，若不急勒貞珉，竊恐年湮代遠，無從稽厥由來，爰敘其始末為之記。[29]」

　　細按碑記內容，特詳於光緒重修一役，為元清觀最珍貴的重修史料，惟文中所稱「同治丙子」卻衍生許多問題；按因同治朝干支無丙子，因此造成不同的解讀[30]；據碑文記載的幾個時間點，或可稍加推測，特別是有關蔡德芳部分，蔡氏為倡捐者之一，當時仍是「舉人」頭銜，「數

---

[28] 臺灣銀行經濟研究室（編）《清宣宗實錄選輯》（臺北：臺灣銀行經濟研究室，1964），頁518，道光 29 年條，劉韻珂、徐繼畬奏「臺灣北路各廳、縣被水地震，委員妥為撫卹」一摺，所指地震發生於「上年十一月初八日」。

[29] 同註 19。

[30] 如何培夫《臺灣地區現存碑碣圖誌》彰化縣篇（臺北：中央圖書館臺灣分館，1997），頁340，〈溫陵元清觀碑記〉說明：「元清觀……道光二十八年地震，堂宇傾圮，雖曾重修而未果；至光緒二年再行捐修。」「碑文係吳德功所撰，……惟文中將光緒二年誤為『同治丙子』」，即是一例。

年工未竣」，再由後貢張昭彩、職員莊瓊輝接手重修，這是蔡氏「通籍」以前的情形。按蔡德芳為鹿港人，咸豐9年（1859）中式己未恩科補行戊午正科舉人[31]，同治13年（1874），再高中甲戌科進士[32]，所稱「通籍」，即指考取進士而言，為同治13年（1874）事，那麼蔡「通籍」以前的「同治丙子」，如「丙」字無誤，則最大的可能性，就是同治5年（1866）「丙寅」的誤植。

　　元清觀受到道光28年（1848）地震的重創，經過咸豐一朝十一年；至同治元年（1862），彰化發生戴萬生抗清事件，攻佔縣城，整個事件一直到同治4年（1865）才完全落幕。如此漫長歲月，天災人禍，該廟建築日愈腐朽，到了非大規模整建不可的地步。同治5年（1866），乃由舉人蔡德芳、職員陳元吉、貢生世振治等人倡議重修。此次重修，因「數年工未竣」，曾一度中輟，戴案甫平，地方元氣未復，百廢待舉，經費不易籌募可能是個重要因素。同治13年（1874），蔡德芳高中新科進士，對地方而言，是莫大的鼓舞，建廟酬神更屬必然，蔡氏故里天后舊祖宮重建[33]、縣治元清觀再度興工，都與此一背景有關。至光緒8年（1882）大殿結構初步完成，曾以全體首事名義，懸掛木聯：「居上界而覆群生，座繞五雲開寶殿；朝太清而報元始，嵩呼萬歲拜瓊旒」[34]，此後的數年時間，元清觀應只是在進行裝飾性的細部工作，如彩繪、交趾陶、泥塑、磚雕、神像等，直到光緒13年（1887）秋，才正式開光謝土，重修時間長達二十年有餘，大致形成現今之規模。

　　長達二十餘年的元清觀重建，耗盡大量的人力物力，落成之後，本有建碑以存文獻之議，但因循未果；八年後，遇到乙未割臺變局，幸整個參與人員或經費募集明細尚存，而於明治31年（1898），由邑紳吳德功重撰碑記勒石[35]，茲就碑記所提之進士蔡德芳、職員陳元吉、貢生世

---

[31] 蔣師轍等《臺灣通志》（臺北：臺灣銀行經濟研究室，1962），頁401，〈選舉〉舉人。
[32] 蔣師轍等《臺灣通志》，頁394，〈選舉〉進士。
[33] 參蔡德芳后宮碑記，現存鹿港天后宮。
[34] 訪錄，懸於大殿神龕前，上款為「光緒壬午年」，下款為：「首事等重修」。
[35] 此次所勒石碑，包括碑記一方，捐題碑四方。有關經費明細，仍使用舊式銀兩折算銀元，且有捐款人早已過世者，如陳元吉卒於光緒10年（1884），可知所列實包括同治5年（1866）

振治、監生楊祥光、後貢張昭彩、職員莊瓊輝，分述如次：

## （一）、蔡德芳

蔡德芳，字英其，號香鄰，彰化鹿港人，其生平事蹟，頗散見文獻史料，僅錄《重修臺灣省通志》人物志，以見梗概：

> 「蔡德芳，號香鄰，彰化鹿港人；咸豐九年己未舉於鄉，主講文開書院，甲戌成進士，知廣東新興縣。著有政聲，光緒己卯科廣東鄉試，任同考官。有廉名，士子譽之；嗣後返鄉，掌教白沙書院，重經學、慎言行、修孝悌，里人同欽。乙未割臺，舉家內渡，旋卒泉州。[36]」

目前元清觀三川門外有蔡氏所題石柱聯：「極建其中，用錫生靈歸福範；恩叨無外，欽崇典禮答神光」，上款：「光緒丙子孟冬之令」，下款：「藍翎五品銜廣東即用縣董事蔡德芳敬鐫」[37]，按「光緒丙子」為光緒2年（1876），三川門應已先行完工。

## （二）、陳元吉

陳元吉，為馬興陳益源家族成員之一，為舉人陳培松之父。元吉，譜名恩安，字爾恭，監生；嘉慶16年（1811）生，光緒10年（1884）卒；曾以戴案軍功獲賞戴藍翎並五品頂戴。同治5年（1866）重修元清觀，捐銀二百五十元，為三名首事之一[38]，未及見到該廟的落成入火。目前三川門外石柱，有聯云：「瀛島同光，八卦山峰並峙；溫陵紀蹟，

---

以至光緒13年（1887）落成的全部捐款。

[36] 諸家《重修臺灣省通志》人物志（南投：臺灣省文獻委員會，1998），頁194。

[37] 訪錄，按此聯題於光緒2年丙子，距離光緒13年丁亥，達十餘年；據筆者推測，元清觀於道光28年受創，主要為三川門與外部之戲臺，戲臺因非急用，同治5年重建初期，並未立刻著手。而重建工作的當務之急，首推門面攸關的三川門，以此聯之，三川門應先於光緒2年完工。其「中後殿續長增高」，已屬解體重建，而費時十年，正符碑記「比蔡德芳通籍後，經閱十星霜，始告成功」之說。

[38] 陳政憲〈馬興陳家的發展脈落（1792-1895年）〉，收入《2003年彰化研究學術研討會論文集》，頁77-84，彰化：彰化縣文化局，2003。

百年廟宇重新」上款：「光緒丙子孟冬之令」，下款：「首事藍翎同知銜陳元吉叩謝」[39]，與進士蔡德芳聯，都是三川門先完工時所鐫刻。

### （三）、世振治

世振治，為彰化南街人，生員。世振治名見吳德功所撰重修碑記，為同治 5 年（1866），三位倡議重修者之一。但以世振治的財力，實令人不解，按據其族譜記載，明初錫蘭（今斯里蘭卡）國王曾派五子世利成交剌惹出使中國，其間因宮廷政變，不得回國，遂定居泉州，並以其名首字為世姓，傳至振治為第十五世，於道光年間，抵杭州依表親杭州督糧道杜中士，兩年後返泉，途中遭洋盜劫掠一空，乃東渡臺灣彰化，設館授徒；雖曾取進儒學生員，因屢試不第，其門人乃合資代捐例貢生[40]。世振治後於乙未割臺時避居白沙坑，其後裔遂為今花壇鄉人；關於世振治家境，吳德功《彰化節孝冊》有條可資參考的線索，據云：

> 「節烈婦世張氏，彰化小西街人。于歸南街生員世振治為孫媳、儒士世文來之子世南金為妻，年二十歲。于歸時，值日本領臺大軍到彰，遂徙居白沙坑莊。未幾，夫故，氏即殉夫，時二十三歲也。考氏性情，有靜正之德。女紅以助家計。夫家寒儒，不厭淡泊，布衣荊釵，服犢鼻褌以操井臼。尤善事其翁，定省罔缺。明治三十五年，紳士陳捷華、蔣垂昌、吳德功等向彰化廳長須田綱鑑請旌表，准入節孝祠。（吳倫明訪）[41]」

世振治既列名元清觀倡議重修者之一，但未見相關匾聯文物（其他諸人均有董事、首事等頭銜鐫刻石柱），且據捐款資料，只有「十元」[42]，與《彰化節孝冊》所稱世張氏「夫家寒儒」相符，推測元清觀倡修者之所以列名世振治，或許是借重其社會地位，亦未可知，特別是世氏生徒遍及各階層之故。

---

[39] 訪錄。

[40] 據花壇世來發先生提供之族譜及相關資料。

[41] 吳德功《彰化節孝冊》（臺北：臺灣銀行經濟研究室，1962），頁 70。

[42] 訪錄。

## （四）、楊祥光

楊祥光，監生，事蹟待考。同治 5 年（1866），舉人蔡德芳、職員陳元吉、貢生世振治等發起重修元清觀，初期是「以監生楊祥光董其事」後殿外石柱，有聯云：「南海非遙，洛水多寶筏；西天不遠，玉峰是丹梯」，上款：「光緒四年戊寅元春」，下款：「首事弟子楊祥光叩謝」[43]，由進士蔡德芳等聯，知三川門先於光緒 2 年（1876）十月完工，一年多之後，後殿接著完工。

## （四）、張昭彩

張昭彩，布嶼稟西保人，光緒 5 年（1879）己卯科恩貢[44]。碑文中稱其身分為「後貢」，所謂後貢，就是同治末年接手元清觀重修工作時，尚未具貢生身分（似為生員），後來才出貢成為貢生。三川門外石柱，有聯云：「溫肅乘除，推行盡利；陵崗頌祝，愛戴無疆。」上款：「光緒丙子孟冬之令」，下款：「首事西濱張昭彩叩謝」[45]，與進士蔡德芳聯，都是三川門先完工時所鐫刻。

## （五）、莊瓊輝

莊瓊輝，曾於光緒 8 年（1882）二月，與施啟東、黃煥奎、詹啟明、林淵源、施家珍，共同列名重修鹿港文祠董事[46]，因此當為鹿港人，其他事蹟待考。

---

[43] 訪錄。
[44] 倪贊元《雲林縣采訪冊》布嶼稟西保（臺北：臺灣銀行經濟研究室，1959），頁 201。按同治末及光緒初，該保仍隸屬彰化縣，光緒 11 年臺灣建省後，改隸雲林縣。
[45] 訪錄。
[46] 見光緒 8 年孫壽銘撰〈重修鹿港文祠碑記〉，現存鹿港文祠。

# 五、結論

　　彰化元清觀祀玉皇大帝，為泉州移民的守護神，而彰化城內人口數較多的漳州移民，則建威惠宮（大聖王廟）祀開漳聖王為守護神。自乾隆年間以來，在二籍移民的推波助瀾之下，兩家廟宇成了爭奇鬥勝的焦點；元清觀以「皇宮起」取勝，威惠宮則以「五落起」抗衡[47]。光緒13年（1887），元清觀的修建過程，經過一波三折，終告完工，自是廟貌並無重大改變。只有在日治時期為道路拓寬，遭強制拆除右側約五分之一的結構；戰後又遭民眾佔用，經過彰化市公所多方協調，佔住戶於民國71年（1982）遷出，市公所即著手進行整修工作。74年（1985），經內政部指定為臺閩地區第二級古蹟。

　　整修後的元清觀，煥然一新，但早期因祭天禁忌而出現的「嶽帝廟」謬說，並未一掃而空；78年（1989）彰化市公所新立重修碑記，開宗明義就說：

> 「彰化縣誌：嶽帝廟在縣治東，協鎮署前，俗訛稱玉帝即嶽帝也。
> 元清觀創建於清乾隆廿八年，昔時士紳林文濬、鄭士模、黃壽註、
> 阮昌、張玉良等以福建省泉州府七縣人士合資捐獻創建[48]。」

　　碑記如此，新修《彰化市志》也是如此，舊志影響既深且遠，因此不揣淺陋，再予剖析，俾辨明其誤，以免習知元清觀崇祀玉皇大帝（天公）的社會大眾，一但接觸古今文獻，反而引發困擾。

　　其次，鑒於元清觀內存在著乾隆28年（1763）以前獻立的匾額，甚至早至乾隆23年（1758），對於該廟創建沿革，提供了新的證據，值得重新定位。又道光《彰化縣志》有該廟於「嘉慶年間重修」的紀錄，但卻無相應的文獻資料，經辨證吳德功所撰碑記，並參以匾聯實物，始發現吳氏所稱的「乾隆年間」史事，其實就是嘉慶重修一役。

---

47　參《彰化縣口述歷史（二）》（彰化：彰化縣立文化中心，1996），頁126，吳華棟先生口述。

48　碑嵌於右壁，除仍援引舊志謬說外，人名誤植兩處，亦屬憾事。為近年廟方已覺第一行第五字之「嶽」字不妥，另書「玉」字紙張浮貼，但終非長遠之計。

　　同光間元清觀的重修過程，長達二十年，為臺地所少見，二十年之間，人事更迭，文獻散佚，在所難免，幸好留有明治 31 年（1898）追記的刻碑紀事，尚能勾勒出模糊輪廓，作為考證該廟沿革的重要依據。雖因關鍵性的一字之差，造成解讀上的差異，困擾至今，但此碑仍不失其史料價值；爰以此為基礎，配合文獻、實物，一併釐清。由這些史料的推論，可獲得如下的結論：

　　（一）、創修時間始自同治 5 年（1866），初期由蔡德芳、陳元吉、世振治發起，由楊祥光擔任董事。數年後，改由張昭彩、莊瓊輝接手。同治 13 年（1874），蔡德芳成進士，改由蔡擔任董事，陳元吉、張昭彩則退居「首事」地位。

　　（二）、光緒 2 年（1876），完成三川門，4 年（1878）完成後殿；8 年（1882），完成大殿，13 年（1887），開光謝土。

　　（三）、參與紳士非侷限於彰化城內，就主事人員而言，已知者包括彰化、鹿港、布嶼稟各地，如以捐款明細，則分布今臺灣中部各縣市。

# 參考書目

## （1）圖書

謝金鑾、鄭兼才《續修臺灣縣志》，臺北：臺灣銀行經濟研究室，1962。

周璽《彰化縣志》，臺北：臺灣銀行經濟研究室，1962。

臺灣銀行經濟研究室（編）《清宣宗實錄選輯》，臺北：臺灣銀行經濟研究室，1964。

清代官修《大清律例會通新纂》，臺北：文海出版公司。

倪贊元《雲林縣采訪冊》，臺北：臺灣銀行經濟研究室，1959。

蔣師轍等《臺灣通志》，臺北：臺灣銀行經濟研究室，1962。

不著撰人《繪圖三教源流搜神大全》，臺北：聯經出版事業公司，1980。

吳德功《彰化節孝冊》，臺北：臺灣銀行經濟研究室，1962。

臺灣銀行經濟研究室（編）《清代臺灣大租調查書》，臺北：臺灣銀行經濟研究室，1963。

臺灣銀行經濟研究室（編）《臺灣南部碑文集成》，臺北：臺灣銀行經濟研究室，1966。

林衡道、郭嘉雄著《臺灣古蹟集》第一輯，臺中：臺灣省文獻委員會，1977。

追雲燕《三教聖誕千秋錄》，臺中：聖德雜誌社，1985。

林文龍《臺灣史蹟叢論》，臺中：國彰出版社，1987。

彰化縣立文化中心（編）《彰化縣口述歷史（二）》，彰化：彰化縣立文化中心，1996。

彰化市公所《彰化市志》，彰化：彰化市公所，1997。

何培夫《臺灣地區現存碑碣圖誌・彰化縣篇》，臺北：中央圖書館臺灣分館，1997。

諸家《重修臺灣省通志・人物志》，南投：臺灣省文獻委員會，1998。

林文龍《細說彰化古匾》，彰化：彰化縣文化局，1999。

## （2）論文

陳政憲〈馬興陳家的發展脈落（1792—1895 年）〉，彰化縣文化局（編）
《2003 年彰化研究學術研討會論文集》，彰化：彰化縣文化局，
2003。

## （3）史料

世家族譜及相關資料：花壇世來發先生提供。
馬東盈〈泰山神祇—泰山神〉：國山網站資料。
元清觀：臺北內政部民政司網站資料。
漢籍資料庫：臺北中央研究院網站資料。

# 臺灣螺溪硯的早期發展

## 摘要

　　臺灣產硯以濁水溪及其支流之「螺溪硯」為主，製硯業者主要集中在二水鄉。

　　清代臺灣諸硯種，大抵停留在個人撿石而雕階段。日治時期之後，在日本人重視之下，螺溪硯發展一枝獨秀，廣受歡迎。有關螺溪硯之重現，論者必指日本政府為興建濁水溪鐵橋，有日人監工某偶然發現螺溪石，據以製硯一事。此說雖被奉為經典，而檢諸舊籍，竟無文獻可徵。其實螺溪硯之重現鋒芒，是始自大正 5 年（1916）十月的八堡圳路改修工事，與鐵橋興建無關，其事見諸臺灣日日新報報導，為螺溪硯峰迴路轉的重要文獻，足糾前人口傳之謬。

　　日治時期螺溪硯製作者，仍以愛硯族業餘從事為主。戰後的五、六十年代，因兩岸隔絕，大陸硯取得不易，致使螺溪硯供求乍增，再度盛極一時，二水鄉民紛紛投入製硯行列。之後，因書寫風氣轉變，螺溪硯又轉趨凋零。近年，則因臺灣經濟發達，實用為主的螺溪硯，漸次轉型為藝術性較高作品。

　　回顧螺溪硯的歷史發展，相關論述或報導，悉以近代為主，早期之發展，多語焉不詳，尤以日治時期之起步階段，均少有著墨。爰搜羅相關史料及傳世實物，略予勾勒，並稍及當代硯石西進大陸，結合各硯種匠師事例，或可作為未來「展望」之助。

# 一、前言

　　筆、墨、紙、硯，並稱文房四寶，為舊社會最主要的書寫工具。筆、墨、紙都屬消耗品，惟獨硯不易磨損，流傳千年，且造型深具藝術之美，自古以來為文人學士所鍾愛，藏硯名家輩出，相關圖譜的編印，亦頗見重士林。

　　臺灣產硯以使用濁水溪及其支流石材為主，濁水溪自二水鄉以上，以及竹山鎮東埔蚋溪、信義鄉陳有蘭溪，為重要產石區，成硯稱為「螺溪硯」，製硯業者主要集中在二水鄉，為該鄉最具地方特色之工藝產品。

　　清代的臺灣，用硯大抵有兩種類型，紳富之家，多購自唐山各種成硯，貧寒儒生，則自行撿選溪石，略加雕鑿成形，取其實用而已；因此回顧臺灣的產硯歷史，清代以前並無真正的製硯業者，檢視產硯文獻或傳世實物，悉屬愛硯之士自製或雇工雕製。臺灣之產硯，文獻所載有三，最早者為嘉慶年間的螺溪硯（詳下文），其次是宜蘭旱溪硯，咸豐《噶瑪蘭廳志》：「硯石，出二圍旱溪中，淺黑色，頗乾燥，不甚發墨。」[1]名雖不甚著，但仍有實物傳世[2]。此外，尚有臺北福德坑硯，光緒年間，黃逢昶〈臺灣竹枝詞〉有云：

> 「登臺莫訝杖燃藜，萬戶星臨福德齊（臺北有福德坑，石如明星朗照）；照徹石頭鴝鵒眼，取來井井勝端溪（其石為硯最佳，人爭取之）。」[3]

　　黃詩品評福德坑硯，有「勝端溪」之詠，且說「其石為硯最佳，人爭取之。」可見清末的臺北城及其附近地區，已經普遍使用福德坑硯，實物流傳必多，惜缺乏款識，今已難以辨別。

---

[1] 陳淑均《噶瑪蘭廳志》（臺北：臺灣銀行經濟研究室，1963），頁322，卷六 物產/金石之屬。其附考有云：「頭圍三十里至蘭城。一路山形地勢，彎如弓背。由縣丞署口過渡，南行五里為二圍，十里旱溪，出硯石，然不堅潤。」

[2] 譚旦冏（編）《蘭千山館硯譜》（臺北：蘭千山館，1968）下冊，頁78，有「露布硯」，為王衢得宜蘭石製硯致贈臺灣道洪毓琛者，雙款云：「潤堂廉訪大人鈞鑒，小泉王衢」，另有跋語，文長不錄。

[3] 黃逢昶《臺灣生熟番紀事》（臺北：臺灣銀行經濟研究室，1960），頁21，〈臺灣竹枝詞〉。

　　依片斷文獻史料，清代臺灣諸硯種，只停留在個人撿石而雕階段，雖不絕如縷，卻在若有若無之間。日治時期之後，在日本人重視之下，只有螺溪硯能一枝獨秀，再現風華，旱溪硯、福德坑硯都已消聲匿跡，退出文房舞臺。不過，日治時期螺溪硯製作者，仍以愛硯族業餘從事為主。戰後的五、六十年代，因兩岸隔絕，大陸硯取得不易，致使螺溪硯供求乍增，再度盛極一時，二水鄉民紛紛投入製硯行列，出現十多家硯雕工廠。之後，因書寫風氣轉變，螺溪硯又轉趨凋零。近年，則因臺灣經濟發達，實用為主的螺溪硯，漸次轉型為藝術性較高，兼具觀賞價值，成為藝術界收藏寵兒[4]。吸引更多製硯家的投入，不論業餘的單打獨鬥，或開設工廠的量化生產，使螺溪硯更為蓬勃發展。其間，二水硯雕家謝苗更榮獲全國工藝類「民族薪傳獎」，使螺溪硯的藝術價值受到肯定[5]。

　　回顧螺溪硯歷史發展，無論報導、論述或專書，多詳今略古，尤以日治時期之起步階段，均少有著墨。爰搜羅相關史料及傳世實物，略予勾勒，並稍及當代硯石西進大陸，結合各硯種匠師事例，或可作為未來「展望」之助。

## 二、楊啟元撰〈東螺溪硯石記〉的意義

　　嘉慶舉人楊啟元撰〈東螺溪硯石記〉，載道光《彰化縣志》[6]，為「螺溪硯」一名見諸文獻之嚆矢。顧名思義，硯即因取東螺溪硯石而得名；東螺溪即今所稱之舊濁水溪，據藍鼎元〈紀虎尾溪〉的記載，清初的濁水溪在今二水、林內的「牛相觸」以下，「北分為東螺溪。又南匯阿拔泉之流，為西螺溪。」[7]東螺溪本為濁水溪主流，後因溪流多次改道，使西螺溪成為主流，東螺溪乃改稱為「舊濁水溪」，其主流域從溪州鄉經北斗鎮沿田尾鄉埤頭鄉、二林鎮、溪湖鎮、埔鹽鄉等四鄉鎮邊界流入

---

[4] 參張豐榮《螺溪硯天下》（臺北：冠倫文化，1994），頁 67-68。

[5] 張豐榮《螺溪硯天下》，頁 69。

[6] 周璽《彰化縣志》（臺北：臺灣銀行經濟研究室，1962），頁 470。

[7] 藍鼎元《東征集》（臺北：臺灣銀行經濟研究室，1958），頁 84，〈紀虎尾溪〉。

福興鄉出海，其出海口與員大排會合。[8]

〈東螺溪硯石記〉作者楊啟元，是嘉義縣籍，住東螺保，嘉慶 15
年（1810）由嘉義縣儒學中式庚午科羅葉孫榜舉人。[9]楊啟元是嘉慶、
道光年間，活躍於北斗街（東螺街）的地方領袖人物，嘉慶 13 年（1808）
遷建東螺街（即北斗街），為董事之一。並撰寫〈東螺西保北斗街碑記〉，
勒石奠安宮。嘉慶 22 年（1817）修復螺青書院。[10]道光 2 年（1822），
建北斗街義塚，為董事之一。[11]楊啟元住東螺保北斗街，即今北斗鎮，
故撰文記其家鄉硯石，這篇文章，借題發揮，旨在以硯石之顯晦，比擬
於人才之得失。百年之後，竟成為追溯螺溪硯發展的珍貴文獻，恐怕也
是楊氏所始料未及，茲錄全文如次：

> 「彰之南四十里有溪焉。源出內山，由水沙連下分四支，最北為
> 東螺溪，溪產異石，可裁為硯，色青而元，質潤而粟。有金砂、
> 銀砂、水波紋各種，亞於端溪之石。然多雜於沙礫之中，匿於泥
> 塗之內，非明而擇之不能見；一若披沙而揀金者。噫！天之生是
> 石也，不知幾百於茲矣。而顧埋沒於泥沙不能見知於當世，蓋遭
> 遇若斯之難也；越至於今，為予得之，是其果有遭乎？使置之勝
> 地名區，則貴遊之士爭致之，聲價十倍，而不可得．今棄是溪也，
> 農夫、漁父或過而陋之，而士大夫終不肯跋涉屬揭，求之於荒野
> 之間，故世莫能知；雖知而不能言。予拂而拭之，時而揚之，所
> 以賀茲石之遭也。然吾聞是溪之源，數百里而遙，既莫知所自出，
> 又分為數支．如此而埋沒者，何可勝數？茲則所最幸者矣。由是
> 使石工彫琢之，進而觀國之光不難也，是為記。」[12]

清代以八比文、試帖詩取士，故臺灣的科舉人物，多不從事詩、古
文辭創作，尤以嘉慶朝以前為甚。楊啟元除本篇之外，傳世者尚有〈東
螺西保北斗街碑記〉，顯然楊氏在當時是本土少見的能文之士。〈東螺溪

---

[8] 彰化縣二林鎮中興國小網站「話說從頭-道舊濁水溪（東螺溪）歷史」，
　　http://mylite.scses.chc.edu.tw/cyberfair2005/scses1/about_river.htm#a
[9] 周璽《彰化縣志》，頁 232，卷八 人物志/選舉/舉人。
[10] 周璽《彰化縣志》，頁 152。卷五 祀典志/祠廟（寺觀附）。
[11] 臺灣銀行經濟研究室（編）《臺灣中部碑文集成》（臺北:臺灣銀行經濟研究室，1961），頁
　　30，記/北斗街義塚碑記。
[12] 周璽《彰化縣志》，頁 470-471，卷十二藝文志/記/東螺溪硯石記。

硯石記〉一文，彰顯楊啟元文才之餘，另具以下意義：

（一）、確立臺灣本土硯種

　　臺灣自明末以至清乾、嘉年間，政府開科取士，已有不少讀書人，硯臺為天下讀書人所必備，自然需求殷切，惟檢視嘉慶朝以前的府、縣志，以及其他文獻，臺灣毫無產硯的紀錄。即使是收錄〈東螺溪硯石記〉一文的道光《彰化縣志》，其物產志或封域志，亦無任何產硯紀事，足證在此之前，臺灣士子之用硯，除購買自對岸輸入者外，絕大多數都屬撿拾溪石而稍事雕鑿粗略硯臺，楊啟元所得，亦屬此種情形。

　　古來無論名山勝跡，乃至書畫文物，一經名人品題，便能身價百倍。螺溪硯的崛起，正是其具體例證。東螺溪石材質甚佳，地方人士就地取材，用以製硯，由來久遠，楊啟元之取石製硯，當屬沿襲傳統，乃幸而撰文紀事，並載入《彰化縣志》藝文志，使「東螺溪硯」馳名遠近，奠定螺溪硯種之地位。

（二）、螺溪石產地材質觀察

　　楊啟元之論螺石產地及材質，見於篇首：「彰之南四十里有溪焉。源出內山，由水沙連下分四支，最北為東螺溪，溪產異石，可裁為硯，色青而元，質潤而粟。有金砂、銀砂、水波紋各種，亞於端溪之石。然多雜於沙礫之中，匿於泥塗之內，非明而擇之不能見；一若披沙而揀金者。」此段文字，雖寥寥百餘字，除開宗明義，首先拈出產硯石溪流為清代濁水溪以及下游之虎尾溪、東螺溪、西螺溪等，與今日螺溪硯石產地大致相符。

　　其次，大陸之名硯產區，除陶硯系統為取泥煅造之外，幾乎都有礦脈可尋，以端硯、歙硯為例，依開採時間或地點，甚至是石材，各有不同礦坑名稱，如端硯的宋坑、老坑、麻子坑、坑仔岩等，如歙硯之金星坑、龍尾老坑、眉子坑等，臺灣之螺溪硯石，則純粹是取自溪床之子石（自然原石），雕鑿而成，有賴人工之搜尋、撿拾，颱風過後，上游沖刷而下，溪床經過洪濤翻過，採石者每有斬獲。

　　有關螺溪硯石的顏色、材質，當代之專業著作，已有極為詳盡的描

述[13]，此不贅。楊啟元對於硯石的形容是：「色青而元，質潤而粟。有金砂、銀砂、水波紋各種，亞於端溪之石。」首句「色青而元」，是指顏色；青，以臺語發音，為綠色之意。元，同玄，清代避康熙帝諱，以元字代玄字，玄為黑色之意。以今螺溪硯石材驗之，綠色、黑色，的確為主流顏色，其他尚有赭紅、土黃、灰白者，或顏色相混的斑斕石紋。

次句「質潤而粟」，指質地而言；潤是溫潤，觸手溫潤，呵氣成珠，若乾澀不潤，則墨中水分易被吸收，導致濃度太高，滯筆難運。又硯貴在發墨，雖潤而硬度太高，則磨墨易滑，亦非良材。粟為稻穀之意，此指硯石紋理隱隱有穀紋，既潤澤而易發墨。顏色、質地以外，據楊啟元的觀察，螺溪硯石尚有「金砂、銀砂、水波紋各種」，水波紋常見，金砂紋、銀砂紋可遇不可求[14]，亦間接證實楊啟元的年代，取螺溪石製硯在民間已經形成風氣。

過去向有四大名硯之說，以廣東肇慶的端溪之硯居首，名滿天下，楊啟元撰文讚揚螺溪硯石，自然不敢抒其鋒，自謙「亞於端溪之石」，其實以硯石質地而言，螺溪石絕不遜於端溪石，甚至猶有過之，惟產量、紋理樣式或有所不及。

## 三、寧靖王螺溪硯之謎

螺溪硯之文獻，固然不見於早期載記，惟今日之談螺溪硯歷史，必舉如夢似幻的寧靖王螺溪硯，此硯不見實物，連橫依據傳聞，撰「螺溪硯」短文，收入〈臺灣漫錄〉，全文如次：

> 「己未冬十月，有竹滬人朱興明者，攜一螺溪硯至臺南玄武廟前求售，索價三百金，云為寧靖王所遺。硯大尺有二寸，背有銘，旁刻『術桂』，筆畫秀勁，為王所書。友人陳明沛見之，謂銘凡六十餘字惜未錄存。後為室谷信太郎以二百三十金購去，聞已轉

---

[13] 可參閱張豐榮《螺溪硯天下》頁62-66「螺溪硯的特色」。

[14] 張豐榮《螺溪硯天下》頁77有「金星奇硯」，所稱金星，即楊啟元所稱金砂，硯堂金沙密佈，雕鑿者自言從業二十年僅見，其難得如此。

贈後藤棲霞矣。按西螺溪石硯載於彰化縣志，其石有金砂、銀砂之別。鄭氏之時，西螺尚在榛莽，而取石作硯，傳之藝林，可補舊志之缺。[15]」

文中己未，為大正 8 年（1919），臺南玄武廟，似指大上帝廟，此為連氏依據友人陳明沛所言而轉述者，陳明沛為日治時期臺南名人，故事當屬可信。因無實物傳世，當時僅憑賣硯者、旁觀者的判斷，而定為螺溪硯，其實仍不無可疑之處，可能的情形有三：

（一）、是貨真價實的螺溪硯，亦為寧靖王故物。

（二）、是硯石為真，亦為寧靖王所遺，但並非螺溪硯，只是石材近似。

（三）、是以螺溪石仿製古硯，且偽託寧靖王銘款。

如是後兩種可能，便不值置論，姑就第一種可能而略加討論，於螺溪硯史之追溯，或有所補充。

誠如連橫所言：「鄭氏之時，西螺尚在榛莽，而取石作硯，傳之藝林，可補舊志之缺。」東螺、西螺之名，由來甚古，清末至日治時期，東螺早已被北斗一名所取代，連氏將東螺誤認為西螺，仍屬螺溪範圍，尚在情理之中。連氏在「鄭氏之時，西螺尚在榛莽」之後，便接敘「而取石作硯，傳之藝林，可補舊志之缺。」未再深入論述，稍有不足。

螺溪硯產區遼闊，其精華地區在二水以上，為舊志所稱的「水沙連」，亦即楊啟元「彰之南四十里有溪焉。源出內山，由水沙連下分四支」所指。最廣義的水沙連，包括了今南投縣全境，行政建置的水沙連保，主要為竹山、鹿谷、集集、名間、水里等地。今之稱螺溪硯，大抵採取較寬廣的解釋。

明鄭時期，彰化地區已有不少駐軍，尤以劉國軒守半線最著，茲舉二例，郁永河《裨海紀遊》記鄭經征剿斗尾龍社，有「劉國軒守半線」紀錄[16]。其次，康熙 23 年（1684）諸羅縣知縣季麒光覆議屯田詳文有云：

---

[15] 連橫《雅堂文集》（臺北：臺灣銀行經濟研究室，1964），頁 150，卷三/筆記/臺灣漫錄。
[16] 郁永河《裨海紀遊》（臺北：臺灣銀行經濟研究室，1959），頁 55，〈番境補遺〉。

「如南路之濁水溪等處，北路之半線等處，皆昔日之營盤也。其
地險要，扼外番、外海之衝，偽鄭時原設重兵於此，今或以一營
駐濁水溪，一營駐半線，就地作屯，則內謀生聚，外資保障，國
無缺額之徵，兵有樂生之象，不特裕課，兼以固圉。」[17]

　　彰化既有明鄭駐軍，必須用硯，如就近取材，自非濁水溪莫屬，而
駐軍將佐往返承天府，攜帶佳硯作為官場餽贈，更屬人情之常。

　　再就水沙連地區歷史來看，清代屬水沙連保境域的竹山，舊稱林
驥，亦稱林驥埔，為南投縣開發最早地區，林驥地名見於蔣毓英《臺灣
府志》[18]。明鄭覆滅不久，發生鄭氏舊屬陳辛抗清事件，《重纂福建通
志》李光地傳後附其從子李日煜小傳，說是：

「明年至都，蒙召見，問沿海情形。日煜陳平海機宜，時鄭氏餘
黨陳辛竄入水沙連，結三十六社番眾倡亂。日煜以五百人收捕，
辛黨悉降，擢永州總兵官。」[19]

　　所言水沙連，當指漢人聚集的林驥埔，林驥埔在明鄭時期已經有漢
人入墾，明鄭既亡，乃有鄭氏舊部率眾進入該地，此一史實，說明了當
時承天府人士對於林驥埔並不陌生，如派人取石製硯，亦屬可能。

　　總之，明鄭與濁水溪流域關係密切，無論上游的林驥埔或下游的半
線地區，漢人、駐軍屬集，取濁水溪石製硯已經漸成風氣，寧靖王所用
螺溪硯的出現，從歷史地理探討，其可能性應該是肯定的。康熙末年，
漳浦藍鼎元遊幕來臺，撰〈紀虎尾溪〉一文，特別提到溪石，說：

「虎尾則粉沙漾流，水色如葭灰，中間螺紋旋繞，細膩明晰，甚
可愛，大類澎湖文石然。」[20]

---

[17] 臺灣銀行經濟研究室（編）《福建通志臺灣府》（臺北：臺灣銀行經濟研究室，1959），頁
312，錄自《重纂福建通志》卷八十四/國朝/配設器械/附載。

[18] 中華書局《臺灣府志三種》上冊（北京：中華書局，1985），頁244，蔣毓英《臺灣府志》
卷十，阨塞。

[19] 臺灣銀行經濟研究室（編）《福建通志臺灣府》，頁779，錄自《重纂福建通志》卷二百二
十五－二百三十一/國朝列傳/安溪縣。

[20] 藍鼎元《東征集》，頁84，〈紀虎尾溪〉。

　　顯然虎尾溪（濁水溪）石在當時已普遍受到文人重視，珍同澎湖文石，證以寧靖王硯的傳世。臺灣歸清四十年間，撿拾濁水溪石賞玩，乃至製硯，應極為普遍，否則藍鼎元以一福建文士，紀虎尾溪便不可能注意到溪石。此外，值得注意的是，藍鼎元形容溪石外觀是「螺紋旋繞，細膩明晰」，明確指石的紋理而言，此不獨為螺溪命名所本，也足以釐清後人「溪流蜿蜒曲折」或「濁水滾滾肆瀉狀如螺貝」等臆測說法。

## 四、日治時期的螺溪硯推廣

　　清代的楊啟元，以一篇〈東螺溪硯石記〉為螺溪硯硯種奠定牢不可移的龍頭地位，但終有清之世，螺溪硯仍停滯在民間自行撿拾、雕鑿階段，並未進一步發展為上市銷售的文房商品，直到日治初期，才有所改觀。

　　日本人是愛硯的民族，當明治 28 年（1895）入據臺灣之後，在當道的重視之下，使螺溪硯成為文房的臺灣之光。明治 38 年（1905）八月八日，臺灣日日新報登載了一篇〈本島石材〉的報導，將臺灣各類石材及用途，作了全面分析，說是：

> 「臺南石材，大抵自清國輸入者。其石種類不一，如隴山石，自福州隴山運到臺南，不可枚舉。餘自泉州、寧波輸入者，呼之曰泉石、寧石，乃花崗石之類也。臺南城壁及城市敷設石板，園亭石椅、石棹、石柱、石珠，多有用之者。他如蔗車—碾蔗用之者，多來自清國之山石。蓋臺南地方，多砂土而少岩石，故借材異地。查臺灣所產石材，以砂岩石為主，在臺北附近，城壁溝渠橋臺屋壁亦多用之。……其採石場之最盛者，北投庄石角山、八芝蘭庄劍潭也。……若新竹附近砂岩之石質頗形結實。……其面平而滑，琢成以為敷設之石。要之砂岩最堅實者，安山岩也，在臺北自淡水觀音山採出，故名觀音石。在基隆則自基隆山採之，此外宜蘭產花崗石材。其產出之處，尚未甚明。大半在蘇澳以南。此後石材之運用最宏者，有曰粘板石材，曰大理石材；粘板石材，產於粘板岩，乃臺灣山骨，貫穿全島。其可開場採取者。在宜蘭地方、埔里社地方及臺東地方、下淡水谷野地方。其中場所最好者，宜蘭蘇澳附近也。今宜蘭採石

製造者。一如宮城集治監之例。使許多囚徒為之。然後搬下舟舶。
至宜蘭河有一邦里，費半日之久，運赴基隆，較之宮城集治監工作
場之雄勝，自此地運入東京，相去幾何哉！但土木要用石材可期者，
不但用作屋瓦敷設石料而已，硯盤諸器具均可。近來各地買用該處
石材，日加一日。……」[21]

　　這篇巨細靡遺的報導，包括進口石材、本土石材多種，其中本土石
材能製造「硯盤諸器具」者，僅宜蘭蘇澳附近所產而已。

　　十二年後，螺溪硯終於展現其鋒芒，開始受到重視，大正 5 年（1916）
十月二十六日臺灣日日新報出現了一則關鍵性的報導，標題是「東螺硯
續出」：

「廳下濁水溪沿岸，古來出東螺硯石，馳名內外，其石堅滑潤，
或青色或紫色，或水波紋，或萬點星，與彼端溪略同。不久前聞
佐佐木氏：近年久乏拾得者，後因八堡圳路改修工事之際，在二
八水庄河磧中，發現此名石，讓愛硯家…大為驚喜。」[22]

　　這則重新發現東螺硯石的新聞報導，為螺溪硯峰迴路轉的重要文
獻，自來言日治時期之發現螺溪硯者，必會提到日本政府為興建跨越濁
水溪，連接二水、林內的鐵橋時，日人監工村瀨偶然於橋下摸到一塊石
頭，入手清涼，且受手之熱氣，上面凝有水珠，甚為訝異，乃發現此為
製硯良材，後於二水街上設廠製硯云云。這樣的記載，無論有關二水書
籍、網路文章，早已被奉為經典，其說法來源如何？可信度如何？似乎
沒有人仔細考究。發現時間也有 1908 年或含糊的 1899 年至 1908 年之
間、1932 年等。[23]

---

[21] 臺灣日日新報明治 38 年年八月八日第 4 版「雜錄」。

[22] 臺灣日日新報大正 5 年十月二十六日第三版。

[23] 以二水鄉公所《二水－我的家鄉》（彰化：二水鄉公所，1982）、賴宗寶《二水的根與葉》、
周宗賢總編纂《二水鄉志》（彰化：二水鄉公所，2002）為例，說法大同小異，其他網路
搜尋，此一說法甚多，茲不引述。關於年代，1908 年說，是較早形成說法；1899 年至 1908
年說，可能邊就鐵橋施工期程，但鐵橋完工於 1905 年，故其下限 1908 年仍不符史實；1932
年說，僅見陳立人〈臺灣螺溪仔石收藏考〉http://shop.sf108.com/archiver/tid-185180.html，
似為配合放龍硯石發現而衍生的說法。

　　《臺灣螺溪硯天下》，引述「二水鄉老一輩製硯家的說法」，雖然也是築橋監工之說，但卻忠實呈現這些「據說的話」，沒有時間，更沒有人名[24]。可知故事的原型只有一些骨幹，後人逐漸鋪陳其他細節，甚至如滾雪球，又將森千七在竹山東埔蚋獲石製為「放龍硯」事接上村瀨故事[25]，甚至更有將人名改為「村瀨森千七」[26]者，森千七任職日本製糖株式會社臺灣支社，與築橋無關，如此移花接木，使螺溪硯文獻更為錯綜複雜。

　　臺灣日日新報所載，屬於新聞報導，發現時間為大正5年（1916），地點及動機是「八堡圳路改修工事之際」，報導人為「佐佐木氏」，均極為明確。據行政院文化建設委員會文化資產總管理處籌備處資料，濁水溪鐵路拱橋完成於明治38年（1905）[27]，與螺溪硯石重新發現無涉。臺灣日日新報報導的發現，提供了正確時間及地點，足堪廓清長期累積的誤導，還原本來面目，意義重大。

　　受到「東螺硯續出」新聞的影響，引起愛硯族的注意，許多業餘人士組隊蒐巡螺溪硯石，大正6年（1917）九月二十七日，臺灣日日新報又報導「嘉義之螺溪硯石採取」：「螺溪硯石之採取，向有凌駕端溪之稱。近來嘉義附近之人士，紛紛往濁水溪上游蒐尋（廿五日）」[28]，從新聞報導角度來看，濁水溪沿岸（如二水、竹山、濁水等地）人士蒐尋螺溪硯石，絕非新聞，這則新聞強調是「嘉義附近之人士」，換言之，螺溪硯石在盛名之下，吸引了遠地人士前來，見微知著，此時螺溪硯石蒐尋、製硯，已形成一股熱潮，並漸次蔓延開來。

　　果然大正12年（1923）皇太子殿下的遊臺，其臺中州行程便安排

[24] 張豐榮《臺灣螺溪硯天下》，頁59。

[25] 周宗賢總纂《二水鄉志》，頁522。

[26] 陳立人〈臺灣螺溪仔石收藏考〉http://shop.sf108.com/archiver/tid-185180.html，說「有一位名叫村瀨森千七的監工技師，偶然於橋下河灘上，發現一塊一百多斤重的黑色石頭，雖已挖起多日，幾經驕陽曝曬，卻仍然保持濕潤，且入手清涼，呵氣即凝有水珠，故輾轉由鹿港運回日本，製成六十斤的大硯臺--放龍硯。」

[27] 見文化資產總管理處籌備處網站〈濁水溪鐵路拱橋見證臺灣鐵路百年滄桑〉，http://www.hach.gov.tw/

[28] 大正6年九月二十七日，臺灣日日新報第四版「地方近事」。

了致贈螺溪硯一節，將螺溪硯的發展推上另一個高峰。同年臺灣日日新報四月十三日「殿下行啟彙報」登載「獻上美麗螺溪硯」報導：

> 「既報，臺中州在鄉軍人聯合會，將獻上螺溪石硯三面，在會員福島竹松氏之處謹製中，此處經已製成，囑分會長二瓶源五郎氏保管，又三面之中大者赤色，中者黑色，小者青色，皆帶綺紋，就中黑色者，硯頭側面，含有金紗銀砂，異常光彩。[29]」

此次所獻硯，由臺中州在鄉軍人聯合會會員福島竹松雕製，共有大中小三件，分別為赤、黑、青三色，其中黑色硯，且有金砂、銀砂，涵蓋了螺溪硯的重要特色，顯然是經過千挑萬選，都屬螺溪硯精品。

繼皇太子之後，昭和 2 年（1927）朝香宮殿下的臺中州行程，州廳官員又將螺溪硯作為禮品之一，臺灣日日新報十一月十七日又有「朝香宮殿下/在臺中州廳賜官民拜謁臺覽州下特產品」報導：

> 「朝香宮殿下，在臺中知事官邸過夜。六日早……。次，夜同知事侍立之下，次原滿內務部長、遠藤臺中市尹、兒玉州警務部長、杉岡富雄、李崇禮、楊吉臣、蔡蓮舫諸氏單獨拜謁。然後佐藤知事參進殿下御前，捧呈州治概況書。次再前導殿下，莅會議室，由佐藤知事、上山總督侍立之下，賜二瓶源五氏外百十五名文武高等官列立拜謁。……最後就陳列於同地知事獻上之棒衝立、螺溪石硯、漆器、蛇皮細工、埔裡蝶細工、大甲帽、米穀、砂糖、蕃布、鹿港線香等臺中州下特產品，聽知事詳細說明，熱心臺覽。[30]」

這時的螺溪硯，與早已馳名的大甲帽、鹿港線香分庭抗禮，從此確立其地位。

在政府、民間交相吹拂之下，螺溪硯行情水漲船高，從業者、愛好者日增，甚至出現了官方專題展覽會，大正 15 年（1926）五月七日，臺灣日日新報報導「硯石展覽」消息說：「南投村田郡守發起，於月之二日選定俱樂部為會場，開催南投特色之螺溪硯展覽會，以備一般觀

---

[29] 大正 12 年年四月十三日，臺灣日日新報第 6 版「殿下行啟彙報」。
[30] 昭和 2 年十一月十七日，臺灣日日新報第六版「殿下行啟彙報」。

覽，頗能增長眼界云。」[31]南投郡守村田，為村田三郎。此則訊息簡短，
卻代表了螺溪硯發展的趨勢，有其意義。螺溪硯在清代中葉，由東螺（北
斗）起步，日治時期由二水重新出發，接著再往濁水溪上游邁進，南投
郡更當仁不讓，說是「南投特色之螺溪硯」，不讓二水、北斗專美於前。

　　贈送名人、報紙報導、展覽會等的加持，螺溪硯知名度愈高，從業
者多，愈為普及，昭和 10 年（1935）臺灣日日新報導「全島聯吟會籌
備續報」新聞，謂將在二十日起，在臺中開全島詩人聯吟大會。除遠地
詩人踴躍向籌備處報名出席外，不乏捐贈作品作為贈品者，其中包括鹿
港大書家施梅樵、莊太岳二氏揮毫之行書四幅，以及北斗郡柯振淵特製
之螺溪硯四件，古雅精潤，足為文房永久紀念[32]。此新聞報導除反映螺
溪硯的普遍性之外，最重要的則是北斗郡製硯匠師的存在，北斗為文獻
所載最具體也最早的螺溪硯發祥地，楊啟元之後，未見繼起之雕硯匠
師，柯振淵其人，籍隸北斗，尤具傳承意義，且足補史料之缺。

　　螺溪硯既見重士林，受到文人墨客的青睞，自然也成為詩人詠物寄
託的對象，亦為詩社徵詠的絕佳題材。目前所見作品，以魏潤菴發表於
昭和 3 年（1928）十月的〈螺溪硯題句〉為最早，詩云：

> 「惟此螺溪片石稱，墨華長共紫雲稱。大西洞裏開何有，秋士閨
> 中繪未曾。」[33]

昭和 9 年（1934）八月，嘉義詩人賴子清又有〈螺溪硯三首〉，茲錄其
一如次：

> 「螺溪美石費搜尋，雕琢圓方運匠心。不畏乾枯呵氣潤，無愁凍
> 結耐寒侵。半規學海虛懷大，千丈詞源聚墨深。位置端宜文几上。
> 士林推重價兼金。」

　　詩後附有魏潤菴短評：

---

[31] 昭和元年五月七日，臺灣日日新報第四版「硯石展覽」。
[32] 昭和 10 年二月二日臺灣日日新報第四版。
[33] 昭和 3 年十月十一日臺灣日日新報第八版。

「無愁凍結，是螺溪硯最為特色之處，莫怪士林推重。」[34]

此三詩發表於臺灣日日新報詩壇專欄，似屬閒詠性質，但鑒於同年竹山之張達修亦有同題作品多首，應同屬某詩社徵詩作品，茲錄張詩二首如次：

「彷彿南天補煉餘。螺溪溪上採來初。雲林舊譜編應入。汾水澄泥比不如。積潤磨時香自古。成渦寒處瀋長瀦。摩挲好與澎湖石，風雨名山伴著書。」

「未遜端溪價十千。琳琅一片出沙連。侯封即墨名猶舊。家世中州譜尚鮮。儘取交情堅比石。可堪生計倚為田。劫餘文字憑收拾。珍重鯤溟著作年。[35]」

此外，當時報紙、雜誌尚多相關吟詠，不再一一徵引，這些相關報導、藝文作品，正反映了社會上螺溪硯熱的現象。

# 五、藤山雷太與放龍硯

螺溪硯無礦脈可開採，端賴溪石撿拾，日治時期螺溪硯打開名氣之後，濁水溪上蒐撿硯石人潮絡繹不絕，除了從事硯雕的專業人員外，仍有不少業餘愛硯族；這些硯石撿拾者，難得會留下紀錄。前述臺灣日日新報報導「嘉義附近之人士，紛紛往濁水溪上游蒐尋」一節，是少見之例。至於見諸私家筆記的，更屬鳳毛麟角，目前記述撿拾過程及運送、製硯，最為詳細的莫過於藤山雷太的《臺灣遊記》一書。

藤山雷太（1863－1938）為日本的實業家，他是日本佐賀縣人，慶應義塾大學畢業後，以長崎縣會議長身分，轉入實業界，進入三井會社，出任芝浦製作所所長、王子製紙專務。之後，歷任駿豆鐵道社長、日本火災保險副社長、歌舞伎座取締役、出版社泰東同文局社長，創立帝國

---

劇場。明治 39 年（1906）受命整理大日本製糖會社，此後以日糖為中心，成功地發展臺灣的糖業及紙漿業，構築了藤山企業集團基礎[36]。

藤山雷太於昭和 10（1935）年十月一日，來臺考察糖業，十一月十一日返回東京，翌年寫了一部《臺灣遊記》，其中有〈硯與竹筆〉一節，對於螺溪硯特色，曾做詳盡的介紹：他說：

「昔清朝時代，抱青雲之志，遠渡對岸應試之臺灣人，在考試之日，嚴寒異常，同科舉子，墨硯皆凍，獨有螺溪硯，墨水不凍，始終順利書寫，頗受好評，經清廷派人來臺，取得原石製硯，試用之餘，據傳該硯質地細密，且易發墨，恰如溫銅板綴蠟一般，確為奇妙，清帝大加讚賞，稱不遜端溪之硯。……有一日，聞森千七君言，端溪硯之聲譽，固響徹天下，但均為同樣之切石，而螺溪硯則殆為原石琢製，風韻各異其趣，此為天下第一。且其色澤不一，純黑色、淡黑色、青色、紫色而外，或有波紋者，或有如滿天星模樣之摻色者，其實亦分甲乙丙丁各等……[37]」。

文末所論螺溪硯顏色、紋理等，大抵取自前人之說，姑不具論。至於有關螺溪硯「考試之日，嚴寒異常，同科舉子，墨硯皆凍，獨有螺溪硯，墨水不凍」的說法，鑒於螺溪硯遲至清道光間，始見諸文獻，過去亦無任何「墨水不凍」記載，自此一未經證實說法之後，便一再被談螺溪硯者所引用，其實藤山雷太應該只是利用其他硯種傳說加以張冠李戴而已。

清代乾隆間文人陳齡著有《端硯擬》一書，其自序曾將老坑端硯概括為「八德」：

「一曰歷寒不冰，質之溫也；二曰貯水不耗，質之潤也；三曰研墨無泡，質之柔也；四曰發墨無聲，質之嫩也；五曰停墨浮艷，質之細也；六曰護毫加秀，質之膩也；七曰起墨不滯，質之潔也；八曰經久不乏，質之美也。具此八德，質已超常，信為古今之瑰

[36] 國家文化資源資料庫《臺灣歷史辭典》鍾淑敏撰藤山雷太條，http://nrch.cca.gov.tw/ccahome/。參フリー百科事典藤山雷太條。
[37] 林文龍《臺灣史蹟叢論》（臺中：國彰出版社，1987）下冊，頁 214，〈螺溪硯史談〉。

寶，可遇而不可求者也。[38]」

此外，肇慶民間另有相關傳說，稱唐朝時端州梁舉人赴京會試，時值隆冬，他人硯臺都結了冰，只有梁舉人硯上墨水不凍，於是順利中了進士[39]。

不只端硯有硯上墨水不凍之說，就連山東沂南縣徐公店的徐公硯，亦有類似傳說，民間相傳徐公硯以徐姓舉子得名，據說早年有一徐姓舉子進京應試，當他路過沂南縣，偶見到道旁溝土中有一些造型奇特的石頭，取以製硯。在他參加考試時，考生所帶硯臺墨被凍結，只有徐姓舉子所帶硯臺墨汁未凍，書寫流利，因而得中進士。之後告老還鄉，便定居得硯之處，改名徐公店[40]。墨水不凍的故事，如滾雪球，不斷擴大，端硯首開其端，徐公硯踵繼其後，再跨海渡臺，又衍為螺溪硯故事，此說可資談助，不宜太過認真。

其次，藤山雷太認為螺溪硯有一項「天下第一」的特色，其理由是：「端溪硯之聲譽，固響徹天下，但均為同樣之切石，而螺溪硯則殆為原石琢製，風韻各異其趣。」他之所以持此說法，根據的是端硯為礦脈開採，全部是裁切過的方硯，而螺溪硯則是利用所檢拾子石琢製而成。其實，無論端硯或歙硯，乃至其他硯種，方硯之外，仍有許多撿拾子石雕鑿而成的隨形硯，如果說這些硯種「風韻各異其趣」，尚稱妥洽，而因子石之故，便譽螺溪硯為「天下第一」，則尚有商榷餘地。

再其次，愛硯族之蒐石製硯，費盡千辛萬苦，他們所在意的，並非全然為了書寫需求，猶如釣魚者並非在於食魚，藤山雷太乃利用釣魚樂趣比擬蒐石，說是：

> 「用以製硯的螺溪原石，因質地、色澤上的差異，所以從前有人把採集原石，到雕琢成品玩賞過程，視同釣魚樂趣。」

---

[38] 引自松花旅遊文化節網站〈四大名硯—端硯〉，
　　http://74.125.153.132/search?q=cache:Fr1UoLlQnDMJ:www.cbsqs.com.cn/
[39] 引自「說屏」教案設計，http://edu.beelink.com.cn/20041028/1711540.shtml
[40] 引自李華新〈墨汁不凍徐公硯〉，大眾論壇「生活報副刊」。
　　http://people.dzwww.com/viewthread.php?tid=5581716&extra=page%3D1

藤山雷太又說：

> 「愛好者，要獲色澤優良之螺溪石，必須花費一番苦心，而後樂
> 在其中。其歷程如同釣魚，原石採集，似持竿垂釣，琢磨雕鑿，
> 似得魚之煎煮炒炸，鑑賞成硯，似品嘗佳餚……徬徨於砂礫之
> 間，全身汗如雨濕，日曬如焦，偶得原石，即背負之，如得甘泉
> 焉。[41]」

藤山之譬喻，實深得箇中三昧，頗能體會愛硯族蒐石製硯心理，不愧為
愛硯者言。

〈硯與竹筆〉一文，竹筆所指為竹山以竹纖維製成之特殊筆種，與
題旨無涉。硯則指蒐石所製的巨型硯臺「放龍硯」，為該文重心，描述
整個得硯過程，歷歷如繪：

> 「同年（1932）九月下旬，任職於日本製糖株式會社臺灣支社的
> 森千七，因素好筆硯及書法，邀集同好數人，進入當時的臺中州
> 竹山郡東埔蚋庄，搜尋螺溪硯石，探索地點遼闊，但一無所獲，
> 當他們一行在『燒石』上休息吃飯丸時，森千七抬頭平視前方，
> 忽然發現距離三十公尺巨石上，有黑色的石塊，隨拋棄飯丸直奔
> 巨石查看，竟然是淡黑色的硯石，體積頗大，再經仔細鑑定，確
> 為良質螺溪石，僅表面微瑕，裡面稍有罅痕，欣喜之餘，就請同
> 行的工人，在附近村落再雇請一名工人，兩人合力搬抵臺中，轉
> 運至林內，然後托『日東商船組』運往虎尾。翌年新春，又運往
> 東京，經同好十人加工趕製，搥鑿成形，粗砥細砥，忙個不停，
> 當快要完成而做最後的整飾時，在工作檯箱內，突然跑出一枝
> 七、八吋長的大蜈蚣，因此命名為放龍硯。[42]」

這是放龍硯的由來，原石採於「東埔蚋庄」，所言東埔蚋，清代稱
東埔臘，即今竹山鎮延平里。據文中所描述，當年蒐尋螺溪硯石地點，
當在今東埔蚋溪注入濁水溪處溪床，約在溪尾寮莊附近。森千七既得硯

---

[41] 林文龍《臺灣史蹟叢論》下冊，頁 214，〈螺溪硯史談〉。
[42] 林文龍《臺灣史蹟叢論》下冊，頁 216-217，〈螺溪硯史談〉。

石，乃由竹山而臺中、林內、虎尾，再運到日本東京，的確得之不易。

　　放龍硯雕成之後，森千七自然極為珍愛，任職日本製糖株式會社臺灣支社，仍不忘隨身攜帶。昭和 10 年（1935），藤山雷太來臺考察糖業，森千七遂將此硯贈之，據藤山所記，該硯大略如次：

> 產地：臺灣臺中州竹山郡東埔蚋庄
> 名稱：放龍硯
> 原石重量：百六斤
> 成硯重量：六十四斤
> 色澤形質：淡黑色、福面型、無雜物、質良澤潤。
> 硯海容量：四合優（強之意）
> 琢製人工：約五十工

　　據所記放龍硯原石重達一百六十斤（九十六公斤），製硯後仍達六十四斤（約三十八公斤），如此巨硯，在六十年代以前，恐無出其右者。雕鑿所費的工作天為「五十工」，以所記十人分攤，每人須五個工作天，工程浩大。螺溪硯為隨形硯，所謂「福面型」，意指硯之形狀如日本家庭擺飾之「お福面」面具，臉部福泰，笑容可掬，亦即硯上端硯池處較窄，下端硯堂附近較寬闊。此硯碩大無比，至今應仍流傳世，也許尚有出土之日。

# 六、結論

　　濁水溪水系產硯石，古來即有撿拾製硯者，至清道光中楊啟元以「東螺溪硯石」初步定名；日治時期「續出」，仍稱「東螺溪硯」，之後略去東字，稱為螺溪硯，為近代所通稱，幾無異詞，惟以早期傳世實物驗之，有以諧音稱「羅溪硯」或「麗溪硯」者，各見一例。前者，筆者藏有「昭和九年三月吉年」、「辻作之」之「臺灣羅溪石」硯，判斷應是日本人在臺作品。後者所見為六十年代文具店出售之學生硯，外有紙盒，題署「麗溪硯」。約十幾年前，有硯雕業者以石取自濁水溪上游陳有蘭溪而命名

「蘭溪硯」，頗為雅致，但知名度不高，最近似無此名。

螺溪硯在明末清初，可能已經存在，至楊啟元始展露光芒，終有清之世，仍歸岑寂。日治時期幸因八堡圳路興修，使歷史上曇花一現的螺溪硯重新浮出檯面，經過日製時期的鼓吹，螺溪硯乃成為臺灣最知名硯種。五十年代的臺灣，兩岸隔絕，大陸硯臺不再輸入，而這時的中小學校，仍極力推廣毛筆書寫，書法課之外，作文、生活週記等，都必須用毛筆字，於是螺溪硯業者紛紛投入「學生硯」的生產，且以中規中矩的實用性方硯為主，較缺乏藝術性創作，因此無可諱言的，此一時期，螺溪硯雖業績蓬勃，但其藝術性發展也相對受到影響。

日治時期的螺溪硯雕刻，固然以本土人士為主，不過考諸文獻載記，並證以流傳實物，無論日本或臺灣，都有匠師從事螺溪硯創作，甚至有展覽會的出現，這是螺溪石初步的對外接觸，也注入些許和風。69年（1980），二水賢達謝東閔擔任副總統，當年韓國有「人間國寶」之稱的硯雕家李昌浩來臺訪問，謝副總統特別引介螺溪硯石，李氏讚不絕口，因而帶了幾塊硯石回韓國雕製硯臺[43]，這是螺溪硯再次的文化交流。約94年（2005），高雄藏家陳君來往兩岸硯石產地，接觸過不少工藝名師，如蔡金星、王建國、方遠、鮑金照…等，於是在二水挑選硯材，千里迢迢，送請雕刻，並與臺灣硯友分享，兩岸合作，為螺溪硯發展另闢蹊徑，雖仁智互見，卻也因此流傳不少風格突出的好硯，應予肯定。

早期螺溪硯文獻隱晦不彰，爰略予撝拾，期能稍補晚清迄日治時期之空白。近代之螺溪硯發展，史料浩瀚，篇末僅略及日韓及大陸交流事實，本「後之視今，亦猶今之視昔」之意，存此線索，或有裨學界治臺灣工藝史之參考。

---

[43] 二水鄉公所《二水－我的家鄉》，頁134，「推廣藝品特產－二水鄉寶螺溪硯石」。

# 參考書目

## （1）圖書

郁永河《裨海紀遊》，臺北：臺灣銀行經濟研究室，1959。

藍鼎元《東征集》，臺北：臺灣銀行經濟研究室，1958。

臺灣銀行經濟研究室（編）《福建通志臺灣府》，臺北：臺灣銀行經濟研究室，1959。

中華書局《臺灣府志三種》上冊，北京：中華書局，1985。

周璽《彰化縣志》，臺北：臺灣銀行經濟研究室，1962。

陳淑均《噶瑪蘭廳志》，臺北：臺灣銀行經濟研究室，1963。

黃逢昶《臺灣生熟番紀事》，臺北：臺灣銀行經濟研究室，1960。

連橫《雅堂文集》，臺北：臺灣銀行經濟研究室，1964。

臺灣銀行經濟研究室（編）《臺灣中部碑文集成》，臺北：臺灣銀行經濟研究室，1961。

譚旦冏（編）《蘭千山館硯譜》下冊，臺北：蘭千山館，1968。

二水鄉公所《二水－我的家鄉》，彰化：二水鄉公所，1982。

林文龍《臺灣史蹟叢論》，臺中：國彰出版社，1987。

張豐榮《螺溪硯天下》，臺北：冠倫文化，1994。

周宗賢總編纂《二水鄉志》，彰化：二水鄉公所，2002。

張達修著、林文龍（編）《醉草園詩集》（2007，臺中，張振騰發行）

## （2）網站資料

臺灣日日新報資料庫

http://192.168.100.190:8000/twhannews/user/query_basic.php

陳立人〈臺灣螺溪仔石收藏考〉

http://shop.sf108.com/archiver/tid-185180.html

李華新〈墨汁不凍徐公硯〉

http://people.dzwww.com/viewthread.php?tid=5581716&extra=page%3D1

中興國小網站「話說從頭 - 道舊濁水溪（東螺溪）歷史」
http://mylite.scses.chc.edu.tw/cyberfair2005/scses1/about_river.htm#a
文化資產總管理處籌備處網站〈濁水溪鐵路拱橋見證臺灣鐵路百年滄桑〉
http://www.hach.gov.tw/
國家文化資源資料庫《臺灣歷史辭典》
http://nrch.cca.gov.tw/ccahome/
松花旅遊文化節網站〈四大名硯─端硯〉
http://74.125.153.132/search?q=cache:Fr1UoLlQnDMJ:www.cbsqs.com.cn/
「說屏」教案設計
http://edu.beelink.com.cn/20041028/1711540.shtml

# 臺灣早期詩文作品編印述略（1684—1945）

## 一、引言

　　文以載道，詩以言志，自來是中國傳統文人揭櫫的文學創作目標，影響所及，詩文作品遂成中國傳統文學中的主流。以清代文淵閣《四庫全書》為例，全書分經、史、子、集四部，總計收錄三六二七五冊，其中集部就佔了一二二六二冊，多達三分之一；而集部當中，以別集、總集合計，則達一一一六〇冊[1]，這些數字，顯示了傳統詩文作品，在中國古籍當中，實有舉足輕重的地位。

　　臺灣為邊陲地帶，自古未納入「儒家文化圈」體系。明朝末年，太僕寺卿沈光文的飄流入臺，以及稍後明鄭王朝大批遺老東渡，從此儒家文化隨之源源不絕進入。也使臺灣開始有了傳統的文學作品，在詩文方面，以沈光文名氣最著，他曾著有《文開詩文集》各一卷，另有雜著多種，因此之故「臺灣文獻，推為初祖」。沈光文遺著，雖中遭兵燹，稿失不傳，但仍可由府、縣志所載，略窺其風格。其他東渡搢紳，如徐孚遠、王忠孝、盧若騰等，亦有豐富的詩文作品，惟終明鄭之世，並未發現任何詩文集的刊刻文獻或實物流傳。

　　詩文作品，無論吟詠遣懷、感時誌聞、描述風土……，貴在引起讀者的共鳴，否則徒能孤芳自賞而已。明清兩代迄日治時代，臺灣在傳統詩文發展方面，並無很好的成績，也少有傑出的文學作品，關於這點，連橫《臺灣通史》有云：

> 「臺灣三百年間，以文學鳴海上者，代不數睹。鄭氏之時，太僕寺卿沈光文始以詩鳴。一時避亂之士，眷懷故國，憑弔山河，抒寫唱酬，語多激楚，君子傷焉。……清人得臺者舊多物故，光文亦老矣，猶出而與韓又琦、趙行可、鄭廷桂等結詩社，所稱福臺

---

[1] 郭柏恭《四庫全書纂修考》（長沙：商務印書館，1938），第五章四庫全書之容量，「著錄書冊數頁數表」。頁111-114。

新詠者。其時臺灣初啓，文運勃興，而清廷取士，仍用八比，士習講章，家傳制藝，蔀塞聰明，汩沒天性，臺灣之文猶寥落也。連橫曰：我先民非不能以文鳴也。我先民之拓斯土也，手耒耜、腰刀銃、以與生番、猛獸相爭逐，篳路藍縷，以啓山林，用能宏大其族；艱難締造之功，亦良苦矣。我先民非不能以文鳴，且不忍以文鳴也。……。臺灣當鄭氏之時，草昧初啓，萬眾方來。而我延平以故國淪亡之痛，一成一旅，志切中興，我先民之奔走疏附者，兢兢業業，共揮天戈，以挽虞淵之落日。我先民固不忍以文鳴，且無暇以文鳴也。」[2]

連氏認為臺灣之所以文學不興，一則是清廷以八股取士，風氣所及，而汩沒士子天性，影響文學創作意願。一則是臺灣草昧初啓的移墾社會，先民必須面對惡劣環境的挑戰，因此先民是「不忍」以文鳴，而「非不能」以文鳴，甚至是「無暇」以文鳴。連氏這番話，為臺灣三百年間文學不興之故，做了合理的詮釋。然而清朝八股取士的科舉制度，通行全國，不獨臺灣為然，顯然八股取士、汩沒天性之說，並非真正的理由。先民移墾之初，篳路藍縷，以啓山林，「無暇」是事實，更是教育不普及的同義詞。事實上影響文學發展的原因尚多，與之關係最為直接的，早期出版業式微，恐怕就纔是重要的關鍵。

臺灣早期的書籍出版，大致可分兩個階段，無論是傳統的木板印刷，或是清末光緒年間以後，由西方傳入的新法印刷（包括石印與鉛印），大多仰賴內地，前者以泉、廈為主，後者以上海為主。出書已屬不易，因而在詩文集的出版方面，更稀如鳳毛麟角。許多文學作品，僅能依靠稿本、鈔本流傳，終至消失。即使是早年曾校刻印行的詩文集，也因少有再版的機會，而在若存若亡之間，無法發揮應有的文學價值。有關臺灣自明末迄日治時代的詩文作品及版本，黃淵泉《重修臺灣省通志•藝文志著述篇》，著錄殆盡。本文試以傳統文學作品的詩文集為經，以各階段印刷方式為緯，依次舉例論述，俾略窺不同印刷條件對詩文創作的影響。惟取材對象，一為在臺編定、刊印者，一為臺籍人士攜往內

---

[2] 連橫《臺灣通史》（臺北：臺灣通史社，1921）卷二十四，頁 693。

地刊印者，至宦遊人士卸任後刊印於各地相關著作，則概從割愛。

## 二、刻板印刷與詩文出版

　　臺灣本土的刻版印刷，故可上溯到明鄭時代，而不容否認的，清代以來臺灣絕大部分的木板刻印書籍，都需仰賴泉、廈各地，而造成刻書不易的現象，也使詩文等文學創作發展大受限制。

　　明鄭時代，在臺凡二十二年，目前尚有永曆 25 年（1671）刊印的「大明中興永曆二十五年大統曆」實物傳世，分藏英國牛津大學及大英博物館，被譽為是「臺灣印刷史上被發現明鄭時期在臺的刊本」[3]，既是目前所見明鄭在臺的唯一刊本，其他詩文作品，有無刊刻問世，甚至明鄭時代的刻印方式，是前往內地刻成後在臺印刷，抑或刊刻、印刷都在內地完成，由於文獻闕如，尚難稽考。

　　清初的臺灣，刻工難求，特別是康熙、雍正、乾隆三朝，刻書尤屬罕聞，就文獻記載，有關詩文作品的刊印，大抵只有學政校士的文字，其著者如：雍正年間巡臺御史夏之芳輯刊的《海天玉尺編》初集及二集，此二集的夏序，都收錄於乾隆劉良璧《重修福建臺灣府志》，《初集》序末段，有云：「茲因歲試告竣，擇其文尤雅馴者付之梓，而因以發之，益使臺之人知錄其文者之非徒以文示也。」《二集》序則云：「歲試既竣，則其文之拔前茅者錄付剞劂，亦為海隅人士作其氣而導之先路也。……（中略）迨己酉正月，復奉恩綸留任，乃得於春三月舉行科試事。……（中略）乃更合歲、科試文得八十首付之梓，以為多士式。」[4]，合二序而觀，《海天玉尺編》雖分初集、二集，且分別付梓，但後來應合印為一書，原書未見傳本，此迨臺灣早期有數的詩文作品刊本之一。另乾隆年間巡臺御史張湄任內，也刊有一部校士海東書院的《珊枝集》，

---

[3] 林漢章〈清代臺灣出版概況〉，收入《臺灣傳統版畫特展》（高雄：高雄市立美術館，1995），頁 14。

[4] 劉良璧《重修福建臺灣府志》（臺北：臺灣銀行經濟研究室，1961），卷二十，冊四，頁 533-534。

據其序文，固僅稱「斯集之成」[5]，未提到是否刊刻，惟劉良璧跋張著《瀛壖百詠》已云：「其校士也，冰壺朗鑑，鼇頂冒、拔真才，得課藝數十篇付之開雕，顏曰《珊枝集》，固已膾炙人口，紙貴臺陽矣。」[6]足見該書確已刊刻，並頗為風行。

上述康熙、雍正、乾隆三朝，文士詩文作品刊刻，有如此之難，詩文作品的出路，卻因而有不得不由府、縣志取代之勢。康、雍、乾三朝，為臺灣方志最發達的一段時期。茲就現存官修官印者臚列如次：

| 名稱 | 纂修銜名 | 刊行時間 |
|---|---|---|
| 《臺灣府志》 | 纂輯高拱乾 | 康熙 36 年 |
| 《重修臺灣府志》 | 纂輯陳璸、周元文 | 康熙 51 年 |
| 《重修福建臺灣府志》 | 纂輯劉良璧、錢洙、范昌治 | 乾隆 7 年 |
| 《重修臺灣府志》 | 纂輯六十七、范咸 | 乾隆 12 年 |
| 《續修臺灣府志》 | 主修余文儀 | 乾隆 29 年 |
| 《諸羅縣志》 | 主修周鍾瑄、編纂陳夢林、李欽文、張士箱 | 康熙 56 年 |
| 《鳳山縣志》 | 主修李丕煜、編纂陳文達、李欽文、陳慧 | 康熙 59 年 |
| 《臺灣縣志》 | 主修王禮、編纂陳文達、林中桂、李欽文 | 康熙 59 年 |
| 《重修臺灣縣志》 | 總輯王必昌 | 乾隆 17 年 |
| 《重修鳳山縣志》 | 編纂王瑛曾 | 乾隆 29 年 |

以上府志五種、縣志五種，為清代乾隆朝以前現存的臺灣方志，由於此一時期，臺灣刻書不易，於是各志主其事者，往往有藉修志之便，大量收錄詩文作品之舉，以六十七、范咸《重修臺灣府志》為例，該志

---

5 同前書，頁 534。
6 王必昌《重修臺灣縣志》（臺北：臺灣銀行經濟研究室，1961），卷十三，冊四，頁 454。

凡二十五卷，而藝文部份竟佔去六卷的大量篇幅，即卷二十一至卷二十五，以如此篇幅去輯錄藝文，對照該書凡例所言：

> 「臺郡初闢，中士士大夫至止者，類各有著述以紀異，然多散在四方，島嶼固鮮藏書之府也。范侍御奉命巡方，自京師攜黃玉圃圃先生《使槎錄》以行，至武林，又得孫湘南先生《赤嵌集》，抵臺商權修志，於是《臺灣志略》、《靖海紀》、《東征記》、《臺灣紀略》、《臺灣雜記》、《裨海紀遊》諸集，按籍搜索，並得全書。惟《沈文開集》，向時寓臺諸公所艷稱而未得見者，亦輾轉覓諸其後人，凡得詩文、雜作鈔本九卷，半皆蠹爛，但字跡猶可辨識，既不忍沒前人之苦心，故所徵引較前志尤多。」

> 「他如沈文開不忘羈旅之思，孫湘南獨擅叢笑之什，是以採擇尤多，蓋是志於藝文之去取尤嚴也。餘若詠物、詠景之作，則彙入本條下，以見寫生屬情之妙。其不關此者，則統載藝文詩中云。」[7]

　　可知范府志選輯藝文所持的基本態度，約有二端，一是流通島內稀見之書，包括瀕臨失傳的先賢作品，一是時賢詠物、詠景之作。這些作法，在板刻傳播詩文作品的年代，的確發揮了保存「前人之苦心」的功能。誠如近賢毛一波氏所言：「對於明清之際及乾隆初年，其有詩、詞、賦或文章流傳下來的人是不少的，而賴以保存那些作品者，有《臺灣府志》及其他邑志的藝文欄。」[8]由此看來，乾隆以前的臺灣府、縣志，不僅反映了刻書不易時代背景，同時也負起若干流通藝文作品的責任，功不可沒。

　　又六十七、范咸重修《臺灣府志》，大量搜錄詩文作品動機，已如前述。在修志過程當中，他們必須大量找尋資料，志書畢竟篇幅有限，書中所不能容納的部份，以及編竣後陸續新發現的詩文資料，六十七不忍加以丟棄，因而附以自作，另外刻為一部類似時人詩文作品選集的《使署閒情》。本書目前臺灣仍有乾隆 12 年（1747）原刻本流傳，每面九

[7] 范咸《重修臺灣府志》（臺北：臺灣銀行經濟研究室，1961），冊一，卷首序例，頁 15-16。
[8] 毛一波《古今臺灣文獻考》（臺北：臺灣風物雜誌社，1977），頁 117，《使署閒情》弁言。

行，行二十二字，四卷分訂四冊[9]，至於其刊刻方式如何，尚不得其詳，很有可能是與重修《臺灣府志》同時刻成。

　　進入嘉慶朝，臺灣各地由於土地開發、教育振興，紛紛呈現人文蔚起的景象，一般人民生活大幅度提升，對於書籍的需求量，自然相對的增加，其次，許多衿紳階級的士族，擁有雄厚的資產，往往不吝鉅金，刊刻自身或師友作品。道光初年，由於市場需要，臺灣郡城上橫街統領巷的出現了清代臺灣唯一的印書坊「松雲軒刻字店」。連橫《雅言》記云：「活版未興前，臺之印書，多在泉、廈刊行。府縣各誌，則募工來刻，故版藏臺灣。然臺南之松雲軒亦能雕鏤，余有《海東校士錄》、《澄懷園唱和集》二書，則松雲軒之刻本也。紙墨俱佳，不遜泉、廈。」[10]連氏所記，為清朝中晚期「活版未興前」的情形，雖說松雲軒是「紙墨俱佳，不遜泉、廈」，其實這中間仍有若干鄉曲之見的成分，故松雲軒仍以民間印送的宗教善書為主要市場，詩文作品寥寥無幾。又所言《海東校士錄》，應為《瀛洲校士錄》的誤記，此書與《澄懷園唱和集》，為目前已知的二種詩文作品刻本(前者且尚有實物流傳)，因此松雲軒對臺灣的詩文作品刻印影響不大。茲略舉其他臺籍及宦遊人士刊本如次：

| 名稱 | 著（輯）者 | 刊刻時間 | 備註 |
| --- | --- | --- | --- |
| 《半崧集》 | 章甫 | 嘉慶 29 年 | |
| 《六亭文集》十二卷 | 鄭兼才 | 道光 20 年 | |
| 《海音》一卷 | 劉家謀 | 咸豐 5 年 | |
| 《北郭園全集》十卷 | 鄭用錫 | 同治 9 年 | |
| 《一肚皮集》十八卷 | 吳子光 | 光緒元年 | |
| 《陶村詩稿》八卷 | 陳肇興 | 光緒 4 年 | |
| 《詩畸》八卷外編二卷 | 唐景崧 | 光緒 19 年 | 另附有《謎拾》一卷 |

　　以上所列，僅以目前仍確有刊本傳世者為限，按《重修臺灣省通志‧著述篇》，固然著錄不少刊本，但多不知出處，甚至有所轉引資料頗

---

[9]　六十七《使署閒情》（臺北：臺灣銀行經濟研究室，1961），頁 139，楊雲萍後記。
[10]　連橫《雅言》（臺北：臺灣銀行經濟研究室，1963），頁 56。

令人可疑者。嘉慶朝至光緒朝割臺灣止，約有百年，合前述《瀛洲校士錄》、《澄懷園唱和集》，不到十種，清代臺灣刻書之難，於此可見。茲分述各書出版情形如次：

《半崧集》八卷，連橫《臺灣詩乘》卷四云：「章申友明經甫，臺邑人，居府治。著《半崧集》八卷，後附駢散文十數篇，嘉慶二十一年，門人刻之，今已絕版。」這是較早著錄本書的臺灣文獻。據傳黃得時教授藏有原刻本一部，惟筆者未寓目。另中央圖書館臺灣分館藏有抄本四冊，為嘉慶 21 年（1816）原刻本的騰錄，每卷卷首均有「臺陽申友章甫著，門人聞圃郭紹芳、霄上施鈺、朝修陳青藜，男采同校」字樣。[11]

《六亭文集》十二卷，德化鄭兼才著。兼才為嘉慶間臺灣縣學教諭，道光 2 年（1822）七月卒於任。兼才原編有《六亭文集》二集六卷。15 年（1835），臺灣道姚瑩再囑海東書院山長左石僑編其雜著為六卷，共十二卷，在臺「梓以傳焉」。共分釘四冊，書名頁未列刊刻資料，而於第十二卷最末一行列有「福省王源興在臺灣刊」等字樣[12]，按通常著錄本書，都將之列為臺郡松雲軒的出版品，但以此資料考之，似未盡然，或係由海東書院自福建聘請梓人在臺刻成，而由松雲軒刷印成書，亦未可知。

《海音》一卷，侯官劉家謀著。咸豐 5 年（1855）刻本，書名頁作「乙卯夏，韋廷芳謹題，板藏一經堂」，乙卯，即咸豐 5 年，卷首有同時的二篇序文，一署「鄉晚先生韋廷芳」，一署「鄉晚生周維新」。韋序對於本書刊刻始末，交代甚詳，略謂：

> 「（先生）遷臺灣府學左齋，芳緣此識先生得數晨夕。壬子夏秋交，先生病幾殆，洎癒，出病中因稿相示。……芳讀竟慫恿付梓，先生囑主剞劂，工未竣而先生遽逝，束閣及兩載。……芳爰督工蕆事，郵寄數冊，藏諸其家。」[13]

[11] 章甫《半崧集簡編》（臺北：臺灣銀行經濟研究室，1964），弁言，頁 1。

[12] 鄭兼才《六亭文集》（福建：王源興，1835）卷四，頁 17，或以本書為松雲軒刻本，非。

[13] 劉家謀《海音詩全卷》（臺北：臺灣省文獻委員會，1953），頁 1 序，並參所附刻書名頁書影。

　　按劉於道光 30 年（1850）來任臺灣府學訓導，咸豐 3 年卒於官。本書的刊刻，據韋廷芳序，知始自咸豐元年壬子，3 年「工未竣而先生遽逝」，又「束閣及兩載」，為咸豐 5 年，與書名頁所題「乙卯夏」相符。本書由於韋、周二序都自稱是「鄉晚生」，故每被視為福州刻本，吳守禮氏校注重刊作跋語云：「芑川既歿之二年，由其鄉人韋氏廷芳付諸剞劂。」[14]言下頗有刊於其鄉之意，故自來言清代臺灣出版者，悉不及本書。實則韋、周二人俱臺灣府人，韋為道光 27 年歲貢，周為道光 29 年拔貢，除載光緒《臺灣通志》外，相關事蹟，也可自其他史料檢索而得，如韋於咸豐 8 年掌教引心書院，事載馬公廟碑記。[15]周於咸豐初編有《島上聞幽錄》，事見臺灣道徐宗幹之序[16]。明乎韋、周為臺灣籍，那麼所謂「鄉晚生」自稱，顯然是指以整個閩省而言的大同鄉。本書既可斷為臺灣刻本，以當時校刻數年的情形來看，很有可能是出自松雲軒的作品。

　　《北郭園全集》十卷，含文鈔一卷、詩鈔五卷、制義二卷、試帖二卷，淡水進士鄭用錫撰。同治 9 年刻本，書名夏後署「同治庚午嘉平刊於竹塹」，同治庚午嘉平，為 9 年十二月。本書刊刻經過，備載楊浚(雪滄)序言，據此可知當年五月，楊氏應聘至北郭園纂修《淡水廳志》，至九月告成，繼應鄭如梁之請，編次其父鄭用錫遺稿為《北郭園全集》，旋付開雕。[17]

　　《陶村詩稿》八卷，彰化舉人陳肇興撰。光緒 4 年刻本。故臺灣史家連橫故物有原刻本一冊，鄭喜夫校訂本《陶村詩稿》除載有原刻本書影一頁外，另有「版本介紹」。可得知原刻本為光緒四年仲夏初刻，由陳氏門人林宗衡、楊春華、楊馨蘭、許尚賢等四人共同校刊，共一一四

---

[14] 同前書，校注者吳守禮跋。

[15] 臺灣銀行經濟研究室（編）《臺灣南部碑文集成》（臺北：臺灣銀行經濟研究室，1966），頁 316。

[16] 徐宗幹《斯未信齋文編》（臺北：臺灣銀行經濟研究室，1960），頁 151，題作，〈臺灣周邠圖維新島上聞幽錄序〉。按《海音詩》原著有云：「近周光邠明經，欲輯臺郡節烈勒成一編。」周光邠明經，殆指周維新而言。

[17] 鄭用錫《北郭園全集》（臺北：龍文出版社，1992）上，卷首總序 10-11，參書名頁。

葉，每半葉九行，行二十一字。[18]

《詩畸》八卷、外編二卷、附《謎拾》一卷，唐景崧輯。光緒 19
年（1893）刻本。本書所錄，為灌陽唐景崧在福建、臺灣任內的「文酒
之會」作品，包括詩鐘、七言律詩、燈謎等，卷首有唐景崧序略云：

> 「光緒壬午，法越搆難。……事平官海外，於閩人為親，閩人雅
> 擅此，於是公暇復樂為之，稿亦不存，續有所作，始稍稍輯錄。……
> 壬辰入都，……而卒與閩中諸君子鏖戰數日，於車馬衣食日不暇
> 給中而從容樂為，其所嗜如此。泊歸海東爰取鈔稿重加刪汰，分
> 門編輯，綜計前後存十之三四，乃付剞劂，無俾再遺。」[19]

有關康景崧在臺韻事，頗膾炙人口，連橫《臺灣通史》云：

> 「景崧雅好文學，聘進士施士洁主講海東書院，庠序之士，禮之甚
> 優。道署舊有斐亭，葺而新之，暇輒邀僚屬為文酒之會。……太夫
> 人能詩，每一題成，主評甲乙，一時臺人士競為為詩學。十七年，
> 陞布政使，駐臺北。……景崧又以時最之，建牡丹詩社」。[20]

《一肚皮集》十八卷，淡水舉人吳子光撰。光緒元年（1875）刻本，
書名葉署「銕梅老子自題、雙峰草堂藏板」，每半葉十行，行二十三字。
本書的出版，頗具傳奇性，總錄之後，有作者的一段話：

> 「是編蒐輯粗就，已經數年，惟刻資無所措，賴呂子以全力肩其
> 責，工繁而費鉅，非零山會上香火緣深者，不足以語此也。邑上
> 舍楊君春華聞呂子有此舉，欣然出館穀金佐之，恰符大衍之數，
> 遂合以授梓人馬。楊君家貧，以筆硯代耕，終日除讀書外，尤痂
> 嗜余文，謂近今得未曾有，是楊君不惟莊士，亦韻士，而豈陽山

---

[18] 陳肇興《陶村詩稿全集》（臺中：臺灣省文獻委員會，1978）卷首頁五版本介紹，並參所附書影。

[19] 「光緒壬午，法越搆難。……事平官海外，於閩人為親，閩人雅擅此，於是公暇復樂為之，稿亦不存，續有所作，始稍稍輯錄。……壬辰入都，……而卒與閩中諸君子鏖戰數日，於車馬衣食日不暇給中而從容樂為，其所嗜如此。泊歸海東爰取鈔稿重加刪汰，分門編輯，綜計前後存十之三四，乃付剞劂，無俾再遺。」

[20] 連橫《臺灣通史》卷三十六，頁1149，唐劉列傳。

區冊之匹哉！」[21]

按吳子光曾任教三角仔莊呂氏筱雲山莊，連橫《臺灣詩乘》謂：

> 「吳芸閣孝廉子光，廣東嘉應人，寄籍淡水，著《一肚皮集》，
> 門人呂賡虞刊之。」[22]

即指本書。關於本書的開雕付印，民間傳說曾花費當時約二十甲田的代價，惟據吳子光自言刻資為「大衍之數」，大衍，即五十的代名詞，未知是五十兩或五十元，若然民間傳說，恐有所誇飾。

## 三、新法印刷興起及出版

海通以後，西法印刷傳入中土，石印與鉛印盛行，同治 10 年（1871），上海申報館成立，附設點石齋與中昌書室，前者是石印後者是鉛印，開啟了近代印刷史的新紀元，由手工印刷，轉化為機械印刷。光緒 2 年（1876），上海徐家匯的土山灣印刷所，光緒 7 年，粵人在上海成立的同文書局，都從事石印。光緒年間，北京擷華書局、京華印書局、法輪印書局，皆以鉛印著稱。自是舊法雕板逐漸沒落、淘汰，對往後詩文作品印刷的影響，至深且鉅。石印，又稱石版，為奧國人施納飛爾特在 1798 年發明。以特種多孔質石材，有吸收水分而生反撥作用的特性，一與脂肪皂質化合，即能吸收油墨。先用富有膠性的藥墨將稿件寫在特種藥紙上，俟微乾覆於石上，用力壓之，則膠質藥墨留痕石面，將紙揭下，以水拭之，未乾時即滾以油墨，則文字畫面印在紙上，空白處因受水的反撥作用，故不黏油墨。民國 9 年上海商務印書館更創為照相石印，不用膠質，以陰文直接落樣在亞鉛版。鉛印，與中土傳統的活字版印刷相似，固早在嘉慶 12 年（1807），就由傳教士傳入，自同治年間至民國初年，歷經多次印刷機改良，由手搖到電動，終使鉛字印刷

---

21 吳子光《一肚皮集》（淡水：雙峰草堂，1875）目錄附識語。
22 連橫《臺灣詩乘》（臺北：臺灣銀行經濟研究室，1960），冊二，頁 193。

凌駕於石印之上，甚至取而代之，為近代印刷主流。[23]

　　臺灣的新式印刷，濫觴於光緒 7 年（1881），印刷機為英國長老教會所贈，以印行宣教書刊為主，偶而也印行字典、甚至一般書刊[24]，但似乎未有傳統文學作品付印事例。光緒 21 年（1895）乙未，臺灣歸日本統治，正是新式印刷勃興的年代，迄民國 34 年，日本統治結束。短短五十年，傳統詩文作品的印刷，遠逾明清三百年，這些全拜高效率的新法印刷之賜。

　　日治五十年間印行的詩文作品，大致可由裝釘方式，分成兩個階段，一是傳統的線裝本，一是現代式的平（精）裝本，兩者之間，固然無法有確切的分際，自大正初年，開始出現平（精）裝本傳統詩文集以來，年代愈晚，出現的比率亦愈高，印刷地點在臺灣本島的比率也成正比。在日治初期的明治末年，絕大多數都還維持著傳統的線裝方式。如就印刷方式而論，線裝本詩文集，通常是石印（或接近照相石印的珂羅版）、鉛印兼而有之，也有極為少數手刻鋼板的油印本。平（精）裝本詩文集，則幾乎都屬鉛字排印。

　　臺灣的雕板印刷，大都仰賴泉、廈，海通之後，新法印刷則以上海為中心，故在日治初期的明治末年，許多詩文作品，都遠赴大陸出版，即使後來臺灣本土在機械印刷較為普遍之際，仍有人選擇在大陸出版。因自清末迄結束日本統治前夕，傳統詩文集出版品眾多，無法一一著錄，茲試區分為大陸出版及臺灣出版二類，就出版性質、方式，各舉例說明之。

### （1）大陸出版

　　新法印刷固以上海為中心，但檢視現存詩文集版本，也非全然是上海出版品，端視作者或付印者的際遇或財力、甚至文學價值而定。清代

---

[23] 嚴文郁《中國書籍簡史》（臺北：商務印書館，1992），頁 227-237，第一節凸板印刷術、第二節平版印刷。

[24] 臺灣省文獻委員會（編）《重修臺灣省通志 • 文化事業篇》（南投：臺灣省文獻委員會，1995），頁 11，綜說。

刻書不易，許多著作每賴傳鈔，不僅流通不易，甚至有湮滅之虞，日治以後，特別是初期，工省費廉的新法印刷，一般中上家庭，易於措辦，於是校刊先賢或先人遺集，便作了當務之急。其次，臺灣名流詩集。因得推介，見賞於大陸出版家，而獲資助出版，如吳興劉承幹為王松（竹友）出版詩集。又上海印刷精美，遠過臺灣本島，豪富之家以詩文稿出版於滬上，遂蔚一時風氣。茲舉數例如次：

①《詩友風義錄》——新竹鄭鵬雲編，光緒 29 年（1903，日明治 36 年）刊。分內篇、外篇、附篇。輯者鄭鵬雲，字毓臣，光緒 20 年（1894）新竹廩生，割臺後內渡，居廈門。自序有云：

> 「鵬雲鷺江市隱，雖不能詩，然一誦佳篇，輒心折其人，隨手錄庋，葆於拱璧。追念生平師友風義，寤寐歷歷，深恐一旦湓先朝露，良負故知。今幸同志者有陳槐庭、蔡惠如、家槃甫諸君子，助予將伯，得以梓成斯集，非敢謂建安定霸、永明讓功，第此數十年之苦心，或藉是而一慰耳。」[25]

頗能反映鄭氏保存故人心血情境，也是一般避地遺民心聲。

②《窺園留草》——臺南許南英著，民國 22 年，刊於北京，鉛印線裝一冊。南英為光緒 16 年（1890）進士，抗日失敗後內渡，民國 6 年卒。遺稿未刊，由其三子許敦谷保存，民國 15 年秋，幾燬於戰火。同年冬，敦谷將遺稿交予南英四子許地山，由許地山在民國 22 年付印（和濟印書局承印）據許地山言：

> 「敦谷於十五年冬到上海，在那裡，將這份稿本交給我，這幾年來每想精刊全書，可惜限於財力，未能如願。近因北京頻陷於危，怕原稿化成劫灰，不得已，草率印了五百部。」[26]

③《滄海遺民賸稿》——新竹王松（友竹）著，民國 14 年仲春刊印，鉛印（即所謂聚珍倣宋板印）線裝一冊，係名藏書家吳興劉承幹為刊印者，卷首有劉承幹序，略云：

---

[25] 黃淵泉《重修臺灣省通志•著述篇》（南投：臺灣省文獻委員會，1993），頁 279-280。

[26] 許南英《窺園留草》（北京：自刊本，1933），卷首，頁 21，〈窺園先生詩傳〉。

「（王君友竹）所著有《如此江山樓詩存》、《四香樓餘力草》，統名曰《滄海遺民賸稿》。今歲，由雷君曜年丈寄示，屬為序言。……千里投契，後先同為遺民，百折此心，我輩毋忘息壤。抱孤懷以誰語，有同病之相憐，宜吾讀君斯集而不知涕淚之橫集也。序既成，以聚珍板印行，庶幾傳之後世。」[27]

同為遺民、同病相憐，為劉承幹因請序而慨任印行的主要原因。

④《成趣園詩鈔》——新竹鄭霽光（虛一）著，民國 14 年仲夏刊印，鉛印線裝一冊，亦為吳興劉承幹所刊印者，板式與《滄海遺民賸稿》悉同。據劉承幹序，稱：

「今歲，友竹忽介君所著曰《成趣園集》者，屬為一言。」

又卷末有族人鄭肇基跋云：

「族兄虛一，為先鄉賢藻亭公曾孫……工詩善書，自少至老，積成卷帙，經星洲邱菽園先生校之，署曰《成趣園詩鈔》，余讀而善之，慫惠印行。」[28]

據此，則本書的付印，似乎是由鄭家出資，劉承幹只是單純的承印而已。按鄭虛一另有相同板式、刊於民國 16 年的《山色夕陽樓吟草》，其王松跋語曾言：

「（虛一）近著《山色夕陽樓吟草》索序，且謂清水蔡君崑岡願獨力出資刊行。」[29]

應能相互印證。

⑤《寄鶴齋文矕》——彰化鹿港洪繻（棄生）著，江蘇丹徒王植（澹然）編纂。民國 11 年刊印，鉛印線裝六冊，駢文、古文各三卷，共六卷。按本書作者洪繻於民國 11 年有大陸之遊，將書稿攜往，俟機刊行。其付印經過，據卷首倪軼池序有云：

[27] 王松《滄海移民賸搞》（原刊本，1925），卷首，頁 1，劉承幹序。
[28] 鄭霽光（虛一）《成趣園詩鈔》（原刊本，1925），卷首，頁 1，劉承幹序、鄭肇基跋。
[29] 鄭霽光（虛一）《山色夕陽樓吟草》（原刊本，1937），王松跋。

「先生自言此來，將遍歷中原名山大川以快勝遊，而並以一滌屈賈之厄塞，言時出《寄鶴齋文彎》稿之代鑴者以相示。」

該稿遂託倪之弟子王植代為編纂，並處理在滬印刷事宜[30]。此為遊歷大陸，順道印行文集之例。

　　⑥《金川詩草》——臺南鹽水黃金川著，民國 19 年六月出版。鉛印包背裝一冊。著者黃金川為臺南聞人黃朝琴之妹。本書由黃朝琴付印，上海中華書局承印，僑務印書館發行，鹽水月津吟社代售，每冊「定價五角」。[31]私人出版詩集而定價出售，是頗為少見的例子。

　　⑦《吉光集》——彰化鹿港陳懷澄輯，民國 23 年（日昭和 9 年）三月印行，上海大一統印刷廠石印，線裝一冊，嘉義市蘭記圖書局「總經售」，定價「洋五角」。本書係輯者陳懷澄就所藏唐景崧《詩畸》殘本（分詠格卷五、卷六，嵌字格卷三、卷四，外編卷一、卷二），再選錄林幼泉編《壺天笙鶴集》、黃理堂編《雪泥鴻爪集》及若干時人佳作，略去姓名，釐為三編，改題曰《吉光》。按嘉義蘭記書局在日治時代以「專辦中華各種書籍，如經史子集、筆記、論說、尺牘、字典……」[32]著名，所編印圖書都送往上海石印，商業氣息濃厚，此為日治時期委由大陸印製書籍的另一種型態，惟少有臺籍人士文學作品。

## （2）臺灣出版

　　日治初期的明治年間，臺灣本土的書籍印刷，仍一如清代，大正以後，新法印刷在臺逐漸普及，包括報社印刷廠（如臺灣日日新報社）、以出售書籍為主的營利性書局（如蘭記書局、瑞成）、鄉紳自營以承印業務為主的印刷廠（如南投活版社、鹿港信昌社），以及私人刻鋼板的油印，出版品多彩多姿，甚至裝訂方式，也出現了現代化的平裝、精裝本。茲略舉代表性的版本如次：

---

[30] 程玉凰《洪棄生及其作品考述》（臺北：國史館，1997）第六章寄鶴齋及其作品，頁 280。

[31] 黃金川《金川詩草》（上海：僑務印書館，1930）版權頁。

[32] 陳懷澄《吉光集》（嘉義：蘭記書局，1934），卷首，頁 2，序言，並參書名頁廣告、版權頁。

　　①《偏遠堂吟草》——新竹鄭如蘭（香谷）撰，大正 3 年（1914）
三月三日印行，鉛印線裝一冊，臺北西門街臺灣日日新報承印，書名頁
作「大正甲寅印于臺北」，大正甲寅，即 3 年。本書發行所為「春官第」，
據邱菽園跋云：

> 「香谷老人富而好禮，今其文孫伯端君克承先志，方刻老人遺
> 著，吳曾棋、江春霖及余樂得為之弁言。」[33]

按伯端即鄭肇基，北郭園後人，對於鄭氏一族詩文作品的付印，頗為熱
心。

　　②《寄鶴齋詩矕》——彰化鹿港洪繻（棄生）著，日大正 6 年（1917）
印行，石印，線裝四冊，南投活版社承印。按本書屬詩選性質，繻詩文
著述甚富，詩稿凡九集，據其小引云：

> 「懼骿骳之恥，不敢盡診痴之符，乃於中掇其什一，刷成四卷，
> 弁曰《寄鶴齋詩矕》，聊以自道而靳友朋，蓋非以求余之傳，將
> 以求人之指摘也。」[34]

　　再按南投活版社承印為施學賢所經營，施原籍鹿港，光緒 18 年往
南投發展，後即移家於此，活版社為其經營的事業之一。本書之印行於
南投，應即兩人之間有所淵源。

　　③《捲濤閣詩集》——彰化鹿港施天鶴（梅樵）撰，約日大正 6 年
（1917）印行，鉛印平裝一冊。本書為目前所見年代較早的鉛印平裝本
之一，筆者所見版本，缺版權頁，惟在臺付印應毋庸置疑。卷首有序文
數篇，俱撰於「民國 6 年」（日大正 6 年），其出版當在是年或稍後[35]。

　　④《肖巖草堂詩鈔》——臺中傳于天（子亦）撰，日大正 8 年（1919）
七月印行，鉛印線裝一冊，線東堡彰化街博進社印刷。版權頁另載有「編
輯人揀東上堡三角仔庄呂汝玉」[36]，知本書應為三角仔庄呂氏出資印行

---

[33] 鄭如蘭《偏遠堂吟草》（臺北：春官第，1914），「附存」，頁 13。
[34] 洪棄生《寄鶴齋詩矕》（南投：南投活版社，1917）卷首，頁 1。
[35] 施天鶴《捲濤閣詩集》（出版者不詳，1917）。
[36] 傅于天《肖巖草堂詩鈔》（彰化：博進社，1917）版權頁。

者。

⑤《無悶草堂詩存》——臺中林朝崧（痴仙）撰，傅錫祺編輯，日昭和 7 年（1932）三月印行，翌年四月發行。鹿港信昌社印刷，鉛印線裝一冊。按林朝崧為櫟社創社社長，捐館後由繼任社長傅錫祺及社友陳懷澄、陳聯玉共同選輯、付印。[37]

⑥《瀛洲詩集》——臺北林欽賜編輯、發行，日昭和 8 年（1933）二月發行，光明社印刷，鉛印精裝一冊。按本書以輯錄「昭和壬申全島詩人大會」作品為主，附以時人舊作及明清臺地詩人詩選[38]，為詩會輯印會專集最常見的模式。

# 四、方志保存文學作品

有清一代，臺灣的印刷條件欠佳，文人學士的詩文作品，將之刊刻成書，幾同緣木求魚，故如上文所述，方志的藝文志，就成了變相的詩文選集。誠如連橫所言：「臺灣前人之詩，頗少刊集，其存者每在方志，而《鳳山志》所收尤廣。然多近試帖，選取未精。」[39]「選取未精」，真是一言道盡了當年多數修志者所持的心態。不僅乾隆朝以前的府縣志如此，即使是嘉慶朝至光緒末年，印刷條件稍見寬鬆，但檢視現存刊本詩文集，寥寥無幾，因而方志之流通文學作品，仍有一定的價值，其最顯著者有二：一曰提供輯佚材料，一曰提供校勘材料，分述如次：

## （1）提供輯佚材料

早年臺灣的詩文作品，固難得有出版機會，致許多詩文集都賴鈔本流通，而修志之際，這些鈔本、甚至原稿，仍可再循線訪求，予以收錄。年代既遠，鈔本、稿本湮滅，方志所錄作品，變成了重要的文史資料，足提供研究者之需。

---

[37] 林朝崧《無悶草堂詩存》（臺北：龍文出版社，1992），卷首各序，參書名頁。
[38] 林欽賜《瀛洲詩集》（臺北：光明社，1933）。
[39] 連橫《臺灣詩乘》，冊一，頁 100。

連橫著《臺灣詩乘》，其中不少先賢作品，即輯自府、縣、廳志，
連氏曾言：

> 「臺灣三百年間，能詩之士後先蔚起，而稿多失傳。則僻處重洋，
> 剞劂未便，采詩者復多遺佚，故余不得不急為搜羅，以存文獻，
> 詩曰：『惟桑與梓，必恭敬止』，況於耆舊之文采，而可任之湮
> 滅乎？」[40]

又言：

> 「余閱邑志所載臺人著作，……大都有目無書。……蓋以臺灣剞
> 劂尚少，印書頗難，而前人著作，又未敢輕率付梓，藏之家中，
> 以俟後人；子孫而賢，則知寶貴，傳之藝苑，否則徒供蠹食，甚
> 者付之一炬。……故余不得竭力搜求，以保遺芳於未墜也。」[41]

連橫所「急為搜羅」者，除了若干零篇，逕予錄存《臺灣詩乘》外，
又有參閱各志，分別作者的輯佚工作，其較具成果者，首推陳輝作品，
按陳輝字旭初，臺灣府治人，乾隆 3 年舉鄉薦，臺灣巡道劉良璧續修《府
志》，聘任分輯，因此志中頗載陳輝的詩作，連橫「從各處摭之，計得
三十七首，大都閒居游覽之作[42]」。連橫此舉，殆創利用臺灣舊志為先
賢文學作品輯佚的先例。」其次，輯佚的對象，不止限於「臺人著作」，
若干文名甚著的宦遊人士作品，在原本失傳之後，利用臺灣方志，也能
試為輯佚。以夏之芳《臺灣紀巡詩》、張湄《瀛壖百詠》為例，兩者在
臺都未見傳本，端賴輯佚始能略窺原本面目。夏之芳字筠莊，號荔園，
江蘇高郵進士，雍正 6 年（1728）來任巡臺御史兼學政，留任一年。曾
「按巡南北二路，雞犬不驚，民番咸悅。」[43]，所著《臺灣紀巡詩》（亦
稱《臺灣雜詠》），即紀其按巡南北二路的見聞，並七絕詩百首，每詩
並加詳註，為珍貴的早期臺灣文獻。又張湄字鷺洲，浙江錢塘進士。乾

---

[40] 同前書，冊一，頁 88。
[41] 同前書，冊一，頁 142。
[42] 同註 40。
[43] 劉良璧《重修福建臺灣府志》卷十五，頁 432，名宦。

隆 6 年（1741），任巡臺御史。任內曾寫了一本媲美《臺灣紀巡詩》的
《瀛壖百詠》，亦屬「百詠」形態的作品。陳漢光氏云：

> 「另《臺灣雜詠》百首，尤閩海蜚聲，與張鷺洲《瀛壖百詠》實
> 可拮抗，至今藝苑，尚足稱道。」[44]

兩書不僅有等量齊觀的評價，甚至刊本在臺的際遇也幾乎相同。

《臺灣紀巡詩》未見傳本，乾隆 11 年（1746），六十七、范咸《重
修臺灣府志》曾收錄十二首，因此次修志而輯的《使署閒情》，收有三
首。近人陳漢光再從《重修福建通志》得三十九首，參以清阮元輯《淮
海英靈集》所錄二十一首，去其重複，已達五十八首[45]，為原書的二分
之一強，此為利用方志輯佚的又一事例。

《瀛壖百詠》最早著錄於乾隆 6 年（1741）劉良璧《續修臺灣府志》，
該志卷十三職官「欽命巡視臺灣御史」條云：「張湄……著有《珊枝集》、
《瀛壖百詠》。」[46]17 年（1752），王必昌《重修臺灣縣志》亦著錄本
書：「《瀛壖百詠》一卷，巡臺御史張湄鷺洲著。」[47]，此後各志或收
錄於藝文，或引述於物產、風俗、古蹟、祠廟，乾隆以來臺灣各方志、
採訪冊中常見的徵引書籍之一。民國 68 年，筆者因讀陳漢光氏輯佚的
夏之芳《臺灣紀巡詩》，而引起對張湄《瀛壖百詠》輯佚的興趣。張詩
未如夏詩，只單純收入藝文志或選集，故頗為零碎，甚至還有輾轉引述
的文獻，經仔細稽勾，共得詩五十九首（含斷句），及序、跋二篇，及
數則有註無詩的記述。[48]

## （2）提供校勘材料

---

[44] 陳漢光〈夏之芳臺灣紀巡詩輯社〉，載《臺灣文獻》第十卷第二期（臺北：臺灣省文獻委員
會，1959），頁 149。

[45] 同註 44。

[46] 劉良璧《重修福建臺灣府志》卷二十，冊四，頁 535。

[47] 王必昌《重修臺灣縣志》（臺北：臺灣銀行經濟研究室，1961），卷十三，冊四，頁 444，
著述。

[48] 林文龍《臺灣史蹟叢論》（臺中：國彰出版社，1987），中冊，頁 187-204，〈張湄與瀛壖
百詠〉。

　　清代臺灣方志保存了豐富的詩文篇什，隨著方志一再重修、續修，或因行政區域的變革，而有所新修，主其事者不易取得詩文集原刊本或原稿據以校勘，往往沿襲舊志資料，在輾轉抄錄的情形之下，文字之訛誤，已在所難免，其尤為荒繆者，即將作者姓名遺漏，結果使前後不同作者的作品，併為同一作者，這種情形，以清代中晚期所修各志為甚，幸舊志刊本俱在，持此校勘新志，不難水落石出。

　　有關晚出方志轉錄舊志作品，而漏列作者姓名，致併入前一作者的情形，最為常見，茲舉數例：錢琦有〈澎湖文石歌〉，見臺灣府、縣志，光緒《澎湖廳志》卻誤作者為盧若騰。陳夢林有〈玉山歌〉，見康熙《諸羅縣志》。道光《彰化縣志》同題詩，誤為袁枚之作。又《諸羅縣志》收錄有周鍾瑄〈望玉山〉、〈水沙浮嶼〉二詩，《彰化縣志》將二詩誤為黃清泰之作。道光間，噶瑪蘭廳同知柯培元有〈生番歌〉、〈熟番歌〉二詩，收入《噶瑪蘭志略》，而光緒《恆春縣志》誤為黃逢昶之作。[49]以上皆為漏列作者而引起的張冠李戴事例，孰是孰非，檢閱舊志，即見分曉，至晚出各志，往往有若干字句互異，也以書手、刻工的無心之誤為多。

　　至於早期若干利用舊志詩文資料撰述的筆記、詩話，往往擅改古人作品，而治學貴在存真，古人作品經過潤飾，詞藻上也許更為優美，惟如用之於研究、考證，恐難免受其誤導，當然早期方志，便足以提供豐富的校勘材料。以連橫《臺灣詩乘》為例，該書輯錄陳輝之詩，多達三十五首，據云：「陳旭初先生輝……乾隆三年領鄉薦，巡道劉良璧續修府志，聘任分輯，故志中頗載其詩。」[50]劉良璧續修府志，聘任陳輝為分輯，固然不錯，但劉志中卻未見收錄陳輝詩作。其後的范志則收錄有二十五首之多，以此校讀《臺灣詩乘》，字句仍有一些差距，除明顯的通用、異體字外，表列如次：

---

[49] 林文龍《臺灣詩錄拾遺》（臺中：臺灣省文獻委員會，1979），頁 3-10，弁言。
[50] 連橫《臺灣詩集》，冊一，頁 88。

| 詩題 | 《臺灣詩乘》 | 《重修臺灣府志》 |
|---|---|---|
| 〈小齋〉 | 日湧濃煙裏 | 日映濃華裏 |
| 〈鹿耳門夜泊〉 | 夢憶舊家園 | 歸夢憶家園 |
| 〈舟再泊月眉灣〉 | 喚得輕舠載酒來 | 喚得小船載酒來 |
| 〈春日遊海會寺〉 | 翠竹青榕小徑通，<br>招提舊是館娃官。 | 翠竹斜榕小徑通，<br>招提舊日館娃官。 |
| 〈二贊行溪〉 | 風靜平沙闊，<br>煙籠遠樹低。 | 風靜寒沙闊，<br>煙濃遠樹低。 |
| 〈過埤頭店〉 | 橋畔酒家旗影動 | 橋畔酒家帘影動 |
| 〈登石屏山〉 | 攀蘿直上石屏巔<br>遙臨萬樹鬱蒼連 | 扳蘿直上石屏巔<br>遙臨萬樹鬱蔥連 |
| 〈山村見鳳仙花〉 | 小種花開地亦偏 | 小種花開地不偏 |
| 〈買隱〉 | 野鶴溪鷗共素心<br>許由自有高風在 | 野鶴溪鷗達素心<br>許由原有高風在 |
| 〈不窺居訪林叟〉 | 飄然世外葛天初<br>綠野雲深一草廬 | 超然物外葛天初<br>綠野煙消一草廬 |
| 〈買米〉 | 聚囷私漁利<br>抗志養其生 | 聚囷漁利家<br>抗志養其真 |

其他引自舊志各詩，亦多有類似的情形，限於篇幅，不一一列舉。

## 五、功敗垂成的詩文刊刻

　　清代的臺灣，刊刻書籍不易，特別是文學作品方面，前文論述已詳。貧寒之士，固然無此福份，然而即使是富甲一方或甲、乙兩科登第人士，文學作品的刊刻，並非就能如願以嘗。日治初期鹿港名士洪繻（棄生）有〈近年薄置田畝，擬待拙集成，變鬻以供剞劂，特恐所作一文不值，不免詅癡符之誚也，詩以誌之〉有云：

　　　　「吾也作詩豫買田，為口腹計謀朝饘。他日詩成待傳後，吾賣吾

產刊遺編。此志非奢良易遂，此筆再支三十年。」[51]

　　按洪家世代以金銀首飾為業，算是個小康之家，都不免為了出版詩集，而預置田產。這時臺灣已進入新法印刷的時代，詩集付印尚如此之難，如再逆推到刻板印刷的清朝時代，其困境更可想而知，因而文獻上仍不乏詩文集編定，並進行付印事宜，最後功虧一簣的例子。

　　道光 17 年（1837）丁酉，澎湖名士蔡廷蘭梓行所著《海南雜著》，板藏蔡氏郁園。本書為撰於道光 15 年（1835），是年蔡氏鄉試罷歸，遭風飄至越南，由陸旋閩，旅中著有《滄溟紀險》、《炎荒紀程》、《越南紀略》，再合途次的紀行詩，梓為《海南雜著》，預定分為上下兩卷，共兩冊，上卷（冊）包括雜著三種，於道光 17 年仲秋（八月）刊行問世，下卷（冊）則是越南之行的紀行詩集，未見刊本，據光緒《澎湖廳志》云：「下卷皆途次唱酬之詩，尚未刻行，其詩亦無由見也。」[52]可知《海南雜著》上卷問世之後，迄未再進行下卷紀行詩集的刊刻，終致全稿失傳。其原因至今不明，按據《澎湖廳志》，道光 17 年，蔡廷蘭舉拔貢，旋領鄉薦，主講崇文書院，兼任引心、文石兩書院。至道光 24 年（1844），成進士[53]。這段期間，正值蔡氏顯赫之時，《海南雜著》下卷未成，確耐人尋味。

　　同治年間，淡水富紳林占梅的《潛園琴餘草》，也是個不解之謎。按現存《潛園琴餘草》，有〈松潭廣文慫恿拙草付梓，即託薇臣到省鐫板，率成三絕句，以示歉懷〉詩，云：

　　「觀天井底夜郎誇，荒陋無聞在海涯。今日反災梨與棗，瓴瓶難免覆蒙沙。」
　　「學吟詩句類塗鴉，高閣頻年束亂麻。寸鐵不持臨敵去，恐終貽累似濤斜。」
　　「吟詠聊當喚奈何，半生村野俗言多。刪詩雜取看宣聖，敢比滄

[51] 洪棄生《寄鶴齋詩集‧枯爛集》（南投：臺灣省文獻委員會，1993）卷五，頁 312。
[52] 林豪《澎湖廳志》（臺北：臺灣銀行經濟研究室，1963）卷十四，頁 520，著述書目。
[53] 連橫《臺灣通史》卷三十四，文苑列傳，頁 1086。

浪孺子歌。」[54]

　　此題繫於咸豐 10 年（1860）。詩題的「松潭廣文」，名葉清華，訓導銜，為潛園的座上客。「薇臣」，名林維垣，閩縣人，亦潛園賓客。此為《潛園琴餘草》付刻的首次出現文獻，由詩題來看，應以著手進行。同年除夕，林氏又有詩提到他的詩集，說是「社中諸君子知拙集編次已成，除夕各具酒脯集於梅花書屋，為祭詩之會，作此愧謝[55]」，「編次已成」，所指未知指清稿寫成或校樣紅本完成，尚難定論。亦年，彰化戴萬生抗清事起，整個戰事蔓延至淡水竹塹，林氏從此奔波於鄉團事務，詩集付印，似也因而擱置。至同治 8 年（1869），林占梅身故，集中未再有相關的紀事，《潛園琴餘草》的刊刻，終告無成。

　　約同治年間，由金門舉人林豪編成的臺郡進士施瓊芳《石蘭山館遺稿》，也是編定而付梓未成之例。按《石蘭山館遺稿》鈔本傳世兩部，一部疑為施氏親筆，一部為筆跡工整的清鈔本。二本稿紙、行、字悉同，後者「就其抄工、格式觀之，恐係擬付雕之底本。每卷之首各空二行，當係供作釐卷、標題之用也。」[56]此集後來有無付梓、成書，仍不可考。

　　光緒初元，彰化三角仔莊呂氏為乃師吳子光刊印《一肚皮集》，目錄之後，吳氏便做了「其《三長贅筆》、《經餘雜錄》二編，俱存雙峰草堂，俟續出」的預告。至二書內容，又云：

> 「《三長贅筆》一編，共十六卷，則二十三史緒論也。又《經餘雜錄》一編，共十二卷，則書後、題跋、古今辭語、詞林典實之類也，末附以《小草拾遺》一卷焉。」[57]

　　在刊本不易的年代，新書預告，不啻空談。類似吳子光的情形，則有大正 6 年（1917）洪棄生刊印的《寄鶴齋詩矕》一書，在書名葉左欄，一口氣便預告了三本書：「《寄鶴齋詩話》、《丁酉香薆集》續出」、

---

[54] 林占梅《潛園琴餘草簡編》（臺北：臺灣銀行經濟研究室，1964），頁 121。

[55] 同前書，頁 124。

[56] 施瓊芳《石蘭山館遺稿》（臺北：龍山出版社，1964），上冊卷首，版本說明。

[57] 同註 21。

「《三烈詩傳》（洪烈女、李烈女、林烈婦）繼刊」[58]，最後囿於財力，而不了了之。

# 六、叢書編輯及校刊

刊刻叢書，是清代家刻本中的一大特色。乾、嘉以後，叢書發展出很多種類型，有專門搜輯已失傳書的輯佚叢書，有專門搜集一地人士著作的郡邑叢書，有專門搜集一姓一家著作的氏族叢書，有專門搜羅一門學問的專類叢書。編輯叢書風氣，迄民國初年不衰。

清代的臺灣，刊刻一本普通的詩文集，已難如登天。大部頭的叢書，自然沾不上邊。直到日治時代，隨著機械鉛印的簡便、快速，纔有連橫編輯《臺灣叢書》的出現。惟在此之前的同治、光緒年間，金門舉人林豪，已有過類似搜集、編輯叢書的舉動。同治 3 年（1864），林豪就館潛園，曾得潛園賓客吳希潛、曾驤遺稿，編入《清風集》，林著《淡水廳志訂謬》曾提到此事，說：

> 「吳，浙之石門人；曾，粵之嘉應諸生。惟剛方不阿，皆卒於淡水，各有詩集，已成家數，必傳無疑，余藏其稿，錄於《清風集》中，將刊以問世也。」[59]

《清風集》，今未見傳本，存目見《金門志》，凡八卷[60]，據此，林豪搜集未刊遺稿，應有相當的數量。

又《金門志》所錄林氏著述存目，另有《潛園詩選》四卷[61]，亦未

---

[58] 洪棄生《寄鶴齋詩矕》卷首書名頁。

[59] 林豪《淡水廳志訂謬》，附載陳培桂《淡水廳志》（臺北：臺灣銀行經濟研究室，1963）冊三，頁 447-478。

[60] 林焜熿原修，林豪增訂《金門志》（臺北：臺灣銀行經濟研究室，1960）卷十四，冊三，頁 372，著述書目。

[61] 同註 60

見傳本,所錄似以潛園尚存的社友為對象。臺郡進士施瓊芳為林豪父執,曾問業於臺灣道富陽周凱之門,著有《石蘭山館遺稿》,身後遺稿零落,林氏遊郡垣時,乃手錄之,並逐篇細予論評。光緒 4 年,林氏在澎湖文石書院山長任內,又極力訪求遺書。湖湖進士蔡廷蘭著述甚富,卒後遺稿罕有見之者,林氏乃在其後人處購得全稿,釐為《惕園遺詩》四卷、《遺文》一卷、《駢體文》二卷、《尺牘》六卷,存其目於《澎湖廳志》[62]。林氏的搜集、編輯《清風集》、《潛園詩選》、《石蘭山館遺稿》、《惕園遺詩、遺文、駢體文、尺牘》,成果豐碩,雖無叢書之名,實具叢書的雛形,惜所輯未見有刊本傳世。

日治中期,臺灣的印刷已幾為鉛印所取代,傳統詩文的印行外,詩文期刊的出現,如《臺灣文藝叢誌》、《三六九小報》、《詩報》、《臺灣詩薈》……等。為傳統文學作品的傳播,再現生機。其中由臺南史家、詩人連橫主持的《臺灣詩薈》,更以既有的期刊為基礎進行叢刊編印。

《臺灣詩薈》創刊於大正 13 年（1924）二月十五日,該刊發行的旨趣,據連氏自謂:「厥有二義,一以振興現代之文學,一以保存舊時之遺書。」故除登載時人的傳統文學作品外,對於先賢遺集,也分期連載。關於後者的動機,可以 14 年《臺灣詩薈》第十三號登出的「雅堂啓事」作為說明:

> 「不佞纂撰《臺灣通史》,曾搜臺灣關係之書數十種,大都抄本,或已失傳。原擬刊《臺灣叢書》,公之海內,而印費浩繁,尚須時日,乃擇其尤者,先登《詩薈》,名曰遺著。如前所刊出之《臺灣雜記》、《裨海紀遊》等,皆可入此門。讀者苟保存之,將來可成巨冊,是亦藝苑之珍秘也。」[63]

據此可知連橫《臺灣叢書》的醞釀,尚在《詩薈》創刊之前。《詩薈》大量登載「遺者」,便是「印費浩繁,尚須時日」的替代方法。

為了引起讀者訂閱《詩薈》的興趣,連橫特在同年四月十五出刊的

---

[62] 同註 52。

[63] 鄭喜夫《連雅堂先生年譜》（南投：臺灣省文獻委員會,1992）,頁 125。

《臺灣時薈》第二號登出「遺書附刊豫告啓事」，共計列了遺書二十四種，包括：沈光文《斯庵詩集》、孫元衡《赤嵌集》、范咸《婆娑洋集》、朱仕玠《泛海記程詩》、《海東紀勝詩》、《瀛涯漁唱》、季麒光《臺灣雜記》、郁永河《裨海紀遊》、徐懷祖《臺灣隨筆》、鄭亦鄒《鄭成功傳》、林豪《東瀛紀事》、朱景英《海東札記》、劉家謀《海潮音》、周凱《澎湖紀遊詩》、章甫《半崧集》、林占梅《琴餘草》、陳肇興《陶村詩稿》、蔡廷蘭《香祖詩稿》、謝金鑾《蛤仔難紀略》、丁紹儀《東瀛識略》、唐贊袞《臺陽見聞錄》，吳子光《芸閣雜說》、南注生《謎拾》、唐景崧《詩畸》等，並云：

> 「以上多屬抄本，或已失傳，擬逐期附刊詩薈，以公同好。故凡連續購讀者，可收秘書數十種，誠一舉而兩得也。」[64]

這是連氏初列的《臺灣叢書》書目。換言之，這份書目，應該就是連氏撰寫《臺灣通史》時，曾搜集的數十種「臺灣關係之書」。

大正 14 年（1925）六月三日，連氏校訂的《閩海紀要》，由臺灣詩薈社出版單行本，並編列為《雅堂叢刊》之四[65]。按本書未列於上述預告的「遺書二十四種」，且預編為《雅堂叢刊》之四，足證這時連氏已有將原擬出版「臺灣叢書」的想法改變，稱為《雅堂叢刊》，但後來卻未再續出，本書乃成了《雅堂叢刊》唯一的刊本。

同年六月十五日的《臺灣詩薈》第十二號，刊出連氏的「徵求遺書啓事」：

> 「《島噫詩》：同安盧牧洲尚書若騰，貞忠勁節，素為延平上客，著作頗多，而《島噫詩》尤為一生心血。曩於《同安縣志》僅得其烈婦行一首，全集未見。《臺陽百詠》周靜瀾觀察所撰。觀察於道光初任臺灣道，《陽羨名陶錄》曾引其詩，未知有刻本否？以上二書，如有珍藏，敢乞借抄，俾登詩薈，以傳藝苑，並以所印詩薈贈閱，稍酬雅意。《莊雲從遺詩》：莊君雲從，號南村，

---

[64] 同前書，頁 111。
[65] 同前書，頁 132。

大甲人，曾任臺中新聞記者，詩筆清新，眾所推許，後患狂疾，
蟄居家中，遂廢吟詠。本年四月竟卒，哀哉！竊念莊君既遭窮厄
於生前，自當流傳於死後，不佞曾得詩數十首，擬為編輯，刊諸
詩薈，然遺失尚多，頗虞疏漏。諸君子如有存藏莊君之詩，敢乞
錄下，至七月終為止，以備彙登，緬懷故誼，共發幽光，亦我輩
之責也。」[66]

連氏不以現有叢書為滿足，隨時不忘搜集，於此可見。所列三書，似無
任何的回應。

十月十五日，《臺灣詩薈》第二十二期出版，為最後一期，連氏出
版或連載叢刊的豪情壯志，也告破滅。據其子連震東編的〈連雅堂先生
年表〉，可得知連氏的《臺灣叢刊》二十八種（即《雅堂叢刊》），也在
這年編竣，全部書目如次：

一、餘姚黃宗羲撰《賜姓始末》；
二、海澄鄭亦鄒著《鄭成功傳》；
三、梁溪季麒光著《臺灣雜記》；
四、仁和郁永河撰《番境補遺》；
五、吳江吳振臣撰《臺灣偶記》；
六、漳浦藍鼎元著《東征雜記》；
七、鄞縣沈光文著《沈斯庵詩鈔》；
八、鄞縣張煌言著《張蒼水詩鈔》；
九、仁和范咸浣浦著《婆娑洋集》；
十、漳浦藍鼎元著《平臺紀略》；
十一、武陵朱景英撰《海東札記》；
十二、建寧朱仕玠著《泛海記程》；
十三、前人著《瀛涯漁唱》；
十四、臺中林朝崧著《無悶詞鈔》；
十五、湘陰黃逢昶著《臺灣竹枝》；

---

十六、安溪林鶴年著《東海集》；

十七、侯官馬清樞著《臺陽雜興》；

十八、淡水林占梅著《潛園詩草》；

十九、大興黃叔璥撰《臺灣使槎錄》；

二十、臺灣陳輝著《旭初詩草》

二十一、普陀山僧釋華佑《臺灣遊記》；

二十二、郁永河撰《海上紀略》；

二十三、前人撰《裨海紀遊》；

二十四、漳浦陳夢林撰《諸羅外記》；

二十五、華亭徐懷祖撰《臺灣隨筆》；

二十六、華亭徐孚遠闇公《徐闇公詩鈔》；

二十七、桐城孫元衡湘南著《赤嵌集》；

二十八、侯官劉家謀著《海音詩》；

二十九、同安林豪撰《東瀛紀事》；

三十、滿洲六十七著《番社采風圖考》；

三十一、前人著《海東攬勝》；

三十二、彰化賴紹堯《悔之詩鈔》；

三十三、礦溪陳肇興伯康《陶村詩集》；

三十四、三水梁成枏著《鈍庵詩》；

三十五、寶應王凱泰《臺灣雜詠》；

三十六、富陽周凱著《澎湖紀行詩》；

三十七、新寧鄺其照錄《臺灣番社考》；

三十八、南安夏琳撰《閩海紀要》。[67]

# 七、結語

回顧臺灣的詩文作品出版史，自清初至日治時代大致可由印刷方

---

[67] 同前書，頁 137-138。

式，前後二百六十一年間，大致可分為四個階段：

第一、康熙、雍正、乾隆三朝，除了少數由官方出版的選集之外，幾乎無個人詩文集的出版，這一階段，臺灣的詩文作品，以各級職官為主，臺士作品無多，水準亦不及職官遠甚，其作品傳播管道，以府、縣志為主，官方或職官選錄的《海天玉尺編》、《珊枝集》、《使署閒情》等次之。

第二、嘉慶朝以後至光緒乙未割臺止，為第二個階段，仍以屬雕板印刷為主，光緒年間，上海等地雖已出現新法石印、鉛印，但臺灣的詩文作品付印，並未受到影響。這一階段，開始出現本土人物雕板印刷詩文集，甚至臺灣府城的松雲軒刻坊，在出版宗教善書、版畫之餘，也具備了刻印書籍的能力，並有詩文集刻本傳世。

第三、日治初期，包括明治、大正兩個朝代，臺灣的印刷，進入新舊交替的時代，傳統雕板印刷，仍繼續在使用。除了舊板新印之外，民間編印鸞堂善書，仍都遣人送往泉、廈刊刻，兩者都有大量的實物傳世，惟似未及於傳統詩文集。僅見苗栗賞化堂刊刻善書《啓明金鏡》，主事者陳海盛將其業師曾藎臣詩文作品附錄刊行之例，陳氏有小序云：

> 「校正兼宣講生陳海盛業師曾藎臣，才學勝人，能文，尤工于詩賦，閩粵久慕其名，但其生前佳作，史冊罕載，余從學四載，深蒙化雨，卻報厚德而無由，茲逢本堂造書頒行勸世，余搜獲其原稿數篇，遂援筆謄正，附登書上，以垂久遠也。」[68]

餘未見雕板印行詩文集者。新法機械印刷的石印、鉛印，在日治初期，幾乎同時盛行，則使上海出版業取代泉、廈雕板印刷地位。這一階段的新法印刷，可以鹿港信昌社、南投活版社及商業性質的報社、書局為代表。

第四、昭和改元至民國 34 年止，又是臺灣詩文出版史另一階段。這一階段，鉛印愈加便捷，石印漸次淘汰，西式平、精裝的裝釘方式，也更為普遍。遂使臺灣傳統詩文集的出版，大為盛行。相關期刊的發展，

---

[68] 賞化堂《啓明金鏡》（苗栗：賞化堂，1907）卷四貞部，頁 43-46。

與日俱增。這一階段的出版品固然如雨後春筍，連橫及其創辦的《臺灣詩薈》，可為這一階段的代表。連橫乃出版《臺灣詩薈》，流通《臺灣叢刊》，其中詩文集作品，佔了相當大的比例，取代傳統單獨成冊的叢刊印刷，終因「工費浩繁」，而告結束，而經由《臺灣詩薈》連載的先賢遺著，在異族統治下的臺灣，仍發揮了傳播傳統文學的功能，值得肯定。

　　總之，雕板印刷，費用高昂，又曠日費時，非尋常人家莫辦，在如此困難的印刷條件之下，臺灣盛極一時的修志事業，藝文志蒐羅廣泛，竟因而發揮了部分流通文學作品功能。早期志書版本的流傳，甚至提供了為文學作品輯佚及校勘的功能。日治時期的機械石印、鉛印，減低了不少印刷障礙，紳富之家刊印別集、總集者，日益增多，使臺灣傳統文學作品的流通，進入新的境界。由於日治時期傳統詩文集存世尚豐，且非筆者能盡寓目，本文僅就管窺所及，各舉例論述，疏漏尚多，敬請不吝教正。

# 參考書目

## （1）圖書

劉良璧《重修福建臺灣府志》，臺北：臺灣銀行經濟研究室，1961。

范咸《重修臺灣府志》，臺灣銀行經濟研究室，臺北，1961。

六十七《使署閒情》，臺北：臺灣銀行經濟研究室，1961。

王必昌《重修臺灣縣志》，臺北：臺灣銀行經濟研究室，1961。

章甫《半崧集簡編》，臺北：臺灣銀行經濟研究室，1964。

鄭用錫《北郭園全集》，臺北：龍文出版社，1992。

陳肇興《陶村詩稿全集》，臺中：臺灣省文獻委員會，1978。

徐宗幹《斯未信齋文編》，臺北：臺灣銀行經濟研究室，1960。

林焜熿纂修、林豪續修《金門志》，臺北：臺灣銀行經濟研究室，1960。

劉家謀《海音詩全卷》，臺北：臺灣省文獻委員會，1953。

鄭兼才《六亭文集》，福建：王源興，1835。

陳培桂《淡水廳志》，臺北：臺灣銀行經濟研究室，1959。

吳子光《一肚皮集》，淡水：雙峰草堂，1875。

許南英《窺園留草》，北京：許地山印，1933。

郭柏恭《四庫全書纂修考》，長沙：商務印書館，1938。

黃金川《金川詩草》，上海：僑務印書館，1930。

陳懷澄《吉光集》，嘉義：蘭記書局，1934。

林朝崧《無悶草堂詩存》，臺北：龍文出版社，1992。

賞化堂《啟明金鏡》，苗栗：賞化堂，1907。

鄭如蘭《偏遠堂吟草》，臺北：春官第，1914。

洪繻《寄鶴齋詩鬠》，南投：南投活版社，1917。

洪棄生《寄鶴齋詩集》，南投：臺灣省文獻委員會，1993。

施天鶴《捲濤閣詩集》，彰化：不明，1917。

傅于天《肖巖草堂詩鈔》，彰化：博進社，1917。

連橫《臺灣通史》，臺北：臺灣通史社，1921。

連橫《臺灣詩乘》，臺北：臺灣銀行經濟研究室，1960。

連橫《雅言》，臺北：臺灣銀行經濟研究室，1963。

王松《滄海遺民賸稿》，吳興：嘉業堂，1925。

鄭霽光《成趣園詩鈔》，吳興：嘉業堂，1925。

林欽賜《瀛洲詩集》，臺北：光明社，1933。

鄭霽光《山色夕陽樓吟草》，吳興：嘉業堂，1937。

臺灣銀行經濟研究室（編）《臺灣南部碑文集成》，臺北：臺灣銀行經濟
　　　　研究室，1966。

鄭喜夫《連雅堂先生年譜》，南投：臺灣省文獻委員會，1992。

毛一波《古今臺灣文獻考》，臺北：臺灣風物雜誌社，1977。

林文龍《臺灣史蹟叢論》，臺中：國彰出版社，1987。

黃淵泉《重修臺灣省通志·著述篇》，南投：臺灣省文獻委員會，1993。

臺灣省文獻委員會（編）《重修臺灣省通志·文化事業篇》，南投：臺灣
　　　　省文獻委員會，1995。

嚴文郁《中國書籍簡史》，臺北：商務印書館，1992。

高雄市立美術館《臺灣傳統版畫特展》，高雄：高雄市立美術館，1995。

程玉鳳《洪棄生及其作品考述》，臺北：國史館，1997。

## （2）史料

陳漢光〈夏之芳臺灣紀巡詩輯註〉，收入《臺灣文獻》第十卷第二期，
　　　　臺北：臺灣省文獻委員會，1959。

# 黃任《香草箋》對臺灣詩壇的影響

## 一、前言

　　唐朝的詩，是中國詩歌的黃金時代，詩的形式，唐人承襲了兩漢魏晉南北朝餘緒，並加以發揚光大，終於使之定型為五言詩與七言詩，各分古體、絕句、律詩三種，影響後世，至深且鉅。除了形式上的定型之外，唐詩風格也呈現了多元化的發展，舉凡飄逸、幽邃、清奇、纖巧、怪誕、奧峭，可謂無一不備，至其吟詠內容，無論是抒情、寫景、敘事、狀物、說理，也是包羅萬象，從初唐到盛唐、中唐、晚唐，各朝都有其特色，也反映了每個階段的社會現象，因而創造了詩的最高成就。

　　在諸多唐詩格調當中，有一派是以唯美而著稱的，這些作品驚才絕艷，以吟詠宮闈生活及兒女私情為主，鄭振鐸形容說：

> 「他們是繁絃細管的音樂，是富麗煥暖的宮室，是夏日晝光所反映的海水，是酒後模糊的譫語，若可解若不可解，若明又若暗，那便是他們的作風。」[1]

　　唯美思潮詩篇的出現，初唐的元稹應算是開風氣之先，中唐的王建、王涯、李賀等人，也有不少描寫宮掖生活及綺羅香澤的作品，到了晚唐，李商隱、溫庭筠並稱，同時的段成式、杜牧、李群玉、張祐、趙嘏，以及較晚的韓偓、吳融、唐彥謙、陸龜蒙等人，也都是唯美文學的佼佼者，使得整個晚唐詩壇彌漫著唯美思潮，其中韓偓為溫李之外，所作艷體詩最為後世所推崇，甚至他的詩集就叫做《香奩集》。

　　唯美主義的艷體詩，隨著詞的興起而走向盡頭，歷代固然仍有人熱衷於此，但都成就不高，直到明末崇禎年間，金壇王次回崛起，著《疑雨集》，大放異彩，也使沈寂多時的唯美作風詩篇，再現曙光。清初不少詩人受其影響，都有香奩作品傳世，像朱彝尊不僅把他的〈風懷詩〉收入《曝書亭

---

[1] 鄭振鐸《中國文學史》頁 473，轉引自朱維之《中國文藝思潮史略》（上海：開明書店，1949），頁 91。

集》，甚至還說：「吾寧不食兩廡豚，不刪風懷二百韻。」[2]赤裸裸表現了熱烈的兒女私情。

清初另一以艷體詩見長，且刻有專集《香草箋》流傳後世的，為福建永福人黃任（莘田）。王次回《疑雨集》的文學成就，備受肯定，盛名也在《香草箋》之上，但以臺灣而言，《香草箋》早在清代就已經是家喻戶曉的文學作品，大名鼎鼎的《疑雨集》反而未受到重視，或許是前者佔了地緣相近的便宜有以致之吧？

## 二、《香草箋》的歷史背景及文學評價

《香草箋》作者黃任，是清初藝文界知名人物，他的傳記在《清史列傳》、《清史稿》、《碑傳集》、《國朝先正事略》、《大清畿輔先哲傳》、《文獻徵存錄》、《清代學者象傳》、《國朝詩人小傳》、《國朝詩人徵略初編》、《國朝書人輯略》等書，都有輯錄，詳略互見。年代較早且內容也較詳盡的，當推《國朝詩人小傳》，該書作者鄭方坤，福建建安人，雍正元年（1723）進士，與黃任時地相近，又同為閩人。其次，《文獻徵存錄》雖成書較晚，但足資參考之處不少，根據上述二書記載，黃任生平事蹟大致是這樣的：

黃任，字于莘，號莘田，福建永福人。「少有風貌趣好，能為五、七言，近體尤精奇」，康熙 41 年（1702），年僅二十，便考上鄉試舉人，屢上禮部應進士試都不第，這段期間，黃任一直「流寓蘇州，頗事聲色，不自顧藉」，因而病歸，踰年參加舉人大挑，得揀選廣東四會縣令，於是匆匆捧檄就任。「四會舊有隄綿亙數十里，將就湮，任相度土宜，畚築厚且堅，不匝月藏事。值歲饑，為粥以食，全活無算。巨寇林某鼠穴鹿澳塘，肆劫掠，數邑受其害，設方略招徠之。」任內，調攝高要，轄下的端溪三洞，為著名端硯產地，黃任素有硯癖，乃「喜過所望，竭資購之」，黃任故名士，無齷齪俗吏態，喜在公廨談詩，「頗弛縱，

無威儀，於物屢有所失」，為上官所不喜，劾其縱情詩酒不治事而罷官歸里，宦橐蕭然，惟端坑石數枚、詩束兩牛腰而已。黃任歸後，居於閩縣的光祿坊，起一小齋，安置藏硯，名「十硯齋」，所居「矮屋三楹，花竹秀野，圖史縱橫，飲饌裙屐間，具有雅人深致」。乾隆 27 年（1756）壬午，重赴鹿鳴宴，年已八十，鄉里引以為榮，未幾卒。著有《十硯齋集》、《秋江集》、《香草箋》。[3]

　　黃任以工詩著稱，他的詩初學於新城王士禎（漁洋），遊吳越時，又與顧嗣立（俠君）、姜宸英（西溟）、湯右曾（西涯）等名詩人交往，於是詩益精進，同時的傅玉露稱他集中〈弔虞卿〉、〈樂毅墓〉、〈李陽冰般若臺篆書〉及〈三君詠〉等篇「直欲躋韓碑、晉石而上之」，陳兆崙稱他的〈越王臺〉詩「磊磊塊塊，如山鎮紙」，桑調元、許廷鑅則稱他的〈築基〉、〈賑粥〉諸篇，「彷彿元道州舂陵之作、白香山秦中之吟」[4]，袁枚（隨園）愛好黃詩，甚至到達「偏嗜」的地步，曾說：

> 「余於古人之詩，無所不愛，恰無偏嗜者，于今人之詩，亦無所不愛，恰于高文良公《味和堂集》、黃莘田先生《香草齋詩》有偏嗜焉，豈亦性之所近耶！」[5]

　　凡此種種，可見黃任的作品，早在乾隆年間，就已爭相傳誦，而且還受到當時性靈派領袖袁枚的「偏嗜」，當然誠如袁氏所言，最主要的原因，即應在於「性之所近」，黃任詩裡，真性自然流露，尤以他所擅場的艷體詩，哀感頑艷，卻不晦澀，容易引起後人共鳴，在這方面，鄭方坤有深入分析：

> 「（莘田）最工詩，菁蔥召蒨，務去陳言，又不墮澀體。與秀水朱昆田、高郵李百藥同其標格，閩人戶能為詩，彬彬風雅，顧習於晉安一派，磨礱沙盪，以聲律圓穩為宗。……莘田逸出其間，聰明淨冰雪，欲語羞雷同，可稱豪傑之士。其艷體尤擅場，細膩

---

[3] 靈窗主人《十研老人香草箋註》（清代木刻本，出版時間、地點不詳）卷首附錄鄭方坤《國朝詩人小傳》之黃任傳。錢林《文獻徵存錄》（臺北：明文書局，1985）卷五合參。

[4] 陳衍《石遺室詩話》（臺北：商務印書館影印，1976）卷二六，頁 1。

[5] 袁枚《隨園詩話》（上海：文明書局）卷四，頁 9。

温柔，感均頑艷，所傳《秋江集》、《香草箋》諸作，傅閬林前
輩謂其實有所指，擬諸玉溪之賦錦瑟、元九之憶雙文、杜書記之
作青樓薄倖、楚雨含情，殆詩家賦而興也。……吾於莘田首屈一
指矣。」[6]

黃任擅寫艷體詩的背後，也許有如鄭方昆引述前輩文人傅玉露（字
良木，號閬林，又號玉笥，浙江會稽人，康熙 54 年探花。）之說，這
些詩「其實有所指」，但所寄託者為何事，目前似已不容易稽考了。吾
人若從黃任真實的生活面試加探討，便可發覺「其實有所指」之說，頗
有為賢者諱的味道。按黃任平生名士風流，縱情詩酒，在美色方面，也
是享盡人間艷福，鄭方昆說他辭官歸里之後，「飲饌裙屐間，具有雅人
深致」，已經很含蓄、委婉指出名士、美人的「雅人深致」，而事實也
是如此，黃任上述辭官歸里，固然有「端坑石數枚、詩束兩牛腰」一事，
傳為千古美談，但以其他文獻考之，他千里迢迢從嶺南載回的，恐怕不
就只這兩項了。《隨園詩話》卷四有云：

「黃莘田妻月鹿夫人，與莘田同有研癖，先生罷官時，囊餘二千
金，以千金市十研，以千金購侍兒金櫻以歸。」[7]

隨園話中透露了若干箇中消息，而《榕陰詩話》也說：

「莘田侍兒金櫻，明艷絕世，妙解文翰，兼工絲竹，是其千金所
購。」[8]

足證罷官還鄉的黃任，仍然沈醉在溫柔鄉裏，《秋江集》、《香草箋》
中，許許多多細膩、露骨的作品不啻就是他浪漫生活的寫照。

關於《香草箋》一書由來，據《石遺室詩話》記載，黃任所著詩集，
初為《十研齋集》，既而有《秋江集》，最後為《香草齋集》，《香草

---

[6] 同註 3。

[7] 袁枚《隨園詩話》卷四，頁 7。按「月鹿夫人」非黃任妻，《秋江集註》引《香草齋詩話》
有云：「張季渠，字宛玉，別號月鹿侍史，閩縣人，新安縣河廳張洪之女，適江寧府參軍
朱文炳，能詩，工繪事。……按《隨園詩話》以為先生妻，誤也」。

[8] 同註 3。

齋集》共六卷，計九百六十餘首，其中七言絕句就高達六百餘首，為古今所罕見。此集專學李商隱、杜牧、溫庭筠，後來纔另編《香草箋》集，凡《香草齋集》中香奩之作，都收羅在內，陳衍（石遺）甚至譽之為「幾欲追微之、冬郎而及之，王次回不足道也。」[9]評價之高，尚凌駕《疑雨集》之上。

# 三、《香草箋》內容略述

　　黃任作品，固然各體俱工，但整體而言，要以七言絕句最工，這點杭堇浦在乾隆間，就已言之[10]，故《香草齋集》以七言絕句佔絕大多數，《香草齋集》中再選取香奩之作為《香草箋》，則依然如此，計七言絕句一百二十五首、七言律詩十三首、五言律詩五首、五言絕句一首、五言古風一首，另附錄徐嫻雲七言絕句十首、七言律詩十首，總共一百六十六首，惟其中上卷〈雜思詩〉，較早的版本都標明是三十首，但不知何故，實際只有二十二首。選錄該題五首，以見黃任善於描寫兒女之情的作品風格，道：

> 「曉霜初日滿紅樓，斗帳流蘇半上鉤。
> 坐定鏡臺侵早起，一杯卯酒怕梳頭。」
> 「芙蓉出水本來鮮，自喜新粧愛近前。
> 行近前來無個事，手纏紅袖一嫣然。」
> 「合歡床上小薰籠，覆著衣裳半退紅。
> 自說經年懶針線，春衫還是舊裁縫。」
> 「已收衣汗停紈扇，小綰烏雲插素馨。
> 暗坐無燈又無月，越羅裙上一飛螢。」
> 「貪涼愛著研光羅，其奈中單映肉何。
> 一片輕明遮不得，芭蕉牆角夕陽多。」[11]

---

[9] 陳衍《石遺室詩話》卷二六，頁 1-3。
[10] 同註 9。
[11] 黃任《香草箋》（繫春社，1932），頁 3-5。

　　《香草齋集》何時結集為《香草箋》，我未見過原刻，無從得知，據推測應在乾隆 27 年壬午黃任晚年重赴鹿鳴宴前後。《香草箋》原刻，純屬個人詩集，應當是沒有注釋的本子。由於《香草箋》出版後，頗得詩壇好評，閱讀者眾，乃由出版商請人詳加注釋，而以「暢銷書」的面貌出現。目前所知，較早出現的《香草箋》注釋本，有二種，一是寄閒軒主人注本，一是靈窗主人注本，前者成書於嘉慶年間，後者年代不詳，但從書中若干敘事推敲，可能是同治年間刊本。二本箋注者，都以託名方式付梓，不敢以真面目示人，主要原因就是當時風氣未開，香奩作品仍難容於舊社會的緣故。

　　舊刊本《香草箋》之後，另附錄黃任之女黃淑畹著《綺窗餘事》（一名《香草箋外集》）一卷，共詩二百四十七首，中又收錄了黃淑畹之女林瓊玉詩十一首。《綺窗餘事》之附錄於《香草箋》後，不知是原本所有，抑或注本所增，已難深考，僅知嘉慶己巳冬寶章堂藏板的刻本，已附有此卷。[12]按黃淑畹為黃任次女，林瓊玉為淑畹之女，即黃任外孫女，喜為詩，曾以詠梅花句：「風定月斜霜滿地，西廊人靜一聲鐘」句，為同時詩人陳兆崙（字星齋，號勾山，浙江錢塘人，雍正 8 年進士。）、謝道承（字又紹，又字古梅，福建閩縣人，康熙 60 年進士。）所激賞，以為謝女柳花不能過，以此而負盛名。《綺窗餘事》各詩，由於程度參差不一，以致思明李禧重刊畹詩，認為集中諸詩，多與詠梅句不相稱，疑為可能是好事者者雜採畹之詩，羼入他作而成[13]，後來刻《香草箋》者，幾乎都將淑畹詩截去，恐怕與此不無關係，惟近人張作梅氏重刊《綺窗餘事》，則另有他的看法說：

> 「紉佩詩自〈水仙〉至〈家大人重宴鹿鳴〉，計共一百零四首，皆思致婉美，其與勾山太僕所賞者，固相距未遠也。大抵係謝庭瞻對之作，綺窗詩就，老人從而潤色之，以是詞意斐然，遂乃無慚名父。及後老人謝世，紉佩所作，率多傷貧嘆逝之詞，或者處境日非，學殖漸就荒落，未可知耳。不然，何至鹿鳴詩以後，竟

12　黃淑畹《香草箋外集》（廈門，新民書社，1930），卷首李禧序。
13　同註 12。

> 與趨庭時所為諸篇，劃然判若兩人耶，由是言之，則李禧所言，固未可盡信也。」[14]

張氏推論之言，由現實層面來看，應接近事實，黃任為次女淑畹潤色所作詩，原極其尋常，所謂他人屬入之說，恐怕有點不近人情。

至於林瓊玉其人，他是黃任外孫女，也是黃淑畹女，年二十一，嫁給閩縣儒士陳澧，澧為世家子弟，治舉子業，屢試不售，鬱鬱而亡。瓊玉嫁八年而寡，撫有一子，年甫周歲，母子相依為命，六十九歲，經學使恩雨堂請旌節孝。平日所吟詠篇章，多告散失，僅存十一首，其中有〈乙丑冬至後五日，贈別懷珍姪女婿東寧司鐸嘉義。〉五言律詩二首云：

> 「團聚無多日（原注：時與同居纔二旬），分離治束裝。談心嫌晝短，把袂覺情長，繼晷燈成炧，添杯露作光。欲留留不得，殘月上西牆。」
>
> 「舟車經絡繹，隨任向東寧。一路風霜凜，重洋雪水停。瑟琴調鐸館，詩酒樂元亭。為計還轅日，榮遷二載零。」[15]

這兩首詩，姑不論其工拙，以臺灣而言，卻是珍貴的文獻資料。乙丑，應是同治4年（1865），司鐸東寧嘉義，是擔任臺灣府嘉義縣儒學教諭，林瓊玉這位姪女婿為何許人，目前尚難考證出來，尤其清末嘉義縣未修志，官方檔案又散佚殆盡，在現有的清代職官資料當中，也無法查出任期相符的，只有俟諸異日了。

《香草箋》中，又有一個值得注意的奇特現象，就是本書篇幅雖然不多，但卻附錄了徐嬾雲詩多首，〈惆悵詞和徐嬾雲作〉七言絕句十首，附錄徐原唱十首，〈無題八首和徐嬾雲〉七言律詩，附錄原唱三首集又倒疊韻八首，且有一篇駢體文長序，總共二十一首，比率佔了很高，頗令人覺得突兀。古今詩人多喜歡詩酒唱酬、攤箋和韻為樂，因此別集當中，在和韻詩之後，往往都會附錄原作，以誌鴻雪。黃任集中附有友人之作，本不足為怪，只因這些和韻詩，都是寫些兒女情長的香奩體，加

---

[14] 黃淑畹《綺窗餘事》（即《香草箋外集》，臺北：中華詩苑，1958），卷首張作梅序。

[15] 靈窗主人《十研老人香草箋註》卷四，頁46。

上又未附錄其他詩人作品，也未註明徐嬾雲為何許人，後之讀者，但覺
其緣情綺靡，於是乃有人「疑嬾雲為黃氏之女弟子，而發生戀愛者」[16]，
其實徐嬾雲並非女子，而是個懷才不遇的窮秀才，《隨園詩話》補遺卷
八云：

> 「崑山徐嬾雲（雲路）秀才，買書無錢，而書賈頻至，乃自嘲云：
> 『生成書癖更成貧，賈客徒勞過我頻。聊借讀時佯問值，知非售
> 處已回身。乞兒眼裏來鴉炙，病叟床前對美人。始歎百城難坐擁，
> 從今先要拜錢神。』余幼時有『家貧夢買書』之句，蓋紀實也。
> 今見徐生此詩，觸起貧時心事，為之慨然。徐又有句云：『風威
> 兩岸荻，雪意一天雲』。」[17]

據此以觀，徐嬾雲為吳人，按黃任年輕時考取舉人之後，曾流寓蘇州過
一段時間，且「頗事聲色」，兩人之所以交往、相知，應與此有關。

## 四、清中葉後風靡臺灣詩壇

臺灣的詩學，雖然肇始於明末太僕寺卿沈光文，不過當時只是幾個
遺老眷懷故國、憑弔山河，藉吟詠以遣窮愁羈旅生活而已，影響不大。
清人得臺之初，光文尚在，又邀集若干文士結社聯吟，即所謂「福臺新
詠」者，但也是曇花一現，成果有限，實際上臺灣的詩壇，仍以科舉的
八比試帖為取向，「士習講章，家傳制藝」[18]，這種試帖詩，作者只能
依照一定的規格吟詠，汩沒靈性，與傳統詩學大相逕庭，因此從清初到
嘉、道年間，即使偶而有一二好學之士，熱衷為詩，無形中也都受到試
帖詩所束縛，沾染頭巾習氣，難得一見秀逸、清新之作。

道光末年，高鴻飛以翰林來任彰化縣知縣，在他任內，聘廖春波主
講白沙書院，始以詩、古文詞課士，鴻飛也常蒞講席，「為言四始六義

---

16 黃文虎〈黃莘田與徐嬾雲〉（四），載《三六九小報》（臺北：成文出版社合訂本，1991）
　　第四七四號四版。
17 袁枚《隨園詩話》，補遺卷八，頁3。
18 連橫《臺灣通史》中冊（臺北：臺灣通史社，1920），頁693。

之教，間及唐、宋、明、清詩體」，開臺灣提倡詩教風氣之先，於是彰化人士競為吟詠，就中以陳肇興最為傑出，著《陶村詩稿》六卷、《咄咄吟》二卷，合刻於世。[19]陳肇興《陶村詩稿》問世，終於使受到試帖影響而一蹶不振的臺灣詩壇為之丕變，為了揣摩古今佳作，當然士子必須接觸更多的讀物，閩、臺一水之隔，福州、漳州、泉州等地風靡一時的《香草箋》，也很快的就廣受歡迎，當然黃任的《秋江集》也連帶受到喜愛，風氣雖然如此，但在當時並未有人刻意去記錄，以致不容易找到相關資料，吾人僅能從若干吉光片羽加以推敲。以陳肇興為例，他在咸豐 9 年赴福州應己未科鄉試，重陽同友人登烏石山，有〈九日同諸友烏石山登高用十研老人韻〉七律二首，及其集中有〈無題〉七律八首，已深得《香草箋》神韻，試舉首尾二首為例：

> 「一顧傾城恨已遲，形相色色兩心知。人因見慣渾如醉，情到鍾時轉是痴。梔子簾前偷訂約，丁香盒底漫題詞。無因得並夫妻鳥，夜夜雙棲連理枝。」
> 「雪貌雲鬟二十餘，風神猶似破瓜初。使君陌上青驄馬，盧女門前白玉車。鈴閣人歸春悄悄，畫堂燕去夢于于。青樓薄倖無知己，腸斷蕭娘一紙書。」[20]

與陳肇興同時期的淡水林占梅，著《潛園琴餘草》詩稿，其中不乏綺旎的香奩作品，風格也明顯受到《香草箋》影響，如〈師韞軒雜詠〉二十首，即是描寫他周旋於群芳之間的韻事，有云：

> 「有時忤觸暗含嗔，淚濕鮫綃翠黛顰。此種丰神描不得，梨花帶雨一枝春。」
> 「擘箋繡罷學抄書，葱指纖纖運管徐。寫罷泥郎評甲乙，簪花字格果何如。」[21]

林占梅另有一首作於咸豐 5 年（1855）的〈黃莘田端硯歌〉，描述

[19] 連橫《臺灣通史》下冊（臺北：臺灣通史社，1921），頁 1089。
[20] 陳肇興《陶村詩稿》（臺北：臺灣新民報社，1937），頁 33-34。
[21] 林占梅《潛園琴餘草》（新竹：新竹市立文化中心，1994），頁 17-18。

他得到黃任十硯齋舊藏端硯的喜悅，說是：

> 「得來好硯同好友，日日摩挲常在手。……閩中同嗜本有人，十
> 硯老人莘田叟。……湖曲百篇擅竹枝。楊、李當時並盛名，草箋
> 一部描花柳。……相關性命硯兼花，自寫胸懷詩與酒。因此罷官
> 歸去來，清時何害風流咎。囊中只賸二千金，半購端溪紫雲母。
> 歸裝十硯剩餘貲，還取珠江兩姝秀。……舊物星分到海東，連城
> 荊璞為吾有。香草箋中此硯詩，玉堂佳句鐫其後。（原注：《香
> 草箋》有詩曰：『何年脩斧屬吳剛』云云，即鐫於此硯之後，隸
> 書、篆印俱佳。）」[22]

林占梅對黃詩的「偏嗜」，由詩中表露無遺，尤其黃任生平的最
愛——「硯兼花」，恰與占梅相同，所以纔會有「閩中同嗜本有人」之
句，又不惜重金購回古硯，以備日日摩挲。按林詩原注認為硯陰所銘「何
年脩斧屬吳剛」云云，出自《香草箋》，其實這首詩係出自《秋江集》，
是〈予以雲月硯寄泰安公，公為鐫銘，搨一紙寄示，賦詩奉呈〉七絕四
首的第一首，詩為：

> 「幾年修斧屬吳剛，帶得蠻煙上玉堂。一握忽生雲五色，蓬萊新
> 署兩三行。」[23]

林占梅詩注之所以有此誤植，可能是平日讀熟二集，下筆時僅憑記
憶，遂將《秋江集》作品，誤認作《香草箋》之詩，以致首句第一字，
就有一字之差。這首詩不論出處如何，都是黃任作品，毋庸置疑，但就
詩題所敘來說，全題四首詩只是黃任先前送了「雲月硯」給「泰安公」，
「泰安公」請人刻銘硯背後，寄硯銘搨本給黃任，黃乃作了四首詩回報。
換言之，「雲月硯」已另有銘文，非「幾年修斧屬吳剛」這首，由於此
詩專為「雲月硯」而作，銘諸他硯並不恰當，因此我猜想林占梅所購這
方號稱「黃莘田端硯」的古董，恐是出自好事者的偽託，不足憑信，惟
此是題外話，不必深論。

---

[22] 同前書，頁 303。
[23] 黃任《秋江集》（福建：東山家塾刻本，1843）卷五，頁 26。

有清末葉，臺灣的社會風氣日趨開放，特別是在「要鬥時新海上裝」[24]的光緒年間，偏嗜《香草箋》的文人學士，仍大有人在，茲舉幾個實例，彰化舉人呂汝修〈有懷謝四兄頌臣〉有「談詩喜醉黃公酒」之句，注道：「兄最喜黃莘田《香草箋》詩」[25]「謝四兄頌臣」，即謝道隆，他是光緒間臺灣縣生員，著有《小東山詩集》，但不知何故，並未存留香奩作品。

另位《香草箋》的嗜好者，為臺南名士許南英，南英著有《窺園留草》。光緒 12 年（1886），他曾寫了一首〈戲集香草箋句〉七絕云：

「汝纖我瘦不差池，對倚紅闌不語時。十索十香空有恨，共君無事莫相思。」[26]

翌年，南英又作了〈王泳翔納寵，戲作催粧詩賀之〉七絕六首，第五首甚至還特別提到了《香草箋》，詩道：

「淡紅衫子怯輕寒，撤盡瓊漿燭未殘。香草箋詩還記否？手拈衣帶恣人看。」[27]

由這些細節來看，許南英的確對《香草箋》花費了很大工夫，因此他的集中，在尚未經歷家國殘破的乙未之役以前，仍可見許多充滿唯美主義色彩的作品。

鹿港諸生許劍漁著有《鳴劍齋遺草》，他大約在光緒 17 年（1891）前後，曾寫了〈夢遊仙用黃莘田先生原韻〉七絕九首及〈望仙詞用黃莘田原韻〉七絕二首，按〈夢遊仙〉與〈望仙詞〉都是《香草箋》所收的作品，可見許劍漁也是個《香草箋》迷，吾人由文獻中得知，他是光緒 16 年考上秀才的，年僅二十二歲，一時榮耀畢集，接著又完娶，這段時間為他一生中「唯一最得意之秋」[28]。許氏青年得志，又以才氣自負，因而難免於花晨月夕，飲酒賦詩，過著充滿浪漫氣息的神仙眷屬生活。

---

[24] 連橫《臺灣詩乘》（臺北：臺灣銀行經濟研究室，1960），頁 219 邱逢甲「臺灣竹枝詞」詩。

[25] 臺灣史蹟研究中心（編）《海東三鳳集》（臺北：臺灣史蹟研究中心，1981）頁 112，呂汝修《餐霞子遺稿》。

[26] 許南英《窺園留草》（臺北：臺灣銀行經濟研究室，1962），頁 8。

[27] 同前書，頁 11。

[28] 許夢青《劍漁遺稿》頁 12，（彰化：大友書局，1960），卷首許常安撰「先大父劍漁公事略」。

黃任的《香草箋》，正好是才子佳人多愁善感的最佳寫照，晨夕吟哦，也試著將心比心，依樣步韻，詩道：

「霓裳一曲本來工，入聽翻疑是夢中。
記得中秋明月夜，也曾身到廣寒宮。」
「曾經搔背匪思存，猶帶麻姑舊爪痕。
結得神仙緣不解，故能霞舉獨軒軒。」
「濯足扶桑日未斜，回頭飽看赤城霞。
天台景色濃如許，劉阮緣何錯憶家。」
「蟠桃高會宴群仙，十二樓臺繞紫煙。
多飲瓊漿消不去，一場沈醉近千年。」
「縈珠宮闕殿寥陽，錯落天花自散香。
戲舞仙姬偏綽約，隨風輕颺六銖裳。」
「暮雨朝雲稱意苔，瑤姬只合住陽臺。
非憐宋玉多情甚，薄怒緣何入夢來。」
「玉樹株株有異香，彈琴仙女各爭強。
旁觀久立飢餐露，始信壺中日月長。」
「蓬萊樓閣五雲多，八洞神仙說姓何。
偶爾投壺輸玉女，費他鎮日事研磨。」
「洛川端不讓瀟湘，羅襪凌波水亦香。
稱體冰綃風蕩漾，知他織自落絲娘。」[29]

乙未之役，臺灣割給日本，為臺灣近代史上重要的轉捩點。割讓之初，戎馬倥傯，唯美、香奩氣息濃厚的《香草箋》，只暫時掩歛其璀璨色澤，不久之後，又在臺灣詩壇受到重視，綻射更耀眼的光芒，也使清代中葉以至乙未割臺百數十年間，一直定位在貴族文學的《香草箋》，急遽轉化為平民文學，甚至肩負了日治下傳承漢文化的部份社教功能。其主要原因，我想跟《楚辭》裏以美人香草箋比喻人君、賢臣，激勵忠愛，有很密切關係。在當時日人統治之下，臺人凜於民族意識，而惟恐以言論觸及時忌，乃以美人香草作為故國之思的依託。這種轉化，要以

---

[29] 同前書，頁 18-19。

鹿港諸生洪攀桂最具典型，他富民族意識，具有傳統讀書人的傲骨，日治之後，不受威逼利誘，大節巍然。畢生留下豐富的詩文作品，其中有《壯悔餘集》一種，全是乙未以後所作[30]，在此之前，卻不熱衷斯道。由此，吾人可得知洪氏纏綿悱惻的香奩詩句背後，實隱含著另一層深意。黃任作《香草箋》，早就有人說他是另有寄託，其真相如何，已難論定，而日治以後的臺灣，《香草箋》忽然由清代屬於世家子弟寄情聲色的貴族文學，而普及於平民大眾，為臺灣文學史上一項異數，當然這是時代背景使然之故，日治中、晚期，再因擊鉢詩及燈謎興起，而大行其道，自另當別論。

　　日治時期，《香草箋》既再度風靡臺灣，於是民間書房便有人以之作為詩學教材，臺北宿儒趙一山即為一例，據連橫氏所言：

　　　「稻江王香禪女士，曾學詩於趙一山。一山，老儒也，教以《香草箋》，朝夕詠誦，刻意模仿。」[31]

按春丞氏曾言：「當時臺北，確有專教《香草箋》使為詩人的前輩，他有他不得已的原因，恕不詳述。」[32]所謂專教《香草箋》的前輩，似乎即指趙一山而言。臺灣這種普遍以《香草箋》為詩學教材的方式，棄傳統教法於不顧，本末倒置，甚至淪為擊鉢詩會賴以奪魁的工具，黃文虎氏也曾批評說：

　　　「《香草箋偶註》兩卷，自播藝林，頗為膾炙人口，臺灣詩界尤為流行，摹仿其句法而得掄元者，更比比矣。」[33]

　　見微知著，臺灣詩壇競相模仿、套用《香草箋》句法，以期詩會高中的風氣，有礙詩學發展，連橫期期以為不可，乃於所辦《臺灣詩薈》大加撻伐並示以正確學詩方法，說是：

---

[30] 洪棄生《寄鶴齋詩集》（南投：臺灣省文獻委員會，1993），頁395-415。
[31] 連橫《雅堂文集》（臺北：臺灣銀行經濟研究室，1964），頁264-265「詩薈餘墨」。
[32] 臺灣省文獻委員會（編）《連雅堂先生相關論著選集》（南投：臺灣省文獻委員會，1992）下冊，頁25-26，春丞〈日據時期之中文書局〉。
[33] 黃文虎〈黃莘田與徐孋雲〉（一），載《三六九小報》，第四七〇號，四版。

「詩有別才，不必讀書，此欺人語爾。少陵為詩中宗匠，猶曰：
『讀書破萬卷，下筆如有神。』今人讀過一本《香草箋》，便欲
作詩，何其容易！余意欲學詩者，經史雖不能讀破，亦須略知二
三，然後取唐人名家全集讀之，沈浸穠郁，含英咀華，俟有所得，
乃可旁及，自不至紊亂無序，而下筆可觀矣。」[34]

可惜連氏之言，渾如蚍蜉撼樹，起不了大作用，詩壇依然故我。當
然在「非擊鉢詩」的純唯美作品，詩壇當中善於模仿《香草箋》者，還
大有人在，且樂此不疲，鹿港陳懷澄有十二首著名的〈卻扇詞〉，反應
了日治時《香草箋》風靡臺灣的另一面，誠如王松所言：「情思纏綿，
豔麗可愛，置之十研翁《香草箋》中，殆不易辨。」爰錄十首，讀者不
妨兩相比較，詩道：

「華燭雙燒照畫屏，綠莎裙帶響瓏玲。
冬宵更比春宵短，咫尺銀河看小星。」
「似羞似怯頻凝酥，堪畫燈前背面圖。
任汝卸粧披扇認，檀郎不是老狂奴。」
「圓柱楠床軟錦氈，房櫳熳爛薄寒天。
卸頭倚闌粧臺畔，故意遲人細拍肩。」
「紅袖輕遮暗潑眸，流蘇繡帳下雙勾。
枕函中界檳榔盒，恐到宵深觸並頭。」
「解衣並坐合歡床，嬌軟盈盈竟體香。
叉手試量鞋樣小，腳環蓮子響丁當。」
「更籌一刻抵千金，密語傳來夜已深。
摸出袖中雙戒指，掛郎姆上結同心。」
「羞態些含語又低，手纏衣袖囓匏犀。
明朝要早梳頭起，珍重同聽報曉雞。」
「香煖鴛衾似懶春，共搜舊事話逾新。
罰郎雙括看花眼，專在人叢要覷人。」
「鴛鴦下牒鵲填橋，領略床頭細語嬌。
情事未堪多敘遍，阿儂不睡自前宵。」

---

「曉日瞳瞳上柳稍，尚隨雛鳳住香巢。
也知廿四番風好，一夜吹開荳蔻苞。」[35]

# 五、《香草箋》與傳統燈謎

　　黃任以錦心繡口寫成的《香草箋》，詞藻艷麗，早已備受文人學士青睞，日治時的臺灣，因特殊的時代背景，加上擊鉢詩會推波助瀾，使原本就風行一時的《香草箋》，愈受推崇，於是又與傳統燈謎結合，成了臺灣各地元宵射虎大會上的寵兒，出盡鋒頭。燈謎，又稱文虎，另外尚有各種別稱，它是歡渡元宵佳節不可或缺的應景節目，除此之外，也是傳統的文人遊戲項目之一。臺灣的傳統燈謎，起源於何時，已難稽考，最遲在明鄭時代就可能出現，而真正加以提倡，且有資料可考的，似以清咸豐年間新竹林占梅的潛園燈謎為最早。光緒年間，灌陽唐景崧以翰林來任臺灣道，他任內大力獎掖風雅，公暇輒邀集僚屬於道署的「斐亭」舉行文酒之會，詩畸（詩鐘）、詩、謎都是遊戲項目，後來將全部作品彙編為《詩畸》一書，末附《謎拾》二卷。[36]

　　燈謎大會，注重謎題的撰擬，自古而然，謎題取材廣泛，經典、詩詞、俗話、人名……等，形形色色，出題為兼顧謎底難易程度，無不竭盡才思，當然為了提高參與興趣，當時社會流行的事物，便成了重要的素材。《香草箋》在清代固然有其愛好者，但尚未普遍，還未成為燈謎的題材，茲以斐亭《謎拾》二卷為例，謎底悉以經傳為主，未見《香草箋》，日治時代，《香草箋》既成了臺灣詩壇炙手可熱讀物，而參與燈謎者，也絕大部分為詩壇中人，自然而然就反映在燈謎活動之上，有關當時謎題材範圍，據臺南謝國文〈省盧文虎研究〉，吾人可知其梗概，有云：

「臺南欲組織謎社，最高興熱心而除有學力、有趣味、乏時間工夫者外，不出十名，青年學子，咸勃勃鏖詩，而不喜研究燈謎，

[35] 王松《臺陽詩話》（臺北：臺灣銀行經濟研究室，1959），頁41。
[36] 唐景崧編《詩畸》（臺北：臺灣史蹟研究中心，1982）卷首序例。

是範圍太廣，四書五經，未曾讀過者居多，況《聊齋》、《西廂》、《左傳》、《古文》、《水滸傳》、《紅樓夢》、古人名、地名、動植物名、成語、俚諺，近且取《燕山外史》、《少岳賦》、《隨園尺牘》為謎底，青年詞客大多數由《古唐詩合解》、《香草箋》、《幼學瓊林》、《千家詩》入手，詩詞多，文言少，故皆視為廣泛難學，以上範圍，施之於今日吾國青年，猶為難能，而況文學粗淺之臺灣？誠毋怪乎青年裏足不前也。」[37]

本文約作於昭和 6 年（1931）左右，據此而得知《香草箋》之被納入燈謎題材，也是在這時候，且僅是「青年詞客」的「入手」燈謎參考書，換句話說，老師宿儒是不屑為之的。

臺南為前清臺灣首府，也是文化古都，日治時代，府城人繼承斐亭餘緒，頗有提倡燈謎者，就中以謝國文成立「省盧文虎社」，廣邀同好，以謎會友，並藉此鼓勵青年學子深研漢學典故最著[38]。昭和 15 年（1940）四月（陽曆），有高雄苓洲陳玦林氏、嘉義黃瀛洲氏等謎友，聯袂拜訪省盧文虎社，與該社同人舉行「射虎大會」，一連三夜，所懸謎條佳作不少，單是陳玦林氏所作，即多達百餘條[39]，僅就有關《香草箋》部份摘錄表列如次：

| 謎面 | 謎底 | 備註 |
|---|---|---|
| 自為文辭劣 | 鄙人句子無多麗 | 香草箋　句一 |
| 經過三旬始娶妻 | 手牽初月下 | 香草箋　句一 |
| 解圍人未至 | 消息沉沉困一場 | 香草箋　句一 |
| 血淚痕 | 斑斑哀怨至今存 | 香草箋　句一 |
| 料理店 | 療飢動即到君家 | 香草箋　句一 |
| 十三夜月 | 今宵尚欠二分圓 | 香草箋　句一 |
| 茈 | 人立落花前 | 香草箋　句一 |

---

[37] 謝國文《省盧遺稿》（臺南：謝汝川刊，1954），〈省盧文稿〉，頁 5-6〈省盧文虎研究〉。
[38] 同前書，謝序。
[39] 成文出版社（編）《三六九小報》第四四六號二版「射虎拾碎」、四四九號二版「玦林燈謎」（三）。合參。

| 詩可隨意作，體韻要拘束。 | 無題 | 香草箋　題一 |

　　臺灣光復初期，戰時被受壓抑的漢詩，再度復甦，民國四十年代，隨著樞府播遷，許多飽學之士，也來到臺灣，於是又把漢詩掀起另一個高潮。不少詩人仍是燈謎的擁護者，主稿、射虎，兼而有之。《香草箋》謎依然非常盛行，一些較具傳統文化色彩的古城，謎會懸出《香草箋》謎條，已司空見慣，謎友也都具有猜射的能力，這種情形，大約延續到五十年代。已故彰化耆宿高泰山先生，數年前曾面告，他對《香草箋》有偏嗜，如有機緣主謎，也常以《香草箋》為謎底，惟都屬逢場作戲，謎稿沒有刻意保留下來，僅有一則他認為最為露骨，印象也最深刻的，謎題「尼龍內褲」，謎底是「一片清明遮不得」，容易引人遐思。

　　據上述謝國文之說，《香草箋》在日治中、晚期，被用來當作燈謎素材，原是「青年詞客」的「入手」之資，老一輩宿儒，可能還不屑一顧，因此如謝氏本人的〈省廬文虎〉、連橫的〈文虎待射〉都沒有錄存《香草箋》謎。然而歲月催人老，民國五十年代，燈棚底下善於射《香草箋》者，已由從前的「青年詞客」變為白首老翁了。民國六十年代，《香草箋》謎，雖也有貼上燈棚者，但幾乎都沒人問津。據彰化何深溪先生言，這時的《香草箋》謎，純粹是聊備一格，點綴場面而已。過了六十年代，許多地方的傳統燈謎，逐漸被一種抽獎式的所謂「燈謎大會」取代，參與者只是碰運氣，出題素材又多圍繞在影歌星、歌曲名、電影名……等新事物，《香草箋》謎終於黯然退出活躍數十年的臺灣傳統燈謎，年輕一代，可能已不知《香草箋》為何物了。僅就光復後《淡江廋語》一書所載有關《香草箋》謎彙如附表[40]，以見一斑：

| 謎面 | 謎底 | 作者 | 備註 |
| --- | --- | --- | --- |
| 兩別泣不休 | 淚點未曾乾 | 王欽宗 | 面唐詩 |
| 逐唱陽關三疊曲 | 一絃一柱一離聲 | 仝上 | 面幼學 |
| 籬邊黃菊笑 | 牆下秋花露朵鮮 | 仝上 | 面四景詞 |

---

[40] 洪燦楠《淡江廋語》（臺北：臺北縣謎學研究會，1976），頁33-110。

| 臉兒紅 | 暈頰潮腮絕好看 | 仝上 | 面曲目 |
|---|---|---|---|
| 咆 | 些時近語亦應難 | 仝上 | |
| 泣顏回 | 淚點未曾乾 | 仝上 | 面詞牌 |
| 寄簡 | 立在新齋小竹邊 | 吳登龍 | 面文言 |
| 盈盈切水暗傳情 | 眼波雙鬥獨光遮 | 仝上 | |
| 一個知心難得求 | 交遍天涯無此友 | 仝上 | 面賢文 |
| 斜倚薰籠坐到明 | 拋下可憐君不管 | 李秉汾 | 面唐詩 |
| 了塵和尚 | 世情轉薄道緣深 | 林淇津 | |
| 青鳥殷勤為探看 | 瑤池大抵碧桃開 | 施勝雄 | 面唐詩 |
| 滿園紅紫鬥芳菲 | 花花相對葉相當 | 仝上 | 面千家詩 |
| 曲罷不知人在否 | 可憐江上數峰青 | 仝上 | |
| 隔著窗兒滴到明 | 淚點未曾乾 | 洪燦楠 | 面白香詞譜 |
| 僕誠已著此書略陳固陋 | 鄙人句子無多麗 | 高銘賢 | 面古文 |
| 臨床實驗 | 唯有錦裘知此意 | 仝上 | |

資料來源：《淡江廋語》

# 六、在臺所見《香草箋》版本舉隅

　　自清代以來，《香草箋》既以綺旎纏綿的詞藻，風靡了整個詩壇，乃至成為書房講授詩學的範本及燈會射虎必備參考書，出版商為了迎合讀者需要，也就一再梓行，或增注，或增刪內容，或與他書合編，有各種版本。早期的臺灣，書籍主要來自福州、漳州、泉州、廈門等地，如福州「集新堂」、石獅「王源順」、泉州「綺文居」、廈門「會文堂」等，都很著名。不過這幾家書商，大抵以販售童蒙讀本、五術歌仔冊之類的小書為主，種類不多，但已能滿足一般讀者需要。日治時代的大陸，上海出版業崛起，以新法石印取勝，且售價低廉，也很快進入臺灣的市場，但所銷售的書也不出前述範圍，除非有豪富之家特別採辦。因此臺灣光復以前《香草箋》的來源，應以福建、上海佔絕大部份。清代的情形，

吾人已不得而知，有關日治時代情形，據春丞氏回憶說：

> 「營商當然以顧客之需要為對象，以上述的狀態，民眾對中文的
> 需要不過如是，私塾的課程，又日趨沒落，售線裝書的舊書鋪，
> 自然也隨之劇變。……他們除批發演義體的章回小說，和閩南所
> 流行的陳三五娘、雪梅思君……歌仔書及山醫命卜相和曆書，其
> 次就是售于書塾用的《三字經》、《千家詩》、《千字文》、《千金譜》、
> 《百家姓》、《昔時賢文》、《朱子家訓》、《唐詩三百首》、《古唐詩
> 合解》、《幼學群芳》和《瓊林》、《四書五經》、《古文析義》、《指
> 南尺牘》、《秋水軒》、《隨園尺牘》、《曾國藩家書》、《香草箋》、《綱
> 鑑易知錄》……不外三、五十種」[41]

《香草箋》竟名列「三、五十種」書塾常用書之一，由此即可看出
當年《香草箋》的普遍化與平民化，為其他清代名詩人所望塵莫及。臺
灣光復後的民國四、五十年代，拜燈謎之賜，《香草箋》仍有據舊版影
印或附錄謎書出版，惟至此已接近尾聲。

《香草箋》自結集出版，至光復後，流傳甚廣，版本繁多，我不想
一一考證，僅就個人所見，將臺灣常見的版本分類略述：

## (1)無注本

《香草箋》的原刻本，我未過目，應是屬於沒有注釋的本子。自嘉
慶年間注釋本問世以後，已罕見原刊本。然注釋本的通病，就是不便諷
詠，因此偶而還出現無注本。架藏僅有一種，為民國 21 年一月「繫春
社」印行，鉛排線裝本，不分卷，版心有「小品叢刊」字樣，應是屬於
該叢刊的一種。本書每面八行，行二十四字，卷首有「辛未臘不盡五日、
繫春社主人」的題識，題識中僅「節錄阮恕齋之言」，闡釋《香草箋》
一書「微旨」，別無其他資料。按所謂「阮恕齋之言」，即嘉慶 13 年寄
閱軒主人注釋本敘言（詳見下文），據此可知此本的祖本，實係寄閱軒
主人注釋本。

---

## (2)寄閒軒主人注釋本

　　寄閒軒主人注釋本《香草箋》，題為《香草箋偶註》，這是流傳臺灣最廣的《香草箋》。書仍依原本分二卷，卷首有嘉慶 13 年（1808）七月「恕齋阮芳潮」一序，可知其成書的旨趣及經過，並對當時有人批評此書乃黃任「白璧微瑕」有所辯白，略謂：

> 「近世所傳《香草箋》詩，吾閩永福黃莘田先生之作也。莘田操履純白，襟度沖夷，生平所為詩無慮數千首，若《十研齋稿》、《秋江集》，多與一時公卿士大夫酬贈及紀遊感遇之篇，並皆春容爾雅，嗣響唐音，而箋中詩獨寫閨房兒女之事，流連往復，純以綺語攄其深情，或疑為香奩之續，至擬之陶徵士白璧微瑕，今讀箋中無題詩序，有無聊筆墨之云，則莘田於是書有微旨焉，知言者以為有託而逃，諒矣。顧書中摭言隸事，出入百家，後生喜其博而亦苦其奧也。寄閒軒主人者，以文學著名，專攻舉業，兼事詩歌，偶讀是詩而愛其芊綿婉麗，卷軸琳瑯，約隨賭紀，附錄詩後，俾其家後生便於稽核丹黃甲乙，稿成而出示余，間有余目力所未逮，或得之舊聞歷久而失之者。……宜亟付梨棗，公諸同好，無容吝也。倘以附益香奩為疑，則無聊筆墨，莘田亦既言之矣，他日主人自出所著述以問世，即不妨執是書之法為其嚆矢也夫。」[42]

　　序後共附「凡例」九則，卷末另附注釋補遺上下卷共十五條。《香草箋偶註》原刻本，我亦未過目，民國初年，有石印本流傳。47 年五月，臺北中華詩苑據石印本影印，並附錄黃任之女黃淑畹（紉佩）著《綺窗餘事》，但已刪除了一部份，據張作梅氏重刊序的說明：

> 「（紉佩）著《綺窗餘事》一卷，原附《香草箋》後，不知何時，被人截去，今本《香草箋》已不可得見矣。……紉佩之詩之美，雖不能卓然名世，亦自擢秀閨閫，不宜使其淹沒勿傳，茲於重印《香草箋》時，仍覓李禧《綺窗餘事》刻本附刊於後，以還舊觀。至『鹿鳴』詩以下，則悉予刪去，佳作盡見乎此，其亦更足彰紉

---

[42] 黃任《香草箋偶註》（臺北：中華詩苑，1958），卷首阮序。

　　佩之美也已」。[43]

　　按張氏所稱的「李禧《綺窗餘事》刻本」，係民國19年五月福建廈門新民書社編譯部出版，鉛排平裝本，書名題為《香草箋外集》，另以《綺窗餘事》為副書名，屬於該書社出版叢書的第二種。本書共四十八面，每面十一行，行三十二字，卷首有「己巳八月」思明李禧序，說：「然淑畹、瓊玉詩、既不他見，而玉石之辨，智者自明，此集固自有價值也。余家藏此卷，頗歷年代，年來朋輩頻頻借閱，亟附新民書社翻印，以公同好。」[44]中華詩苑刊本《香草箋》所附《綺窗餘事》，大體上仍依李禧《香草箋外集》行款、字體、錯字幾乎完全相同，僅改題書名及刪去〈家大人重宴鹿鳴代淑英姪女作〉以下諸篇而已。

### (3)靈窗主人注釋本

　　靈窗主人注釋本《香草箋》，題為《十研老人香草箋》，《香草箋》原本分二卷，本書增注後，析為三卷，另附黃淑畹《綺窗餘事》一卷，共四卷。即〈瑤瑟〉至〈有贈〉為卷一〈惆悵詞和徐嬾雲作〉至〈苦記〉為卷二〈恨詞〉至〈竹門〉為卷三《綺窗餘事》（含節婦林瓊玉詩）為卷四。本書架藏一冊，木刻巾箱本，每半頁八行，行二十字，字體極為拙劣，似為福建方面的刊本，而且有不少漶滅處，應是刷印頻繁之故。扉頁、序例均殘，以致刊刻年月付諸闕如，由卷四末「今已屆六十九矣，前學使恩雨堂先生表其閭」等語推敲，可能是清同治年間的刊本。又「凡例」殘存一則，提到卷四末附刊節林瓊玉詩二十一首，說是「道立之姑、老人之外孫女，謹登之，以見老人詩學淵源，綿綿未替，且〈題杏花雙燕圖〉併〈瓶花〉等，作者已傳播藝林，皆欲一睹全集之為快，今公之全好，亦嗜古者所許可也。」[45]，玩其文意，所謂「靈窗主人」應該就是林道立的化名。

---

[43] 同註14。
[44] 同註32。
[45] 靈窗主人《十研老人香草箋註》，卷首凡例。

本書卷首序例之後，附錄了《本朝詩鈔小傳》、《榕陰詩話》、《硯史》、《紀行詩箋》、《閩遊詩話》、《隨園詩話》等書中有關黃任的資料，接著又有一篇署名「同學弟鄭希元月林氏」撰的跋文，對《香草箋》有很詳細的評論，略謂：

> 「閩十研黃先生《香草箋》一集，其寓意也悠而遠，其託興也深而激，不屑屑傍唐人門戶，而騁祕抽妍、薰香摘艷，然泛珠船、遊玉海，千態萬貌，悅目醉心，豈易溯委而窮源哉。以隨園太史負倚天拔地之才，樹嶽崎淵渟之望，擅茹古涵今之識，定揚風扢雅之　　衡，獨心折是編焉，此其故可與辨物者道，難與拘墟者言也。……然則《香草箋》之注，所以明詩思之綿邈，而著詩學之宏深者，夫亦不可以已矣。至其援據必詳，校勘匪謬，寒暑無間，寢食與偕，閱是注者，亦可知其不疲於奔命矣，余又奚庸贅焉。[46]

卷四之末，亦有詩注補遺若干則。

### (4)謎書附錄本

所謂謎書附錄本，實際上並不是一種刊本，大凡坊間出版的謎書，都會在書後附錄若干常用的燈謎資料，以備讀者臨場攜帶之用。《香草箋》既然在早年曾成為燈謎熱門題材，一些謎書也就將之收入附錄。茲以我手頭一冊《文虎蒐集》為例，本書係楊歸來編著，民國72年二月，臺南西北出版社出版，書中共分三部份，前面是「謎格例解」，中間是「謎儒編目」，最後是「參考資料」，「參考資料」收錄了八十一種資料，其中第一種就是《香草箋》，佔了十六頁。因這只是資料性質，所以只錄詩作，無任何序例及注釋，當然更談不上版本的精粗，姑附此一述。

## 七、結語

---

46 同前書，卷首鄭跋。

　　早期的臺灣，是個典型的移民社會，來自閩、粵的墾民，在與環境爭、與大自然搏鬥的不安定生活之中，文學作品的發展，受到時空限制，並無斐然成果可言。清代中葉以後，臺灣西部大部分的土地拓墾就緒，在有識之士提倡之下，文學的種籽，也開始萌芽。以表達吾人心聲的詩歌，首先開花，從清末歷經日治五十年，蔚為臺灣文學的主流，而在整個發展過程中，《香草箋》一書，無疑是推波助瀾的重要動力。《香草箋》為十硯老人黃任香奩作品的總集，然而在封建思想濃厚的年代，這本書一如王次回《疑雨集》，儘管擁有相當的讀者，卻得不到應有的地位，只能在特定的官宦子弟之間流傳，即使有心為它作註，仍必須化名寄託，當然受到影響者，就只局限於這些上層社會的浪漫文士了。

　　日治五十年，《香草箋》竟因緣際會，被搬上子曰店中，與童蒙讀物等量齊觀，成了學習作詩的啟蒙教本。固然有人很不以為然，對這種基礎不夠紮實的學詩方式提出質疑，認為所寫的作品，無法與唐音宋韻相提並論，吾人若從文學推廣的角度來看，《香草箋》所散發的文學魅力，風靡了許許多多青年學子，使薪盡火傳的重責大任，唯此是賴，故未嘗不是日治間恢弘漢文學的大功臣。清代名詩家輩出，著作汗牛充棟，若干中國文學史中，甚至沒有給黃任適當的詩學評價，但在臺灣黃任卻以《香草箋》大放異彩，遠非其他名家所可比擬。光復後，《香草箋》功成身退，陪伴著燈謎告別絢爛，歸於平淡。總而言之，《香草箋》是臺灣文學史上的一顆明珠，值得留諸文獻，爰就見聞，草為此篇，幸不吝教之。

# 參考書目

## （1）圖書

朱維之《中國文藝思潮史略》，上海：開明書店，1949。

靈窗主人《十研老人香草箋註》，福建：刻本，未詳。

錢林《文獻徵存錄》，臺北：明文書局，1985。

陳衍《石遺室詩話》，臺北：商務印書館，1976。

袁枚《隨園詩話》，上海：文明書局，1976。

黃任《香草箋》，繫春社，1932。

黃任《香草箋偶註》，臺北：中華詩苑社，1958。

黃淑畹《香草箋外集》，廈門：新民書社，1930

黃淑畹《綺窗餘事》（即《香草箋外集》），臺北：中華詩苑社，1958。

連橫《臺灣通史》，臺北：臺灣通史社，1921。

陳肇興《陶村詩稿》，臺北：臺灣新民報社，1937。

林占梅《潛園琴餘草》，新竹：新竹市立文化中心，1994。

黃任《秋江集》，福建：東山家塾，1843。

連橫《臺灣詩乘》，臺北：臺灣銀行經濟研究室，1960。

連橫《雅堂文集》，臺北：臺灣銀行經濟研究室，1964。

臺灣史蹟研究中心（編）《海東三鳳集》，臺北：臺灣史蹟研究中心，
　　　　1981。

許南英《窺園留草》，臺北：臺灣銀行經濟研究室，1962。

許夢青《劍漁遺稿》，彰化：大友書局，1960。

洪棄生《寄鶴齋詩集》，南投：臺灣省文獻委員會，1993。

臺灣省文獻委員會（編）《連雅堂先生相關論著選集》，南投：臺灣省
　　　　文獻委員會，1992。

王松《臺陽詩話》，臺北：臺灣銀行經濟研究室，1959。

唐景崧（編）《詩畸》，臺北：臺灣史蹟研究中心，1982。

謝國文《省廬遺稿》，臺南：謝汝川印行，1954。

成文出版社（編）《三六九小報》，臺北：成文出版社，1991。

洪燦楠《淡江廈語》，臺北：臺北縣謎學研究會，1976。

（2）論文

黃文虎〈黃莘田與徐嬾雲〉，收入《三六九小報》第四七四號，臺北：
　　　成文出版社，1991。

# 省文獻會與漢詩關係初探

## 摘要

　　國史館臺灣文獻館係由臺灣省文獻委員會改制而來，而臺灣省文獻委員會前身則是臺灣省通志館，成立於民國 37 年（1948）年六月一日，辦理臺灣省通志纂修；省通志館、省文獻會成立之初，網羅了不少能詩的仕紳、知名文人，尤其是林獻堂、黃純青、林熊祥、李騰嶽等主委（館長）任內，引領風騷，除自組詩社，作為內部活動外，更透過文獻工作研討會，與各縣市能漢詩的文獻委員交流。會內成員，甚至藉由個人影響力，成立詩社、創辦詩刊、舉辦桂冠詩人選拔、編印詩選，成為引領臺灣詩壇的單位。52 年（1963）李騰嶽離職，繼任者不再熱衷漢詩，無形之中，省文獻會便與詩壇脫節，由臺北市文獻會取而代之。本文即以省通志館時代至省文獻會李騰嶽主委任內為探討範疇，論述省文獻會與漢詩淵源及其地位。

**關鍵詞：省文獻會、文獻委員、漢詩、心社、曾今可、桂冠詩人**

# 一、前言

　　國內歷代有完善的史館修史制度，也因而形成了為前朝修史的傳統。修史之目的，固然有許多冠冕堂皇的說辭，而籠絡前朝遺老，消磨其敵對意識，可能才是統治者所重視的。以近代的《明史》及《清史稿》修纂為例，便是遺老修史的最具體的事證。

　　臺灣省文獻委員會前身是臺灣省通志館，成立於民國 37 年（1948）六月一日，由林獻堂出任館長。職責是辦理臺灣省通志之纂修，嗣於38 年七月改組為臺灣省文獻委員會。通志館成立的前一年，臺灣發生了「二二八事件」，36 年二月二十八日，臺北爆發「二二八事件」，不久，事件蔓延到臺灣全島，至三月中旬國軍掌控全局，並展開鎮壓。之後的「清鄉」運動，使許多地方仕紳遭到殺身之禍或牢獄之災，人心惶惶。在這種時空背景之下，通志館的成立，網羅了各地仕紳、知名文人，參與編纂《臺灣省通志》，其實正是歷代遺老修史模式的翻版。

　　臺灣的漢詩發展，萌芽於荷治時期（明末），因受到科舉制度束縛，直到清末光緒年間唐景崧先後在臺灣道、布政使任內，邀集僚屬創立斐亭吟社與牡丹詩社。斐亭、牡丹二社，使擊鉢詩大行其道。雖然兩社隨著臺灣割讓而走入歷史，但其播下的詩種，卻在日治時期往下紮根、開花結果。日治時期，臺灣傳統漢詩之所以蓬勃發展，一方面固然是改朝換代科舉廢止，讀書人藉詩發洩其苦悶，另一方面則是由於當局的刻意網羅所致，致五十年間詩社林立，據統計多達二百餘社，漢詩儼然成了當時臺灣社會的全民運動，通都大邑，山陬海隅，都有詩社的存在[1]。

　　日治時期的臺灣，詩風既盛，漢詩人口也分佈至各階層，上至達官紳富，下至販夫走卒，其普及真是前所未有。無怪乎當年太虛法師來臺後，會有「覺延平故國雖淪異化，而夏聲猶振；回顧中原，乃反若已消沈於殊俗者，憮然久之！[2]」的讚歎。通志館網羅了各地仕紳、知名文

---

[1] 請參林文龍〈張達修先生的漢詩師承〉（嘉義：中正大學，2005），張達修暨其同時代漢詩
　　人學術研討會。
[2] 臺灣銀行經濟研究室（編）《臺灣詩薈雜文鈔》（臺北：臺灣銀行經濟研究室，1966），頁
　　52，〈與雅堂〉。

人，這些人大都從事漢詩創作，甚至是詩社領導階層，自然而然，修纂之餘，通志館也成了詩友酬唱于喁的園地。

通志館改組為省文獻會之際，大陸局勢逆轉，中樞遷臺，省文獻會成員再注入新血，大陸來臺的委員、編纂，也多有漢詩背景，相互激盪之下，省文獻會的漢詩陣容更為堅強，且自組詩社，偶而也參與外界活動。39 年（1950）年後，在臺灣省政府命令之下，各縣市文獻委員會紛紛成立，包括臺北市及高雄市，進行地方文獻的整理。縣市文獻委員會的成員，一如省文獻會，也多具有漢詩素養的遺老或舊文人，透過業務往來、活動聯誼，縣市文獻會以省文獻會馬首是瞻。除了詩篇唱和之外，漢詩的整理，也成了省縣市文獻會「文獻整理」工作中的重要範疇。

臺灣省文獻委員會於 91 年（2002）一月一日改制為國史館臺灣文獻館，隸屬國史館，繼續肩負臺灣文獻保存、推廣及宏揚的職責，一脈相承，今年為創立六十週年紀念（1948－2008）。謹勾勒相關史實，略加論述創立之初，在臺灣漢詩風氣鼎盛年代所扮演的角色與貢獻，以資紀念。

## 二、省通志館成員的漢詩淵源

37 年四月二十四日，臺灣省政府依據內政部頒行的「修志事例概要」，公佈「臺灣省通志館組織規程」，其人員配置，依組織規程條文，人事及主計人員之外，包括館長、副館長、顧問委員會委員十七至二十五人、編纂十一人（內一人為總纂）、協纂六人、秘書二人（內一人為主任）、館員八人、雇員六人、特約編纂五至十人、臨時書記五至十人，於同年六月一日正式成立，首任館長是林獻堂，林忠副館長[3]。

通志館顧名思義，以纂修《臺灣省通志》為首要工作，因此在人事安排上，自館長以下至協纂，多以藝文界人士擔任，茲表列如次[4]：

[3] 王世慶等《臺灣省文獻委員會志》（南投：臺灣省文獻委員會，1998），頁 2。
[4] 王世慶等《臺灣省文獻委員會志》，頁 6。

| 職別 | 姓名 | 別號 | 年齡 | 籍貫 | 到差日期 | 學歷 |
|---|---|---|---|---|---|---|
| 館長 | 林獻堂 | 灌園 | 67 | 臺灣臺中 | 1948.6.1 | |
| 副館長 | 林　忠 | 海濤 | 35 | 臺灣臺中 | 1948.6.15 | 日本京都帝國大學肄業 |
| 主任秘書 | 曾今可 | | 47 | 江西泰和 | 1948.6.28 | 日本早稻田大學畢業 |
| 秘書 | 曾迺碩 | | 30 | 福建龍溪 | 1948.6.29 | 中山大學畢業 |
| 編纂 | 陳清金 | | 45 | 臺灣高雄 | 1948.6.1 | 日本法政大學畢業 |
| | 陳旺成 | | 60 | 臺灣新竹 | 1948.6.24 | 師範部畢業 |
| | 蔡式穀 | | 65 | 臺灣臺北 | 1948.6.24 | 日本明治大學法學科畢業 |
| | 孫萬枝 | | 43 | 臺灣臺北 | 1948.6.24 | 臺灣大學畢業 |
| | 謝國城 | 萬里 | 37 | 臺灣臺南 | 1948.6.24 | 日本早稻田大學科畢業 |
| | 張文環 | | 40 | 臺灣臺南 | 1948.8.26 | 日本東京東洋大學科畢業 |
| | 黃敦涵 | 復臺 | 41 | 廣東順德 | 1948.8.26 | 日本國立文部省研究院畢業 |
| | 洪輯治 | | 43 | 臺灣臺中 | 1948.6.24 | 上海大廈大學高等師範畢業 |
| | 吳承燕 | | 48 | 江蘇寧岡 | 1948 | 上海美術專科學校畢業 |
| 協纂 | 廖漢臣 | | 37 | 臺灣臺北 | 1948.7.21 | 上海同文書院肄業 |
| | 施教堂 | | 57 | 臺灣臺北 | 1948.7.19 | 泉州瑤林書院國學專科肄業 |

| | 賴熾昌 | 哲民 | 42 | 臺灣彰化 | 1948.6.1 | 日本東京專修大學畢業 |
| | 賴明弘 | | 37 | 臺灣臺中 | 1948 | 日本東京日本大學肄業 |
| | 陳　瑚 | | | | | |

此外，為「供給通志各種資料」、「審議通志館編纂志稿」之需而設置的「臺灣省通志館顧問委員會」，省府則於民國 37 年六月八日另公佈組織規程，聘任黃純青為主任委員，名單如次[5]：

| 職別 | 姓名 | 別號 | 年齡 | 籍貫 | 到差日期 | 學歷 |
|------|------|------|------|------|----------|------|
| 主任委員 | 黃純青 | 晴園 | 74 | 臺灣臺北 | 1948.6.13 | 清代科舉制度童生 |
| 委員 | 吳槐 | | 55 | 臺灣臺北 | | 日本臺灣總督府國語學校師範部畢業 |
| | 吳克剛 | | 45 | 江西泰和 | | 法國巴黎大學畢業 |
| | 李友邦 | | 43 | 臺灣臺北 | | 黃埔軍官學校、中央訓練團畢業 |
| | 李崇禮 | 樂山 | 75 | 臺灣高雄 | | 彰化市錦華書院、日本臺灣總督府國語學校畢業 |
| | 杜仰山 | 景軒 | 51 | 臺灣臺北 | 1948.6.20 | 劍樓書院出身 |
| | 林呈祿 | | 64 | 臺灣臺北 | | 日本明治大學畢業 |
| | 林熊祥 | 文訪 | 53 | 臺灣臺北 | 1948.6.20 | 日本學習院高等科畢業 |
| | 曹秋圃 | 容 | 54 | 臺灣臺北 | 1948.6.21 | 樹人書院出身 |

---

[5] 王世慶等《臺灣省文獻委員會志》，頁 8-10。

| | | | | | |
|---|---|---|---|---|---|
| 莊垂勝 | | | 臺灣臺中 | | 日本明治大學政治經濟科畢業 |
| 連震東 | | 54 | 臺灣臺南 | | 日本慶應大學畢業 |
| 陳文石 | 漱齋 | 51 | 臺灣屏東 | | 杏園堂私塾、國語講班民眾班畢業 |
| 陳少棠 | 兆端 | 69 | 臺灣新竹 | | 苗栗文藻出身、日本早稻田大學政治經濟科畢業 |
| 陳清金 | 竹軒 | 45 | 臺灣高雄 | | 日本法政大學哲學科畢業 |
| 陳逢源 | 南都 | 56 | 臺灣臺南 | | 臺灣總督府國語學校畢業 |
| 陳滿盈 | 虛谷 | 53 | 臺灣彰化 | | 日本明治大學政治經濟科畢業 |
| 黃玉齋 | 漢人 | 46 | 臺灣臺北 | 1948.6.24 | 廈門大學法學士 |
| 黃得時 | | 40 | 臺灣臺北 | | 日本臺北帝國大學中國文學科畢業 |
| 楊雲萍 | | 43 | 臺灣臺北 | | 日本大學畢業 |
| 蔡繼琨 | | | 福建 | | |
| 魏清德 | 潤庵 | 63 | 臺灣新竹 | | 日本臺灣總督府國語學校畢業 |
| 謝汝銓 | 雪漁 | 78 | 臺灣臺南 | | 前清科舉時代秀才 |
| 李宗侗 | | | 北平 | | |

　　兩份名單建構了省通志館的研究撰稿群，臺灣籍的佔了絕大多數。這些人的出身，都是當時極富聲望的社會賢達，包括政界、財經界、教育界、藝文界的知名人士，而以藝文界為主，省籍人士大抵仍延續了日

治時期的風氣，多具漢詩背景，而大陸籍人士，也有幾位騷壇望眾的漢詩碩彥，分述如次：

## 林獻堂

林獻堂，譜名朝琛，字大椿，又字獻堂，號灌園，以字行，光緒 7 年（1881）生於臺灣縣阿罩霧莊（今臺中市霧峰區），民國 45 年（1956）卒於日本東京，享年七十六歲。林獻堂出身於清代臺灣望族霧峰林家，學識豐富，人格高超，是臺人的社會領袖與精神象徵。日治時期出錢出力領導反殖民統治的政治文化運動。34 年之後，回歸到心所嚮往的祖國，卻在政治、經濟各方面，備受壓制，以致有志不得伸，最後甚至自我流放於當年致力反抗的殖民國—日本，抑鬱而卒，老死異鄉[6]。

林獻堂早年對詩文並未熱衷，直至明治 43 年（1910）始正式參加「櫟社」為社員，加入後即提攜協助，出力甚多。也使櫟社因而沾染了政治色彩。昭和 18 年（1943）十月十日，櫟社社長傅錫祺苦心編纂《櫟社第二集》，交新民報社排印，不料，警務局藉口該集內容多與時局不合，竟予沒收[7]。昭和 14 年（1939）九月赴日跌倒臥病，更致力於研讀詩文，功力大增。15 年（1940），邀集在日能詩者，商組「留東詩友會」出版《海上唱和集》，分贈親友[8]。

## 曾今可

曾今可，光緒 28 年（1902）生，江西泰和人，日本早稻田大學政治經濟科畢業。北伐時任第三軍第八師第二十四團黨代表。抗戰時任各戰區上校科長、中央軍官學校政治教官、少將主任、報社社長等職。戰後，任上海申報駐臺特派員兼臺灣省行政幹部訓練團國文教師、正氣出版社總幹事，主編正氣月刊及《正氣叢書》。民國 37 年，任臺灣省通志

---

[6] 黃富三《林獻堂傳》（南投：國史館臺灣文獻館，2004），頁 1，第一章〈導言〉。
[7] 黃富三《林獻堂傳》，頁 71，第三章〈倡導與贊助社會文化活動〉。
[8] 黃富三《林獻堂傳》，頁 89，第三章〈倡導與贊助社會文化活動〉。。

館主任秘書；翌年，改組為臺灣省文獻委員會，仍任主任秘書，後升任委員[9]。曾今可由於兼具黨政軍背景，且熱衷漢詩，在戒嚴時代的臺灣，對於漢詩的推動，發揮了重要的影響力，成了省文獻會初期最活躍的詩人之一，另詳下文。

## 曾迺碩

曾迺碩，福建龍溪人。詩不多作，曾以「心碩」之名，參與省文獻會心社活動，詳見下文。

## 吳承燕

吳承燕，字翼予，江西寧岡人，工詩善書。之前曾在北平、青島及西南各省舉行詩書畫聯展。來臺後，曾任教國立藝專及臺灣師範學院，民國 37 年，任臺灣省通志館編纂，著有《愛吾廬主詩稿》。有〈就臺灣省通志館協纂次曙光兄秋夜韻〉：「不羨陶朱富，我同原憲貧；食惟供苜蓿，居每愛松筠。水陸舟車日，東西南北人；名山千古事，一席愧容身」[10]。

## 施教堂

施教堂，臺北市人，據前引通志館資料，學歷是「泉州瑤林書院國學專科肄業」，屬於傳統舊文人。昭和 11 年（1936），曾與許廷魁、高文淵、駱子珊組織未有會名的詩鐘會，每星期六小集，以孔子廟、龍山寺、及大世界旅社輪流為會場，至昭和 18 年（1943），因戰事劇烈而停止[11]。錄其擔任通志館協纂時，〈次曾今可先生用林獻堂館長感賦〉如次：

[9]　洪寶昆編《現代詩選》（臺北：詩文之友社，1967），頁 524，〈曾今可詩選〉。
[10]　曾今可編、林熊祥校《臺灣詩選》（臺北：中國詩壇，1953），頁 62。據作者簡介及詩題，都稱吳承燕任臺灣省通志館「協纂」，而非《臺灣省文獻委員會志》所記的「編纂」，兩者或有一誤，或初任協纂，再升任編纂，亦有可能。
[11]　賴子清〈古今臺灣詩文社（二）〉，收入《臺灣文獻》第十卷第三期，1959 年 9 月，頁 92。

「制席翰林院有殊，編修一樣費工夫；史家義例公褒在，貶論精神絕詔
諛。直比高軒容老鶴，敢誇滿座集鴻儒；孫陽自是光明限，索驥何須待
按圖」[12]。

## 黃純青

黃純青，名炳南，幼名丙丁，字純青，晚號晴園老人。臺北樹林人。
幼從王作霖受業，年十二能作八股文。曾與劉克明等創組「詠霓詩社」。
38 年，由臺灣省參議會議員轉任臺灣省通志館顧問委員會主任委員[13]。

## 吳槐

吳槐，字琪樹，號念青，臺北市大稻埕人；從通經史、工詩文的李
逸濤學習漢文，大正 8 年（1919）畢業臺灣總督府國語學校師範部畢業，
任教公學校。戰後，獲派任大同區副區長，民國 35 年十月當選大同區
長。吳氏平生雖致力於語言學研究，但亦能詩，但不多見，《瀛洲詩集》
錄有〈寅申書感〉七律一首，移錄於此，以見一斑，詩云：「幾番空道
欲先歸，卻向江干羨錦衣。畫鷁公將春色去，征鴻我逐獲花飛。月明繞
樹吟烏鵲，榻冷蒙衾聽促機。怕酒莫從澆塊壘，金膏辜負蟹螯肥」[14]。

## 杜仰山

杜仰山，名天賜，號爾瞻，別號景軒，以字行。明治 31 年（1898）
生於臺北，名詩人趙劍樓弟子。他為臺灣早期的詩人、漢學家、易學家。
於日治時期與詩友創辦臺灣詩社「星社」，自號劍星，世業儒，性恬退，
私叔杜少陵、蘇子瞻，故詩多憂民愛物，有聲於時。中歲好道，教學自
娛[15]，卒於民國 57 年[16]。

---

[12] 曾今可《臺灣詩選》，頁 144。
[13] 黃純青《晴園詩草》（臺北：龍文出版社，1992），卷首提要。
[14] 林欽賜《瀛洲詩集》（臺北：林欽賜發行，1933），頁 202 合參。
[15] 曾今可《臺灣詩選》，頁 92。

### 林熊祥

林熊祥，字文訪，號宜齋，臺北板橋人。他是板橋林本源長房林維讓的次孫，光緒 22 年（1896），出生於鼓浪嶼。母為前清太傅陳寶琛之女，幼時隨母回外家，接受嚴謹的書房教育，奠下紮實的漢學基礎。大正 6 年（1917），入日本東京皇家學習院高等科深造，專修哲學。後來回臺後主持建興株式會社，此外還先後擔任林本源製糖株式會社董事、臺北商事會社董事、南洋倉庫株式會社董事、大有物產株式會社社長。民國 35 年二月，林熊祥以參加「臺灣獨立事件」的罪名被捕，判刑一年十個月，但「緩期執行」。37 年六月，臺灣省通志館成立，林獻堂擔任館長，林熊祥被聘為顧問委員。翌年七月，改組為省文獻會，擔任委員兼總編纂，先後升任副主任委員、主任委員。林熊祥卒於 62 年，享年七十八。著有《臺灣史略》、《書學原論》、《林文訪先生詩文集》等[17]。

### 曹秋圃

曹秋圃，本名容，臺北市人，書法家，淡廬書會會長，曾任廈門美專書法講師[18]。

### 連震東

連震東，字定一，臺南人，明治 37 年（1904）生，史家連橫之子。日本慶應大學畢業，歷任臺灣省參議會秘書長、國大代表、臺灣省政府委員兼民政廳長、內政部長、行政院政務委員等，民國 75 年卒。連震東家學淵源，童稚之年，便隨父周旋於櫟社諸老之間。[19]連橫主編的《臺

---

16 張達修著、林文龍（編）《醉草園詩集》（臺中：張振騰發行，2007），頁 351，有「仰山詞長挽詞」，得知杜仰山卒於 1968 年。

17 林文龍《臺灣文獻先賢－林熊祥父子與板橋林家史料特展圖錄》（南投：臺灣文獻委員會，2008）。

18 曾今可《臺灣詩選》，頁 216。

19 宋伯元《連震東傳》（南投：臺灣省文獻委員會，1994），頁 1-7。

灣詩薈》，已見署名「連震東」的漢詩作品[20]，可能是習作，再經乃父潤色而發表。從政後未再涉足詩壇，但民國 40 年省文獻會編的《臺灣省詩社詩友名錄》，在臺南南社部分，仍列連震東為社員[21]。

### 陳文石

陳文石，是生於澎湖的屏東人，也是知名的漢詩人，戰後之初，曾任臺灣省參議員[22]。陳氏與陳家駒、陳月樵，都是澎湖先賢陳梅峰高足，時稱四傑[23]。

### 陳逢源

陳逢源，字南都，號芳園，臺南人，光緒 19 年（1893）生。臺灣總督府國語學校畢業，在學期間，兼修古詩文，因此尤嗜傳統漢詩。日治時期，參與臺灣文化協會，曾因臺灣議會促成請願運動被捕。太平洋戰爭後，專心致力於金融及工商事業。戰後，擔任過兩屆的臺灣省議員。著有《溪山煙雨樓詩存》[24]。

### 陳滿盈

陳滿盈，號虛谷，彰化人。日本明治大學政治經濟科畢業，返臺後參加臺灣文化協會。從事小說、新體詩及漢詩的創作，著有《虛谷詩集》[25]。

---

[20] 《臺灣詩薈》第二號，〈詩鈔〉，有汲古書屋之徵詩「赤嵌樓（七言古體）」，第一名即為連震東作品，見臺北市文獻委員會（編）《臺灣詩薈》（臺北：臺北市文獻委員會，1977），上冊，頁 79。

[21] 臺灣省文獻委員會（編）《臺灣省詩社詩友名錄》（臺北：臺灣省文獻委員會，1951）寫本，頁 52。

[22] 詩文之友社（編）《現代詩選》（彰化：詩文之友社，1962），頁 336，〈陳文石詩選〉。

[23] 張達修著、林文龍（編）《醉草園詩集》，頁 184。

[24] 陳逢源先生治喪委員會（編）《陳逢源先生紀念集》（臺北：陳逢源先生治喪委員會，1982），頁 23-25〈陳逢源先生之生平〉。

[25] 陳滿盈《虛谷詩集》（臺北：中華詩苑，1960），卷首李序

### 黃得時

黃得時，臺北樹林人，臺北帝國大學中文系畢業，任臺灣新民報社文化部長，主編中日文副刊。戰後，任教臺灣大學中文系。出任臺北瀛社副社長[26]。

### 楊雲萍

楊雲萍，名友濂，以字行，臺北士林人，明治 39 年（1906）生。從事新文學創作，也寫漢詩。曾任臺灣民報主筆、臺灣行政長官公署簡任參議、臺灣省編譯館編纂兼組主任。通志館成立，任顧問委員會委員，改組為省文獻會後，任委員。其後轉任臺灣大學史學系教授[27]。

### 魏清德

魏清德，字潤庵。新竹人，邑庠生。日治時曾任《臺灣日日新報》漢文部主任。擔任臺灣文化協會新竹州評議委員。漢學方面受其父紹吳啟迪，根基甚深，對詩文方面尤有興趣，明治 38 年（1905）就讀師範部時，即加入詠霓吟社。後繼謝雪漁為第三任瀛社社長，卒於民國 53 年。著有《滿鮮吟草》[28]。

此外，還有位省通志館結束前三個月才任顧問委員會委員的李騰嶽，李騰嶽有〈文訪見示通志館成立週年之作而余來任顧問委員會委員則僅三閱月該會併通志館被命撤銷感賦〉詩云：「垂老寧堪仕，丹鉛日自忙；是非明竹帛，隆替感滄桑。空度春三月，真成夢一場；苔岑新契合，分手悵河梁。[29]」李騰嶽，號鷺村，筆名夢癡，臺北蘆洲人。臺灣總督府醫學校畢業後，在臺北市行醫，遂遷居於此。因少時從趙一山秀才學習詩文，曾加入星社。戰後，於民國 38 年任省通志館顧問委員會

---

[26] 莊幼岳（編）《瀛社創立八十週年紀念詩集》（臺北：瀛社，1989），頁 41，〈黃得時詩選〉。
[27] 曾今可（編）《臺灣詩選》，頁 255。
[28] 林正三〈瀛社簡史〉，臺灣瀛社詩學會網站 http://www.tpps.org.tw/phpbb/，魏清德傳。
[29] 李騰嶽《李騰嶽鷺村翁詩存》（臺北：龍文出版社，1980），頁 86。

委員，僅三個月，隨著改制轉任省文獻會編纂，再升任副主委、主委，64 年春逝世，享年八十一[30]。

　　雙軌編制下的省通志館，從上述相關人員背景來看，的確網羅了不少漢詩好手，甚至是著作等身的名詩人，然而省通志館的存在，只是曇花一現；38 年四月五日，林獻堂館長會見臺灣省政府主席陳誠，請求數事，其中一事是請合併通志館與顧問委員會為文獻委員會。四月二十二日，省政府委員會採納林獻堂意見，決定將通志館改為文獻委員會，而取消顧問委員會。[31]六月十日，臺灣省政府依據內政部前於 35 年頒布的「各省市縣文獻委員會組織規程」，於七月一日正式發表通志館改為文獻委員會，仍然任命林獻堂為主任委員[32]。因此，省通志館時代，對於漢詩並無發揮的空間。

# 三、省文獻會的漢詩活動

　　民國 38 年七月一日，省通志館改組為臺灣省文獻委員會，同時也撤銷了原有的顧問委員會。這次的改組，委員編制是九人至十五人，但有七人屬於職務上的兼任，包括省參議會議長、臺灣大學校長、民政廳長、教育廳長、省立師範學院院長、省圖書館館長、省博物館館長。其次，編纂、協纂各五人至七人，另秘書二人（一人為主任秘書）。此外，顧問委員會撤銷之後，改為兼任顧問，與兼任委員，都是無給職[33]。下文論述，即以會內專職人員為主，茲將改組織之初，委員、秘書、編纂、協纂等表列如次：

---

[30] 李騰嶽《李騰嶽鷺村翁詩存》，頁 1-5，曹甲乙撰〈李騰嶽先生行略〉。惟李氏任職省通志館時間，作 1948 年，此依其詩稿，定為 1949 年。

[31] 黃富三《林獻堂傳》，頁 173-174，第六章〈國府遷臺後林獻堂之鬱卒與自我流放〉。

[32] 王世慶等《臺灣省文獻委員會志》，頁 11-12。

[33] 王世慶等《臺灣省文獻委員會志》，頁 14、26。

| 職別 | 姓名 | 別號 | 年齡 | 籍貫 | 到差日期 | 學歷 |
|---|---|---|---|---|---|---|
| 主任委員 | 林獻堂 | 灌園 | 68 | 臺灣臺中 | 1949.7.1 | |
| 副主任委員 | 黃純青 | 晴園 | 75 | 臺灣臺北 | 1949.7.1 | 清代科舉制度童生 |
| 委員兼總編纂暨編纂組長 | 林熊祥 | 文訪 | 54 | 臺灣臺北 | 1949.7.1 | 日本學習院高等科畢業 |
| 專任委員 | 李友邦 | | 44 | 臺灣臺北 | 1949.7.1 | 黃埔軍官學校、中央訓練團畢業 |
| 專任委員 | 傅汝楫 | 浥塵 | 58 | 浙江紹興 | 1949.7.1 | 江西法政專門學校畢業 |
| 專任委員 | 楊雲萍 | | 44 | 臺灣臺北 | 1949.7.1 | 日本大學畢業 |
| 專任委員 | 繆鳳林 | | 43 | | 1949.7.1 | |
| 專任委員 | 陳振宗 | 樂山 | 58 | 臺東 | 1949.12.1 | 臺北第一師範學校畢業 |
| 主任秘書 | 曾今可 | | 48 | 江西泰和 | 1949.7.1 | 日本早稻田大學畢業 |
| 秘書 | 曾迺碩 | | 31 | 福建龍溪 | 1949.7.1 | 中山大學畢業 |
| 編纂 | 衛惠林 | | 47 | 江西陽城 | 1949.8.23 | 法國巴黎大學文科碩士 |
| 編纂 | 蔡式穀 | | 66 | 臺灣臺北 | 1949.7.1 | 日本明治大學法學科畢業 |
| 編纂 | 黃水沛 | | 66 | 臺灣臺北 | 1949.7.1 | 臺灣總督府國語學校畢業 |
| 編纂 | 李騰嶽 | 鷺村 | 55 | 臺灣臺北 | 1949.7.15 | 臺北醫專學校畢業 |
| 編纂 | 黃敦涵 | 復臺 | 42 | 廣東順德 | 1949.7.1 | 廣州大學文學士 |

| 編纂 | 張文環 | | 41 | 臺灣臺南 | 1949.7.1 | 日本東京東洋大學科畢業 |
|---|---|---|---|---|---|---|
| 協纂 | 吳承燕 | | 49 | 江蘇寧岡 | 1949.7.1 | 上海美術專科學校畢業 |
| 協纂 | 林嘯鯤 | | 49 | 臺灣臺南 | 1949.7.1 | 上海國民大學畢業 |
| 協纂 | 施教堂 | 錦簪 | 58 | 臺灣臺北 | 1948.7.19 | 泉州瑤林書院畢業 |
| 協纂 | 廖漢臣 | | 38 | 臺灣臺北 | 1949.7.1 | 上海同文書院畢業 |
| 協纂 | 林衡立 | | 33 | 臺灣臺北 | 1949.7.1 | 日本東北帝大肄業 |
| 協纂 | 賴子清 | | 55 | 臺灣嘉義 | 1949.7.1 | 香港同文書院專科畢業 |
| 協纂 | 陳世慶 | | 38 | 臺灣臺中 | 1949.7.4 | 東方大學文藝科畢業 |

　　此一名單，與前兩份名單比較，增加了傅汝楫、繆鳳林、陳振宗、衛惠林、蔡式穀、黃水沛、林嘯鯤、林衡立、賴子清等人；黃水沛、賴子清都是著名的漢詩人。

　　衛惠林、蔡式穀、林嘯鯤則都是玩票性質，參與詩社活動，偶而也有作品。衛惠林後來曾參與心社[34]，林嘯鯤加入薇閣詩社[35]。其他不屬於編纂、協纂階層的行政人員，也熱衷漢詩或參加詩社活動者，尚有組員郭海鳴（臺南）、組員李孝本（基隆）、組員曹甲乙（臺北）、組員王世慶（臺北）、人事管理員蕭志聖（湖南茶陵）、人事管理員歐陽荊（福建惠安）、雇員蕭志行（湖南茶陵）等[36]。另外，傅汝楫曾編過《最淺學

[34] 見臺灣省文獻委員會（編）《臺灣省詩社詩友名錄》，頁52。
[35] 黃得時（編）《板橋詩苑別集》（臺北：薇閣詩社，1949），頁4，有林氏〈秋夜宴劍潭山〉一首云：「蘆花瑟瑟荻花飛，酣戰詩壇夜雨微；休怨埃塵埋寶劍，且看金碧燦珠璣。滄桑應喜潭無恙，檪棣偏憐燕未歸；但得故山長屬我，何須裘馬計輕肥」。
[36] 王世慶等《臺灣省文獻委員會志》，頁19-20，並參考《臺灣省詩社詩友名錄》的心社名單。

詩法》與《最淺學詞法》[37]，也算詩壇中人。

39 年，大陸淪陷之後，中樞遷臺，大量的黨政軍人員隨之而來，加上人事的異動關係，至六十年代為止，專任委員、編纂、協纂（48 年取消此一職稱），也添加了不少生力軍，包括毛一波（編纂、委員）、陳漢光（委員）、徐坤泉（編纂）、雷一鳴（協纂）、賀嗣章（編纂）、閔孝吉（編纂）、陳季博（編纂）、黃師樵（編纂）[38]。

38 年九月二十三日，林獻堂以療病為由離臺赴日，並請辭省文獻會主委及省府委員，但未獲批准。39 年三月，省參議員郭國基攻擊林獻堂身為文獻會主任委員，往東京數月不還，實有負職責。省政府即派副主委黃純青接任主委[39]。

林獻堂雖能漢詩，但戰後之初，受到政治上的壓制，甚至其經濟基礎，也備受打擊，通志館館長、省文獻會主委只是不被重視的酬傭職位，在這種情形之下，其任內對於漢詩並未特別提倡。

繼林獻堂之後的省文獻主委會是黃純青、林熊祥、李騰嶽，三位都是漢詩的熱愛者，加上會內同仁詩人雲集，尤其在主任秘書曾今可的推波助瀾之下，省文獻會與漢詩便結下了不解之緣，心社的成立與活動，最具特色。

日治時期，臺灣的詩人結社極為普遍，太平洋戰爭期間，詩社活動遭到禁止，戰後，各地詩社紛紛重整旗鼓，民國 38 年，省通志館改制為省文獻會，正是臺灣詩風復甦的重要時期，省文獻會內詩人薈萃，也就無法免俗，而有了詩社組織─「心社」，擔任副主委的林熊祥主導，成立於主委黃純青任內。

38 年林熊祥出任省文獻會副主委，鑑於會內同仁之中，不少酷愛吟詠者，乃倡導成立詩社，親自命名為心社，固然傳統上有詩者心聲之說，但此一社名卻是別有典故，且與臺灣文獻有關，即取自「臺灣文獻

---

[37] 見臺北國圖「全國圖書書目資訊網‧聯合目錄資料庫」。

[38] 呂順安等《臺灣省文獻委員會續志》（南投：臺灣省文獻委員會，2001），頁 195-204。

[39] 黃富三《林獻堂傳》，頁 189，第六章〈國府遷臺後林獻堂之鬱卒與自我流放〉，並參王世慶等《臺灣省文獻委員會志》，頁 503，第八章〈人物與叢談〉。

初祖」沈光文的〈東吟社序〉典故：「使余四十餘年拂抑未舒之氣、鬱
結欲發之胸，勃勃焉不能自己，爰訂同心，聯為詩社，人喜多而不嫌少
長，月有會而不辭風雨。」省文獻會（省通志館）的成立，安排了不少
受到政治壓制的省籍精英，這些人早已累積多時的「拂抑未舒之氣、鬱
結欲發之胸」，只能藉由吟詠發洩其苦悶，其命名實有以古寓今的深層
意義。

　　心社社員均為省文獻會職員，各有以心字開頭的別號，最初參加心
社的社員僅十餘人，主委黃純青並未加入社員，原因如何，推測約有兩
種可能性，一種可能是礙於主委身分，不方便參加部屬的結社；另一種
可能則是他另外籌組了「薇閣詩社」（詳下文）之故，心思放在薇閣詩
社[40]。之後，社員陸續有所增加，至民國 40 年詩人節，有十八人，名單
如次：

　　黃水沛（心覓）、雷一鳴（心冰）、李騰嶽（心禪）、林熊祥（心猿）、
曾今可（心靈）、毛一波（心印）、郭海鳴（心香）、徐坤泉（心英）、歐
陽荊（心潮）、李孝本（心得）、曹甲乙（心田）、廖漢臣（心星）、陳世
慶（心心）、楊西夫（心聲、即楊錫福）、曾迺碩（心碩）、陳漢光（心
靈）、蕭志行（心恕）、衛惠林（心照）[41]

　　心社成員以在職者為主，因新任、調職、病故等因素，至 45 年，
則有二十人，除徐坤泉、歐陽荊、蕭志行等三人退社之外，又增加了陶
芸樓、賴子清、閔孝吉、曹健、賀嗣章等四人。新增的四人，僅知閔孝
吉有心會別號，已知的別號另有心石、心君、心鈍三種，應即其他三人
所有，尚待查證。48 年，王世慶擔任整理組長時始參加心社。47 年，
林熊祥離職，心社群龍無首，無形之中，終告解散。

　　社員之中，以曾今可及毛一波最常出席；其間，衛惠林、閔孝吉因
調職而退社，賴子清僅參加數次，亦退去。楊錫福雖調職，但仍出席。
蕭志行是總務組長之故，擔任抄搞；另有職員郭榮華協助事務工作，不
參加作詩。此外，兼職顧問或外賓也常參與雅集，如吳夢周、黃得時、

---

[40] 林衡道口述、林秋敏記錄《林衡道先生訪談錄》（臺北：國史館，1996），頁 326。
[41] 見臺灣省文獻委員會（編）《臺灣省詩社詩友名錄》頁 1-2，心社名單，原文次序如此。

林季丞、謝雪漁、陳逢源、蔡癡雲等人均是。

　　心社不置社長，席以齒序，初僅作詩鐘為樂，且拈同仁之名作為詩鐘題，第一次拈得「世慶」、「一波」二名，合為「世波」二字，嵌六唱；眾人完稿後，由林熊祥親自評選，結果陳世慶以「投筆當年逢世亂，揚帆此日待波平」掄元。心社平常以作詩鐘為主，約每月一次，名次也多採取闔人互選方式，由同仁互選產生，錄取十名，給予獎金或獎品，每次均在下班前交稿。直到某次在副主委李騰嶽的九畹園雅集，纔設左右詞宗。又心社成立的宗旨，主要是娛樂同仁，故初期絕少對外應酬，後來曾與臺北市天籟吟社舉行按月一次的吟集，多假蓬萊閣酒肆歡宴，約有一年時間，每次多由林熊祥或李騰嶽作東，因稿多臨時騰錄，未予保存，作品多告散佚。僅錄部分詩鐘如次：

　　　　△世波六唱　詞宗林熊祥
　　　　投筆當年逢世亂　心心
　　　　揚帆此日待波平
　　　　五湖載酒清波弄　心靈
　　　　一卷傷心亂世吟
　　　　△新文一唱　同人互選合點
　　　　新詞應世難藏拙　心心
　　　　文藻驚人不救貧
　　　　文債不因催索減　心靈
　　　　新愁只為亂離添
　　　　△文士一唱　詞宗陶芸樓
　　　　文非盛世休論價　心香
　　　　士處窮途易感恩
　　　　文遭世忌才終屈　心猿
　　　　士急人知品漸低
　　　　△春山三唱　左詞宗林季丞、右詞宗吳夢周
　　　　熟讀春秋觀治亂　心潮
　　　　細談山海感滄桑
　　　　晝頓山傾浮蟻盞　心猿

詩囊春重寒驢鞍

△玉山高鼎足格　同人互選合點

山頭雪積千堆玉　心石

嶺表風高一剪梅

高人抱節如懷玉　心田

野老棲山自灌園

△座家七唱　左詞宗林季丞、右詞宗魏清德

轄還慈母陳驚座　心覓

史續亡兄曹大家

跋踖欲逃新貴座　心覓

逡巡離別故人家

△恨心二唱

芳心欲逗眉尖語　心禪

綺恨偏生眼角愁

抱恨文姬終返漢　心覓

捧心西子已亡吳

△小明四唱　左詞宗謝雪漁、右詞宗吳夢周

心腸狹小難為事　心照

氣質清明好作詩

大府花明歌板裏　心君

中原事小酒杯前

△生作五唱　左詞宗陶芸樓、右詞宗陳逢源

葉飄山寺生寒早　心猿

花落江村作雨初

宿雨初收生遠黛　心靈

朝陽乍起作雄姿

△詩史六唱　左詞宗吳夢周魏清德、右詞宗林季丞陳逢源

武穆精忠昭史冊　心冰

文山正氣懍詩歌

正蜀紫陽開史眼　心禪

忤時玉局抒詩心

△舌符七唱

佛前尼鼓蓮花舌　　心恕
海外人持竹節竿
取忌已多猶掉舌　　心猿
立功非少未分符
△明次六唱
大節舍生難次日　　心君
微官歸隱是明年
大雷書斷鮑明遠　　心會
疑雨詩成王次回
△探培二唱
無人培草偏遮地　　心君
有客探梅欲過江
可能培竹多生筍　　蔡癡雲
未必探驪便得珠
△山潭三唱
入眼山青思去俗　　心心
回頭潭碧戀歸時
門外潭幽君得所　　心君
樓前山好客無家
△看電影、出家　　分詠格
皈命金經傳白馬　　新猿
留心銀幕問黃牛
落髮心中無色相　　心得
放光幕上有聲容
△世界大戰、梅花　分詠格
萬邦驚破和平夢　　心香
數點聊存天地心
五洲炮火轟天起　　心冰
一段寒香透雪來
△阮裕焚車　　合詠格
每許借乘甘病馬　　心田
無緣裹葬苦燒輪

雙輪本具周人志　　心禪
一炬寧無惜物情

△硯　合詠格（嵌文字）

文房已杳鳳珠品　　心田
學士合稱鸜眼珍

漢人貞節真如石　　心鈍
文士生涯賴此田

△何有五唱

寒風茅屋何先至　　心君
明月空山有不知

忽添灘響何山雨　　心猿
似助村容有樹雲

△先方三唱　　（課題）

世變先知終局緊　　心心
時艱方覺此身多

春景方滋新貴第　　心猿
秋風先冷舊恩門

△沙船三唱

雁落沙痕秋有色　　心君
月移船影夜無聲

一盤沙散難為國　　心印
萬裏船開易想家

△時長一唱

長藉酒杯消永晝　　心君
時從歌板感當年

長鞭馬賦應難及　　心覓
時服雞頭有僅遮

△自於六唱

鴻毛甚忽輕於死　　心香
牛後嗤猶輒自高

昂頭亦得詳於勢　　心田
失足終因不自持

　　心社結社宗旨，主要是聯繫會內同仁情感，很少對外活動，其活動情形也就不為外界所熟知，目前僅能透過社員作品，略作瞭解。心社活動期間，李騰嶽擔任副主任委員，因此每次的社集，大都由他與主任委員林熊祥作東。李騰嶽對於心社雅集，極為積極，除了參與比賽之外，更留下不少相關的閒詠詩，均收錄於所著《李騰嶽鷺村翁詩存》，為心社活動的雪泥鴻爪，選錄如次：

老徐逝世二週年偕心社同人往訪其墓獻花再到駝園參加家庭禮拜會

　　引紼還如昨，回頭歲再經；墓門迷宿草，天上窅精靈。磊落才堪
　　惜，沉酣夢豈醒；駝園花木美，何處見心亭。（原註：徐氏生前
　　曾有建心亭於駝園之言）

久雨初晴偕文獻會同人陽明觀櫻歸唱折枝再應主委招宴（二首）

　　宿雨欣新霽，尋芳逐隊來；江山歌帶礪，草木沐栽培。遠樹雲霞
　　障，層巒錦繡堆；櫻花今爛漫，春色滿蓬萊。
　　美景耽遊目，歸車日已西；看花同走馬，鬭句競探驪。天意艱著
　　蔡，詩心動鼓鼙；江樓酣宴飲，起望鬥杓低。

癸巳光復節後一日邀星心兩社同人於九畝園開詩鐘之會

　　開門爽氣入簾櫳，萬裏秋晴倚碧空；闢地未成歸老計，活人漫擬
　　補天功。峰巒環屋瞳瞳日，花樹當風面面風；最喜滿堂新舊雨，
　　不忘草野一停驂。

心社例宴慶春潮兄掄元

　　狀元樓宴狀元郎，占得鰲頭羨老黃；此日新聲推好句，多時蓮社
　　誦佳章。鱘魚乍喜嘗鮮膩，丹荔寶愁變色香；縮地長房今有術，
　　賚從萬里佐壺觴。

心社例會林主委邀宴麒麟酒家

　　繫念春初一飲緣，重來劉阮似登仙；干戈未劫天休問，詩酒生涯
　　世久捐。三伏朱明蒸暑溽，六朝金粉鬭嬋娟；傾樽對壘爭雄烈，

喜有群豪奮騎先。

癸巳中秋前二日文訪先生招宴心社同人有詩謹次原玉

嵐翠光搖雨後天，山中樓閣隔塵煙；新詩待譜承平日，墮緒來尋歷劫前。一念常牽難免俗，小詩未就屢參禪；廣寒已滿團團影，獨惜雲深鎖素娟。

春日陪黃林正副座暨心社同人陽明山觀櫻喜芸樓先生亦同行歸途憩北投文士閣偶成呈在座諸公

日暖車馳阪道斜，春晴拄杖看櫻花；風來函澗硫煙繞，山豁平疇眼座賒。紅紫滿園誰作主，江湖到處我為家；同行喜有營邱筆，應把丹青繪彩霞。

養疴九畝園有懷文訪主委兼柬心社同人

海外極權方鎩羽，歐西殘寇又咆哮；哦詩忝附風騷末，刻意期看暴虐梢。悔屢因循添宿疾，媿無涓滴報知交；嗟余腐鼠成滋味，十載無心作解嘲。

蘭溪別墅心社詩會疊養疴韻

省文獻會同人來函，訂於大直北勢湖葉仁和君蘭溪別墅開折枝之會，因不識其處，偕蔭午驅車問路，逕行甚久，始見路旁停有本會之車，詢之路人為指點，墅在縹渺之山腹間，路距山麓且遠，一帶阡陌小徑，車不能行，乃折返；翌晨遇同人，則咸謂昨山行之困憊，宴後不及唱詩而賦歸矣，同人多有詩，今可次余養疴韻成一律，因效作。

不識蘭溪何處是，驅車一路屢咆哮；基隆川繞水鳴澗，大直山橫雲抹梢。咫尺紅牆雲漢隔，十年翰苑布衣交；望空頓冷羸軀膽，敢抵王陽回馭嘲。

心臟病復發住院歸來蒙文訪主委柬佳篇存慰昨日上班銷假始知諸同人亦均有和章次韻致謝

屢因病困失聯曹，書案塵封及兔毫；又幸團圓能我待，歸家共抱
月輪高（退院日洽逢中秋）。

心社天籟開首次聯吟後赴晴園遊園會（四首）

淡江心籟喜連鑣，風月蓬萊韻事饒；卻向劫餘尋墜緒，斐亭鐘響
又今朝。

檳榔樹下綺筵張，姊妹花開鬧艷陽；佳日名園賓客滿，酒杯詩卷
共登場。

四朝身世薄簪纓，老聽揮戈激壯心；十載花遲開虎尾，階前玉樹
鬱成林。

佳餚色色列盈盤，逐隊人來取次餐；飽食何須愁內熱，瓜棚涼味
沁詩肝。[42]

# 四、文獻工作座談的漢詩因緣

　　民國 38 年七月一日，省通志館改組為臺灣省文獻委員會，依據的
是內政部於 35 年頒布的「各省市縣文獻委員會組織規程」；省文獻會成
立之後，各縣市也依據此一規定，先後成立文獻委員會，當時全省有二
十一縣市，於 40 年率先成立的有臺南市、高雄市、澎湖縣等三縣市，
次年成立的有桃園縣、臺中市、基隆市、臺東縣、屏東縣、臺北市、雲
林縣、南投縣、臺北縣、花蓮縣、新竹縣、臺南縣、宜蘭縣等十三縣市；
42 年，再成立臺中縣、嘉義縣、苗栗縣、彰化縣、高雄縣等五縣[43]，至
此臺灣省各縣市已全面成立文獻委員會，展開修志工作。

　　各縣市文獻委員會的成立，絕大多數都由該縣縣長擔任主任委員，
再由主任委員遴聘委員，委員的產生，並無嚴格限制，主要成員不外乎
府內一級主管、縣內機關首長、學者專家、地方耆老或名望之士，因此
一如省通志館或省文獻會，網羅了不少漢詩人為縣市文獻委員，尤其是

---

[42] 王世慶等《臺灣省文獻委員會志》，頁 556-67，參《臺灣省詩社詩友名錄》、《李騰嶽鷺村
　　翁詩存》。

[43] 王世慶等《臺灣省文獻委員會志》，頁 27-28。

縣市長本身就是詩人或家學淵源的縣市，文獻委員中詩人佔了很大的比例，如雲林縣長吳景徽、宜蘭縣長盧纘祥、林才添、陳進東等，因資料掌握不易，謹就所知，由北而南，再南迴而北，略述四十、五十年代具有漢詩背景的縣市文獻委員於後。

　　基隆市：陳其寅[44]。臺北市：56年改制院轄市以前，所聘委員多為大學教授，能漢詩者，包括吳槐、黃得時、楊雲萍、王國璠[45]、李騰嶽等。其中吳、黃、楊、李等四人曾任職省通志館或省文獻會。臺北縣：林佛國（石厓）[46]、楊仲佐（嘯霞）。臺中縣：邱敦甫[47]。彰化縣：吳上花、張達修、黃溥造、朱啟南。雲林縣：委員中漢詩人比例最高，包括鄭津梁（聽雨）、江擎甫（耕雨）、曾丁興（傑仁）、龔顯昇、陳錫津（國芳）、張禎祥（祉亭）、張立卿（冠英）、黃法（傳心，兼組長）[48]。嘉義縣：黃文陶、林玉書、張李德和、黃茂盛、許然（藜堂）[49]。臺南縣：黃清標[50]、吳新榮[51]。臺南市：顏興[52]、許丙丁、黃典權。高雄縣：陳皆興（縣長兼主任委員）[53]、蕭乾源[54]。高雄市：陳天錫[55]、許成章[56]。屏

---

44　陳其寅於1952年任文獻會委員，為大同吟社社長，著有《懷德樓詩草》。

45　王國璠於1965年4月由編纂組長升任委員，著有《臺灣吟草》。

46　林佛國，著名的漢詩人，任臺北縣文獻委員會副主任委員，著有《長林山房吟草》。

47　邱敦甫，名坤土，蘆墩吟社社長，有《瀞廬吟草》。

48　諸人以鄭津梁、陳錫津、黃傳心名最著，《雲林文獻》創刊號均有漢詩作品。當時縣長吳景徽之弟吳景箕則擔任顧問，渠亦著名之漢詩人，與雲林文獻會漢詩風氣，當有某種程度的關聯。

49　黃文陶、林玉書、張李德和、黃茂盛為1953年任，次年，僅張李德和留任，再增許然一人。黃文陶為醫學博士，有《竹崖詩選》；林玉書，醫生，有《臥雲吟草》；張李德和，省參議員，有《琳瑯山閣吟草》；黃茂盛，字松軒，生於斗六，在嘉義經營「蘭記書局」，能漢詩。

50　黃清標，仁德鄉人，詩文之友社《現代詩選》選其詩三十首。

51　吳新榮因家學淵源，亦作漢詩，曾任臺南縣文獻委員會委員兼編纂組組長。

52　臺南市文獻委員顏興有《鳴雨廬詩稿》。

53　陳皆興是私塾出身的詩人縣長，1958年就任，曾編印《陳可亭縣長祝詩集》。

54　蕭乾源，旗山人，詩文之友社《現代詩選》選其詩三十首。

55　陳天錫，西瀛吟社的創始人，應聘到旗津擔任私塾教席，1952年受聘為高雄市文獻委員會委員。

56　許成章，澎湖人，最高學歷只有是小學畢業。初來高雄曾先後師事許君山、鄭坤五，讀書作詩，苦讀力學，設塾教學，再由小學老師、高雄中學國文老師而高雄醫學院國文教授，有《臺灣閩南語辭典》、《正名室詩集》等。

東縣：陳文石[57]。花蓮縣：駱香林[58]、陳香[59]。宜蘭縣：盧纘祥、林才添、楊長泉、陳進東、陳金波、盧世標、林本泉、康灩泉、林萬榮[60]。澎湖縣：顏其碩[61]。

　　鑒於各縣市文獻委員會尚缺乏蒐集史料及修志經驗，省文獻會於民國 41 年邀集各縣市文獻會在臺北市議會舉行省縣市文獻委員會工作座談會，會中決議每年春秋二季由各縣市文獻委員會輪值舉辦文獻工作檢討會，研討修志工作與工作經驗交換。春秋二季由各縣市文獻委員會輪值舉辦文獻工作座談會的模式，自 43 年春季展開，迄 61 年各縣市文獻委員會裁撤而停止，名稱也不一致[62]。

　　著名漢詩人張達修於因兼任彰化縣文獻委員會委員，其編年詩集在 44 年有〈花蓮文獻工作檢討會後招宴賦似〉：

　　「勝會寧辭醉一舠。土風歌舞韻琮琤。百年僻壤成新治。萬里重洋傍太平。近海樓臺疑蜃氣。過江人物締鷗盟。明朝絕巘登臨處。西望應深故國情[63]。」

　　這是當天招宴時的即席賦詩，宴後送請詩友共賞，當時花蓮縣文獻會主委是駱香林，所謂「久逢知己飲，詩向會人吟」，主賓詩友眾多，應有其他作品，此僅為一例。

　　主辦單位為了招待遠道的與會貴賓，通常都會於文獻座談會結束之

---

[57] 陳文石，澎湖人，遷居屏東，曾任省參議員，兼屏東縣文獻委員會主任委員，詩文之友社《現代詩選》選其詩十七首。

[58] 駱香林，新竹人，遷居花蓮，1952 年受聘為花蓮縣文獻委員會主任委員，詩書畫俱工，有《駱香林先生全集》。

[59] 陳香，福建廈門人，曾任小學校長、中學教員、報社主筆、總編輯等，能漢詩。

[60] 能漢詩的委員，1953 年起主委盧纘祥（縣長兼）、委員林才添、楊長泉，1958 年起林才添任副主委，陳金波任副主委，陳進東以副議長兼委員，1963 年起林才添任主委，委員再增盧世標，1960 年起，委員再增林本泉、康灩泉二人，1979 年以前，林萬榮升任委員兼編纂組長。宜蘭文獻會委員中兩位兼編纂組長盧世標、林萬榮也都作漢詩，因此早期《宜蘭文獻》大量刊載詩作，諸委員作品也散見其中。

[61] 顏其碩，原籍西嶼鄉，後遷往馬公鎮（市），西瀛吟社副社長、社長，有《陋巷吟草》。

[62] 王世慶等《臺灣省文獻委員會志》，頁 392－394，「文獻業務（工作）座談會」，惟名稱並不一致，或稱座談會，或稱研討會，甚至稱為檢討會。

[63] 張達修著、林文龍（編）《醉草園詩集》，頁 207。

後，安排參觀附近名勝古蹟，成為慣例，至後來轉型為「輔導各縣市文
獻業務座談會」仍有此安排。名勝古蹟參觀，也是尋詩覓句的好材料。
張氏於前詩之後，又有〈小雪後二日偕省文獻會同仁遊太魯閣峽〉五言
古風，即是此行作品：

> 「溪名得其黎。山名太魯閣。我來探幽奇。廿年念早蓄。峽口笑
> 停車。沿溪路盤曲。仙寰（橋名）度危橋。斷崖橫阿育（崖名）。
> 白練垂蒼巔，銀帶看飛瀑。一龕禱明王（銀帶橋畔有石龕。祀大
> 明王。登山者均禱於此。），健腳如推轂。穿洞作蛇行，攀藤疑
> 鼠逐。仰觀石巖巖，俯視雲簇簇。澗水爭奔流，雷聲憾深谷。指
> 點合歡山，崔巍宛在目。踐約笑來遲，山靈頭已禿[64]。」

45 年四月二十八日由臺北市、臺北縣、宜蘭縣三縣市共同辦理的「臺
灣省四十五年春季文獻工作研討會」，在宜蘭舉行。這次的文獻研討會，
詩星雲集，留下了豐富作品。宜蘭縣文獻委員會為了迎接此次盛會，特
編印了一冊《宜蘭勝蹟特刊》贈送與會人員，封面由縣長盧纘祥題署，
內刊勝蹟照片三十餘幅，並收錄了舊蘭陽八景、各名勝古蹟詩選[65]。此會
的討論議題，文獻闕如[66]，而與會的省文獻會主委李騰嶽有〈全省文獻
工作研討會席上〉七絕詩八首，可略知梗概。詩云：

> 「濟濟咸來聚一堂，名山事業切三長；
> 潛心探討微言旨，義例春秋正史綱。」
> 「六經皆史意淹該，志乘多儲信史才；
> 一自實齋宏纘述，知幾史論更恢恢。」
> 「牛皮借地啟憂患，殺伐猶存碧血斑；
> 不是延平驅醜虜，即今美島尚荒蠻。」
> 「虎旗高揭抗倭侵，義不臣夷用意深；
> 民主東方稱第一，經營敢負昔人心。」

---

[64] 張達修著、林文龍（編）《醉草園詩集》，頁 207。
[65] 成文出版社（編）《宜蘭文獻》合訂本（臺北：成文出版社，1984），頁 5。
[66] 王世慶等《臺灣省文獻委員會志》之「文獻業務（工作）座談會」所載，於 1954 年秋季在
　　臺南市召開之後，緊接著即為 1960 年秋季在臺東縣召開，中間約缺了五年的紀事。

「五紀埋冤憤恨並，不同文化只文明（文訪先生云：在日統治中，
臺人唯參與其文明，而不合作其文化。）；
河山刧後欣無恙，把手相逢舊弟兄。」
「嬴顛項蹶世相承，往事湮淪感不勝；
搜集遺亡存史跡，不教文獻付無徵。」
「志科初現嘆居諸（前章氏曾有縣設志科之議，今各縣市皆有文
獻會之設，亦志科之實現也。），人力財源兩不如；
一事至今猶扼腕，汲深綆短志難舒。」
「董狐已矣馬班死，滄海橫流感慨中；
賞罰能教垂萬世（方孝孺謂天子之賞罰倍於萬世），義昭筆削頼
群公[67]。」

基隆市文獻委員陳其寅則有〈全省文獻工作研討會上得句（四月廿
八日於宜蘭縣政府禮堂）〉詩云：

「雅集徵文獻，三臺會議開；春秋垂義例，志乘合淵賅。攻玉他
山石，述言左史才；艱虞明責任，末席忝相陪[68]。」

宜蘭縣長盧纘祥是漢詩人，而與會的省、縣市文獻會代表，更不乏
詩壇同道，因此盧氏也成了研討會焦點之一，彰化縣文獻委員張達修有
〈宜蘭文獻工作研討會賦呈史雲詞長〉詩道：

「文物蘭陽舊有名，吳沙功業尚崢嶸。開山早為千秋計，讀史寧
忘百世情。南澳荒濤看蜃市，東風夜雨續鷗盟。玉川豪興逾疇昔，
載酒還期醉太平[69]。」

「史雲詞長」即縣長盧纘祥。結句「醉太平」，是雙關語，字面義
之外，其實還隱指主辦單位安排的太平山參觀。臺北縣文獻會副主委林
佛國則有〈研討文獻賦呈史雲鷺村暨諸執事〉七言古風[70]，詩長不錄。
除了文獻工作座談會之外，當天晚上更由地主仰山、登瀛、濤聲三

67 李騰嶽《李騰嶽鷺村翁詩存》，頁 199-200。
68 陳其寅《懷德樓詩草》（基隆：陳德潛等發行，1982），卷二，頁 14。
69 張達修著、林文龍（編）《醉草園詩集》，頁 213。
70 林佛國著、林文岑（編）《長林山房吟草》（臺北：林珮貞印行，1984），頁 130。

個詩社具名舉行歡迎吟會，此一吟會，省文獻主委李騰嶽詩中略有涉及，題為〈全省文獻工作研討會在宜蘭開會後仰山登瀛濤聲三詩社開歡迎吟會因事先歸賦此道歉〉，其詩如次：

「登龍已許快瞻韓，雅會翻愁挹晤難；地出靈泉添勝概，山叢古木壯遊觀。迢車歷三貂險，惘惘情辜一夕歡；為謝鷗鷺還寄語，斯文有責共加餐[71]」。

當晚歡迎詩會情形及擊鉢作品，未見下一期的《宜蘭文獻》，不得而知，尚待查考。惟林佛國〈贈三代表（宜蘭仰山陳金波、頭城登瀛盧纘祥、蘇澳濤聲楊靜淵）〉詩，即描寫當晚情形：

「蘭陽本是弟兄親，文會宏開三月春；擊鉢聯吟過夜半，殷勤風雅見詩人[72]。」

詩題所指「三代表」，即是作東的三個詩社社長，包括宜蘭仰山詩社陳金波、頭城登瀛詩社盧纘祥、蘇澳濤聲詩社楊靜淵。

會後的參觀行程，證以下引張達修詩首二句的「朝發」、「午過」，時間當在次日，即四月二十九日，主要目標是太平山，但從幾位詩人作品合觀，路途上仍有幾個參觀點，包括三星鄉沙喃、蘇花公路起點、羅東紙廠、南方澳漁港等地。張詩有〈穀雨後十日偕省文獻會同人冒雨登太平山〉，以記此遊所見：

「朝發噶瑪蘭，午過土場驛。太平有名山，海拔三千尺。我來春已深，細雨濕山脊。濃霧鎖林巒，登高如面壁。按圖索諸峰，模糊數岩隙。馬崙起樵歌，白嶺尋仙跡。四顧雲茫茫，翻憐眼界窄。神豹隱危巔，老鷲欲飛翮。棧道望巍巍，溪流聞淒淒。緬懷昔吳沙，蠶叢此開闢。聚族啟山林，樹木遍川澤。即今瘴煙中，參天夕檜柏。遺愛等甘棠，世人猶愛惜。何時真太平，乾坤息兵革。題詩寄山靈，重躡東山屐[73]。」

[71] 李騰嶽《李騰嶽鷺村翁詩存》，頁105。
[72] 林佛國、林文崟（編）《長林山房吟草》，頁129。
[73] 張達修著、林文龍（編）《醉草園詩集》，頁207-208。

此外，陳其寅亦有〈太平山行〉詩云：

「蘭陽名山稱太平，嘉木豐饒傳盛名；春深一片蘼蕪雨，萬壑千
巖煙霧生。車入土場行不得，遙岑聳秀若仙域；別有天地非人間，
其奈可望不可即。團體來遊難登攀，索道隱約懸雲端；咫尺天涯
增惆悵，如到寶山空手還。漫說天公不作美，世事何嘗不如此；
神秘誰能問山靈，廬山面目或可擬。出山容易車如飛，野鶴閒雲
同忘機；伐木丁丁悠揚裏，珍重後會相依依[74]。」

此詩送請同行的林佛國欣賞，林也依韻賦詩一首，陳其寅詩興未
闌，再作〈林佛國仁丈賜和太平山行因疊韻奉教〉[75]，平添太平山行一
段佳話。

# 五、省文獻會與臺灣詩壇互動

省文獻會第一任主委林獻堂、第二任主委黃純青、第三任主委林熊
祥、第四任主委李騰嶽不只是漢詩人，也都是望重一方的知名之士，除
了林獻堂於 38 年赴日療養，病逝日本外，在其他三位主委任內，省文
獻會對於臺灣詩壇，的確發揮了重大影響力，許多漢詩活動都有省文獻
會人員參與，且有舉足輕重的地位。茲舉創辦薇閣詩社、發行《臺灣詩
壇》、編印《臺灣詩選》、選拔「桂冠詩人」、編印《臺灣詩錄》五例，
分述如次：

## （一）創辦薇閣詩社

薇閣詩社成立於 38 年九月三日，社長是黃純青，這時的省文獻會，
林獻堂擔任主委，黃純青是副主委。薇閣詩社成立緣起，顧名思義，是
紀念林熊徵（薇閣）而設，據黃純青記述：「亡友林君薇閣之卒，遺命
以產業一部充社會公益，成團體二，曰熊徵學田，曰薇閣育幼院，薇閣

---

[74] 陳其寅《懷德樓詩草》，卷二，頁 14。
[75] 陳其寅《懷德樓詩草》，卷二，頁 15。

詩社則為紀念薇閣，由學田復分立者也。……余與薇閣交而特摯，今忝副長學田，又與薇閣同為瀛社友，於詩尤不可不有以紀念之，因與其介弟文訪令侄衡道、陳君南都、吳君夢周、賴君子清、林君嘯鯤、兒子得時等共立此社。[76]」發起與共同發起人，都是當時省文獻會相關人士，其與省文獻會關係之密切可想而知。

黃純青所提「熊徵學田」，全名是「財團法人林公熊徵學田基金會」，薇閣詩社經費，便是由基金會提撥，當事人之一的林衡道後來回憶說：「當時我的堂弟林明成尚未成年，所以財團法人林公熊徵學田基金會的事務皆由我代管，黃純青與我商量，希望由基金會撥一些經費來設立全臺灣最好的詩社，因為成立詩社不會花很多錢，所以我就以不發人事費為原則，答應黃純青撥款設立詩社。……薇閣詩社一成立，黃老的心思就全部放在詩社裏，文獻會的事情已經忘記一大半。[77]」林衡道說法，應該有其可信度。

薇閣詩社成立的第一次詩會，由社長黃純青、基金會董事李翼中具名柬邀，於九月三日之夜，在圓山大飯店舉行[78]。圓山大飯店建於日治時期臺灣神社遺址之上，圓山的舊稱為劍潭山，因此當天出的詩題是〈秋夜宴劍潭山〉，七律不限韻（自行拈韻），共得詩四十餘首，依交卷順序分別是：陳逢源、魏清德、薛建吾、張默君、黃純青、林熊祥、黃水沛、曾今可、賴子清、陶芸樓、李騰嶽、謝汝銓、黃得時、吳夢周、林嘯鯤、黃贊鈞、林凌霜、林佛性、洪陸東、李翼中、閔孝吉、林獻堂、錢歌川、譚雪影、楊仲佐、伍稼青、陳含光、鄭曼青、曹昇、曾祥和、陳瀫一、曾昭承、林佛國、張善、林衡道、許君武、陳韻篁、辜振甫、易君左、杜仰山、陳清秀、林述三、陳茂源、薛大可[79]。出席者大抵都是北部詩壇名流，林獻堂遠自臺中與會，盛情可感。從名單看，可能已具「臺灣最好的詩社」的條件，但這些人大都各有所屬，不是薇閣詩社專屬社員，

---

[76] 黃得時（編）《板橋詩苑別集》（臺北：薇閣詩社，1949），卷首，頁 1-2。

[77] 林衡道口述、林秋敏記錄《林衡道先生訪談錄》（臺北：國史館，1996），頁 326。

[78] 黃得時（編）《板橋詩苑別集》，頁 1，詩題小序，地點則據《林衡道先生訪談錄》頁 326。

[79] 黃得時（編）《板橋詩苑別集》，卷首頁 4-5。其中陳含光與鄭曼青未到，但請人代拈韻，亦有交卷。另有出席者佚名。

幾次大型活動之後，很快就風流雲散了。

　　薇閣詩社的另一項活動，就是「新蘭亭修禊」，新蘭亭是一座中式四角亭，位於士林官邸一角，前身是為士林園藝試驗所。亭額由于右任署題「新蘭亭」三字。亭左有「新蘭亭記碑」，碑由黃純青撰文、賈景德書寫、于右任題額。

　　關於新蘭亭的建造過程，林衡道也有翔實的描述：「黃主委也曾假士林園藝試驗所召開詩人大會，全國共有一百五十餘位參加，會後黃主委還模仿王羲之在園內立一蘭亭碑作為紀念。……沒有刻碑的預算，所以黃主委就利用詩會的結餘來刻碑，還親自到五股挑選石頭，以低價購得觀音山石，自行搬運到文獻委員會，並且找了一位刻墓碑的師父到文獻會來刻石碑，還不時親自監督[80]」。

　　39 年，新蘭亭建成，同年陰曆三月三日上巳節，正是當年王羲之等文人雅士在山陰蘭亭修禊的日子。省文獻會主委兼薇閣詩社社長黃純青等名流，便發起仿東晉的蘭亭集雅，薈集全國詩人一百零三人，抒發故國情懷，稱為「庚寅上巳新蘭亭修禊」，得詩詞一百五十二首[81]，彙刊為《庚寅上巳新蘭亭修禊集》，茲錄曾今可詩如次：

> 「長者相邀一笑從，新蘭亭畔醉吟龍；文光照海因春媚，花氣襲人似酒濃。曲水流觴情彷彿，良辰美景意惺松；明年修禊知何處，料應山陰道上逢[82]。」

## （二）發行《臺灣詩壇》

　　動態的詩會之外，籌組詩刊，廣為發行，也是當時詩壇名流的共識，於是在省文獻會主任秘書曾今可籌畫之下，得到諸大老的支持，籌組「臺灣詩壇」社，於 40 年辛卯詩人節（端午節）全國詩人大會時正式成立，

---

[80] 林衡道口述、林秋敏記錄《林衡道先生訪談錄》，頁 326，惟所言「全國共有一百五十餘位參加」，應是一百五十餘首詩之誤，時際到會者一百零三人，林衡道當日亦為受邀題名貴賓之一。

[81] 《庚寅上巳新蘭亭修禊集》（臺北：出版者不詳，1950）卷首頁 1-2。

[82] 《庚寅上巳新蘭亭修禊集》，頁 4。

並同步發行《臺灣詩壇》月刊。

　　《臺灣詩壇》第一期封底，共列了該社顧問、社務委員、編輯名單，顧問包括于右任、居正、吳敬恆、賈景德、陳含光、謝雪漁、黃純青、林季丞、陳逢源、林熊祥、吳夢周、林述三、張默君、魏清德等；社務委員為楊仲佐等十八人，編輯為曾今可、黃景南兩人[83]。《臺灣詩壇》的創刊，從表面上看，固然陣容堂皇，但篇幅單薄，只有區區二十頁，封底版權頁只列「發行人曾今可」一人（第三期起再加入「經理黃景南」），可知仍是個人色彩濃厚的刊物。民國42 年一月發行的第六卷第一期，才增列正副社長，資料如次：

> 名譽社長：于右任
> 社長：賈景德
> 副社長：林熊祥
> 副社長：陳逢源
> 編輯：黃景南

　　顯然已經得到板橋林家的林熊祥與企業家陳逢源實質上支持，曾今可退出，此後不再出現於該社人事名單。

　　發行月刊之後的「臺灣詩壇」社，編印詩刊之餘，也同時接手了每年的全國詩人大會籌辦。臺灣在過去並無所謂「全國」詩人大會，38 年中樞遷臺，各省詩人也隨之匯集於此。40 年，詩壇乃醞釀舉辦「全國」詩人大會，敦請于右任、賈景德及黃純青三老發起，於端午詩人節當天在臺北市中山堂光復堂舉行全國詩人大會[84]。這是全國詩會的開始，翌年（41）壬辰全國詩會，便由「臺灣詩壇」社接辦，仍在中山堂舉行，由於有于、賈等大老的號召，使報名參加者約達一千五百餘人，據說「開歷史上詩人集會之最高紀錄」[85]。此後各年全國詩會便循例由「臺灣詩壇」社主辦，地點也由籌備會決定，42 年癸巳在大龍峒孔廟[86]，

83　《臺灣詩壇》第一期（臺北：臺灣詩壇，1951），名單列於封底。
84　曾今可（編）《臺灣詩選》，頁13，編者序。
85　《臺灣詩壇》第二卷第六期（臺北：臺灣詩壇，1952），頁36，編後記。
86　《臺灣詩壇》第四卷第六期（臺北：臺灣詩壇，1953），封底編後記。

43 年甲午仍在臺北，44 年乙未在臺南孔廟，45 年丙申在嘉義，46 年丁酉在彰化市，47 年戊戌在臺東，48 年己亥不詳，49 年庚子在臺中市，50 年停辦，同年冬，賈景德病逝，51 年仍停辦[87]，之後這項由「臺灣詩壇」社主辦的全國詩會不再見於文獻紀錄，成為絕響。目前可知 52 年的全國詩會已經改由「詩文之友社」主辦，在中部舉行。[88]

## （三）編印《臺灣詩選》

日治時代的臺灣，詩風盛極一時，因此也先後出版了幾種詩選，如黃洪炎編的《瀛海詩集》，林欽賜編的《瀛洲詩集》，以及專選擊鉢詩的《東寧擊鉢吟集》上下冊（曾笑雲編），都曾風靡一時。

三十九年代的臺灣，外省詩人聚集臺灣，相互激盪之下，造成臺灣漢詩的另一波高潮。於是省文獻會的曾今可在創辦《臺灣詩壇》的同時，也開始進行《臺灣詩選》計畫。曾今可這項計畫，據其本人書序：「可於辛卯詩人節全國大會席上，承詞宗何武公吟長等雅命籌備編印本書，義不容辭。[89]」但這樣的說法，可能只是找個依託，事實上並非如此，40 年辛卯端午節全國詩人大會當日，《臺灣詩壇》第一期已事先印妥，送到會場，同步發行；這期封底已經出現「臺灣詩選徵求詩人自選佳作啟事」廣告：

> 「一、現正編輯《臺灣詩選》，預定年內出版。二、古人（臺省詩人及各省遊臺詩人）作品，正在選集中。三、臺省各詩翁，請自選佳作二十首，並附百字以內小傳（能附四寸半身照片一張更佳），寄臺北市金門街二十四巷十四號臺灣詩壇曾今可收，以憑選編。四、本書《臺灣詩選》出版後，一定可以傳之萬世，永垂不朽的，希望各詩翁踴躍參加！勿失良機！[90]」

---

[87] 1954 年甲午之後的歷年詩會，參考《醉草園詩集》各年詩題，1962 年有〈詩人節中報二年魯伯有詩次韻呈政〉，足見前一年已經停辦。

[88] 曾今可〈臺灣的桂冠詩人〉，《臺灣風物》第十三卷第七期（臺北：臺灣風物雜誌社，1964），頁 6。

[89] 曾今可（編）《臺灣詩選》，頁 13，編者序。

[90] 《臺灣詩壇》第一期，頁 21 封底。

　　據廣告可知選詩計畫早已在進行，詩會當所謂「何武公吟長等雅命籌備編印本書」，應該只是閱讀廣告後的口頭支持。

　　此後的《臺灣詩壇》仍斷斷續續刊登《臺灣詩選》徵詩啟事，並通告進度，同年九月號已發出最初的預告「收稿期本年十月底止，過期不收，預定四十一年元旦出版。[91]」41 年元旦出版的承諾，並未實現。其實至四月底稿子才初步編定送排，曾今可唯恐有人繼續寄稿，乃於六月號《臺灣詩壇》以個人名義登出「截止收稿啟事」：

　　「《臺灣詩選》原擬本年詩人節出版，因各方吟長慎重寄稿，請予稍緩，不得已現始編就付排。因係以姓氏筆劃為序，續來之稿，無法加入，殊為抱歉。現已截止收稿，因恐各方吟長不察，特此奉答。惠函詢問者，亦恕不一一奉復。曾今可謹啟。五月一日[92]。」

　　一個月之後，排版大致告成，七月號的《臺灣詩壇》登出更具體的訊息，說是：

　　「本刊副社長林熊祥校、本刊發行人曾今可編之《臺灣詩選》，業已編就付印。總統暨王世傑秘書長、桂永清參軍長皆有題詞。于右任先生書封面，吳敬恆先生書裏封面，賈景德、胡商彝、陳含光、施景琛、彭醇士、張相、魏清德等先生作序，集全國詩人五百餘家之佳作，編成堂堂一鉅冊，將於金風送爽時出版云[93]。」

　　詩壇矚目的《臺灣詩選》，好事多磨，「金風送爽時」仍未見出版，各方不斷詢問，十月號《臺灣詩壇》只好登出「曾今可先生所編之『臺灣詩選』，聞下月可以出版，各方詩友，來函詢及，特此奉答，恕不另復。[94]」果然十一月號《臺灣詩壇》就登出「臺灣詩選已出版」廣告如次：

---

[91] 《臺灣詩壇》第一卷第四期（臺北：臺灣詩壇，1951），頁 25 封底。

[92] 《臺灣詩壇》第二卷第六期，頁 38 廣告。

[93] 《臺灣詩壇》第三卷第一期（臺北：臺灣詩壇，1952），頁 40 編後記。

[94] 《臺灣詩壇》第五卷第四期（臺北：臺灣詩壇，1953），外封底編後記。

「《臺灣詩選》已出版

校閱人　林熊祥

主編兼發行人　曾今可

發行者　中國詩壇

　　　　曾今可

臺北市金門街二十四巷十四號

全書四百餘頁，潔白印書紙印，全國各省及華僑名詩人選集，已付印費者請將原收條換書。每冊定價新臺幣五十元（郵費免加）國內外連掛號寄費美金五元正。」[95]

　　千呼萬喚，《臺灣詩選》終於面世，此書共收錄四百零八家詩作，上自中央要員、政府官員，下至軍人、民間商人……洋洋灑灑。值得注意的是，此書的發行者為「中國詩壇」，而非原來的「臺灣詩壇」，此一微妙的變化，顯然與 1954 年後曾今可之名不再出現「臺灣詩壇」版權頁有關。從發行地址看，此書仍是由曾今可個人主導其事。

## （四）選拔「桂冠詩人」

　　「桂冠詩人」起源於十七世紀的英國，與漢詩無涉。臺灣的桂冠詩人選拔，緣起於民國 52 年，當年春，國際桂冠詩人協會函請行政院新聞局，請新聞局抄送中華民國桂冠詩人名單；當時國內尚無桂冠詩人，新聞局乃函請中國文藝協會辦理，但不知何故，卻沒有結果。於是新聞局又請于右任推薦幾位桂冠詩人。于右任告訴新聞局人員，要他們去找曾今可。由此一機緣，省文獻會的曾今可，就與桂冠詩人選拔結下因緣，也造成不少風波。

　　曾今可因中國文藝協會既無結果，也就不便推辭，答應須請示于右任再進行。旋即請示，于右任表示：「事關我們的國家在國際上的文化地位，不能不辦，最好是請今年（癸卯）端午詩人節舉行的詩人節去推選幾個桂冠詩人，以便行政院新聞局好答覆國際桂冠詩人協會。」至於

---

「推選幾位」、「推選何人」，于右任不表示意見：「一切請全國詩人大會辦理好了，我沒有意見。」就這樣，首度的桂冠詩人選拔，就由曾今可函告主辦癸卯全國詩會的詩文之友社。

曾今可函告的同時，提出了兩點「個人意見」的建議：

1.國際桂冠詩人協會規定我國桂冠詩人名額是五至十名，能推選臺灣省籍內地籍各半為最佳。
2.建議推選于右任、魏清德、林熊祥、梁寒操等四人。

端午節當天詩會，曾今可「因預料到推選冠桂詩人難免發生麻煩」，所以刻意不出席，仍在臺北出席其他會議。推選結果，共有于右任、林熊祥、魏清德、梁寒操、曾今可、何志浩六人獲得「中華民國桂冠詩人」頭銜。其中林熊祥是省文獻會前主委，但他是以省文獻會「心社」社長身分獲得推選。名單確認，即由詩人大會將推選經過呈報新聞局，並以副本抄送各桂冠詩人，再由新聞局將名單函送國際桂冠詩人協會。不久，該協會再指定曾今可為中華民國桂冠詩人代表。

當初預定選拔的桂冠詩人名額是五至十名，六名已經產生，尚有餘額四名，曾今可再請示于右任，于認為應該補足，並表示此四名應邀請國大代表及立法委員各一位、女詩人一位、臺灣籍詩人一位。於是由曾今可與「各方」進行提名及磋商，最後由國大代表李鴻文、立法委員彭醇士、女詩人（考試委員）張默君、臺籍詩人吳夢周等四名補足餘額，補足餘額之名單，原擬送交 53 年甲辰全國詩會通過，因詩會停辦，只得徵求當事人同意後，直接送交國際桂冠詩人協會辦理[96]。

臺籍詩人餘額只有一名，其選出過程，似乎不太順利，據曾今可說：「我先後邀請過吳夢周、吳景箕、李騰嶽、張達修四位先生徵求同意；他們都很謙虛，認為自己條件不夠，再三堅辭。這種揖讓的高風，是多麼的值得尊敬！（如果有不知「溫柔敦厚」為何物的詩人，因得不到桂

---

[96] 此一過程主要依據曾今可〈臺灣的桂冠詩人林熊祥先生〉，《臺灣風物》第十五卷第三期，（臺北：臺灣風物雜誌社，1966），頁 35-37。部分參考曾今可〈臺灣的桂冠詩人〉，《臺灣風物》第十三卷第七期，，頁 3-8。

冠而惱羞成怒，甚至咆哮不休，豈不愧對這幾位先生？）[97]」曾氏這一番話固然說的婉轉，其實是意有所指，背後風暴之烈，仍可想見。

曾今可之「四位先生徵求同意」一事，有關先師張達修部分，仍可見到曾氏親筆便箋：

> 「篁川詞長勛鑒：新歲以來，想公私均吉定。如下項國際桂冠詩人協會規定，我國桂冠詩人名額尚餘四名，弟將提我兄大名於本年詩人大會通過，但請我兄暫勿告人，拜託！拜託！餘額僅四名，故本省籍僅一名也。近來諒多佳作，便示一二，以快先睹，勿請吟安。弟今可再拜。二、廿七。錯公前請代候[98]。」

此信無年代，因中有「將提我兄大名於本年詩人大會通過」之語，當為民國 52 年事。筆者當年曾以桂冠詩人補提名詢問先師，據表示他是最後一個被徵詢的，此時風暴已經隱約成形，因不願意捲入漩渦，於是加以婉拒。

## （五）編印《臺灣詩錄》

曾今可編印《臺灣詩選》的初步構想，是古今詩作都收錄，第一次的「徵求啟事」已明確指出「古人作品，正在選集中」。但書出之後，都是當代作品，與當初規劃並不相符。其原因在《臺灣詩選》編者序略有交代：「惟古人作品過多，且多已有專集，限於篇幅，未能編入。[99]」作品過多固然不錯，但規劃之初，應該會納入考量，其實當代作品投稿踴躍，才是主要原因。曾今可未收古人作品的缺憾，在十餘年之後，由省文獻會委員，也是心社成員的陳漢光完成《臺灣詩錄》，終於珠聯璧合。《臺灣詩錄》共十卷，分上中下三冊，據其凡例，收錄的標準是「凡國人在民國以前所撰有關臺灣詩作，均為本書選收之對象」、「凡詩鐘詞曲及斷句一律不收」、「凡不知姓氏者，一律不收」，第一卷選錄唐宋元

---

[97] 曾今可〈臺灣的桂冠詩人林熊祥先生〉，《臺灣風物》第十五卷第三期，頁 37。
[98] 拙藏便箋原件。
[99] 曾今可（編）《臺灣詩選》，頁 14-15，編者序。

三代詩作，第二卷選錄明代詩作，第三卷選錄明鄭時代詩作，第四卷選錄清康熙朝詩作，第五卷選錄清雍正朝詩作，第六卷選錄清乾隆朝詩作，第七卷選錄清嘉慶道光朝詩作，第八卷選錄清咸豐同治朝詩作，第九卷選錄清光緒 21 年以前詩作，第十卷選錄日治時期詩作（止於 1910 年）[100]。

## 六、結論

　　省文獻會從首任主委林獻堂開始，便與漢詩結緣，歷經黃純青、林熊祥、李騰嶽三位主委，這時的臺灣詩壇，正是于右任、賈景德號召之下的全盛時期，於是省文獻會便順理成章，居於引領風騷的地位。民國 52 年李騰嶽離職，由軍人出身的方家慧接任主委，無形之中，省文獻會便與詩壇脫節，而由臺北市文獻會取而代之。

　　57 年春，北市文獻會以「戊申詩人節書懷」、「中華文化復興運動」為題發起徵詩，作品結集出版為《戊申端午詩集》[101]，於端午詩人節推出。此集各方反應良好，因此北市文獻會於此後十年之間，都循例出版端午詩集，包括己酉、庚戌、辛亥、壬子、癸丑、甲寅、乙卯、丙辰、丁巳各集。丙辰是 65 年，詩壇盛況不再，北市文獻會不再徵詩，內容以古籍《師友風義錄》（鄭鵬雲編）取代[102]，翌年丁巳，再以端午詩集名義，影印《臺灣詩薈》[103]，為端午詩集的編印劃下句點。

　　年年徵詩，使北市文獻會與詩壇關係更為密切，62 年該會更籌組中國詩社聯合社，於六月二十七日邀請全省二十一縣市詩社負責人，在臺北中山堂光復廳召開第一回籌備會。議決由瀛社及臺北市文獻委員會負責進行籌組工作。同年八月十八日於臺北市中山堂堡壘廳召開創立總

---

[100] 陳漢光（編）《臺灣詩錄》（臺北：臺灣省文獻委員會，1971）。

[101] 臺北市文獻委員會（編）《戊申端午詩集》（臺北：臺北市文獻委員會，1968），卷首序。

[102] 臺北市文獻委員會（編）《丙辰端午詩集》（臺北：臺北市文獻委員會，1976）。此書未見序跋說明，直接以民初石印本影印。

[103] 臺北市文獻委員會（編）《丁巳端午詩集》（臺北：臺北市文獻委員會，1977）。此書影印日治時期發行之《臺灣詩薈》，上下二大冊。

會，共推李建興為社長。同年十一月十一日起共七天，舉開第二屆世界詩人大會[104]。自中國詩社聯合社的推動，到世界詩人大會召開，北市文獻會扮演了推手的工作。

　　戰後初期的省文獻會，歷經四位主委的積極參與，不僅帶動了各縣市文獻會漢詩風氣，也成了臺灣詩壇馬首是瞻的文化單位。各級文獻會之重視漢詩，人事的安排以及傳統「詩即史」的觀念，固然有很大的影響；然而即使文獻會成員中，不乏日治時期新文學名家（如省文獻會的徐坤泉、張文環），仍然重「舊」輕「新」，不願意碰觸新文學領域，其癥結在於政治敏感性，而非觀念問題。

　　43年十二月十日北市文獻會出版的《臺北文物》第三卷第三期是「新文學、新劇運動專號續集」，卻遭到臺灣省政府教育廳查禁沒收，理由是：

> 「查臺北市文獻委員會四十三年十二月十日出版之《臺北文物》季刊第三卷第三期，內容多有違反當前國策之處，其所贊許人物大多為舊時臺共及潛伏之匪諜，對於該文物季刊無論該委員會所存或市面流傳，均應一律查禁沒收，立即銷毀。[105]」

　　日治時期活躍於新文化運動的相關人物，大多會受到社會主義的影響，甚至與共產主義畫上等號，這些思想前衛的新文化人，在相關單位眼中，便成了「舊時臺共及潛伏之匪諜」，當然要嚴加查禁了。《臺北文物》首開戰後文獻刊物被禁先例，自然對於各級文獻會產生警惕的作用，也間接促使各會與漢詩壇互動更加積極，若干縣市文獻刊物甚至成了詩社作品的發表園地。

　　近年臺灣文學研究蔚為顯學，傳統漢詩發展史的相關研究，舉凡詩人、詩社、詩集，幾乎搜羅殆盡。而省文獻會早期對於詩壇的引領與貢獻，竟成了被遺忘的區塊。謹草成本文，紀念本館六十週年之慶，惟資料掌握不易，疏漏難免，敬請讀者不吝教正！

---

[104] 林正三〈瀛社簡史〉，臺灣瀛社詩學會網站 http://www.tpps.org.tw/phpbb/。

[105] 臺北市文獻委員會（編）《臺北市文獻委員會五十週年紀念專輯》（臺北：台北市文獻委員會，2003），頁71。

# 參考書目

## （1）圖書

林欽賜（編）《瀛洲詩集》，臺北：林欽賜發行，1933。

黃得時編（編）《板橋詩苑別集》，臺北：薇閣詩社，1949。

不著編者《庚寅上巳新蘭亭修禊集》，出版者不詳，1950。

臺灣省文獻委員會編（編）《臺灣省詩社詩友名錄》，臺北：臺灣省文獻委員會，寫本，1951。

曾今可（編）《臺灣詩選》，臺北：中國詩壇，1953。

陳滿盈《虛谷詩集》，臺北：中華詩苑，1960。

臺灣銀行經濟研究室（編）《臺灣詩薈雜文鈔》，臺北：臺灣銀行經濟研究室，1966。

洪寶昆（編）《現代詩選》，臺北：詩文之友社，1967。

臺北市文獻委員會（編）《戊申端午詩集》，臺北：臺北市文獻委員會，1968。

陳漢光（編）《臺灣詩錄》，臺北：臺灣省文獻委員會，1971。

臺北市文獻委員會（編）《丙辰端午詩集》，臺北：臺北市文獻委員會，1976。

臺北市文獻委員會（編）《丁巳端午詩集》，臺北：臺北市文獻委員會，1977。

陳逢源先生治喪委員會編（編）《陳逢源先生紀念集》，臺北：陳逢源先生治喪委員會，1982。

李騰嶽《李騰嶽鷺村翁詩存》，臺北：龍文出版社，1980。

陳其寅《懷德樓詩草》，基隆：陳德潛等發行，1982。

宋伯元《連震東傳》，南投：臺灣省文獻委員會，1983。

林佛國著、林文岑（編）《長林山房吟草》，臺北：林珮貞印行，1984。

莊幼岳（編）《瀛社創立八十週年紀念詩集》，臺北：瀛社，1989。

薛化元《臺北市志》人物志，臺北：臺北市文獻委員會，1991。

黃純青《晴園詩草》，臺北：龍文出版社，1991。

李騰嶽《李騰嶽鷺村翁詩存》，臺北：龍文出版社，1992。

林衡道口述、林秋敏記錄《林衡道先生訪談錄》，臺北：國史館，1996。

王世慶等《臺灣省文獻委員會志》，南投：臺灣省文獻委員會，1998。

呂順安等《臺灣省文獻委員會續志》，南投：臺灣省文獻委員會，2001。

臺北市文獻委員會（編）《臺北市文獻委員會五十週年紀念專輯》，臺北：
　　　臺北市文獻委員會，2003。

黃富三《林獻堂傳》，南投：國史館臺灣文獻館，2004。

張達修著、林文龍（編）《醉草園詩集》，臺中：張振騰發行，2007。

林文龍《臺灣文獻先賢－林熊祥父子與板橋林家史料特展圖錄》，南投：台
　　　灣文獻館，2008。

## （2）論文

賴子清〈古今臺灣詩文社（二）〉，《臺灣文獻》第十卷第三期，臺北：臺灣
　　　文獻委員會，1959。

曾今可〈臺灣的桂冠詩人〉，《臺灣風物》第十三卷第七期，臺北：臺灣文
　　　縣委員會，1964。

曾今可〈臺灣的桂冠詩人林熊祥先生〉，《臺灣風物》第十五卷第三期，1966。

林文龍〈張達修先生的漢詩師承〉，嘉義：中正大學，張達修暨其同時代漢
　　　詩人學術研討會論文，2005。

## （3）期刊

《臺灣詩壇》第一卷至第十卷各期合訂本，臺北：臺灣詩壇社，1952-1956。

《雲林文獻》合訂本，臺北：成文出版社，1984。

《宜蘭文獻》合訂本，臺北：成文出版社，1984。

## （4）網站資料

林正三〈瀛社簡史〉，臺灣瀛社詩學會網站 http://www.tpps.org.tw/phpbb/

# 從圖書館中尋找老臺灣——以省文獻會出版品為例

## 一、前言

　　政府出版品，在從前稱為「官刻書」，自五代之際有了雕板印書技術以後，每個朝代都有其官方刻印的圖書，因刻書處所的不同，名稱也就互異，各朝代的國子監本，宋代的司、庫、州、郡、府、縣、書院本，元明兩代的翰林院、國史館、藩司、各路儒學本，清代的武英殿本、官書局本……等，琳瑯滿目，全屬官刻書範疇。

　　官刻書的發行，自來優劣互見，政府財力雄厚，出版容易，校勘精審，售價低廉，是其主要優點，但不容否認的，在專制時代，許多官刻書往往成為嵌制思想的工具，字句刪改者有之，章節調整者有之，甚至還出現了所謂「欽定」、「御纂」等名目，尤以在大興文字獄的清代，更是變本加厲，這正是官刻書最受人詬病之處。由於官刻書在民間留有刻板印象，於是社會大眾很容易便先入為主，把政府出版品與從前的官刻書等量齊觀，將其定位為政府施政成果的文宣品，抱著敬而遠之的心態，有意或無意的將它給忽略了。

　　這幾年因臺灣本土意識的覺醒，各種相關書刊汗牛充棟，其中政府出版品就佔了相當大的比率，無論是中央或省、縣市、鄉鎮，各機關團體都有很好的成績，當然就成為民眾認識鄉土歷史文化、尋找老臺灣的重要知識來源。政府機關的出版品，由於印刷數量有限，特別是一些地方性書刊，贈送圖書館典藏之外，能為私人所擁有者已經不多，在早年甚至有許多還是「只送不賣」的非賣品，因此圖書館的利用，乃是無可避免的趨勢。

　　臺灣關係圖書的政府出版品，出版單位固然甚多，以典藏研究臺灣文獻史料為專責的臺灣省文獻委員會，可算是當中翹楚。該會所出版的臺灣文獻叢書，在光復以後，不僅開風氣之先，且歷經將近五十年漫長

歲月，掀起臺灣研究高潮，其豐碩的各種出版品，可謂居功厥偉，各地圖書館無不藏有其圖書，提供讀者研究參考需要。

# 二、區域百科之通志纂修

臺灣光復，是在民國 34 年十月，一年之後，內政部公佈了「地方志書纂修辦法」以及「各省縣市文獻委員會組織章程」。同年十一月，臺北縣召開修志委員會議，即有人提出請臺灣行政長官公署纂修省志的建議案。民國 36 年臺灣省政府成立，同年六月一日正式設立臺灣省通志館，由本省耆老林獻堂擔任館長，即積極籌組，先借臺北市仁愛路臺灣廣播電台為館址。38 年初，購延平南路為永久地址，六月一日正式成立。七月一日，臺灣省通志館改組為臺灣省文獻委員會。

省文獻會成立的主要宗旨，就是要編修《臺灣省通志》，既要編修省志，那麼修志之前，就必須有許多工作要作準備，所謂準備工作，指的就是文獻史料的採集、研究，以及編纂成書，因此省文獻會一面修志，同時也一面出版圖書，包括了「臺灣文獻」季刊與叢書兩大部分，合上述的省志纂修，乃成為省文獻會的三大出版主流。

前人向有重視歷史的傳統，國有史，地方有志，家族有譜乘，漢武帝時太史公司馬遷所寫的《史記》，不僅是一部究天人之際，通古今之變，成「一家之言」的史書，同時也是漢武帝以前集一切知識大成的鉅著，因此有人譽之為國內最早的「百科全書」，為後世修史、修志範本。方志既有「百科全書」功能，舊式方志，雖然各種門類，靡不備載，但仍稍嫌缺乏現代地理學精神。省文獻會早在通志館時代，就已積極籌修一部熔歷史、地理於一爐的新式省通志，以合於今日所謂「區域研究」的原則與方法。

省通志從民國 36 年七月召開顧問委員、編纂聯席會議，討論編纂事宜及體例綱目開始，至今將近半個世紀，總共出版了《臺灣省通志稿》二種、《臺灣省通志》全套，以及目前尚未出齊的《重修臺灣省通志》。第一次的《臺灣省通志稿》，出版於民國 54 年，共十志十一卷五十九篇

（缺「地理志」地質篇），分訂平裝六十冊。在纂修之初並非以志稿為名，但民國 40 年三月出版卷首凡例綱目圖表疆域時，為慎重其事，乃更名《臺灣省通志稿》，此後各篇陸續交稿、出版，迄民國 49 年，歷經林獻堂、黃純青、林熊祥、李騰嶽、方家慧等主任委員，動用會內外學者專家六十二人，全稿大部分完成，也就以《臺灣省通志稿》為名付印了。後來在送內政部審查時，內政部曾於民國 50 年二月函示，認為

> 「臺灣光復，已逾十五週年，而貴省志書至現在尚未出版。如依所送志稿之斷代及記載內容，據以出版，顯與目前事實脫節，以之流傳坊間，實屬不妥。復查臺省各項建設工作多在三十九年以始著績效，貴省通志係以三十九年為斷代，遺漏太多，有失修志記載史實之意義。本年為民國成立五十週年，各方面多有檢討過去、策勵將來之舉，臺灣省通志應改為以五十年為斷代。」

為此，《臺灣省通志稿》遂刪補及更改部份篇章，至 56 年共刊行二十一篇，及地理沿革篇一章，而出現另一種打字油印，分訂二十五冊的版本。兩者之間各成體系，無法連貫合為一書，且文出眾手，內容不齊，曾引發各界貶多於譽的批評。

民國 55 年，省文獻會決議整修省通志，推盛清沂詳審原修、增修志稿，及草擬整修計畫，分調整綱目、擬訂出版計畫、制定整修辦法三步驟進行。56 年八月，三項工作完成，調整志目為三十一卷，含二十八志、大事記、卷首卷尾各一卷，預計至民國 62 年全部出齊，字數約一千五百萬字。至民國 62 年底全部如期出齊，計中式線裝一百四十六冊，外加布裝函套，約一千九百五十八萬字，篇幅之龐大，歷年僅見。[1]

73 年，省文獻會奉准重修省通志，仍是上窮原始，而以民國 70 年為斷代，預定自民國 72 年至 77 年以六年時間完成，總字數約三千六百萬字，出版精裝八十冊，嗣因 73 年預算未獲通過及逐年預算俱編列不足，乃改自民國 73 年至 79 年止，分七年完成。然而卻面臨種種問題，

---

[1] 參王世慶〈光復後臺灣省通志纂修〉，收入《機關志講義彙編》（南投：臺灣省文獻委員會，1993），另參毛一波《古今臺灣文獻考》（臺北：臺灣風物雜誌社，1977）。

困擾叢生，嚴重影響進度，幾乎重蹈省通志稿覆轍，以致經兩度展延，至 89 年各篇尚未出齊[2]。

# 三、編印叢書包羅萬象

前已言及，省文獻會成立伊始，因負有纂修通志重任，所出版各書，實際上只是配合修志「事前準備工作」，當然在出版品的選擇上，乃完全以學術界人士作為對象，據前委員毛一波說：「其用意在選取本省珍罕不容或失的史料，俾傳於久遠，故所擬初的臺灣叢書，率以珍本、善稿或從未刊行者為原則，民國 39 年十一月，省文獻會出版了成立以來的第一本書，是方豪教授合校各種版本而成的《裨海紀遊》，至民國八十年代，共出了二百種以上。

省文獻會的出版品，最早是以「臺灣叢書」的面目出現，除了「臺灣叢書」本身以外，另有「學藝門」、「譯文本」兩類。「臺灣叢書」共出版了七種，依次是《裨海紀遊》、《恆春縣志》、《臺灣紀錄兩種》、《廷寄》、《光緒臺灣通志》、《臺灣縣志》、《臺灣地名手冊》。「學藝門」則出了三種，分別是《臺灣詩乘》、《海音詩》、《廣臺灣詩乘》。「譯文本」包括《日本帝國主義下之臺灣》、《臺灣考古學民族學概觀》、《日據下之臺政》、《臺灣番政志》、《臺灣遙寄》等五種，總共十五種。其中有《裨海紀遊》、《恆春縣志》、《臺灣紀錄兩種》、《海音詩》四種五冊，是以中式毛邊紙線裝本付印的，其餘都是普通平裝本，這五冊古色古香，為省文獻會眾多出版品當中，罕見的版本（《臺灣省通志稿》雖亦線裝，但卻使用西式模造紙），由此也可一覘出版品裝釘的演變趨勢。五十年代以後約三十年中間，省文獻會出版品，就少用叢書名義，通常都是按年度不定期出版，每年約五、六種，數十年累積下來，數量就非常可觀了。

---

[2] 90 年（2001）三月出版《重修臺灣省通志・人口篇》，始全部出齊，共歷十八年。

## 四、結語

八十年代以來，省文獻會業務不斷擴充，出版品也大量激增，且又回歸到叢書的舊模式，值得一提的是「臺灣歷史文獻叢刊」的出版，這項叢刊的出版，是以整理、翻印早期臺灣銀行經濟研究室出版的「臺灣文獻叢刊」三百零九種為主，並蒐羅其他晚近新出的珍貴文獻史著配合出版。按省文獻會早年出版「臺灣叢書」，因受限於人力、財力，不得已中輟，乃由臺灣銀行經濟研究室踵繼其事，直到 61 年才被不明大體者所扼，而告腰斬，但其貢獻之大，卻是無與倫比。由於臺銀本「臺灣文獻叢刊」出版期間，長達二十餘年，後起之秀，求其書往往不可得，省文獻會站在推廣、普及文獻史料的立場，自是責無旁貸，於是擬訂計劃，分類付印，除分贈各機關團體外，且可單冊選購，方便學界不少。（本文原發表於省立臺中圖書館期刊，若干紀時用語略作修改。）

# 後　記

　　明末清初的散文大家張岱，有過「人無癖不可與交，以其無深情也。」之言，雖未可一概而論，吾人生當斯世，確實需要有起碼程度的癖好。我有好古之癖，藏書藏硯，訪碑尋墓，寫舊體詩等都屬之，佛家有宿世因緣之說，我總覺得也許真有個前世，曾孳孳於此。不過，是耶？非耶？相信永遠無從印證。孔子曾言：「我非生而知之者，好古，敏以求之者也」，我的徵文考獻之路，應比較接近「敏以求之」吧！

　　我的訪碑尋墓，肇端於小時的鄉土教學。弱冠以前，仍樂此不疲。年十七歲，搜尋牯嶺街舊攤，乍接觸臺灣銀行經濟研究室的《臺灣文獻叢刊》，偶然而得《臺灣中部碑文集成》，讀過其書，讓我更清楚家鄉附近古碑，現存何處？現況如何？大約何時遺失？何書著錄碑文？於是按圖索驥，成了往後的訪古重點。此外，書中對於碑文出處，都會引述原始文獻，有兩本書是我最感興趣的，一是臺銀本《雲林縣采訪冊》，一是日文書《臺灣名勝舊蹟志》，遂努力尋覓其書，且由鄉土而擴及於臺灣文獻。

　　舊肆訪書，再知有《臺灣文獻》、《臺灣風物》及其他縣市文獻刊物，也零星買過。其時臺灣文獻仍屬冷門研究，期刊固多，卻頗類似文獻同工的圈內刊物。1975 年，先以訪碑、尋墓為主的成果，撰稿分投《臺灣文獻》、《臺灣風物》，並蒙登載，信心、興趣乃因之與時俱增，也從冷門之學，成為臺灣研究顯學。當初，凡屬人文一類之臺灣文獻，無論南北，都是我所關注的，以是寫稿極雜。臺灣研究風氣大興之後，反倒逐步縮小研究範圍，先中部，次彰投，最後是臺灣的科舉與書院。

　　一路走來，四十年忽焉已過。職場上從民間精機公司，進入臺灣省文獻委員會服務，至今且已超過二十五年。其間，參與修志，撰寫文稿，成了生活的大部分，無論於公於私，都在臺灣文獻留下些許鴻泥。青壯時代「謀升斗」的不成熟文字，早由國彰出版社結集問世。成為專職文獻同工之後，除交由臺原出版社、常民文化公司的「四書」（掌故傳說、中部開發、中部人文及書院科舉）之外，其他專書大都由服務單位出版，

加上若干自費印行的談書、閒詠之作，大約已達十種之譜了。

　　今年（2017）年底，即將屆齡致仕；回顧前塵，已出版專書之外，仍有發表於文獻期刊、學術研討會之論文，尚待鋟板。這些篇章，屬性不一，族群、人物、信仰、名宦、藝文及科舉、書院等，兼而有之，恰好是我臺灣文獻研究範疇丕變的縮影，發表之刊物、場地，更涵蓋臺灣北中南各縣市，甚至遠及金門。這些稿子，當然無「藏之名山，傳之其人」的價值與必要，留著自家欣賞，則又檢索不易，亦非良策。躊躇之間，忽得好友卓克華教授聯繫，允收入蘭臺出版社之《臺灣史名家研究論集》（二編），卓教授相知多年，熱心可感，蘭臺出版社不計利鈍，貢獻臺灣歷史研究的奠基與與發展，尤由衷敬佩！

　　本集文稿凡十六篇，大致有六個單元，前三篇是關於平埔族論述，其次四篇名宦政績探討，再次三篇全屬書院與科舉，成篇最晚，其中鳳儀書院沿革係應高雄市文化局之邀而撰，尚未公開發表，此次徵得同意收入拙集，併誌謝意。最後六篇，分為「彰化」、「藝文」及「省文獻會」三個類別，各佔二篇，彰化為所居地，因地緣之便，解決元清觀祀神與創修年代問題，以及提出螺溪硯發展關鍵史料，具體明確，冀能釐清長年之誤解。「藝文」兩篇，實與我喜歡庋線裝書與寫舊體詩有關。研究臺灣文學史者，最易忽略「省文獻會」，長期供職於此，特拈出該會與詩壇之特殊關係，或有助益學者，另一篇談「省文獻會」之出版品，係應當年省立臺中圖書館館刊專題而寫，原非論文，旨在搭配前一篇，說明省文獻會之出版，無論檔案、專書與期刊，都有共同目的，即提供省通志纂修之「志料」。

　　重新面對舊稿，感謝蘭臺出版社編輯人員賦予展新樣貌，這些稿子之間，時間相隔漫長，最大的問題，倒不是在於內容，而是格式。流行趨勢是問題，書寫習慣改變，也會造成困擾，且趁整編之便，「儘量」使之體例劃一。出書在即，這本書的出版，恰與我退休時間相當，巧合如是，視為退休紀念集亦無不可。疏漏之處，仍請大雅方家不吝垂教！

竹山　　林文龍謹記於臺灣文獻館

2017.07.26

**國家圖書館出版品預行編目資料**

林文龍臺灣史研究名家論集（二編）/林文龍　著者. -- 初版. -
臺北市：蘭臺, 2018.06
面；　公分. -- (臺灣史研究名家論集；2)
ISBN　978-986-5633-70-7　（全套：精裝）

1.臺灣研究　2.臺灣史　3.文集
733.09　　　　　　　　　　　　　　　　107002074

臺灣史研究名家論集 2

# 林文龍臺灣史研究名家論集（二編）

著　　　者：林文龍
主　　　編：卓克華
編　　　輯：高雅婷、沈彥伶、塗語嫻
封面設計：塗宇樵
出 版 者：蘭臺出版社
發　　　行：蘭臺出版社
地　　　址：台北市中正區重慶南路 1 段 121 號 8 樓之 14
電　　　話：(02)2331-1675 或(02)2331-1691
傳　　　真：(02)2382-6225
E─MAIL：books5w@gmail.com 或 books5w@yahoo.com.tw
網路書店：http://bookstv.com.tw/、http://store.pchome.com.tw/yesbooks/、
　　　　　　博客來網路書店、博客思網路書店、三民書局

總 經 銷：聯合發行股份有限公司
電　　　話：(02) 2917-8022　　　　傳　真：(02) 2915-7212
劃撥戶名：蘭臺出版社　帳號：18995335
香港代理：香港聯合零售有限公司
地　　　址：香港新界大蒲汀麗路 36 號中華商務印刷大樓
　　　　　　C&C Building, 36,Ting, Lai, Road, Tai,Po, New,Territories
電　　　話：(852) 2150-2100　　　　傳真：(852) 2356-0735
經　　　銷：廈門外圖集團有限公司
地　　　址：廈門市湖里區悅華路 8 號 4 樓
電　　　話：86-592-2230177　　　　傳　真：86-592-5365089
出版日期：2018 年 6 月初版
定　　　價：新臺幣 30000 元整（套書，不零售）
ISBN：978-986-5633-70-7

# 《臺灣史研究名家論集》

## （共十四冊）卓克華總編，汪毅夫等人著作

王志宇、汪毅夫、卓克華、周宗賢、林仁川、林國平、韋煙灶、
徐亞湘、陳支平、陳哲三、陳進傳、鄭喜夫、鄧孔昭、戴文鋒

ISBN：978-986-5633-47-9

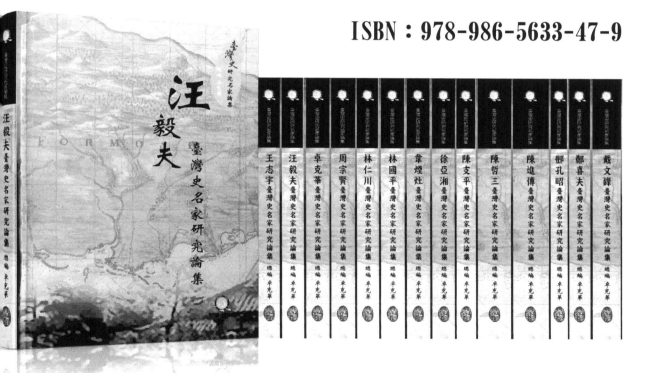

套叢書是兩岸研究台灣史的必備文獻，解決兩岸問題也可以從中找到契機！

　　這套叢書是十四位兩岸台灣史的權威歷史名家的著述精華，精采可期，將是臺
史研究的一座豐功碑及里程碑，可以藏諸名山，垂範後世，開啟門徑，臺灣史的
來新方向即孕育在這套叢書中。展視書稿，披卷流連，略綴數語以說明叢刊的成
經過，及對臺灣史的一些想法，期待與焦慮。

9 789865 633479　28000

臺灣史料研究叢書(套書)定價：28000元

# 《臺灣史研究名家論集》 共十四冊

## 陳支平——總序

　　臺灣史研究的興盛，主要是從二十世紀八十年代開始的。臺灣史研究的興起與興盛，一開始便與政治有著密切的聯繫。從大陸方面講，「文化大革命」的結束與「改革開放」政策的實行，使得大陸各界，當然包括政界和學界，把較多的注意力放置在臺灣問題之上。而從臺灣方面講，隨著「本土意識」的增強，以及之後的「臺獨」運動的推進，學界也把較多的精力轉移到對於臺灣歷史文化及其現狀的研究之上。經過二三十年的摸索與磨練，臺灣歷史文化的學術研究，逐漸蔚為大觀，成果喜人。以大陸的習慣性語言來定位，臺灣史研究，可以稱之為「臺灣史研究學科」了。未完待續……

## 汪毅夫——簡介

1950年3月生，臺灣省臺南市人。曾任福建社會科學院研究員，現任中華全國臺灣同胞聯誼會會長，福建師範大學社會歷史學院兼職教授、博士生導師，享受國務院特殊津貼專家。撰有學術著作《中國文化與閩臺社會》、《閩臺區域社會研究》、《閩臺緣與閩南風》、《閩臺地方史研究》、《閩臺地方史論稿》、《閩臺婦女史研究》等15種，200餘萬字。曾獲福建省社會科學優秀成果獎7項。

## 汪毅夫名家論集—目次

100 台北市中正區重慶南路1段121號8樓之14
TEL：（8862）2331 1675 FAX：（8862）2382 6225
E-mail：books5w@gmail.c
網址：http://bookstv.com.t